CAMINHOS E DESCAMINHOS DA PRÁTICA PEDAGÓGICA NO ATENDIMENTO EDUCACIONAL ESPECIALIZADO (AEE)

Editora Appris Ltda.
1.ª Edição - Copyright© 2025 dos autores
Direitos de Edição Reservados à Editora Appris Ltda.

Nenhuma parte desta obra poderá ser utilizada indevidamente, sem estar de acordo com a Lei nº 9.610/98. Se incorreções forem encontradas, serão de exclusiva responsabilidade de seus organizadores. Foi realizado o Depósito Legal na Fundação Biblioteca Nacional, de acordo com as Leis nºs 10.994, de 14/12/2004, e 12.192, de 14/01/2010.

Catalogação na Fonte
Elaborado por: Josefina A. S. Guedes
Bibliotecária CRB 9/870

A345c
2025
	Albuquerque, Ednea Rodrigues de
	    Caminhos e Descaminhos da Prática Pedagógica no Atendimento Educacional Especializado (AEE) / Ednea Rodrigues de Albuquerque. – 1. ed. – Curitiba: Appris, 2025.
	    350 p. ; 23 cm. – (Psicopedagogia, educação especial e inclusão).
	
	    Inclui referências.
	    ISBN 978-65-250-7474-0
	
	    1. Educação inclusiva. 2. Educação especial. 3. Inclusão escolar.
	I. Título. II. Série.
	
	    CDD – 371.9

Livro de acordo com a normalização técnica da ABNT

Appris editorial

Editora e Livraria Appris Ltda.
Av. Manoel Ribas, 2265 – Mercês
Curitiba/PR – CEP: 80810-002
Tel. (41) 3156 - 4731
www.editoraappris.com.br

Printed in Brazil
Impresso no Brasil

Ednea Rodrigues de Albuquerque

CAMINHOS E DESCAMINHOS DA PRÁTICA PEDAGÓGICA NO ATENDIMENTO EDUCACIONAL ESPECIALIZADO (AEE)

Appris editora

Curitiba, PR
2025

FICHA TÉCNICA

EDITORIAL	Augusto Coelho
	Sara C. de Andrade Coelho
COMITÊ EDITORIAL E CONSULTORIAS	Ana El Achkar (Universo/RJ)
	Andréa Barbosa Gouveia (UFPR)
	Antonio Evangelista de Souza Netto (PUC-SP)
	Belinda Cunha (UFPB)
	Délton Winter de Carvalho (FMP)
	Edson da Silva (UFVJM)
	Eliete Correia dos Santos (UEPB)
	Erineu Foerste (Ufes)
	Fabiano Santos (UERJ-IESP)
	Francinete Fernandes de Sousa (UEPB)
	Francisco Carlos Duarte (PUCPR)
	Francisco de Assis (Fiam-Faam-SP-Brasil)
	Gláucia Figueiredo (UNIPAMPA/ UDELAR)
	Jacques de Lima Ferreira (UNOESC)
	Jean Carlos Gonçalves (UFPR)
	José Wálter Nunes (UnB)
	Junia de Vilhena (PUC-RIO)
	Lucas Mesquita (UNILA)
	Márcia Gonçalves (Unitau)
	Maria Margarida de Andrade (Umack)
	Marilda A. Behrens (PUCPR)
	Marília Andrade Torales Campos (UFPR)
	Marli C. de Andrade
	Patrícia L. Torres (PUCPR)
	Paula Costa Mosca Macedo (UNIFESP)
	Ramon Blanco (UNILA)
	Roberta Ecleide Kelly (NEPE)
	Roque Ismael da Costa Güllich (UFFS)
	Sergio Gomes (UFRJ)
	Tiago Gagliano Pinto Alberto (PUCPR)
	Toni Reis (UP)
	Valdomiro de Oliveira (UFPR)
SUPERVISORA EDITORIAL	Renata C. Lopes
PRODUÇÃO EDITORIAL	Bruna Holmen
REVISÃO	Camila Dias Manoel
DIAGRAMAÇÃO	Andrezza Libel
CAPA	Mateus Porfírio
REVISÃO DE PROVA	Daniela Nazario

COMITÊ CIENTÍFICO DA COLEÇÃO PSICOPEDAGOGIA, EDUCAÇÃO ESPECIAL E INCLUSÃO

DIREÇÃO CIENTÍFICA	Ana El Achkar (Universo/RJ)
CONSULTORES	Prof.ª Dr.ª Marsyl Bulkool Mettrau (Uerj-Universo)
	Prof.ª Dr.ª Angelina Acceta Rojas (UFF-Unilasalle)
	Prof.ª Dr.ª Adriana Benevides Soares (Uerj-Universo)
	Prof.ª Dr.ª Luciene Alves Miguez Naiff (UFRJ)
	Prof.ª Dr.ª Lucia França (UFRJ-Universo)
	Prof.ª Dr.ª Luciana de Almeida Campos (UFRJ-Faetec)
	Prof.ª Dr.ª Mary Rangel (UFF-Uerj-Unilasalle)
	Prof.ª Dr.ª Marileide Meneses (USP-Unilasalle)
	Prof.ª Dr.ª Alessandra CiambarellaPaulon (IFRJ)
	Prof.ª Dr.ª Roseli Amábili Leonard Cremonese (INPG-AEPSP)
	Prof.ª Dr.ª Paula Perin Vicentini (USP)
	Prof.ª Dr.ª Andrea Tourinho (Faculdade Ruy Barbosa-BA)

Às crianças, aos jovens e aos adultos que buscam uma escola inclusiva.

AGRADECIMENTOS

A Deus, que colocou na minha vida pessoas que contribuíram com a minha caminhada inclusiva.

Aos meus pais, Edmar Rodrigues de Albuquerque e Amara Barboza de Albuquerque (*in memoriam*), exemplos de amor e dedicação aos filhos.

Aos meus irmãos, Neuza (*in memoriam*), Josemar, Edmilson, Edleuza e Edmário; e às minhas cunhadas, sobrinhos e sobrinhos-netos, pelo afeto e pela compreensão.

À Profa. Dra. Laêda Bezerra Machado, pela leitura cuidadosa dos originais deste texto e por sua valiosa contribuição.

Ao Núcleo de Educação Especial da Secretaria Executiva de Educação de Jaboatão dos Guararapes (2009-2012), que concordou com o desenvolvimento da pesquisa na Rede Pública de Ensino Municipal, que viabilizou a elaboração deste livro.

À Escola Luz do Sol, pelo afeto e pela acolhida durante as atividades investigativas.

Aos pais e aos estudantes que participaram das entrevistas e das atividades de observação.

PREFÁCIO

Este livro da Profa. Ednea, escrito com rigor científico e com linguagem primorosa, apresenta e representa a autora, uma vez que releva o seu modo de ser e viver: com o olhar sensível voltado para o mundo ao seu redor e com coragem para intervir. Suas intervenções são consistentes e proativas, pois estão fundamentadas em estudos, pesquisas e em sua ação docente, iniciada na Educação Básica, expandida para a Educação Especial e para a formação docente.

Posso afirmar que este livro traz as "marcas" da autora e "marca" de forma indelével o leitor, a partir da argumentação teórica e de uma cuidadosa investigação em uma escola pública, respaldada por sua experiência docente.

A argumentação teórica, que é abrangente, não perdeu sua especificidade, pois traz os principais teóricos voltados para a área da educação especial, com os quais a autora estabelece um profícuo diálogo, tendo em vista a realidade da escola investigada.

Além disso, nesse tópico (argumentação teórica), o leitor encontrará uma síntese da evolução da Educação Especial no nosso país, que se iniciou na época do Império com D. Pedro II (1825-1891) e prosseguiu ao longo da história, tendo recebido benéficas influências dos estudiosos europeus. Essa análise evolutiva faz menção às diversas iniciativas de melhoria da educação da pessoa com deficiência, por exemplo, a criação do Atendimento Educacional Especializado (AEE) como um componente de uma Política Nacional de Educação Especial na Perspectiva da Educação Inclusiva, implantada em 2008.

Quero esclarecer que esse registro histórico está baseado em fatos, documentos legais e análise teórica, o que fortalece o texto e traz segurança ao leitor, que é levado a compreender melhor a Educação Inclusiva nos dias atuais.

Em seguida, o leitor encontra uma análise descritiva das principais tendências e correntes teóricas e metodológicas voltadas para a Educação Especial. Nesse tópico, a autora apresenta diversos posicionamentos (científicos e pedagógicos), deixa transparecer sua experiência profissional e suas atividades de pesquisa e, sobretudo, expõe suas opções teóricas, que são direcionadas para o pleno direito da pessoa com algum tipo de deficiência.

Com base no enfoque histórico e no aporte teórico/pedagógico, a autora traz para o leitor uma análise descritiva e crítica da realidade vivenciada pela comunidade de uma escola pública (gestores, professores, apoios pedagógicos, estudantes e familiares). Essa análise é precedida por informes do percurso investigativo, que oferecem ao pesquisador iniciante um roteiro para um caminhar novo e seguro. E o pesquisador mais experiente terá a oportunidade de rever caminhos e certezas metodológicas.

Quero ainda destacar a "paciência pedagógica" proposta por Paulo Freire (1921-1997) e assumida pela pesquisadora durante o longo período de sua imersão na Escola Luz do Sol, ocasião em que desenvolveu atividades de observação, "escuta sensível" e, também, fez intervenções pedagógicas para atender algumas solicitações do corpo docente.

Convido o leitor a ler com mais atenção os registros dessa "imersão investigativa e pedagógica", notadamente no que se refere aos seguintes aspectos: apreensão das informações essenciais da realidade, que foram captadas pelas entrevistas, pelas atividades de observação e, também, a análise da pesquisadora.

Reafirmo que tais análises estão baseadas no aporte teórico e metodológico, na experiência docente da autora e, sobretudo, no seu posicionamento em defesa de uma educação democrática. Quero esclarecer que não há um menor resquício de proselitismo nem de ativismo político.

Faço um novo convite ao leitor: procure perceber outras características deste livro: 1) teor reflexivo; 2) estímulo ao trabalho coletivo e participativo; 3) estímulo à leitura e à pesquisa. O teor reflexivo está materializado no grau de consistência de cada situação analisada e, também, na adoção de questionamentos como "forma de escrita". O trabalho coletivo, que leva à participação, está viabilizado de dois modos: pela aderência aos teóricos adotados e pela escolha do uso dos verbos (na terceira pessoa gramatical) que, por sua essência, envolve a pesquisadora e os participantes das atividades investigativas. E o estímulo à leitura, que perpassa toda a extensão do livro, chega às "Palavras finais" e desperta, no leitor, a vontade de pesquisar, conhecer melhor a realidade e participar das lutas por uma Educação Inclusiva.

Finalmente, vamos pensar no nome fictício (escolhido pela pesquisadora) para a escola investigada? *Escola Luz do Sol*... Espero que luzes infinitas iluminem os *caminhos* dos leitores (formuladores de políticas públicas voltadas à área da educação humana, gestores escolares, professores e familiares). Desejo que a Luz do Sol, tão presente no livro da Profa. Ednea, possa iluminar e afastar os obstáculos físicos e atitudinais que, muitas vezes, levam o Atendimento Educacional Especializado a tantos descaminhos.

Fortaleza, 2 de janeiro de 2024.

Lia Matos Brito de Albuquerque
Professora aposentada do Centro de Educação Universidade Estadual do Ceará
Endereço eletrônico: liamatosbrito@yahoo.com.br

LISTA DE SIGLAS E ACRÔNIMOS

ABNT	Associação Brasileira de Normas Técnicas
AFC	Análise Fatorial de Correspondência
Apae	Associação de Pais e Amigos dos Excepcionais
Caee	Centro de Atendimento Educacional Especializado
Cenesp	Centro Nacional de Educação Especial
CHD	Classificação Hierárquica Descendente
CID	Código Internacional de Doenças
CIF/OMS	Classificação Internacional de Funcionalidade, Incapacidade e Saúde da Organização Mundial da Saúde
Cise	Conselho de Integração Socioeducativo
CNE/CEB	Conselho Nacional de Educação e Câmara de Educação Básica
CNE/CP	Conselho Nacional de Educação/Conselho Pleno
Conade	Conselho Nacional dos Direitos da Pessoa Portadora de Deficiência
Corde	Coordenadoria Nacional para Integração da Pessoa Portadora de Deficiência
Cree	Centro de Reabilitação e Educação Especial
DEE	Departamento de Educação Especial
DNEE	Diretrizes Nacionais para a Educação Especial na Educação Básica
DPEE	Diretoria de Políticas de Educação Especial
DVD	Disco Digital Versátil
EJA	Educação de Jovens e Adultos
EVA	Espuma Vinílica Acetinada (*Ethylene Vinyl Acetate*)
GT	Grupo de Trabalho

Ideb	Índice de Desenvolvimento da Educação Básica
IBGE	Instituto Brasileiro de Geografia e Estatística
Imip	Instituto Materno Infantil de Pernambuco
Inep	Instituto Nacional de Estudos e Pesquisas Educacionais Anísio Teixeira
Ines	Instituto Nacional de Educação de Surdos
LDBEN	Lei de Diretrizes e Bases da Educação Nacional
MEC	Ministério da Educação
NEE	Núcleo de Educação Especial
OMS/WHO	Organização Mundial da Saúde (World Health Organization)
PEI	Plano de Ensino Individualizado
PDDE	Programa Dinheiro Direto na Escola
PPAP	Projeto Político-Administrativo Pedagógico
RMR	Região Metropolitana do Recife
Saeb	Sistema Nacional de Avaliação da Educação Básica
Secadi	Secretaria de Educação Continuada, Alfabetização, Diversidade e Inclusão
SEE	Secretaria Executiva de Educação de Jaboatão dos Guararapes
Seesp/MEC	Secretaria de Educação Especial do Ministério de Educação
Simec	Sistema Integrado de Monitoramento, Execução e Controle do Ministério da Educação
UCI	Unidade de Contexto Inicial
UCEs	Unidades de Contexto Elementares
UFPE	Universidade Federal de Pernambuco
Unicap	Universidade Católica de Pernambuco

SUMÁRIO

Capítulo 1
O Começo da Caminhada 19

Capítulo 2
Obstáculos no Caminho da Inclusão e da Prática Pedagógica Inclusiva na Escola: aspectos conceituais, legais e históricos 29
    2.1 Conceitos de Inclusão e Exclusão Escolar 29
    2.2 Iniciativas de Atendimento às Pessoas com Deficiência................... 43
    2.3 Prática Pedagógica e Prática Pedagógica Inclusiva 54
        2.3.1 Conceituação de Prática Pedagógica 55
        2.3.2 Aspectos e Tendências da Prática Pedagógica Inclusiva 60
    2.4 Prática Pedagógica Inclusiva na Produção do Conhecimento no Brasil: um longo caminhar... 90
        2.4.1 Prática Pedagógica Inclusiva em Teses e em Dissertações................. 92
        2.4.2 Prática Pedagógica Inclusiva nos Anais da ANPEd/GT-15 94
        2.4.3 Prática Pedagógica Inclusiva em dois Periódicos 95
        2.4.4 Produção do Conhecimento e o Problema de Pesquisa 96

Capítulo 3
Os Desafios Surgidos no Caminhar da Pesquisa 97
    3.1 Conceitos Básicos 97
    3.2 Escolha do Lócus da Pesquisa e dos Instrumentos de Investigação....... 100
    3.3 Caracterização do Grupo Pesquisado.................................... 100
        3.3.1 Grupo de Alunos com Deficiência 101
        3.3.2 Perfis dos Alunos com Deficiência Matriculados na Escola Luz do Sol.... 103
        3.3.3 Caracterização dos Professores e demais Participantes da Pesquisa 107
    3.4 Procedimentos da Coleta de Informações: cuidados para evitar descaminhos ..109
        3.4.1 Análise Documental... 110
        3.4.2 Observação 110
        3.4.3 Entrevista Semiestruturada.. 113
        3.4.4 Entrevista Associativa 114
    3.5 Análise dos Dados: fortalecimento da caminhada 115
        3.5.1 Análise de Conteúdo 115
        3.5.2 O uso do Software Alceste... 118

Capítulo 4
Educação Especial em Jaboatão dos Guararapes: o real e o proclamado ..121
   4.1 Jaboatão dos Guararapes: o contexto da caminhada 121
   4.2 A População com Deficiência em Âmbito Nacional, Estadual e Municipal ...123
   4.3 Estrutura da Educação Especial no Município 129
   4.4 Princípios Norteadores da Educação Especial em Jaboatão dos Guararapes: para evitar descaminhos 132
   4.5 Atendimento Educacional Especializado na Rede Pública Municipal de Ensino 134
   4.6 Escola Luz do Sol: destino da caminhada 141
      4.6.1 Espaço Físico da Sede da Escola 147
      4.6.2 Organização Escolar 155

Capítulo 5
Prática Pedagógica Inclusiva e os Resultados das Observações: benefícios da caminhada 161
   5.1 Inclusão de Alunos com Deficiência na Sala Regular: dos aspectos físicos às práticas 162
   5.2 Sala Regular e as Adaptações Curriculares 165
   5.3 Relações Interpessoais *versus* Inclusão: tentativa para evitar descaminhos ...187
   5.4 Práticas Pedagógicas Inclusivas no Atendimento Educacional Especializado: em busca de novos caminhos 205
   5.5 Interfaces entre Atendimento Educacional Especializado e Ensino Regular ..230

Capítulo 6
Prática Pedagógica Inclusiva nos Discursos dos Sujeitos 237
   6.1 Classe 1 – Ausência de Formação dos Profissionais 239
      6.1.1 Limites da Formação Inicial 240
      6.1.2 Limites da Formação Continuada 245
   6.2 Condições de Trabalho 251
   6.3 Desarticulação entre o Atendimento Educacional Especializado e o Ensino Regular: agravamento dos descaminhos 264
   6.4 Classe 2: Prática Pedagógica Inclusiva sob o Olhar da Família 276

Capítulo 7
O Discurso Legal sobre Inclusão e a Prática Pedagógica Inclusiva no Cotidiano da Escola: orientações que evitam descaminhos 289
   7.1 Classe 1 – Inclusão: a lei e seus contrastes 291

7.2 Classe 2 – Aluno com Deficiência: um incapaz 298
7.3 Classe 3 – Apoio Pedagógico: figura central para Inclusão 306
7.4 Classe 4 – Inclusão sob o Olhar das Famílias 310

Capítulo 8
Palavras Finais: retomando o passado em busca de novos caminhos 315

Referências 325

Capítulo 1

O Começo da Caminhada

No começo da caminhada, surgiram dúvidas, inquietações e desafios que levaram a pesquisadora a "parar um pouco e pensar..." E, assim, começou a relembrar alguns acontecimentos marcantes de sua trajetória acadêmica e profissional, notadamente, aqueles relativos à Educação Especial. Refletiu sobre o passado, tendo em vista seu atual caminhar cotidiano. Por conseguinte, nestes escritos, estão registradas inúmeras facetas pessoais e profissionais, tais como: saberes da experiência, análise do cotidiano escolar, fundamentação teórica e resultados de uma longa investigação em uma escola de Educação Básica.

Na atualidade, o tema "Educação Especial *versus* Educação Inclusiva" tem sido amplamente discutido na área educacional, sob diversos enfoques teóricos, que ressaltam aspectos internos e externos à escola. Esse assunto ultrapassa os limites da academia, recebe contribuições dos meios de comunicação e, também, desperta interesse da população em geral.

Nesse contexto amplo, constituído pela academia e pela vida cotidiana, a autora do presente texto, no exercício da função de técnica em educação, durante mais de 20 anos, teve a oportunidade de desenvolver experiências voltadas para o processo de ensino e de aprendizagem de professores, alunos e demais usuários das escolas da educação básica vinculadas à Rede de Ensino Municipal de Jaboatão dos Guararapes, em Pernambuco. E, na condição de professora, tem participado de debates e de encontros institucionais com gestores, professores e famílias de educandos com deficiência. Em tais eventos, participa e promove reflexões acerca da prática pedagógica inclusiva.

Uma das vivências profissionais mais significativas dessa prática diz respeito à atuação como técnica junto à Secretaria Executiva de Educação de Jaboatão dos Guararapes, especificamente, sua inserção no Núcleo de Educação Especial. A gestão dessa modalidade de ensino, no sistema municipal, abrange tomada de decisões políticas e educacionais, desenvolvimento de programas e projetos para a educação das pessoas com deficiência, altas habilidades, superdotação ou transtornos globais do desenvolvimento.

A organização e o detalhamento dessas ações se articulam a uma rede intersetorial, que envolve setores dos governos municipal, estadual e federal. No município, foi implantada a Secretaria de Promoção da Cidadania, que está articulada com a Secretaria Executiva dos Direitos dos Idosos e das Pessoas com Deficiência. As políticas públicas municipais têm procurado garantir os direitos das pessoas com deficiência, assumindo, assim, um discurso pautado pelos princípios da inclusão.

A despeito dos esforços para garantia da inclusão de alunos com deficiência, no sistema, merece destaque a forma como a modalidade Educação Especial é compreendida, quando se trata do atendimento e reconhecimento das crianças que estão matriculadas na Educação Infantil, no Ensino Fundamental e no setor destinado à Educação de Jovens e Adultos (EJA). Muitas vezes, a Educação Especial tem sido tomada como "redentora" da população que apresenta qualquer dificuldade de relacionamento interpessoal e/ou aprendizagem na sala de aula. A modalidade de Educação Especial tem se fortalecido de maneira pontual e desarticulada do contexto geral da escola regular. A convivência com sujeitos, que fogem aos padrões de normalidade instituídos pela sociedade e pelas escolas, constitui um "complicador" que afeta o bem-estar dos profissionais da educação.

Fica evidente que, a despeito do discurso inclusivo difundido pela gestão municipal e vigente na rede, a ação pedagógica na escola está, ainda, distante do que se proclama como inclusão. O atendimento oferecido aos alunos com deficiência, aliado ao despreparo do professor e à falta de apoio a esses profissionais, dificulta a superação de preconceitos e de barreiras atitudinais para com esse grupo.

Nessa rede de ensino, no decorrer do trabalho técnico, foi possível observar diversas posturas e ações de gestores escolares que não favorecem a inclusão de crianças e adolescentes com deficiência, no sistema de ensino. A escola estabelece como critério de ingresso a entrega urgente de laudos médicos desses alunos, o que constitui um indicativo de que as práticas segregadoras são predominantes. A autoridade médica e a medicalização são reclamadas pelos profissionais, que afirmam, abertamente, não "aguentar" mais os alunos com deficiência e que estes precisam ser tratados em outro lugar que não seja a escola. A possibilidade de intervenção pedagógica para garantir a inclusão não é preocupação dos profissionais docentes que lidam com essas crianças na escola.

O trabalho desenvolvido nesse contexto mobilizou a autora, em um primeiro momento, a identificar o que pensavam os professores sobre a inclusão de alunos com deficiência na escola regular. Nesta investigação, identificou e analisou as representações sociais de inclusão de professoras de alunos com deficiência na Educação Infantil e nos anos iniciais do Ensino Fundamental, na Rede Pública de Ensino de Jaboatão dos Guararapes. As professoras partilham representações sociais de inclusão, centradas nas impossibilidades de aprendizagem dos alunos com deficiência. Nessas representações, foram predominantes os seguintes aspectos: simples inserção do aluno na escola, aprendizagem lenta, resistências ao processo de inclusão na escola.

O retorno ao campo profissional, após a formação no mestrado, tem sido revelador da existência da desarticulação entre o discurso da inclusão e as práticas pedagógicas na escola. Tal realidade incentivou a autora deste texto a dar prosseguimento aos estudos sobre a temática com enfoque na prática que se propõe inclusiva.

Sob essa perspectiva, estabeleceu como pressuposto teórico que as práticas que são desenvolvidas pelo setor de Atendimento Educacional Especializado (AEE) interferem positivamente e concorrem para a efetivação do processo de inclusão dos alunos com deficiência na escola regular.

A construção desse pressuposto se articula ao estudo realizado com os professores durante o curso de mestrado, uma vez que a referida investigação constatou que a falta de um atendimento a esses alunos, na própria escola, é um entrave à não efetivação de uma prática inclusiva no interior da escola pública regular.

Aproximações com literatura sobre a prática inclusiva, nos últimos dez anos, mais adiante detalhada neste texto, permitiu conhecer o estado do debate sobre essa prática no país. Constatou-se, por esses estudos, que, embora as crianças e os adolescentes com deficiência estejam na escola, de modo geral, persiste a dificuldade em incluí-los. No entanto, em decorrência das políticas educacionais implementadas no final dos anos 2000, essas práticas podem estar sendo afetadas.

Convém lembrar que no país, até 2008, prevalecia a Educação Especial definida como modalidade no âmbito da Educação Básica. O atendimento educacional especializado previsto para as pessoas com deficiência na Lei de Diretrizes e Bases da Educação Nacional (LDBEN, n.º 9.394/1996) e em outros documentos legais, até aquele período era realizado, predominantemente, em escolas regulares e/ou escolas especiais, classes especiais, salas de recursos multifuncionais, atendimento itinerante, e outros organizados pelas redes de ensino. Havia o que alguns autores, como Mendes (2002), denominam de inclusão parcial.

As políticas educacionais implementadas durante o governo do Partido dos Trabalhadores (PT) transformaram a modalidade de Educação Especial no que hoje se denomina Educação Inclusiva. Essas políticas preconizam que todos os alunos da educação especial em idade escolar obrigatória frequentem as escolas regulares. O Decreto n.º 6.571/2008, além de propagar a inclusão total, teve no Atendimento Educacional Especializado sua centralidade. Trata-se, conforme os ditames da política educacional vigente, de um atendimento complementar ou suplementar à formação do aluno com deficiência na escola regular. Assim, tendo em vista esse novo contexto e suas possíveis interferências, bem como o resultado da pesquisa desenvolvida no mestrado em Educação, estabeleceu-se como pressuposto que o AEE pode ser o complemento que faltava para efetivação da inclusão dos alunos com deficiência na escola.

Estabelecido o pressuposto e feita a delimitação do objeto de estudo — a prática inclusiva, em escolas localizadas no município de Jaboatão dos Guararapes —, surgiram vários questionamentos: como se caracteriza a prática pedagógica inclusiva em escolas da Rede Municipal de Ensino de Jaboatão dos Guararapes que oferecem o atendimento educacional especializado? Como o sistema municipal recepcionou e implementou a atual política nacional de Educação Inclusiva? Na rede municipal, quais são as escolas que vêm desenvolvendo práticas mais identificadas com a nova política? Nessas escolas, existem Salas de Recursos Multifuncionais (SRM)? De que forma os alunos com deficiência estão sendo incluídos nas salas de aula regulares? Como se caracteriza o AEE no interior da escola? De que maneira os serviços oferecidos nas Salas de Recursos Multifuncionais se articulam com os trabalhos desenvolvidos nas salas de aula do ensino regular? As adaptações curriculares existem? Como e quando são feitas? Como os diferentes atores escolares, professores, apoios, gestores e pais veem a prática de inclusão? Que relações estabelecem entre a Política de Educação Inclusiva atual e a prática efetiva de inclusão no interior da escola?

Com a intenção de encontrar respostas para tantas perguntas, a pesquisadora elaborou um planejamento, que lhe assegurou caminhar com segurança no "mundo empírico". Convém destacar as seguintes ações:

- Analisar a prática pedagógica inclusiva no interior da Rede Pública Municipal de Ensino de Jaboatão dos Guararapes, focalizando o potencial inclusivo do Atendimento Educacional Especializado no espaço da escola regular;
- Identificar como o Sistema Municipal de Jaboatão dos Guararapes recepcionou e implementou a atual Política de Educação Inclusiva;
- Conhecer a organização do AEE no interior da escola regular e explicitar a função desse serviço;
- Identificar as escolas com Salas de Recursos Multifuncionais que vêm desenvolvendo práticas mais identificadas com a atual Política de Educação Inclusiva;
- Explicitar a interação entre as práticas pedagógicas inclusivas desenvolvidas nas salas regulares e nas Salas de Recursos Multifuncionais;
- Analisar como os diferentes atores escolares, professores, apoios, gestores e família compreendem a prática pedagógica inclusiva no interior da escola;
- Analisar, na perspectiva dos professores e das famílias, a relação entre o discurso preconizado pelas políticas públicas e a prática pedagógica inclusiva no cotidiano da escola.

Para organizar os possíveis resultados desse plano de ação, a pesquisadora elaborou algumas categorias teóricas, tais como: inclusão de alunos com deficiência, prática pedagógica e prática pedagógica inclusiva.

Para viabilizar as atividades investigativas, adotou-se uma abordagem qualitativa, que, segundo Oliveira (2012), possibilita a explicitação, em profundidade, do problema investigado. Tendo em vista a natureza do objeto de estudo, a prática pedagógica inclusiva, que apresenta singularidades de um município específico, optou-se pelo desenvolvimento de um estudo de caso para atender as especificidades do objeto pesquisado. De acordo com Gil (2009), o estudo de caso permite examinar a fundo um objeto mediante a utilização de diversos instrumentos, cercar o objeto por todos os lados e captar o pensamento dos atores sociais envolvidos na pesquisa. Conforme estabelecido na literatura especializada, a realização de um estudo de caso exige uma análise exaustiva de uma ou mais unidades, a fim de garantir que as evidências da singularidade possam contribuir para uma melhor compreensão macro da realidade. Nesse sentido, optou-se por um delineamento metodológico, que envolveu a utilização de vários procedimentos de coleta e análise. No Quadro 1, apresenta-se o delineamento da investigação, cujo desenho será devidamente explicitado, no item "Percursos da pesquisa".

Quadro 1 – Síntese do delineamento da pesquisa

Estudo de caso: Escola Luz do Sol[1]				
ETAPAS	OBJETIVOS	PROCEDIMENTOS		SUJEITOS MATERIAIS E/OU DOCUMENTOS
		Coleta	Análise	
1.ª	Identificar como o sistema municipal de Jaboatão dos Guararapes recepcionou e implementou a política de educação inclusiva.	Análise documental	Análise de conteúdo	*De Raízes a Frutos: na busca de saber viver um programa de Ensino Democrático de 1989 – 1992* (1992) Plano Municipal de Educação (2011-2020) Proposta curricular (2011) Projeto Político Pedagógico da Escola Luz do Sol (2012)

---

[1] Nome fictício atribuído à escola investigada.

ETAPAS	OBJETIVOS	PROCEDIMENTOS		SUJEITOS MATERIAIS E/OU DOCUMENTOS
	Estudo de caso: Escola Luz do Sol[1]			
		Coleta	Análise	
2.ª	Conhecer como se organiza o AEE no interior da escola regular e explicitar o papel desse serviço. Identificar, na Rede Municipal de Jaboatão dos Guararapes, as escolas com SRM que vêm desenvolvendo práticas mais identificadas com a nova política de educação inclusiva. Explicitar como os serviços oferecidos no AEE se articulam com o trabalho desenvolvido nas salas de ensino regular. Descrever/caracterizar o atendimento educacional oferecido aos estudantes com deficiência nas Salas de Recursos Multifuncionais.	Observações livres e dirigidas (180 h)	Análise de conteúdo	14 professores: 4 dos anos iniciais e 10 dos anos finais do ensino fundamental 1 professora de AEE 3 apoios aos alunos com deficiência 7 alunos com deficiência inseridos nas salas de ensino regular
3.ª	Analisar como os diferentes atores escolares, professores, apoios, gestores e pais compreendem a prática pedagógica inclusiva no interior da escola.	Entrevista semiestruturada	Software Alceste	14 professores de sala regular 1 professora do AEE 3 apoios aos alunos com deficiência 3 supervisoras 1 técnico 1 representante do conselho escolar 2 gestores 4 pais 2 professores da EJA

Estudo de caso: Escola Luz do Sol[1]				
ETAPAS	OBJETIVOS	PROCEDIMENTOS		SUJEITOS MATERIAIS E/OU DOCUMENTOS
		Coleta	Análise	
4.ª	Analisar, na perspectiva dos professores e das famílias, a relação entre o discurso preconizado pelas políticas públicas e a prática pedagógica inclusiva no cotidiano da escola.	Entrevista associativa	Software Alceste	14 professores de sala regular 1 professora do AEE 3 apoios aos alunos com deficiência 4 supervisoras 1 técnico 1 representante do conselho escolar 2 gestores 4 pais 2 professores da EJA

Fonte: a autora (2014)

O enfoque dado às práticas pedagógicas, a investigação/interpretação da microcultura das classes de ensino regular que recebem alunos com deficiência e, sobretudo, a identificação das lacunas existentes nas atividades de inclusão oferecidas pela Escola Luz do Sol tornaram este estudo relevante para a comunidade escolar. Os resultados das atividades investigativas podem oferecer contribuições para a atualização de políticas públicas voltadas para o atendimento educacional de pessoas com deficiência. Espera-se, também, que este trabalho ofereça informações úteis à elaboração de políticas destinadas à formação inicial e continuada de professores.

Os resultados obtidos ao longo da investigação, tendo como base o referencial teórico-metodológico adotado, possibilitaram a elaboração do presente texto[2], que está estruturado da seguinte forma: segmento introdutório, sete capítulos e as considerações finais.

O segmento introdutório faz referências às experiências profissionais da autora do texto, que validam seus interesses de pesquisa; apresenta questionamentos, objetivos e escolhas teóricas e metodológicas.

---

[2] As atividades investigativas foram submetidas ao Comitê de Ética da UFPE e aprovadas conforme Parecer n 449.273, de 06/11/2013.

O Capítulo 2 contém os fundamentos teóricos com enfoques nos seguintes aspectos: conceitos e evolução da educação inclusiva ao longo do tempo, prática pedagógica e produção do conhecimento no Brasil, nessa área.

O Capítulo 3 explicita o percurso investigativo, tendo sido dada ênfase à conceituação de pesquisa qualitativa e estudo de caso, aos sujeitos envolvidos, aos procedimentos de coleta e análise utilizados nas quatro etapas de desenvolvimento do estudo.

No Capítulo 4, decorrente da análise documental das políticas nacional e local de educação inclusiva, constam os seguintes tópicos: informações referentes ao município de Jaboatão dos Guararapes; histórico do atendimento educacional à população com deficiência, no município; apresentação da escola pesquisada, ou seja, da instituição cuja prática inclusiva foi objeto de análise mediante o estudo de caso.

No Capítulo 5, a partir das 180 horas de observação realizadas na Escola Luz do Sol, caracteriza-se a sua prática inclusiva, dando-se ênfase à infraestrutura geral da escola, das salas de aula e suas interferências no processo de inclusão; adaptações curriculares para atender os alunos com deficiência; organização e funcionamento do AEE na escola e sua articulação com a sala de ensino regular.

Os discursos dos professores sobre a prática inclusiva é o objeto de discussão do Capítulo 6. Com apoio do software Alceste, são abordados os limites da formação acadêmica dos docentes, as condições de trabalho na escola, a desarticulação entre o serviço de AEE como os grandes limitadores da efetivação de uma prática inclusiva.

O Capítulo 7 apresenta reflexões de diferentes atores (professores de sala regular, professora de AEE, pais e apoios) envolvidos no processo de inclusão dos alunos com deficiência no interior da escola pública. Por meio de entrevistas associativas, eles confrontaram os ditames da política de educação inclusiva atual com a realidade cotidiana de inclusão posicionando-se em face do distanciamento existente entre as duas esferas.

Nas "Palavras Finais", a autora retoma o objeto estudado, apresenta uma síntese das respostas aos questionamentos propostos, avalia o percurso feito, reafirma a qualidade das atividades investigativas e, também, indica avanços, limites e aberturas para outros estudos.

Capítulo 2

Obstáculos no Caminho da Inclusão e da Prática Pedagógica Inclusiva na Escola: aspectos conceituais, legais e históricos

Neste capítulo, teve-se a intenção de ressaltar conceitos teóricos, fundamentos legais e registros históricos que direcionam a prática pedagógica inclusiva escolar de modo correto e adequado à realidade da escola. Assim, será possível superar desafios e obstáculos existentes no caminho trilhado pelo público-alvo da Educação Especial.

Com a intenção de evitar descaminhos, segue a explicitação dos conceitos e posicionamentos teóricos que foram necessários para o desenvolvimento das atividades desta pesquisa e interpretação dos resultados. Considerando a amplitude do tema, o item está estruturado em quatro itens, que são distintos, mas interligados pelo tema educação inclusiva. O primeiro item contém conceitos de inclusão e exclusão; no segundo, há referências ao processo de evolução das formas de atendimento às pessoas com deficiência, ao longo da história. O terceiro item conceitua prática pedagógica e prática pedagógica inclusiva. O quarto item apresenta a produção teórica relativa ao tema localizada nas teses e dissertações registradas no Portal Capes; nos estudos/trabalhos apresentados em reunião da Associação Nacional de Pós-Graduação e Pesquisa em Educação (ANPEd); e em periódicos especializados. No encerramento deste capítulo, fez-se uma articulação do conteúdo do item com o problema analisado.

2.1 Conceitos de Inclusão e Exclusão Escolar

Neste primeiro item, os conceitos de inclusão e exclusão são examinados sob os prismas: abrangência e complexidade dos termos; interferências de conferências internacionais, adoção de conceito e teorias vindas de outros países; referências à semântica do termo em análise; e possíveis consequências das teorias na prática pedagógica da escola.

Na sociedade contemporânea, o uso do termo "inclusão" tem sido abrangente, assumindo um caráter polissêmico. Ainscow (2009) admite sua complexidade e propõe uma tipologia para sua conceituação. Essa tipologia é organizada a partir de cinco critérios: inclusão referente à deficiência e à necessidade de educação especial; inclusão como resposta a exclusões disciplinares; inclusão de todos os grupos vulneráveis à exclusão; inclusão como forma de promover escola para todos e inclusão como educação para todos.

A *inclusão referente* à *deficiência e* à *necessidade de educação especial* está voltada para os alunos com deficiência e/ou os classificados com necessidades educacionais especiais, nas escolas do Ensino Fundamental. Essa proposição está, intrinsecamente, relacionada ao fato de se conceber que a participação dos alunos nas instituições escolares se concentra nas deficiências e/ou nas necessidades especiais em si, portanto ignora a pluralidade dos sujeitos com qualquer deficiência. Na primeira categorização, Ainscow (2009, p. 15) faz alusão aos termos "necessidade educacional especial" e "condição educacional especial" e, em seguida, propõe a substituição dessas duas denominações por: "barreiras de aprendizado e participação e recursos de apoio ao aprendizado e à participação". Considera que o apoio pode ser visto no âmbito de todas as atividades e a escola precisa ter condições de ampliar o atendimento à diversidade.

Entretanto, o autor ressalta a existência de perigos que surgem, quando a escola desvincula a inclusão das características dos alunos. O primeiro consiste no desvio da atenção aos alunos e da contínua segregação sentida pelos indivíduos classificados com deficiência. Assim, ocorre o que o autor denomina como *segregação compulsória*, ou seja, a opressão sofrida pelas pessoas com deficiência e outras práticas baseadas na marginalização dos grupos.

A segunda categorização, a *inclusão como resposta a exclusões disciplinares*, faz alusão ao atendimento aos alunos que demonstram comportamentos adversos às regras escolares e sociais. Nesse caso, são os alunos considerados com mau comportamento, indisciplinados e, também, aqueles que estatisticamente fazem parte da exclusão informal, ou seja, aqueles que estão afastados da escola por motivos que precedem à abordagem do ensino e da aprendizagem, tais como: vítimas de gravidez na adolescência e distorção idade/série estariam nessa categoria.

A terceira categoria de inclusão refere-se a todos os *grupos vulneráveis* à *exclusão*. Quando se considera a educação, em seu sentido mais amplo, a exclusão atinge os grupos que são mais vulneráveis às pressões excludentes e enfrentam dificuldades para superar discriminações. De acordo com tais posicionamentos, Amaral (2002) afirma que os sujeitos vinculados a essa categoria são considerados como os desviantes ou anormais, sendo vistos e denominados como "diferença significativa". Nesse grupo, estão as minorias excluídas: "ser velho, mulher, negro, índio, ciganos, judeu, muçulmano; homossexual, deficiente; gordos, doente mental; desempregado" (Amaral, 2002, p. 237).

A quarta categoria diz respeito à *inclusão como forma de promover escola para todos*, isto é, o acesso à escola do Ensino Fundamental para todos, atendendo a toda diversidade social. Essa concepção depende do sistema educacional, portanto poderá se consolidar como um processo de homogeneidade e valorização da diferença, o que a toma como suposta normalidade ou, então, busca convívio e aceitação pacífica das diferenças.

Por fim, o autor faz referência à *inclusão como educação para todos*. Essa categoria ganha força a partir dos anos de 1990, nos discursos internacionais, materializado no Movimento Mundial da Educação para Todos, que foi inspirado em duas importantes conferências realizadas em Jomtien, na Tailândia (1990); e Dacar, no Senegal (2000). O teor das declarações que foram produzidas nesses eventos possibilitou debates e reflexões relativas à garantia mais efetiva do direito à educação, nos países mais pobres no mundo. Sob essa mesma ótica, diversos estudiosos começaram a examinar a situação das escolas e de outros meios que contribuem para a educação nessas sociedades.

Os dois eventos acima citados trouxeram benefícios para a agenda educacional internacional, no entanto a Declaração de Salamanca (Espanha, 1994) contém uma proposta mais sedimentada nos princípios e nos fundamentos inclusivos. Em linhas gerais, o documento proclama que os aprendizes com necessidades educacionais especiais sejam incluídos nos planos locais e nacionais de educação, o que exige a abertura de todas as escolas, que devem se transformar em centros prazerosos de ensino-aprendizagem. Nessa Conferência, ficou estabelecido que é indispensável promover a inclusão de todas as crianças nas escolas e, consequentemente, cada país precisa reformar seu sistema educacional para concretizar esse desafio.

Ainscow (2012) empreende uma releitura desse tema e sustenta a tese de que inclusão representa a mudança do sistema educacional, com o intuito de legitimar um modelo inclusivo, ainda não contemplado na sociedade. O novo modelo proposto está fundamentado em três pressupostos: presença, participação e elaboração de conhecimentos, a seguir explicitados. De acordo com o primeiro pressuposto — *presença* —, garante-se ao sujeito estar na escola de forma integral, participar e pertencer à instituição. O segundo — *participação* — estabelece que o aluno não pode estar apenas e formalmente inserido na escola. É necessário que a escola disponha de recursos didáticos e adote estratégias que levem esse aluno a atuar e conviver com o restante da comunidade escolar. O terceiro — *elaboração de conhecimentos* — refere-se à principal função da escola.

> O aluno estar na escola, participando, aprendendo e desenvolvendo suas potencialidades; identificando as barreiras que impedem os alunos de adquirir conhecimentos acadêmicos. Essas barreiras podem ser: a organização da escola, o prédio, o currículo, a forma de ensinar e muitas vezes as barreiras que estão na mente das pessoas. Estas são as mais difíceis (Ainscow, 2012, p. 1).

Sobre a relação inclusão e exclusão, Dubet (2003, p. 40) afirma que:

> [...] de fato, o problema da exclusão não é apenas saber, de maneira mais ou menos incisiva, quem é excluído, mas de conhecer também os processos e os efeitos dessa exclusão sobre os atores.

Para o referido autor, a exclusão não é apenas uma categoria do sistema e dos processos globais, mas uma experiência escolar dos alunos. O fenômeno é contraditório, pois, na atualidade, há um discurso permanente em favor da democratização do acesso ao ensino. A quantidade de escolas vem se ampliando e políticas públicas voltadas para a educação estão sendo aprimoradas, porém as instituições escolares não conseguem desenvolver ações que promovam a inclusão de forma plena.

Considera, também, que a escola e a exclusão ultrapassam problemas que são decorrentes da desigualdade das oportunidades escolares e cita três aspectos relevantes. O primeiro é o lugar da escola e da contínua diante da estrutura social, isto é, seu caráter reprodutor das relações das produções e seu papel social mediante os processos de exclusão. O segundo é a análise dos mecanismos escolares, que geram uma divisão escolar preponderante, na construção dos percalços de exclusão. O terceiro aspecto refere-se à escola, nos moldes atuais, que intensifica a classificação de fortes e fracos, deficientes e normais, portanto legitima um processo que favorece a meritocracia dos sujeitos, ou seja, cada um se torna responsável pelo seu sucesso ou fracasso. Para reforçar tais posicionamentos, Dubet (2003, p. 35) afirma:

> A análise do papel da escola nos mecanismos de exclusão escolar implica isolar, evidentemente de maneira teórica e abstrata, os mecanismos e os fatores pelos quais a escola 'acrescenta', alia fatores de desigualdade e de exclusão que ultrapassam a simples reprodução das desigualdades sociais. Trata-se dos diversos 'efeitos' escolares que remetem à própria ação da escola. Pode-se sensatamente pensar que, se a soma desses 'efeitos' não constitui nem a única nem a principal causa da desigualdade e da exclusão, representa, entretanto, um papel que não pode ser negligenciado.

A título de exemplo, a reportagem publicada no jornal *El País* "Cuando estudiar es una lucha" (Aunión, 2009) mostra depoimentos de discentes que reclamam a falta de acessibilidade ao ensino superior e declaram as contradições entre os avanços legais e o cotidiano escolar. De acordo com a matéria, os esforços para superar as barreiras arquitetônicas, o acesso e permanência nas instituições de ensino estão sob a responsabilidade dos próprios alunos com deficiência e seus familiares.

Os episódios descritos pelos educandos referentes às barreiras que se interpõem ao direito à educação, à relação com os professores e ao incipiente desenvolvimento da tecnologia assistiva representam apenas a ponta de um iceberg da sutil forma de excluir/incluir a violação aos direitos humanos e sociais desses sujeitos.

Outros teóricos, tais como: Beyer (2006b), Bueno (2008), Correia (2006), Denari (2008), Lopes (2007), Martins (2008), Mendes (2006a), Mittler (2003), Oliveira (2003), Omote (2004, 2008) e Rodrigues (2006), estudam e investigam o tema em foco com ênfase na inclusão escolar, que é o centro de interesse desta pesquisa.

Bueno (2008) discute a inclusão escolar com base nas políticas públicas, buscando depreender três aspectos: o *conceito de inclusão*; a *população-alvo*; e as *perspectivas da inclusão escolar*.

O *conceito de inclusão* autor considera que houve um entendimento equivocado, que circulou entre os pesquisadores da Educação Especial, segundo o qual a inclusão escolar de alunos com necessidades educacionais surgiu para suprimir o paradigma da integração. Enfatiza que o instrumento basilar e norteador dessa discussão se originou dos princípios inclusivos destacados com a promulgação da Declaração de Salamanca (1994), portanto, não adota o paradigma da integração.

No Brasil, a divulgação da Declaração de Salamanca ocorreu em uma situação controversa, pois foram trazidas ao público duas versões desse documento: uma versão publicada pela Coordenadoria Nacional para Integração da Pessoa Portadora de Deficiência (Corde), no ano de 1994, reeditada em 1997, e uma versão eletrônica disponível no site da Corde. Na primeira tradução impressa, surge o termo "orientação integradora" como sinônimo de "orientação inclusiva".

Para Bueno (2008), não se trata, apenas, de problemas de tradução, mas de uma questão de ordem conceitual e política. A segunda versão do texto tem um caráter epistêmico mais inovador, que inaugura um marco educacional mundial: todos têm o direito à educação, inclusive "portadores de necessidades educativas especiais", princípio já proclamado na Declaração de Jomtien (1990), Tailândia, já citada. Nesse documento mais abrangente, estão contidos princípios, diretrizes e ações para que as crianças do mundo sejam atendidas em suas necessidades básicas de aprendizagem.

Afirma, ainda, que a inclusão escolar é uma proposição política referente à incorporação de alunos que foram impedidos de ser absorvidos no sistema escolar. Por conseguinte, contrapõe-se à exclusão, cujo imperativo é a apartação, privação e negação de direitos que estão declarados nas leis. "Portanto, a educação inclusiva constitui um objeto político a ser alcançado" (Bueno, 2008, p. 49).

A *população-alvo*: o autor estabelece uma relação entre a fragilidade conceitual de inclusão escolar e a obscuridade da população a ser atendida, pois os documentos são ambivalentes nesse aspecto. Nas traduções, tornam-se, novamente, perceptíveis as influências de quem traduz e se apropria dos documentos, considerando-se o seguinte aspecto: no Brasil, políticas de inclusão oriundas da Declaração de Jomtien (1990) ficaram restritas à educação especial.

As perspectivas políticas da inclusão escolar: as críticas tecidas por Bueno voltam-se para a disseminação largamente otimista de que a educação inclusiva será a redenção da exclusão educacional. Avançando nessa discussão política, chama atenção para o seguinte fato: no cenário brasileiro, a educação escolar apresentou uma significativa piora, na última década do século passado, conforme dados do Instituto Nacional de Estudos e Pesquisa (Inep), no ano de 2001.

Os três aspectos apresentados por Bueno (2008) revelam que o conceito de inclusão escolar, quando é incorporado ao cotidiano de forma acrítica, contribui para legitimar políticas públicas e práticas conservadoras.

Denari (2008) analisa as relações entre dimensões teóricas, ações e práticas da Educação Especial e Inclusão Escolar e, em seguida, conclui que tais relações estão vinculadas a questões de custo-benefício, problemas de gestão institucional e desempenho profissional. Além desses dispositivos, a pesquisadora alerta que a inclusão escolar não pode ser tratada de modo deslocado da dimensão política educativa, práticas pedagógicas, gestão institucional e cultura escolar.

> [...] inclusão de alunos com necessidades especiais e/ou deficiência na escola comum é, antes, uma demanda social relacionada aos direitos primeiros de educação, cujo fundamento ético independe de outros fatores considerados na convivência de sua implementação (Denari, 2008, p. 2).

Com base em estudos e pesquisas voltados para a inclusão, Martins (2008) afirma que, no âmbito das sociedades ditas democráticas, há uma luta contra a exclusão, que se torna mais acirrada quando se busca assegurar e garantir um dos direitos básicos de cidadania: educação para todos. Nesse contexto de luta, os segmentos sociais marginalizados ficam mais evidentes, notadamente as pessoas com deficiência. Nessa mesma linha de pensamento, Rodrigues (2006) afirma que o termo "inclusão" tem sido banalizado, no discurso político e midiático, pelo seu uso indiscriminado e acrescenta que, quanto mais a exclusão social avança, mais se fala sobre inclusão.

> O conceito de inclusão no âmbito específico da educação implica, antes de mais nada, rejeitar, por princípio, a exclusão (presencial ou acadêmica) de qualquer aluno da comunidade escolar. Para isso, a escola que pretende seguir uma política de educação inclusiva (EI) desenvolve políticas, culturas e práticas que valorizam a contribuição ativa de cada aluno para a formação de um conhecimento construído e partilhado – e, desta forma, atinge a qualidade acadêmica e sociocultural sem discriminação (Rodrigues, 2006, p. 301).

Esse autor faz também uma distinção entre *inclusão essencial* e *inclusão eletiva*, e explicita que a inclusão essencial se refere à garantia dos direitos do cidadão, sem discriminação, em todos os âmbitos sociais e educacionais. A inclusão essencial tem como premissa basilar o princípio da não discriminação e a garantia dos Direitos Humanos, na acepção básica de justiça social. No entanto, salienta: "O fato de a sociedade assegurar a inclusão essencial não a autoriza a colocar as pessoas em nichos ou em guetos" (Rodrigues, 2006, p. 11).

O segundo tipo proposto pelo autor — a inclusão eletiva — garante que haja mobilidade social e participação em grupos distintos, independentemente das condições vividas pelos sujeitos, de suas características pessoais e de sua etnia. Isto é, a pessoa com deficiência e, também, aquelas que são oriundas de outros segmentos excluídos devem se inter-relacionar e interagir com todos os grupos sociais. A ideia de pertencer apenas a um determinado grupo contribui para a efetivação da exclusão.

> Estas duas dimensões de inclusão são complementares: a inclusão essencial é a base para que se possa falar numa real inclusão eletiva. Como se poderá optar verdadeiramente entre alternativas possíveis se as condições de acesso básico não estiverem resolvidas? Se a inclusão essencial não estiver resolvida, a opção possível é escolher o mal menor (Rodrigues, 2006, p. 12).

Complementando os conceitos de inclusão e exclusão, Lopes (2007) considera que os dois conceitos estão articulados em uma matriz epistemológica, política, cultural e ideológica.

> Inclusão e exclusão são invenções de nosso tempo. Invenções completamente dependentes e necessárias uma para a outra. Tal necessidade se inscreve na própria ideia de ordem social e posições de sujeitos dentro das tramas sociais definidas no tempo e no espaço. O princípio regulador da ordem social é o que orienta e regula os sujeitos de acordo com as fronteiras imaginárias que definem os autorizados a participarem do lado dos incluídos e os autorizam a participarem do lado dos excluídos. Ambos são autorizados e definidos, constantemente, dentro de intrincadas redes de saber e de poder (Lopes, 2007, p. 11).

Ainda nessa mesma perspectiva, Oliveira (2003) considera a inclusão como um princípio filosófico, que torna pública a convivência com as diversidades, pois as diferenças constituem a integralidade do ser humano. Acrescenta que só se discute inclusão por se admitir a existência da exclusão.

> A discussão sobre inclusão, atualmente presente em todos os setores sociais, traz em seu bojo a denúncia e o repúdio a essa sociedade excludente, colocando em questão um juízo moral abstrato que, com base em padrões ideologicamente estabelecidos, define que um é melhor que o outro pelo simples fato de terem constituições diferentes. E a partir desses critérios, do julgamento moral e da necessidade social num determinado contexto histórico-cultural, que são geradas as categorias de desvios, minorias que são naturalmente excluídas da convivência social (Oliveira, 2003, p. 33).

De acordo com Mittler (2003), a inclusão tem como pressuposto a integração, portanto, a mudança de um paradigma para o outro não é apenas uma escolha semântica, mas de valores e práticas. No âmbito escolar, a inclusão requer modificações radicais na prática curricular das instituições. As alterações não podem ser pontuais e devem afetar a pedagogia escolar em sua totalidade. Esse ideal inclusivo está baseado em um sistema de valores, que acolhe a todos em sua diversidade, seja de gênero, raça, linguagem, origem, *background* social ou educacional. Nessa perspectiva, "a inclusão diz respeito a cada pessoa ser capaz de ter oportunidade de escolha e de autodeterminação" (Mittler, 2003, p. 17).

Na mesma direção, Correia (2006) considera que a inclusão na educação é tarefa de grande envergadura, que se constitui como um desafio para todos os atores escolares, a fim de remover barreiras e se adequar aos que pretende incluir.

> A inclusão pressupõe, assim, dois princípios essenciais, devendo, o primeiro ocupar-se da remoção das eventuais barreiras impeditivas de aprendizagem com sucesso e o segundo fomentar respostas educativas adequadas às diversas necessidades de aprendizagem dos alunos, principalmente aqueles com NEE (Correia, 2006, p. 243).

Com posicionamento semelhante, Guedes (2007, p. 30) afirma:

> Uma sociedade que se constrói sobre barreiras atitudinais em relação a seus membros inviabiliza a participação plena desses membros na plenitude da sociedade que, ainda, os relegando, é deles composta.

Esclarece, também, de que forma as barreiras atitudinais se expressam no contexto social e suas consequências para as pessoas com deficiência:

> A perpetuação das barreiras atitudinais na sociedade, encontradas sob a forma de discriminação, esquecimento, ignorância, preconceito e tantas outras, fortalece os mecanismos da exclusão social das pessoas com deficiência, e o reconhecimento de que essas barreiras representam obstáculos à participação plena das pessoas na sociedade é legitimado pela sua publicação (Guedes, 2007, p. 30).

Na tentativa de ampliar o entendimento do conceito de inclusão escolar, sob o ponto de vista semântico, Beyer (2006) afirma que o termo tem sido difundido de maneira restrita e duvidosa. Sua complexidade relaciona-se aos seus significados e implicações pedagógicas. Apenas entendê-la por um viés meramente denotativo, como propõe Houaiss (2001, p. 1.594) "estado de quem está incluso, inserido, metido, compreendido dentro de algo", implica distorcer toda a trajetória epistemológica e social em relação aos princípios da educação inclusiva.

> A inclusão escolar dos alunos com necessidades especiais é um desafio porque o (pretenso) sistema homogêneo depara-se com uma heterogeneidade inusitada, a heterogeneidade dos alunos com condições de aprendizagem muito diversas. E isso inquieta e desafia os professores em geral (Beyer, 2006a, p. 81).

Ao analisar algumas experiências e práticas pedagógicas supostamente inclusivas, Omote (2004, p. 5) indica quatro equívocos para a inclusão:

> [...] uma mera inserção do aluno deficiente em classes comuns a título de inclusão; a migração de alunos deficientes no sentido inverso do que ocorria no passado recente; a institucionalização da normificação e o desvirtuamento de objetivos precípuos da educação escolar.

Ampliando a discussão sobre inclusão e entendendo que se faz necessário desmistificação de mitos, crenças e estereótipos que são utilizados nos discursos sobre o tema, Omote (2004, p. 7) destaca três categorias:

> [...] (1) todas as pessoas apresentam diferenças umas em relação a outras, fazendo crer que mesmo as mais graves patologias são apenas diferenças quaisquer; (2) a ocorrência de anomalias faz parte da vida normal das pessoas ('ser diferente é normal'); e (3) a convivência entre o deficiente e o não deficiente, com ênfase no ato de aprenderem juntos, fazendo crer que o simples fato de estarem juntos é necessariamente bom para todos.

Tais considerações não são constituídas em um vazio, pois se constroem e se solidificam em um contexto apropriado, que as torna uma verdade absoluta, por conseguinte, com prejuízos para todos os envolvidos. É imprescindível que os aspectos anatomofisiológicos não sejam negligenciados, para que a escola possa providenciar e adaptar recursos que viabilizem intervenções de cunho pedagógico e terapêutico. Impõe-se, também, examinar de forma cuidadosa os mitos e crenças estigmatizantes, que contribuem para o fortalecimento de retóricas preconceituosas e práticas segregativas.

Omote (2008) discute outros equívocos presentes no debate acerca da inclusão de pessoas com deficiência no espaço escolar. A inclusão não tem sua origem na década de 1990 e não constitui uma alternativa em relação à integração, pois as sociedades buscam progressivamente se tornar mais inclusivas, por meio das lutas e dos movimentos sociais, que consolidem a universalização dos direitos dos cidadãos. Nesse caso, os princípios da normalização difundidos, na década de 1950, sob a perspectiva de integração constituíram as bases para o que hoje se considera como inclusão. As críticas ao paradigma integracionista favoreceram a busca de novos rumos e propósitos para a educação, que desencadearam a inclusão como uma extensão dos movimentos antecedentes, mas com propósitos e finalidades, que atendam as especificidades de cada aprendiz nos sistemas escolares. Entretanto, nos discursos e nas práticas, a normalização e a integração ainda sobrevivem na atualidade.

Em relação às origens da inclusão apresentada por Omote (2008), convém examinar os princípios de normalização e integração. O princípio da normalização ganha força nos anos 1970, nos países escandinavos, e muito influenciaram a Educação Especial. A normalização opõe-se às alternativas e às modalidades de atendimento de caráter segregativo das pessoas com deficiência. Com essa perspectiva, cabe à sociedade oferecer às pessoas com necessidades especiais determinadas condições de vida que sejam semelhantes ao modo de viver do restante da sociedade[3].

Fundado nas bases da filosofia de normalização, o modelo integracionista, ainda presente na Educação Especial, visa apenas integrar o aluno com deficiência à escola, esperando que haja integração graças ao atendimento que lhe é oferecido. Nesse modelo, a escola não procura se adequar ao aluno, que deve se adequar à escola. Tal modelo nega a

---

[3] O tema (normalização e integração) será enfocado, novamente, neste item, no tópico referente aos aspectos históricos e às atividades voltadas para o atendimento de pessoas com deficiência.

diferença e, assim, o aluno especial é inserido no contexto escolar como qualquer outro, sem a devida consideração às possíveis diferenças existentes e às necessidades requeridas para seu processo de aprendizagem.

Quando se fala em inclusão, nos diversos setores da sociedade, há um segundo equívoco relativo à conceituação de que ser diferente é normal. Omote (2008) considera que as diferenças fazem parte da variabilidade intraespecífica do ser humano; é fundamentalmente normal apresentar diferenças. No entanto, quando as diferenças se tornam incapacitantes, porque são resultantes de patologias, vão requerer atenção e atendimento especializado, ou seja, o tratamento dispensado a pessoas comuns não atende às suas diferenças.

O autor cita, ainda, um terceiro engano: a afirmação de que todas as crianças, sem exceção, deverão estar na escola regular e nas classes de ensino comum com propósitos voltados para a socialização. Essa versão de inclusão está equivocada, porque as crianças e os jovens têm condições diferenciadas relativas à prontidão para escolarização. Diante disso, a escola precisa oferecer formas alternativas para o atendimento ao aluno com necessidades especiais, que não serão supridas no ensino fundamental regular.

Em consequência do equívoco considerado anteriormente, o autor critica o discurso da inclusão escolar centrado apenas no aprender juntos. Insiste que não basta atender o princípio "aprender na diversidade", pois isto pode levar a uma situação antagônica e, assim, a tentativa de incluir poderá privar o aluno com necessidades especiais de ter experiências mais salutares e adequadas ao seu nível de aprendizagem. Portanto, condições apropriadas de aprendizagem e organização dos atendimentos, em pequenos grupos, não podem ser desprezadas na organização escolar, que está alicerçada no princípio inclusivo.

Para esse autor, a inclusão depende da construção de uma sociedade, que ofereça a todos condições plenas e dignas de existência, independentemente de suas posses, antecedentes culturais, gênero, idade ou condições adversas.

Ao tratar da gênese das ideias sobre inclusão escolar no contexto brasileiro, Mendes (2006a) faz alusão à trajetória histórica da Educação Especial, desde os primórdios do século XVI, sedimentada pelo modelo clínico/pedagógico; e às consequências do movimento pós-guerras (1914 e 1938) no século XX, que contribuíram para a ascensão do processo de reabilitação e o limiar da expansão das classes especiais por meio do modelo da segregação. E, assim como Omote (2008), destaca a transição do paradigma da integração para os princípios da inclusão escolar, a partir dos anos de 1980 e, mais fortemente, nos anos 1990.

Mendes (2006a) apresenta os "ranços" administrativos e pedagógicos e das políticas públicas em face da Educação Especial, dando destaque a elementos como falta de acesso à escola, negligência dos serviços, atendimentos desqualificados e ausência dos recursos pedagógicos e materiais para essa modalidade de educação. Enfatiza, sobretudo, o descaso do poder público na oferta de matrículas para atender esse grupo da população. Afirma que os sistemas estaduais e municipais de ensino não têm clareza em relação às estratégias, às formas de atendimento e ao processo de avaliação, pois faltam dados estatísticos mais precisos, que descrevam quem são os alunos, em que nível educacional estão sendo atendidos e quais são suas especificidades.

De acordo com a autora citada no parágrafo anterior, as contradições referentes à inclusão estão presentes na definição das políticas provenientes do Ministério da Educação (MEC), por meio da Secretaria de Educação Especial (Seesp). Suas principais críticas ao discurso sobre inclusão no Brasil são: o distanciamento e a falta de integração entre ações do poder público e da sociedade civil; concepção única de política de inclusão, sem obtenção de um estatuto consensual; desvio do debate da qualidade de educação para todos, sem distinção, ou seja, sem focalizar o território escolar para esses alunos; direcionamento das políticas educacionais permeada pela visão de juristas, e não de educadores. Os discursos e políticas públicas do poder público federal, segundo a autora, têm impactos nos estados e municípios, que são os maiores responsáveis pela formação de professores, gestão e atendimento aos alunos com necessidades educacionais especiais. Sobretudo os municípios têm dificuldades materiais e humanas para viabilizá-las.

A autora considera que, no Brasil, o discurso sobre inclusão escolar tem seus pressupostos filosóficos baseados em modelos importados, com ênfase na cultura norte-americana, e destaca três aspectos: dissociação entre educação inclusiva e inclusão total; interpretação ambígua e reducionista de que a educação inclusiva é destinada exclusivamente ao público da educação especial, sem considerar as peculiaridades educacionais de outros alunos; influência de juristas na definição da política educacional das crianças e jovens com necessidades educacionais especiais. Compreendendo a situação de desigualdade social brasileira, Mendes (2006a, p. 401) prevê o fracasso das políticas que se dizem inclusivas, e ressalta que:

> [...] ao analisarmos a política de inclusão escolar como política pública setorizada, no campo da educação, podemos encontrar evidências suficientes para prever seu fracasso. Ao contextualizarmos essa política educacional no conjunto de outras políticas públicas, também setorizadas, para combater a lógica da exclusão social, a probabilidade de insucesso amplia-se consideravelmente, pois não há como construir uma escola inclusiva num país com tamanha desigualdade, fruto de uma das piores e sistemáticas distribuição de renda do planeta.

Diante do exposto, reafirma-se que o conceito de inclusão é abrangente, polissêmico e apresenta várias interfaces. Em termos conceituais, podem ser encontrados, pelo menos, dois grandes conjuntos de produções teóricas, no Brasil. O primeiro conjunto considera a dicotomia inclusão *versus* exclusão como um fenômeno sociopolítico e econômico, em decorrência de sistemas capitalistas com suas características excludentes. Sob essa ótica, a sociedade é responsabilizada pelo alijamento e/ou segregação de negros, mulheres, pessoas com orientação sexual diversificada, e pessoas com deficiência. Então, tem-se um campo de discussão e de produção teórica que problematiza, questiona e evidencia os mecanismos de exclusão e, em seguida, procura colocá-los, nesse panorama maior. O segundo conjunto de produções teóricas refere-se à inclusão de pessoas com deficiência no espaço escolar, partindo do princípio de que esse segmento populacional tem seu direito à educação restringido, ou atendido em organizações paralelas ao ensino regular. Apesar desse princípio comum, no âmbito da produção teórica voltada para a educação inclusiva, destacam posicionamentos distintos.

Há um grupo que propõe o acesso de todos à escola regular, portanto, a instituição deve se adequar às pessoas com deficiência a partir de modificações estruturais, que incluem adaptações curriculares, mudanças na gestão da escola, participação dos pais e melhores condições de infraestrutura. Outra vertente favorável à inclusão escolar questiona o ideal da escola para todos de maneira indiscriminada e argumenta que os alunos com deficiência não terão atendimento educacional adequado às suas necessidades na sala comum. Essa vertente teórica reconhece que a população com deficiência tem direito à educação e cidadania, no entanto é mais crítica em relação ao ideal da educação para todos na escola regular e questionando seu verdadeiro potencial inclusivo.

Mendes (2006a), Omote (2004, 2008) e Rodrigues (2006) reconhecerem que existem boas experiências de inclusão escolar no país, porém admitem que, em termos macro, dificilmente se avançará a pleno êxito, em decorrência dos seguintes fatores: soluções de problemas que ficam na dependência da boa vontade de professores; condições precárias de trabalho; salários aviltantes; e ausência de formação docente específica na área da educação inclusiva. Com base no exame das condições gerais das escolas, esses autores desconfiam da eficácia das políticas educacionais inclusivas.

Considera-se que a educação inclusiva é algo abrangente e complexo, pois exige ruptura conceitual e atitudinal em face das questões voltadas aos grupos considerados minoritários e que, ao longo do tempo, procuraram superar a condição de marginalidade. No âmbito da escola, a educação inclusiva consiste, prioritariamente, em garantir aos sujeitos com deficiência, sem negar as suas diferenças, oportunidades efetivas para se apropriarem dos conhecimentos acumulados pela humanidade na perspectiva da cidadania.

Tendo em vista a complexidade do tema da inclusão escolar e considerando que a escola regular é o espaço preferencial para o atendimento educacional do aluno com deficiência, esta pesquisa busca apreender como se efetiva a inclusão em uma escola pública que oferece ensino regular. Por conseguinte, são examinados os arranjos, as acomodações curriculares e as práticas pedagógicas que têm sido desenvolvidas para atender as necessidades educacionais dos alunos com deficiência, nesse espaço. O intento é caracterizar e compreender, também, os significados atribuídos à educação inclusiva pela comunidade escolar.

2.2 Iniciativas de Atendimento às Pessoas com Deficiência

Neste item, há uma explanação do processo histórico de atendimento às pessoas com deficiência. Tal explanação assume um caráter analítico e reflexivo, tendo trazido de modo sucinto elementos relativos a fatos ocorridos pelo mundo afora e no Brasil, notadamente no que tange à legislação.

Na literatura especializada em educação inclusiva, há registros relativos à evolução do atendimento aos alunos com deficiência, que revelam marcas de exclusão, segregação, integração e, também, prenúncios da inclusão. Examinando-se a história da humanidade, percebe-se, em cada período histórico, o grau de marginalização ou aceitação determina o modo como a sociedade trata aqueles que rompem com padrões considerados normais.

Na Idade Média, as pessoas com deficiência eram segregadas e marginalizadas, pois tal atitude estava pautada na descrença da possibilidade de desenvolvimento físico e/ou emocional dessas pessoas. A marginalização ou segregação sugere um consenso pessimista, fundamentado na ideia de que a condição de incapacitado, deficiente e inválido é imutável. Essa postura de marginalização para com as pessoas com deficiência respalda a omissão da sociedade em relação à garantia de atendimento que responda a essas demandas.

A segregação está centrada nos atributos menores e faltosos das pessoas com deficiência, tendendo a produzir representações identificadas com a impossibilidade e privação do acesso aos bens comuns. São os atributos individuais que garantem a permanência dos indivíduos nas posições sociais.

No interior das instituições escolares, a educação da pessoa com deficiência tem uma história marcada pela discriminação. Os antecedentes históricos da Educação Especial são caracterizados pela multiplicidade de olhares, cujos enfoques variam entre as áreas médica, psicológica e pedagógica. Todos esses olhares estão, sempre, aliados ao contexto sociocultural e levam a determinadas atitudes que oscilam entre imperfeições/anormalidade, tendo como parâmetro os desejados padrões de normalidade.

Se o sujeito não estiver em condições de servir a um determinado grupo, será banido e excluído desse grupo, seja familiar, seja social. E, assim, enfrentará estigmas e rótulos pejorativos, conforme afirma Glat (1995, p. 27):

> O grande drama das pessoas estigmatizadas, que afeta sobremaneira os portadores de deficiências, é que o estigma funciona como um rótulo. Em outras palavras, a partir do momento em que um indivíduo é identificado como desviante ou anormal [...], tudo o que ele faz ou é passa a ser interpretado em função dos atributos estereotipados do estigma.

Nas sociedades primitivas, as atitudes em relação à pessoa com deficiência eram de total exclusão, e apenas os mais fortes e resistentes sobreviviam ao contexto da época. Diante de um grupo nômade, não havia espaço para os mais comprometidos fisicamente. Nas sociedades espartanas e atenienses, tendo em vista a valorização do culto ao corpo e de práticas esportivas, a deficiência representava um peso, um empecilho, e, assim, surgiam os estigmas.

De acordo com Mazzotta (1996), até o século XVIII a deficiência ainda era explicada pelo misticismo e ocultismo, desprovida de cientificidade. A falta do conhecimento sistemático do assunto e o temor do que era desconhecido, aliados aos julgamentos feitos pelas religiões e seitas dos séculos XVI, XVII, XVIII e até metade do século XIX, contribuíram para que os deficientes permanecessem isolados. Em geral, sob o controle da Igreja Católica, as pessoas consideradas diferentes eram levadas para asilos, albergues e instituições filantrópicas, portanto ficavam longe de seus familiares e da sociedade.

A partir da segunda metade do século XIX, devido a mudanças estruturais ocorridas na maioria dos países da Europa, as pessoas com deficiência começaram a ter possibilidades educacionais. Convém ressaltar que tais inovações seguiam concepções de um modelo médico, cujas estratégias eram aplicadas em intervenções pedagógicas, notadamente, na França, com Jean Marc Gaspard Itard (1774-1838), e na Itália, com Maria Montessori (1870-1952). Surgem, também, as primeiras escolas especiais, os centros de reabilitação e as oficinas pedagógicas. Naquele período, se propagava o slogan: "O deficiente pode aprender" (Glat, 1995, p. 11).

Em síntese, durante séculos, as pessoas com deficiência foram marginalizadas pelos grupos sociais, mas, à medida que os direitos do homem à igualdade e o conceito de cidadania começaram a surgir na sociedade ocidental, ocorrem as primeiras mudanças em relação à forma como os estigmatizados vinham sendo vistos e/ou tratados.

No final do século XIX, sob o título de "educação de deficientes", são encontrados registros de atendimentos ou atenção com vários sentidos: abrigo, assistência e terapia. Apesar dos avanços supracitados, as diversas expressões que se referiam ao atendimento educacional assumiam um tom pejorativo: "pedagogia dos anormais", "pedagogia da assistência social", "pedagogia curativa", "abrigo" e "assistência" (Mazzotta, 1996).

No Brasil, o atendimento à pessoa com deficiência inicia-se em 1854, quando, por decreto do imperador D. Pedro II, foi fundado o Imperial Instituto dos Meninos Cegos, no Rio de Janeiro, denominado posteriormente de

Instituto Benjamin Constant. Em 1857, cria-se, também, o Imperial Instituto dos Surdos-Mudos, passando mais adiante a se chamar Instituto Nacional de Educação de Surdos (Ines). No final do Império, surgem duas instituições para deficientes mentais: em 1874, o Hospital Estadual de Salvador, na Bahia, hoje, Hospital Juliano Moreira; e, em 1887, a Escola México, no Rio de Janeiro, ambas administradas pelo Estado. Apenas em 1911 foram concedidos apoio e assistência ao deficiente mental, quando o Serviço de Higiene e Saúde Pública, por meio da inspeção médico-hospitalar, instituiu a criação de classes especiais e formação de recursos humanos para atender esse grupo (Jannuzzi, 1985).

A partir da segunda metade do século passado, o desenvolvimento da psicologia da aprendizagem, da linguística e da análise experimental do comportamento subsidiou as primeiras propostas educacionais alternativas de atendimento para as pessoas com deficiência (Glat, 1995).

Impõe-se considerar o papel das famílias e de alguns educadores que se empenharam na criação de serviços que atendessem à pessoa com deficiência mental. Dessa forma, nas décadas de 1930 e 1950, surgiram associações e instituições de cunho privado de caráter filantrópico, por exemplo: a Sociedade Pestalozzi e a Associação de Pais e Amigos dos Excepcionais (Apae). Tais instituições estão espalhadas pelo Brasil e continuam prestando atendimento a essas pessoas, na atualidade.

Segundo Jannuzzi (2004a), a partir de 1930 começaram a se delinear ações mais sistemáticas destinadas às peculiaridades das pessoas com deficiência, que se materializaram da seguinte forma: implantação de instituições escolares junto aos hospitais; crescimento do número de entidades filantrópicas; surgimento de outras formas de atendimento, que se situaram em espaços clínicos, em institutos psicopedagógicos e em centros de reabilitação. Esse atendimento continuou assumindo um caráter predominantemente privado e filantrópico. Outro aspecto merece destaque: no início da década de 1970, a expressão "ensino emendativo", que consta em documentos oficiais desde 1854, continuava em uso. "A expressão ensino emendativo, de *emendare* (latim), que significa corrigir falta, tirar defeito, traduziu o sentido diretor desse trabalho educativo em muitas providências da época" (Jannuzzi, 2004, p. 69). De acordo com a autora, o governo de Getúlio Vargas, em seu segundo mandato (1951-1954), alardeava que o ensino emendativo, de aplicação difícil e restrita, receberia ampliação, a fim de atender os fisicamente anormais, os retardos de inteligência e os inadaptados morais. Porém, o presidente não cumpriu o que havia prometido em seu discurso.

Em termos legais, destaca-se que a Constituição de 1934, publicada em *Diário Oficial da União* (DOU) de 16/07/1934, é considerada avançada para aquele período, porém não faz referência direta à educação da pessoa com deficiência. O seu Art. n.º 149 estabelece que a educação é gratuita, obrigatória e acessível a todos, no entanto o grupo de pessoas com deficiência permaneceu no anonimato, apesar da expressão "acessível a todos". É oportuno lembrar que o Decreto n.º 24.794, de 14/07/1934, portanto, assinado na mesma ocasião pelo chefe do Governo Provisório da República e publicado em 26/07/1934 no DOU, legisla sobre o Ensino Emendativo, conforme o que segue:

> Cria, no Ministério da Educação e Saúde Pública, sem aumento de despesa, a Inspetoria Geral do Ensino Emendativo, dispõe sobre o Ensino do Canto Orfeônico, e dá outras providências.
>
> Art. 2º O Ensino Emendativo, dentro das técnicas que norteiam cada uma de suas modalidades, será ministrado em estabelecimentos federais padrões e em estabelecimentos estaduais, municipais e particulares, sujeitos estes à fiscalização federal.
>
> Art. 3º Atendendo à destinação específica dos estabelecimentos de que trata o artigo anterior e em face da finalidade do seu conjunto, que é o aproveitamento e o corretivo possível dos anormais do físico, dos sentidos, da moral e da mente, com o objetivo utilitário social ao lado da proteção caritativa, o Ensino Emendativo inicialmente será ministrado nos seguintes estabelecimentos:
> a) institutos para cegos;
> b) institutos para surdos-mudos;
> c) escolas de prevenção;
> d) escolas de correção;
> e) escolas reformatórias;
> f) patronatos agrícolas.

No período do Estado Novo (1937-1945), não houve avanço no que concerne à escolarização dos alunos com deficiência. Conforme Jannuzzi (2004), as conceituações de deficiência não eram claras, principalmente a concepção de deficiência intelectual, que abrangia as crianças que apresentavam comportamentos atípicos das normas estabelecidas pela sociedade. Tais normas e padrões eram adotados pelas instituições escolares, que não permitiam a matrícula de uma pessoa com deficiência.

No final dos anos 1950 e início dos anos 1960, na gestão do presidente Juscelino Kubitschek, destaca-se a ampliação de atendimento aos cegos e aos surdos, bem como a preocupação com os mutilados e débeis de inteligência. Uma proposta governamental, segundo Jannuzzi (2004, p. 71), estabelecia:

> [...] um programa de ensino emendativo: ampliação de ação no campo e estímulo às iniciativas no mesmo sentido pelo governo federal, estados, municípios e entidades privadas; levantamento de profissões acessíveis aos indivíduos de capacidade reduzida, oferecimento de oportunidades de trabalho).

Ainda conforme a autora, na década de 1950, destaca-se a ocorrência de movimentos e campanhas nacionais que tinham a intenção de dar encaminhamento às questões sociais como alfabetização, entre outras.

A partir da década de 1970, teve início um processo de centralização[4] administrativa e de coordenação de políticas, por parte do governo federal, visando garantir os direitos das pessoas com deficiência. Enquanto isso, nos países europeus, especialmente na França, na Suécia e na Alemanha, surgiam diversas iniciativas, nas áreas da saúde e da educação, baseadas nos princípios da filosofia da normalização, segundo as quais crianças e jovens com dificuldades especiais deveriam ser integrados a todos os setores da atividade humana.

Cumpre pontuar que, no panorama mundial, desde a década de 1950 circulavam discussões sobre os objetivos e qualidade dos serviços educacionais especiais. No contexto dessas lutas em defesa dos Direitos Humanos, a sociedade começa a reconhecer que as atitudes de segregação e a marginalização para com os grupos minoritários não eram aceitáveis. Esse reconhecimento contribuiu para a difusão do denominado princípio filosófico da integração. A filosofia da integração está alicerçada no entendimento de que todas as crianças com deficiência têm o direito incondicional, de forma indistinta, de participar dos programas e atividades do dia a dia oferecidos às outras crianças.

No Brasil, a partir dos anos 1970, as políticas e os serviços voltados à pessoa com deficiência passaram a ser fundamentados no princípio da integração. Sobre o princípio da integração e sua relação com as práticas de segregação, Omote (1999, p. 4) afirma:

---

[4] A centralização estava ligada à gestão dos governos da ditadura militar, que afetava todos os níveis e modalidades de ensino.

> A partir da década de 70, no Brasil, os serviços destinados a deficientes passaram a ser vistos sob a ótica da dimensão integração/segregação. A defesa da normalização como objetivo a ser alcançado, através do processo de integração, gerou muitas discussões com interpretações equivocadas, resultando nas mais variadas práticas pretensamente integracionistas. Não raras vezes, praticou-se a normificação em vez da normalização, isto é, os deficientes foram encorajados a passar por normais, administrando informações a seu respeito, no sentido de não tornar conhecida a sua condição de excepcionalidade.

Confirmando que a integração era vista como um princípio educacional, Glat e Pletsch (2011, p. 18) afirmam:

> Até os anos 1990, a inserção no sentido regular de alunos ditos especiais era realizada com base num modelo educacional denominado integração, que previa a escolarização de alunos com deficiências (geralmente oriundos do ensino especial) em classes comuns; porém, eles só eram integrados na medida em que demonstrassem condições [...].

A filosofia da integração preconiza que estejam, conjuntamente, no espaço escolar crianças com e sem deficiência. Seguindo essa filosofia, surgiram pressupostos e/ou posicionamentos pedagógicos que estabeleciam atividades e tarefas que deveriam ser executadas pelas crianças com deficiência, tais como: participar de todas as atividades desenvolvidas na sala de aula, pois a aprendizagem é vista como um desafio, que precisa ser enfrentado; observar e aprender com alunos mais competentes; viver em contextos mais normalizantes para desenvolver aprendizagens significativas; e vivenciar ambientes sociais mais facilitadores. E, em paralelo, as crianças sem deficiência seriam agraciadas com a possibilidade de aprender a aceitar as diferenças e respeitar limitações e potencialidades (Carvalho, 2008; Magalhães, 2011; Mendes, 2010).

Tais posicionamentos teóricos não permaneceram para sempre, considerando que estudos e pesquisas contribuíram para inovar e aperfeiçoar as práticas de integração no campo educacional. A produção científica na área exerceu, também, forte influência nas diretrizes políticas em relação ao ensino e à aprendizagem dos alunos com deficiência. Dessa forma, surgiram novas alternativas, estratégias e recursos didáticos e pedagógicos, que eram destinados a lhes facilitar a aprendizagem. Houve análise e discussão em torno da natureza estigmatizadora do ensino especial oferecido nas instituições escolares, residenciais e classes especiais. O crescimento da produção científica alicerçava-se no pressuposto de que as pessoas com deficiência podem aprender, portanto, era preciso investigar *o que, para que* e, em *que lugar* elas poderiam aprender.

Na esteira da filosofia integracionista, outras possibilidades deveriam ser consideradas na educação das pessoas com deficiência, por exemplo, desenvolvimento da sua autonomia, independência e melhoria da qualidade de vida desse grupo. O ideal era potencializar o desenvolvimento interpessoal e a inserção social das pessoas com deficiência na perspectiva da normalização. Nessa perspectiva, famílias, profissionais e gestão pública contribuíram para fortalecer o movimento integracionista, em contraposição à segregação outrora predominante.

Nas décadas de 1960 e 1970, fatores circunstanciais influenciaram a filosofia da integração e, de acordo com Mendes (2006a), a crise mundial do petróleo tornou-se um fator preponderante:

> [...] os países considerados desenvolvidos haviam criado um sistema educacional paralelo para os portadores de deficiências. A partir da década de 1960, passou a ser também conveniente adotar a ideologia da integração, pela economia que elas representariam para os cofres públicos (Mendes, 2006a, p. 388).

Segundo a autora, o avanço científico da década de 1960 procurou demonstrar as potencialidades das pessoas com deficiência e, ao mesmo tempo, empreendeu críticas aos serviços educacionais mais excludentes. Nesse contexto, ampliou-se a demanda pelo ensino especial, o que gerou a incorporação da clientela às escolas especiais e sua exclusão do ensino regular. Dessa forma, ocorreram o crescimento das oportunidades de trabalho, a formação de profissionais especializados, a delimitação dessa área de conhecimento e efetivação de políticas públicas. Cita diversos elementos que contribuíram para fortalecer a filosofia da integração, tais como: altos investimentos em programas paralelos especializados; crise econômica mundial e aglutinação de interesses políticos. Cita, também, a participação dos segmentos: prestadoras de serviços, pesquisadores, famílias e as pessoas com deficiência, nas escolas regulares.

A respeito do movimento integracionista na Educação Especial, Omote (1999) considera que o processo de inserção do deficiente em meios sociais tem como objetivo operacionalizar o princípio da normalização, para que a pessoa com deficiência fique mais próxima das pessoas comuns, conforme já citado. Tal posicionamento parte da seguinte premissa: se crianças comuns podem aprender a ler e escrever em classes de ensino comum, as consideradas com algum tipo de deficiência também podem e devem aprender essas competências em classes comuns.

No entanto, o autor faz algumas ressalvas: é necessário investir na formação da criança com deficiência com a finalidade de integrá-la aos demais alunos, na medida do possível; são fundamentais a organização e a adequação ao ambiente no qual a criança com deficiência será integrada; é indispensável que a necessidade de cada criança, independentemente de sua natureza e diferença, seja respeitada.

Pode-se, assim, afirmar que os paradigmas da integração/normalização negam a diferença e levam o aluno especial a ser inserido no contexto escolar como qualquer outro; por conseguinte, não são consideradas as possíveis diferenças existentes, no seu processo de aprendizagem.

Nos anos de 1970, na vigência dos paradigmas supracitados, foi marcante a influência da psicometria, que reforçava a ideia classificatória da aplicação dos testes de coeficiência de inteligência (QI) aos alunos das classes comuns considerados fracassados do sistema escolar. Nessa mesma década, teve início o processo de centralização administrativa e de coordenação de políticas, por parte do governo federal, para garantir os direitos das pessoas com deficiência.

Em 1973, foi instituído o primeiro órgão público federal para coordenar as políticas públicas de Educação Especial no país. Trata-se do Centro Nacional de Educação Especial (Cenesp), que tinha como finalidade promover, em todo o território nacional, a expansão e a melhoria do atendimento aos excepcionais, qualificar técnicos e docentes para o Ensino Especial.

Dessa forma, a criação do Cenesp representa um importante marco para a história da Educação Especial, no país, uma vez que, até aquele período, essa modalidade educativa esteve ligada à filantropia e ao voluntariado. Constituiu-se, então, como a primeira intervenção direta e sistemática do Estado, nesse campo. Submetido ao MEC, o órgão ofereceu suporte financeiro e recursos humanos às Secretarias de Educação dos estados e municípios, para o atendimento especial. Em 1986, o Cenesp foi substituído pela Coordenadoria Nacional para Integração da Pessoa com Deficiência.

Até o início dos anos 1970, havia uma acentuada dissociação entre as Políticas Públicas de Educação Especial e as Políticas Públicas de Educação Regular. Apesar da implantação de Políticas Públicas para Educação Especial, no período compreendido entre 1970 e 1980, ainda é forte o papel das instituições privadas, filantrópicas e assistenciais e, também, a continuidade do atendimento em espaços segregados na escola pública.

Esse atendimento educacional ocorreu, sobretudo, nas classes especiais, que funcionavam no espaço da escola regular e eram destinadas ao atendimento educacional aos alunos com deficiência mental. As classes especiais prevaleceram como principal veículo de atendimento, sob fortes críticas, até os anos 1990. As pesquisas daquela época detectaram: falha nos critérios de encaminhamento para as referidas classes e prevalência do aspecto terapêutico sobre o pedagógico nos currículos. Segundo Almeida (1984) e Denari (1984), a crítica mais acirrada concentrava-se nos diagnósticos feitos pela escola, que direcionavam os alunos para as classes especiais, por exemplo, alunos multirrepetentes eram diagnosticados como portadores de retardo mental. Muitas vezes, tais diagnósticos representavam a incompetência da escola em lidar com o fracasso escolar, que mantinha esses alunos por prolongado tempo em classe especial.

Até os anos 1990, a inserção de alunos ditos especiais no ensino regular era realizada com base no paradigma da integração, que, conforme Glat e Pletsch (2011, p. 17), "previa a escolarização de alunos com deficiências, geralmente oriundos do ensino especial, em classes comuns".

A partir de 1992, no governo de Itamar Franco, a Educação Especial passa a ser gerenciada pela Secretaria de Educação Básica, responsável pela assistência técnica e financeira, denominada Secretaria de Educação Especial.

No Governo de Fernando Henrique Cardoso (FHC, 1995-2002), foi instituído o Conselho Nacional dos Direitos da Pessoa Portadora de Deficiência (Conade, 1999), no âmbito do Ministério da Justiça, via Decreto n.º 3.076, de 01/07/1999, com o objetivo de acompanhar o plano anual da Corde, bem como monitorar o desempenho dos programas e projetos da administração pública que eram responsáveis pela política nacional para integração da pessoa com deficiência.

Assim, o Conade sofreu modificações, tendo sido transferido do Ministério da Justiça para integrar a estrutura básica da Secretaria Especial dos Direitos Humanos da Presidência da República, no governo do presidente Lula. Órgão superior de deliberação colegiada, com a finalidade de acompanhar e avaliar o desenvolvimento da política nacional para inclusão da pessoa com deficiência e das políticas setoriais de educação, saúde, trabalho, assistência social, transporte, cultura, turismo, desporto, lazer e política urbana, dirigidos a esse grupo social. Em relação à Política de Educação Especial: a aprovação da atual LDBEN, Lei n.º 9.394/1996; a implantação dos Parâmetros Curriculares Nacionais (PCN); e as Diretrizes Nacionais para a Educação Especial na Educação Básica, por meio da Resolução n.º 2/2001.

Em linhas gerais, pode-se afirmar que, durante o governo FHC, a educação especial e outros níveis e modalidades de educação registraram expansão de matrícula no sistema regular de ensino. Essa expansão responde a um modelo de inclusão fundado no princípio de educação para todos, preconizado na Conferência Mundial de Educação. Ressalta-se que as políticas de expansão não foram acompanhadas de uma reestruturação das instituições escolares e não receberam apoio a programas de formação de professores. Tais políticas públicas estiveram mais identificadas com a inserção do aluno com deficiência na escola do que com a sua inclusão.

Durante os oito anos do Governo do Presidente Lula (2003-2010), a Educação Especial, como modalidade de educação, esteve vinculada à Educação Básica, tendo a Secretaria de Educação Especial, no MEC, como responsável pelo direcionamento das políticas de inclusão. Segundo Garcia e Michels (2011), a Política Nacional de Educação Especial, nesse período, ganhou novos contornos, mediante três programas de governo: dois voltados para a Educação Básica e um para a Educação Superior: 1) Programa de Implantação de Salas de Recursos Multifuncionais; 2) Programa Educação Inclusiva: direito à diversidade; 3) Programa Incluir. De acordo com Glat e Pletsch (2011), os programas mencionados contribuíram para a expansão dos fundamentos inclusivos na Política de Educação Especial no Brasil, na última década.

Tendo em vista os períodos anteriores da história da educação especial, impõe-se ressaltar que, a partir do governo Lula (2003-2006; 2007-2010), o discurso da escola inclusiva ganha destaque e dá o tom da política educacional em âmbito nacional. Nessas políticas e nesses programas, questões relacionadas à diferença aparecem articuladas à valorização da diversidade de povos e culturas no país, contrapondo-se a uma visão que sempre predominou na sociedade brasileira. Contudo, Mendes (2006a) considera que os benefícios da inclusão e do respeito à diversidade e que estão preconizados pelas políticas públicas não consideraram de forma plena os obstáculos já identificados e/ou denunciados pela vasta produção em Educação, que dificultam a efetivação da inclusão na escola atual.

No referido governo brasileiro, pode-se destacar o Decreto n.º 7.690, de 02/03/2012, que aprova outra mudança na Seesp, que foi incorporada à Secretaria de Educação Continuada, Alfabetização, Diversidade e Inclusão (Secadi) como Diretoria de Políticas de Educação Especial (DPEE). Em articulação com os sistemas de ensino, assume como principais frentes de trabalho: implementar políticas educacionais nas áreas de Alfabetização e Educação de Jovens e Adultos, Educação Ambiental, Educação em Direitos Humanos, Educação Especial, Educação do Campo, Educação Escolar Indígena, Educação Quilombola e Educação para as Relações Étnico-Raciais. Portanto, a Secadi tem como objetivo principal contribuir para o desenvolvimento inclusivo dos sistemas de ensino, promovendo a valorização das diferenças, das diversidades, da Educação Inclusiva, dos Direitos Humanos e da sustentabilidade socioambiental e, assim, buscar a efetivação de políticas públicas transversais e intersetoriais.

Na finalização deste item, é oportuno citar uma avaliação feita por Mendes (2010) da educação especial que é promovida no país. Segundo a autora, a educação especial, na atualidade, é ambivalente, pois oscila entre posições otimistas e pessimistas. Como aspectos positivos, cita o avanço na legislação; o crescimento da produção científica na área; e o aumento dos movimentos sociais de luta pela inclusão social e escolar de crianças e jovens que vivem em situação de deficiência no Brasil. E, como pontos negativos, destaca: a política ineficiente para fazer frente às demandas que se impõem em relação ao financiamento e de formação de recursos humanos. Além disso, ressalta que o panorama do atendimento educacional para as pessoas com deficiência, no país, assume um caráter dualista, tendo em vista os seguintes aspectos: assistencialismo filantrópico, que é patrocinado, em parte, pelo poder público; e oferecimento de um frágil atendimento educacional oficial.

2.3 Prática Pedagógica e Prática Pedagógica Inclusiva

Este item explicita dois posicionamentos diferenciados de prática pedagógica e, em seguida, conceitua prática pedagógica inclusiva. Apresenta, também, algumas críticas à prática pedagógica formuladas por teóricos da área da educação.

2.3.1 Conceituação de Prática Pedagógica

Na atualidade, a prática pedagógica é conceituada e/ou compreendida sob múltiplos aspectos que interferem na delimitação de sua abrangência: diversos teóricos enfatizam seu caráter histórico/social e afirmam que sua ação extrapola os limites da instituição escolar. Em paralelo, surgem outros posicionamentos, que delimitam sua ação à escola e à sala de aula, porém ressaltam suas vinculações com o contexto social. O presente tópico contém algumas críticas à prática pedagógica formuladas por teóricos da área da educação.

Dentre os autores que estudam a abrangência da prática pedagógica para além da escola, destacam-se Freire (1978, 1991, 1996) e Souza (2009), conforme o que se segue.

Souza (2009) concebe a prática pedagógica como uma prática social de caráter histórico e cultural, que vai além da prática docente e envolve as atividades didáticas em sala de aula, abrange os diferentes aspectos do projeto pedagógico da escola e suas relações com a comunidade e a sociedade. A prática pedagógica ultrapassa os espaços da sala de aula e da escola, tendo em vista a formação humana do sujeito. O autor analisa as múltiplas dimensões da prática pedagógica e cita, por exemplo, suas características de práxis pedagógica, no processo de formação do professor, quando interage com as várias instâncias que se destinam à formação docente. No entanto, ressalta que a prática pedagógica não pode ser considerada como a única instância responsável pela formação de professor.

> A prática pedagógica que objetiva a formação de professor é importante, mas não é única nem decisiva para essa formação. Ela legaliza e legitima o exercício profissional, repito, mas não é a única nem decisiva no processo de transformar alguém em um professor (Souza, 2009, p. 23).

Considera a prática cotidiana do professor em sala de aula, denominada de *prática docente*, como uma dimensão da prática pedagógica. Afirma, ainda, que a prática pedagógica envolve as práticas gestora, discente, gnosiológica e/ou epistemológica. Em consequência de tal abrangência, diz respeito à prática social.

> [...] inter-relação de práticas de sujeitos sociais formadores que objetivam a formação de sujeitos que desejam ser educados (sujeitos em formação) respondendo aos reque-

rimentos de uma determinada sociedade em um momento determinado de sua história, produzindo conhecimentos que ajudem a compreender e atuar nessa mesma sociedade e na realização humana dos seus sujeitos [...] (Souza, 2009, p. 29).

A prática pedagógica, inerente à prática educativa, é reflexiva, reflete e refrata as relações de produção e, também, marca e é marcada pelas relações de classes. Ou seja, é marcada e imprime as marcas em todos os âmbitos de atuação humana, dentro e fora da agência oficial educativa, que é a escola. Envolve as práticas múltiplas de formação do humano, o que a torna constituinte do **que fazer**, exclusivamente, humano, presente em todas as dimensões do sujeito.

Freire (1991), autor em quem Souza se inspira, faz referência ao sentido macro da prática como uma implicação das ações do homem enquanto sujeito político, que age e interfere no mundo. Nesse exercício, muitas vezes, o homem é tragado pela dicotomia existente entre o pensar e o agir, que são instâncias essenciais para a educação e para a vida.

> A questão de coerência entre a opção proclamada e a prática é uma das exigências que educadores críticos se fazem a si mesmos. É que sabem muito bem que não é o discurso o que ajuíza a prática, mas a prática que ajuíza o discurso (Freire, 1991, p. 25).

No entanto, Freire (1987) não faz uma subclassificação da prática pedagógica, pois afirma que esse conceito expressa as atividades rotineiras desenvolvidas no cenário escolar. Tais atividades podem ser planejadas com o intuito de possibilitar a transformação do homem e da sociedade ou, então, assumem um caráter apenas de transmissão de informações. Critica esse tipo de ensino, centralizado na transmissão de conhecimentos e de informações, no qual o aluno não participa de modo ativo e se torna um simples expectador. Para contribuir com os problemas detectados, elabora, ao longo de sua vida, uma proposta de educação crítica e libertadora, voltada para a transformação social.

Para Freire (1996), a prática pedagógica é práxis, porque é prática social, orientada por saberes, conhecimentos e ação. Impõe-se, portanto, ressaltar determinados princípios freirianos (denominados de saberes) que embasam a prática docente: não há docência sem discência; ensinar não é transferir conhecimento; ensinar é uma especificidade humana. Esses saberes colaboram para a construção de uma prática que transcende a concepção de saberes prontos e, assim, o *que fazer* assume uma dimensão de curiosidade epistemológica.

Conforme já citado, em paralelo à análise da prática pedagógica, que se estende para além dos muros da escola, outros teóricos examinam seus vínculos com o contexto social, porém consideram que sua ação é direcionada para a escola e para a sala de aula. Adotando essa ótica, podem ser citados: Caetano (1997); Carvalho e Grigoli (2012); Guathier (1998); Veiga (1989); e Zabala (1998), entre outros.

Para Veiga (1989), a prática pedagógica é uma totalidade multi-influenciada pelo contexto macro ao qual está vinculada, que tem implicações na realidade escolar. Trata-se de uma prática social cujo espaço privilegiado é a escola e a sala de aula, podendo ser considerada como: "uma prática social orientada por objetivos, finalidades e conhecimentos, e inserida no contexto da prática social. A prática pedagógica é uma dimensão da prática social" (Veiga, 1989, p. 17).

Considera que a prática pedagógica é um exercício inter-relacionado entre teoria e prática. E, nesse exercício, a prática está permeada por um aspecto teórico, idealizado; e um aspecto material, objetivo. O aspecto teórico refere-se às ideias que são construídas com base em conhecimentos epistemológicos e organizados no plano real, isto é, na correlação entre vida e trabalho. Os aspectos objetivos dizem respeito ao conjunto dos recursos utilizados na ação do docente e que viabilizam as práticas humanas concretas, sempre fundadas em teorias. A prática pedagógica é, essencialmente, humana, direcionada e intencionada.

De acordo com essa perspectiva, a prática pedagógica é vista como uma via de mão dupla com delineamento horizontal, na qual teoria e prática caminham na mesma direção. No entanto, Veiga (1989, p. 18) ressalta que: "quando a prioridade é colocada na teoria cai-se na posição idealista. O inverso também gera distorções, pois uma prática sem teoria não sabe o que pratica".

Afirma, ainda, que a prática pedagógica pode ser acrítica ou reflexiva. A primeira perpetua a dicotomia entre sujeito e objeto e, também, entre teoria e prática, tendo como premissa normas preestabelecidas. Dessa forma, a ação docente é mediada pela subordinação, pois apenas reproduz o que está imposto, ou seja, "não se inventa, no modo de fazer. Fazer é repetir ou imitar uma outra ação" (Veiga, 1989, p. 18). Nesse tipo de prática, surgem manifestações da consciência ingênua, na perspectiva freireana, que tornam o exercício das atividades mecânico e burocrático. Em tal contexto, o professor não se reconhece como um agente de mudanças e a prática pedagógica acrítica não atinge seus fins sociais.

Na perspectiva reflexiva, a prática pedagógica está baseada em um corpus epistemológico, no qual existem coerência e coesão, portanto, a unidade entre teoria e prática se torna sua característica principal. Quando um professor assume, no seu fazer docente, esses atributos (unidade entre teoria e prática; coerência e coesão), consegue ouvir críticas e opiniões relativas ao seu papel de educador. Além disso, sua consciência não é ingênua, tem capacidade de analisar o contexto, no qual atua e seu discurso sobre a realidade não é superficial, pois procura entendê-la, tendo como base conhecimentos técnicos e científicos.

> O vínculo da unidade indissolúvel entre teoria e prática, entre finalidade e ação, entre saber e o fazer, entre concepção e execução – ou seja, entre o que o professor pensa e o que ele faz; acentuada presença da consciência; ação recíproca entre professor, aluno e a realidade; uma atividade criadora (em oposição à atividade mecânica, repetitiva e burocratizada); um momento de análise e crítica da situação e um momento de superação e de proposta de ação (Veiga, 1989, p. 22).

Enfocando, também, a escola, Caetano (1997) afirma que a prática pedagógica compreende um campo de ambivalências e conflitos, no qual cada profissional se confronta consigo mesmo, com os alunos, com os colegas, com a comunidade escolar, com as normas institucionais (escolas e sistemas). Em sua definição, estabelece vínculos com o conceito de educação formal.

Para Carvalho e Grigoli (2012), a prática pedagógica possibilita e, ao mesmo tempo, é constituída pelo aperfeiçoamento do professor, em consequência do somatório dos fatos ocorridos no cotidiano da sala de aula. Cabe ao professor selecionar o conteúdo de ensino e o modo de ministrá-lo; solucionar problemas advindos das relações que se estabelecem entre alunos; e gerir a dinâmica da aula, tendo em vista a melhoria constante do processo de ensino e de aprendizagem. No decorrer da aula, o professor utiliza seus saberes disciplinares, curriculares e experienciais. E, de acordo com as autoras, o uso diário de tais saberes exige reflexão e atualização de conhecimentos, o que, em geral, melhora a qualidade prática pedagógica.

Analisando a prática pedagógica, na abrangência da escola, Guathier (1998) ressalta as características de multiplicidade, complexidade e pluralidade que a constituem. Examina os recursos cognitivos e os saberes decorrentes do confronto contingencial que são mobilizados pelo professor nas relações de sala de aula. Afirma que a ação docente precisa ser mediada pela ética e, consequentemente, expressa *no agir prudente*. Assim entendida, a prática pedagógica é constituída por um *saber fazer*, baseado na interação entre ensino e aprendizagem, que busca a superação do modelo de racionalidade técnica e científica, tendo em vista a construção de conhecimento. O autor explicita, ainda, que a prática pedagógica precisa assumir posições de criticidade em relação ao contexto no qual está inserida.

Não excluindo o caráter social da prática pedagógica, Zabala (1998) afirma que sua ação se expressa, no microssistema da sala de aula, como *um fazer ordenado*, voltado para o ato educativo. Dessa forma, a prática pedagógica introduz um método, na ação humana, tornando-se uma ação eficaz, que exige planejamento, interação e avaliação. Cabe ao professor refletir e reelaborar seu planejamento, pois a prática docente se concretiza por meio de diversas variáveis, que se inter-relacionam de forma complexa. Para Zabala (1998, p. 16), "a prática é algo fluido, fugidio, difícil de limitar com coordenadas simples e, além do mais, complexa, já que nela se expressam múltiplos fatores, ideias, valores e hábitos pedagógicos".

Em complementação aos dois enfoques aqui explicitados, é oportuno lembrar as inúmeras críticas feitas à prática pedagógica pelos teóricos da área da educação, dentre os quais merecem destaque: Behrens (1999); Cunha (2009); Libâneo (2013); Pimenta; Ghedin (2012) e Saviani (2008).

Em geral, as críticas ressaltam o caráter conservador e as tendências escolanovista e tecnicista que estão presentes na prática pedagógica, também denominada como prática docente. São citados os seguintes aspectos: conhecimento centrado no professor; desvinculação entre o conteúdo ministrado e os interesses dos alunos; e ênfase nos aspectos teóricos em detrimento de sua aplicação prática.

Refletindo sobre as críticas, convém pensar que a ciência é oriunda de tempo e de espaço determinados. Por conseguinte, as mudanças ocorridas ao longo da história da humanidade afetam os paradigmas da ciência, que, por sua vez, atingem o sistema educacional e, particularmente, a prática pedagógica.

Com base na explicitação dos diversos aspectos da prática pedagógica, impõe-se afirmar que, nesta pesquisa, adotou-se o seguinte conceito: a prática pedagógica é uma totalidade associada à práxis, portanto é uma prática social e humana que está ligada ao fazer docente, no espaço da escola e sala de aula. Deve-se, ainda, esclarecer que foram feitas investigação e análise da prática pedagógica de uma escola que oferece ensino regular, tendo em vista garantir a inclusão de crianças e adolescentes com deficiência. A prática pedagógica aqui apresentada está centrada nas ações desenvolvidas pelos professores junto a esses alunos, a fim de garantir a devida apropriação de conhecimentos.

Informa-se, ainda, que esta pesquisa se estendeu aos gestores, aos funcionários administrativos da escola e aos pais dos alunos; por conseguinte, tentou apreender os principais componentes do cotidiano escolar das crianças e dos adolescentes com deficiência na escola e sala de aula.

Reconhecendo a complexidade da prática pedagógica investigada, reitera-se o intento de melhor compreendê-la no espaço de escola pública.

2.3.2 Aspectos e Tendências da Prática Pedagógica Inclusiva

Na literatura, o conceito de prática pedagógica inclusiva apresenta-se de forma diversificada e abrangente. Refere-se a inúmeros aspectos e tendências, tais como: currículo, sala de aula, aprendizagem, desenvolvimento de aulas, avaliação de alunos, práticas docentes, gestão escolar, cotidiano, recreio, materiais usados pelos alunos, atendimento educacional especializado e educação infantil.

Em geral, os trabalhos voltados para a prática pedagógica inclusiva, ou seja, para o fazer pedagógico, discutem a escolarização dos alunos com deficiência, desde a educação infantil até o ensino superior. No âmbito da Educação Especial, a prática pedagógica inclusiva manifesta-se de forma mais acentuada a partir da Declaração de Salamanca (1994), ocasião em que são estabelecidos Princípios, Políticas e Práticas na área das Necessidades Educativas Especiais, conforme já citado.

Os estudos sobre prática pedagógica inclusiva, voltados para alunos com deficiência, estão centralizados nas ações e nas relações entre os sujeitos, no cotidiano escolar, e discutem a dinâmica do processo de escolarização na perspectiva da inclusão. Assim, esses trabalhos revelam processos multifacetados, dos quais participam alunos, professores, gestores, equipe técnica e familiares.

As pessoas envolvidas no macrouniverso escolar assumem diferentes papéis no campo pedagógico, e suas atividades apresentam aproximações ou distanciamentos que estão baseados em teorias e práticas diferenciadas. Nesse cenário concreto, ocorrem diferentes relações entre os sujeitos e seus pares.

A prática pedagógica inclusiva pressupõe a participação de todas as pessoas envolvidas com a instituição escolar, tendo em vista que o Projeto Político e Educacional é uma construção coletiva, que deve viabilizar o enfrentamento da exclusão de pessoas com deficiência. O delineamento das estratégias adotadas tem como finalidade oferecer a essas pessoas uma formação pautada em princípios mais humanos e de qualidade.

Dessa forma, a prática pedagógica inclusiva exige que gestores, funcionários administrativos e professores conheçam, de modo detalhado, o público-alvo. Por conseguinte, é indispensável que cada um faça os seguintes questionamentos: quem são os indivíduos que convivem nesses espaços? O que sabem? O que precisam saber? Como aprendem? E como são atendidos em suas especificidades? O delineamento de uma prática pedagógica inclusiva direciona a comunidade escolar para a superação das barreiras existentes no cotidiano escolar: estrutura física e recursos instrumentais inadequados; formas de comunicação, ações programáticas e metodologias que não são adequadas às especificidades dos alunos.

Dentro dessa perspectiva, o ideário de uma prática pedagógica inclusiva caminha na contramão da lógica atual instaurada no cotidiano escolar, que funde modelos hegemônicos de padrões comportamentais e práticas que são distanciadas da realidade humana. Tais lógicas não suprem as reais necessidades educacionais e formativas dos alunos.

Para compreender a prática pedagógica inclusiva, Ferreira (2003) afirma que é vital mergulhar no interior do cotidiano escolar, para contemplar, interagir com todos e apreender os componentes subjetivos de suas relações e seus comportamentos. Na visão da autora, a prática pedagógica representa momentos de mediação entre alunos e professores, nos quais todos estão envolvidos pelos princípios de solidariedade, respeito, cooperação e inclusão. A prática pedagógica inclusiva é resultado de uma múltipla articulação do conhecimento dos sujeitos no contexto escolar e da ruptura de modelos homogêneos e segregadores. A reorganização dos tempos pedagógicos, a abertura para a participação da família, o trabalho cooperativo são indícios de novas alternativas para o crescimento e efetivação do cotidiano inclusivo.

A prática pedagógica inclusiva não está centrada em um único elemento do todo pedagógico, pois está constituída pelas inter-relações e interconectividades que compõem a instituição. Para Ferreira (2003, p. 12):

> É imprescindível que a instituição educacional fique mais atenta aos interesses, características, dificuldade e resistências apresentadas pelos alunos no dia a dia da Instituição e no decorrer do processo de aprendizagem. Dessa forma, o ambiente escolar precisa se construir como um espaço aberto, acolhedor, preparado e disposto a atender às peculiaridades de cada um.

Outra consideração trazida pela pesquisadora, no que tange à prática pedagógica inclusiva, refere-se aos conhecimentos adquiridos anteriormente pelos alunos e ao papel do sistema de ensino. O primeiro consiste em respeitar o cabedal de conhecimentos do aluno e o seu desenvolvimento cognitivo que emerge no decorrer das atividades de ensino e de aprendizagem. Cabe ao professor identificar e compreender as estratégias adotadas pelo aluno no enfrentamento dos desafios que são impostos nos espaços formais.

O Sistema Regular de Ensino é um elemento estruturador da educação convencional, que contém diretrizes e normas referentes ao ordenamento e/ou à estruturação dos seguintes elementos: concepções de currículo, de aprendizagem, de ensino e de avaliação; reorganização do tempo e espaço escolar; e desenvolvimento integral do aluno. Em se tratando da educação inclusiva, torna-se imprescindível que esse sistema adote determinadas estratégias, que possibilitem atendimento adequado ao aluno com necessidades especiais. Impõe-se ressaltar que a adoção de tais estratégias irá interferir na prática pedagógica inclusiva.

Santos, Pereira e Melo (2009) consideram que a prática pedagógica inclusiva ocorre no fazer cotidiano educacional, o que exige o desenvolvimento de posturas éticas direcionadas, objetivamente, para o seu público-alvo.

Explicitando esse assunto, as autoras afirmam que as instituições de ensino cujas práticas são pautadas em princípios inclusivos adotam procedimentos transparentes com a finalidade de expor e discutir seus valores com a comunidade. Em tais instituições, o ato de educar é assumido como um compromisso individual, que está voltado para o bem comum, portanto é um trabalho coletivo. A comunidade escolar que adota um compromisso dessa natureza promove a participação de todos os envolvidos no processo educativo.

> Isso requer dos membros pró-inclusão de uma comunidade educacional muita criatividade, persistência e forte crença em seus princípios, ao mesmo tempo em que abertura suficiente para rever estes mesmos princípios, caso tornem-se obsoletos ou insignificantes à promoção da Inclusão naquele contexto (Santos; Pereira; Melo, 2009, p. 21).

Pelo olhar das autoras acima supracitadas, a prática pedagógica inclusiva assume uma perspectiva mais global, que tem início nas dimensões do fazer docente individual e abrange a participação efetiva da comunidade escolar. Há, portanto, um esforço coletivo em busca de unidade de concepções e de fazeres docentes, em prol da qualidade da educação. Nas palavras de Santos (2010, p. 1):

> Práticas de inclusão em educação são todas as ações dos educadores (professores, técnicos pedagógicos, gestores, funcionários...) que promovam a participação plena do aluno em seu processo educacional e na vida cotidiana da escola. Por participação plena queremos dizer o usufruto do aluno, qualquer que seja ele, daquilo que lhe é direito: ser educado na escola. E ser educado na escola, é sempre bom lembrar, significa aprender tanto conteúdos curriculares quanto a conviver com a comunidade escolar.

À luz do pensamento de Santos (2010), a prática pedagógica inclusiva está constituída de fazeres, ações, atitudes, planejamento das aulas, gerenciamento das atividades do cotidiano escolar, que atendem à diversidade.

Ainda conforme a autora, as práticas pedagógicas inclusivas requerem reflexão e análise dos eixos que direcionam as situações da vida humana e social, dentre as quais merecem destaque as seguintes dimensões: *construção de culturas de inclusão, desenvolvimento de políticas de inclusão* e *orquestração das práticas*. Cada dimensão remete a um eixo norteador, que terá seu desdobramento por meio dos indicadores. Na escola, esses indicadores, por sua vez, ocuparão um ponto de partida a fim de vislumbrar o ponto de chegada, com o objetivo de fortalecer a autonomia e a capacidade de gestão das instituições de ensino e dos profissionais de ensino.

Construção *de culturas de inclusão*: essa primeira dimensão, que se refere às relações macro e micro dos sujeitos entre si, está constituída de concepções, pensamentos e reações que mobilizam o cotidiano escolar e se manifestam em linguagens verbais e não verbais. Por conseguinte, interfere na organização da comunidade pela adoção de valores inclusivos: bem-estar do sujeito, colaboração, respeito, parceria, envolvimento, trabalho coletivo, acessibilidade e tolerância.

Desenvolvimento de políticas de inclusão: a segunda dimensão reporta-se ao cotidiano específico da unidade de ensino e objetiva seu aperfeiçoamento, notadamente nos aspectos de infraestrutura administrativa, planejamento, reuniões, organização do espaço físico e das turmas, adaptação dos alunos novatos e apoio à diversidade. Para o pleno desenvolvimento dessa dimensão, é necessário que a escola promova/estimule as seguintes ações: formação continuada dos docentes; atualização do currículo; adoção de medidas que minimizem práticas de exclusão e de intimidação. Impõe-se, também, evitar o *bullying* e outras manifestações de violência contra professores e alunos.

Orquestrando as práticas: a terceira dimensão institui-se a partir do gerenciamento da instituição escolar, que abrange as atividades cotidianas e as relações interpessoais. Essa dimensão, que está sedimentada no respeito às diferenças, direciona as rotinas escolares: organização do ensino, disposição das aulas, atividades de classe e de casa, participação dos alunos em atividades extracurriculares, uso dos recursos e materiais didáticos e, também, criação de materiais específicos para o público-alvo.

As dimensões das práticas pedagógicas inclusivas supracitadas podem ser encontradas em uma proposta em educação mais refinada, cujos fundamentos interferem no modo de pensar, agir e sentir dos profissionais envolvidos com a prática pedagógica inclusiva.

Pires (2008) considera que as práticas pedagógicas inclusivas precisam assegurar o atendimento às diversidades, que exigem adaptações educativas, tendo em vista o perfil plural e singular dos alunos. Portanto, não podem ser construídas apenas sob os parâmetros de uma didática especial, pois precisam adotar os princípios básicos do ensino regular, mas tendo respeito pelas especificidades dos educandos. Nesse sentido, Pires (2008, p. 199) afirma:

> O importante, portanto, é que a escola adote, em sua filosofia, em sua organização funcional, em seu currículo,

medidas que permitam a seus docentes se capacitarem para enfrentar a diversidade e necessidades de quaisquer tipos de alunos.

Tal entendimento rompe com determinados aspectos da prática escolar: práticas homogêneas e não diferenciadas, atitudes padronizadas na forma de pensar e agir. Dessa forma, o olhar da escola sobre o educando e suas necessidades conflui para situações mais centralizadas e objetivas, tendo como foco o sucesso escolar. Há, também, possibilidades de superação de um discurso predominante na escola, segundo o qual o aluno assume, prioritariamente, a responsabilidade pelo seu fracasso ou ascensão escolar. O modo como a instituição "olha" a diversidade já anuncia um marco operacional para o currículo e para práticas docentes menos excludentes:

> Quando se pensa e se fala em prática pedagógica, se faz referência ao currículo, aos conteúdos, às metodologias e ao conhecimento das especificidades de cada aluno, considerando ainda, como uma realidade não menos significativa, as diversas fases de desenvolvimento e níveis de escolaridade dos alunos: todos esses fatores ou elementos se imbricam, influem uns nos outros, e demandam respostas concretas ao atendimento educativo das necessidades das crianças (Pires, 2008, p. 199).

Continuando a pensar a prática pedagógica inclusiva, convém examinar o que ocorre na educação infantil. De acordo com pesquisas realizadas por Machado, Lima e Pimentel (2010), na educação infantil as práticas inclusivas assumem perspectivas excludentes. A educação, como direito de todos, está distante de ser materializada, uma vez que o acesso é dificultado no espaço escolar, o currículo e a prática docente não contribuem de forma plena para a inclusão de crianças pequenas com deficiência no processo escolar.

Tendo como base a pesquisa supracitada, afirma-se que as práticas inclusivas referentes ao currículo, às estratégias e às relações entre docente e discentes com deficiência na educação infantil não estão concretizadas de forma satisfatória. As crianças pequenas com deficiência são negligenciadas e, em geral, são inseridas no espaço da escola e da sala de aula, porém não são devidamente incluídas, como foi possível identificar em outras pesquisas (Albuquerque, 2007; Figueiredo, 2002; Sant'Ana, I. M, 2005).

A prática pedagógica inclusiva precisa ser organizada de acordo com o nível de desenvolvimento de cada criança, desde sua chegada à creche.

A criança necessita de recursos didáticos/pedagógicos que facilitem sua aprendizagem e, também, seu relacionamento com as demais crianças. Sob essa ótica, a prática pedagógica inclusiva deve:

> [...] garantir um trabalho em conjunto de envolver todos no processo: sistema de ensino, profissionais da educação, especialistas, usuários da escola pública e a sociedade, a fim de assegurar tanto o acesso dessas crianças quanto sua aprendizagem. E isso não se faz somente com boa vontade, mas com uma política engajada, comprometida com a educação de qualidade para todos (Machado; Lima e Pimentel, 2010, p. 75).

Para promover a inclusão da criança desde a creche, é indispensável que a prática esteja direcionada para sua finalidade específica, portanto, a elaboração de currículo, a escolha de materiais, a adaptação ao ambiente e o cuidado com as interações efetivas precisam ser planejados de acordo com os princípios da educação especial. A mediação do adulto é essencial para o desenvolvimento integral do aluno com algum tipo de deficiência, em processo de inclusão na Educação Infantil, especificamente, na creche (Mendes, 2010).

À luz do pensamento dessa autora, pode-se afirmar que a escola inclusiva, iniciada na creche, requer o aprimoramento da prática docente com base na introdução de novas estratégias de ensino. Assim, os professores poderão garantir de modo mais substancial o desenvolvimento dos conteúdos curriculares diferenciados e adaptados a todos os alunos. Compete ao professor inserir, no planejamento de suas ações diárias, estratégias que possam responder às singularidades das crianças.

Para Carvalho (2008), a prática pedagógica inclusiva significa a manifestação concreta da tríade do processo ensino-aprendizagem, que inclui mediador, sujeito que precisa aprender e multiplicidade de conhecimento. Tais relações são dinâmicas, dialéticas e, de modo permanente, envolvem os sujeitos que estão inseridos em um contexto social, histórico e político, marcado por interesses diversificados e pela ideologia dominante. Portanto, para entender a prática é indispensável analisar as condições estruturais do microespaço da sala de aula e do macroespaço da escola.

A autora cita alguns obstáculos que se interpõem à prática pedagógica inclusiva: a infraestrutura da escola não é atrativa; as exigências administrativas são excessivas, o que representa uma sobrecarga de trabalho para os professores; e, em geral, seus salários são insuficientes para atender suas necessidades pessoais.

Ainda conforme a autora, a prática pedagógica inclusiva perpassa três diferentes níveis, assim denominados: o nível macropolítico, o nível mesopolítico e o nível *micropolítico*. O primeiro nível, macropolítico, refere-se ao *sistema de ensino*, responsável pelo planejamento e financiamento dos programas e políticas públicas no âmbito federal, estadual e municipal. Nesse nível, as políticas públicas são iniciadas e os discursos políticos são elaborados. Faz parte desse contexto o Ministério da Educação/governo federal, por meio das respectivas secretarias, diretorias e coordenações, assim como as interlocuções entre os estados e municípios. A expansão desse nível macropolítico consiste em parcerias mais prolongadas e menos pontuais entre os setores de educação, saúde, trabalho, transporte, mobilidade, assistência social, bem como da interlocução entre aqueles que são responsáveis por elaborar e implementar as Políticas Públicas na Educação Básica e no Ensino Superior.

Dessa forma, os sistemas de ensino que adotam em seu marco orientador uma política com base em princípios inclusivos, além de ampliar as matrículas, devem instituir uma agenda de trabalho que priorize as reais necessidades da dinâmica local. Nessa ótica, Carvalho (2008, p. 58) afirma:

> As necessárias transformações dos sistemas educacionais para que as escolas sejam de boa qualidade para todos, com todos e por toda a vida, além de idealizações calcadas em desejos, devem apoiar-se em informes objetivos que permitam conhecer como a realidade se apresenta, para que as ações de mudanças sejam implementadas, segundo as especificidades das carências de cada sistema.

O segundo nível, ou seja, o nível mesopolítico, tem como elemento principal de discussão a *escola*. A autora adverte sobre os vários papéis que as instituições formadoras têm assumido, a partir da democratização do ensino e das contradições do contexto econômico e político, que as desigualdades e injustiças sociais se tornam obstáculos à aprendizagem e à participação dos alunos, no ambiente escolar. Destaca, ainda, que a escola, ao assumir uma atitude inclusiva, passa a adotar no Projeto Político Pedagógico as possibilidades de todos, respeitando os diferentes ritmos e as diferentes estratégias para a aprendizagem.

Ao tecer suas proposições sobre a escola, a autora salienta que cada instituição de ensino deve revisitar a filosofia de educação que foi delineada no Projeto Político Pedagógico, a natureza dos mecanismos democráticos postos e assumidos pela gestão e o gerenciamento da comunicação que circula dentro e no entorno da comunidade. Nesse documento norteador, devem ser declaradas as propostas objetivas, que apresentem instrumentos financeiros, humanos e de apoios, que contribuam para o desenvolvimento de ações colaborativas, a partir das perspectivas do seu alunado e demais sujeitos.

Em relação ao terceiro nível, isto é, o nível micropolítico, o seu foco é a *sala de aula*. É nesse âmbito que os docentes se voltam para os questionamentos sobre ensino, aprendizagem, práticas, conteúdos, currículo. É aqui que a autora reconhece a emergência de atender a ansiedade e as necessidades pedagógicas dos professores a partir dos nos conflitos e tensões que eclodem das vivências na sala de aula e no exercício do cotidiano das atividades práticas.

Sendo assim, pode-se considerar que o atendimento à diversidade dos atores sociais permeia uma ação coletiva que respeita os diferentes ritmos e as diferentes estratégias para a aprendizagem. Nesse sentido, a autora adverte que:

> Para desenvolver práticas pedagógicas inclusivas (e que vão além do que acontece no interior das salas de aula), toda a comunidade de aprendizagem que a escola é mobiliza recursos, sejam os internos ou das comunidades locais, objetivando sustentar a aprendizagem e a participação ativa de todos, sem privilégios ou discriminações (Carvalho, 2008, p. 63).

Diante do exposto, percebe-se que a prática pedagógica inclusiva, na perspectiva de Carvalho (2008), exige a elaboração de um plano de trabalho que envolva toda a turma, reconhecendo a participação dos alunos como algo inspirador para o desenvolvimento dos conteúdos e da remoção das barreiras de aprendizagem. Busca-se trabalhar em equipe, trocando experiências e saberes, elucidando a construção de materiais concretos. Sugere-se, ainda, que a avaliação da aprendizagem seja baseada no percurso de cada discente. Também preconiza a intervenção de um trabalho especializado na Sala de Recursos Multifuncionais e vislumbra que sejam utilizados outros ambientes destinados ao desenvolvimento dos alunos, por exemplo, as salas de oficinas ou laboratórios de aprendizagem.

Para Capellini e Mendes (2002), a prática inclusiva consiste na imbricação dos valores democráticos, na aceitação e no respeito às diferenças, no acolhimento de todos e no estímulo do desenvolvimento da capacidade do aluno em aprender a aprender, independentemente do lugar em que o educando esteja matriculado. Essa prática se inicia por meio da flexibilização das diferentes modalidades e níveis de ensino, das políticas educacionais que garantem acesso, desempenho e rendimento escolar de qualidade.

Na perspectiva das autoras, a prática inclusiva significa observar o que ocorre em sala de aula, atentando para as condições em que o fazer pedagógico está sendo desenvolvido no âmbito escolar. Portanto, os preceitos valorativos, o reconhecimento do sujeito como um ser que é capaz de aprender, as adequações curriculares, os registros sobre as aulas e aprendizagem, os resultados dos planos de trabalho, o respeito às diferenças, o ensino colaborativo, o apoio individual, a suplementação de materiais, a modificação na instrução, o encorajamento dos discentes e o "feedback" dos desempenhos contribuem para o entendimento de uma prática pedagógica inclusiva. Diante das considerações das autoras, pode-se constatar que:

> Pensar a prática significa refletir sobre o que está ocorrendo em sala de aula, considerando as condições em que o trabalho pedagógico se desenvolve na escola e tomar decisões sobre a melhor forma de orientar a aprendizagem dos alunos (Capellini; Mendes, 2002, p. 116).

A assertiva das autoras ajuda a entender que a prática pedagógica inclusiva exige dos atores sociais uma reflexão sobre o que está sendo vivenciado, no cotidiano da sala de aula, quais são as condições do trabalho pedagógico organizado tendo em vista o espaço da instituição escolar e que decisões devem ser tomadas a fim de incrementar a aprendizagem dos discentes. Portanto, a prática inclusiva requer planejamento e formação. Centra-se não, apenas, no acesso dos alunos à sala de aula, mas também na efetivação das condições físicas adequadas, de atitudes acolhedoras e interativas.

Lunardi (2005) afirma que as práticas são entendidas no conjunto de ações constituídas a partir da elaboração e implementação do currículo. Nesse sentido, a prática se torna uma vivência coletiva, interativa, com ações compartilhadas entre discentes e docentes e, substancialmente, significativas. Portanto, são práticas interligadas com atividades de cunho prático e teórico que passam a ser vividas no cotidiano, mediante uma atitude reflexiva ou não. Em suma, práticas curriculares:

> [...] são o exercício característico da escola na organização e desenvolvimento do currículo, ou seja, dos conteúdos e das formas de sua transmissão, o que inclui atividades e tarefas propostas, bem como acompanhamento dos alunos no processo ensino-aprendizagem. São aquelas implementadas e recontextualizadas nos condicionantes escolares (tempo-espaço) envolvendo as práticas de seleção e distribuição dos conhecimentos escolares (Lunardi, 2005, p. 4).

Nesse sentido, as práticas curriculares inclusivas correspondem aos aspectos que envolvem o campo organizacional da escola, sob a égide dos conteúdos, das atividades que são propostas aos educandos, do acompanhamento sistemático dos processos de ensino e de aprendizagem, que passam a ser realizados conforme os condicionantes: tempo pedagógico destinado às aulas e espaço físico. Lunardi (2005, p. 4) considera que:

> A prática, diante dessa premissa, é cultura objetivada, experiência compartilhada. [...] são chamadas aqui de curriculares, são desenvolvidas por sujeitos, sejam eles alunos, sejam professores, mas não podem ser entendidas como ações individualizadas. Estão amarradas e são decorrências de uma trama que lhes dá significado.

Nessa perspectiva, a autora ratifica que o entendimento da prática curricular de sala de aula não é algo construído no vazio cultural, mas na ação concreta, experienciada e socializada por discentes e docentes, que está relacionada com a função social da escola, no que concerne a organização e desenvolvimento do ensino e da aprendizagem. Afirma que as práticas curriculares são entendidas por meio das relações entre as práticas desenvolvidas e as diferenças dos alunos no âmbito escolar, como também as especificidades na sala de aula, mediadas pelo professor.

Segundo a autora, tanto a igualdade como a diferença são constructos sociais. Sendo conceitos relacionais, passam a ser entendidos mediante as relações opostas entre si. Ou seja, diferença/igualdade, diferenciação/homogeneização. Dessa forma, a diferença, como tem sido compreendida na escola, pode encaminhar as situações de desigualdades e exclusões. Assim, o aluno passa a ser visto de forma estática, sem singularidade. Logo, a diferença passa a ser inexistente, e todos se tornam iguais.

> [...] o princípio da homogeneização faz constituir práticas de ensino centradas no coletivo: único modelo válido de ensino, um padrão de tarefas a serem solicitadas, um modelo invariante de sequências didáticas (Lunardi, 2005, p. 7).

Na concepção de Figueiredo (2002), diversidade e aprendizagem são dois aspectos que merecem destaque no entendimento das práticas inclusivas. A gestão da aprendizagem na diversidade está interligada, diretamente, com as práticas pedagógicas. Os princípios instituídos pela escola, tais como: organização e desenvolvimento das ações administrativo-pedagógicas; entendimento do direito à educação; aprimoramento do professor diante do ensino e da aprendizagem dos alunos; compreensão de que seu trabalho como mediador é essencial para a superação das barreiras metodológico-atitudinais; e ênfase no trabalho cooperativo, tendo como base respeito aos diferentes estilos de aprendizagem constituem o desenho da prática inclusiva.

Diante dessa compreensão, a autora assegura que as práticas de cunho inclusivo correspondem às atividades de sala de aula e às extraescolares, que promovem a participação e o entrosamento de todos os educandos. Também considera que o conhecimento e as experiências vividas pelos alunos, no interior e exterior da instituição escolar, possibilitam legitimar um ensino mais integrado, mais real e significativo para os discentes e uma aprendizagem desvelada, tendo como princípio norteador a diversidade. Nessa linha de argumentação, tem-se a síntese de que:

> Adotar a abordagem da diversidade implica reconhecer as diferenças e a partir delas, realizar a gestão da aprendizagem, tendo presente o ideário político-pedagógico da escola que pensa uma educação capaz de atender a todas as crianças, tendo em grande consideração as desigualdades sociais (Figueiredo, 2002, p. 70).

As pesquisas de Jesus (2006), em relação às práticas inclusivas, tomam como referência o ato de ensinar e aprender de alunos em situação de desvantagem, os saberes e fazeres educacionais que buscam intervir nos processos escolares. Para a autora, uma ação articulada entre universidade e escola deverá contribuir para a efetivação de práticas pedagógicas inclusivas. Também a formação continuada representa algo de grande relevância para o desencadeamento promissor da escola e da prática pedagógica.

Conforme a discussão dessa autora, a prática inclusiva é ação colaborativa, atividade que possibilita rever que tipo de ação está sendo planejada e o resultado dessa intervenção. Assim, o diálogo e as sugestões oriundas de um professor mais experiente favorecem o redirecionamento do ensino e da aprendizagem no âmbito da sala de aula. Para a pesquisadora, uma prática inclusiva é fruto do entendimento do próprio trabalho realizado pelo professor, que passa a ser construtor-interventor do conhecimento e da própria ação, em busca de inovação e autonomia. Desse modo, a escola, em sua organização, deve repensar o currículo, a gestão, as formas de aprendizado, as didáticas, a organização das turmas, dos tempos e espaços, objetivando o atendimento das reais necessidades dos atores sociais.

De acordo com Silveira e Fischer (2009), a prática pedagógica inclusiva inicia-se a partir da concepção que os sujeitos têm do sentido da educação inclusiva. Tais concepções revelam o tipo de conhecimento e atitudes que são materializados, na prática educativa cotidiana dos professores. Essas concepções são instrumentos imprescindíveis para pensar e estabelecer alternativas mais pertinentes ao grupo e possíveis respostas às intervenções pedagógicas.

Dessa forma, uma prática pedagógica inclusiva caracteriza-se pela adoção dos seguintes princípios e ações: respeito à diversidade em sala de aula; planejamento previamente elaborado; seleção e adaptação dos conteúdos e dos recursos que serão utilizados; valorização dos saberes globais e específicos; pluralidade e singularidade da turma; mediação do professor; encorajamento dos alunos nas atividades; respeito ao tempo pedagógico e responsabilidade coletiva.

O estudo das pesquisadoras citadas anteriormente revela que as práticas inclusivas permeiam a compreensão de que as turmas dos alunos em processo de inclusão são heterogêneas e que o trabalho pedagógico em sala de aula deve considerar essa premissa na organização do planejamento. As crianças são diferentes, portanto, são necessários recursos, posturas e organização escolar, que atendam às suas necessidades.

No conceito de prática pedagógica inclusiva, Melo (2010) destaca dois aspectos: as diversas relações e ações instituídas dentro da instituição escolar; e a influência oriunda das práticas externas. Para a autora, a expressão prática está interligada ao termo "currículo". Em suas palavras, as práticas curriculares

> [...] são ações que envolvem a elaboração e a implementação do currículo em suas diferentes dimensões (planejamento, metodologias, estratégias de ensino, avaliação, tempo e espaço de aprendizagem), as quais, por sua vez, são vinculadas ao processo histórico cultural dos sujeitos partícipes. Nessa perspectiva, as práticas curriculares são desenvolvidas de forma coletiva, e não individualizada, diferentes sujeitos presentes na instituição escolar, especialmente professores e alunos, considerando as contradições, tensões, conflitos, inovações e mudanças que figuram no espaço escolar (Melo, 2010, p. 158).

Complementa-se o entendimento da ideia da autora ratificando que é necessário implantar alternativas e modificações nas práticas curriculares, a fim de existir uma maior participação dos educandos nas atividades vivenciadas no contexto escolar. Tais mudanças corroboram a elaboração de práticas pedagógicas diversificadas, que oportunizam metodologias e estratégias mais amplas, para que os alunos, em diferentes estágios de desenvolvimento, tenham acesso aos conteúdos mais significativos.

Para Beyer (2006b, p. 9), as práticas em educação para crianças com necessidades especiais têm sua origem em um conceito equivocado em relação à educabilidade dessas pessoas, com ênfase no modelo clínico, consequente da égide secular da área médica na Educação Especial.

Nesse sentido, o autor considera que o entendimento de uma prática pedagógica inclusiva parte da necessidade de revisar determinados conceitos circulantes na sociedade. A primeira dimensão é a dimensão *individual*. A criança deixa de ser, ontologicamente, deficiente e passa a ser vista como um sujeito como qualquer indivíduo, com suas singularidades na construção de sua aprendizagem.

Outro aspecto considerado pelo autor diz respeito à *representação*. As imagens e os pensamentos que foram construídos ao longo dos anos desenham uma situação estática, definindo os atributos individuais. A dimensão *institucional* corresponde à premissa, que subjaz a influência clínica, sedimentando um sistema educacional paralelo ao sistema de educação formal dos alunos ditos "normais".

Sem dúvida, essa última dimensão referida intensificou os conceitos de doença, normalidade e anormalidade, o que ancorou outra forma de atendimento de cunho terapêutico-pedagógico para as crianças com deficiência. Criaram-se então, as escolas especiais, instituições edificadas à luz de asilos, assim como instituições especiais, as quais edificaram mais uma concepção equivocada da criança: pessoas deficientes e/ou incompletas.

Assim, a educação baseada em práticas inclusivas apresenta como características: defesa da heterogeneidade na classe escolar; elaboração de princípios pedagógicos; desenvolvimento de interação social entre crianças; respeito às diferenças; elaboração de currículo, metodologias e procedimentos pedagógicos apropriados e investimento na formação dos docentes. Na assertiva do autor:

> [...] a prática educativa com os alunos com necessidades especiais demanda muitas revisões por parte dos educadores, tanto as de natureza pragmática, situadas nos diversos aspectos que mobilizam o cotidiano escolar, como as de natureza teórica. É a aproximação entre teoria e prática que pode qualificar a educação de qualquer grupo de alunos (Beyer, 2006b, p. 12).

Os estudos de Sardagna (2009) congregam alguns pontos elucidados por Beyer (2006) em relação à discussão sobre as práticas normalizadoras na educação especial. A autora considera que a Conferência Mundial de Educação para Todos, nos anos de 1990, e as conferências realizadas em Jomtien (Tailândia, 1990) e Dacar (Senegal, 2000) interferiram na elaboração das Políticas de Educação Especial no Brasil. Surge, assim, uma nova forma de pensar sobre o direito à educação, nos países mais pobres e, também, sobre a situação das escolas e de outros meios que contribuem para a educação dessas sociedades.

Tais acontecimentos tiveram seu ápice no movimento inclusivo, que surgiu nos princípios orientadores da Declaração de Salamanca, em 1994. Esse documento se tornou referência no âmbito brasileiro para a construção da segunda Lei de Diretrizes e Bases da Educação Nacional (1996) e o Plano Nacional de Educação (2001). Nesse sentido, a política educacional assume responsabilidade sobre a educação inclusiva, com base em documentos internacionais e nacionais. No entanto, a autora afirma que tais acontecimentos não representam uma incisão nas práticas, uma vez que:

> A vinculação histórica dessas práticas está na emergência de uma racionalidade científica, inscrita no campo da educação obrigatória para os sujeitos com deficiência, que ocorre mais especificamente na virada do século XIX para o XX, no contexto das pedagogias corretivas (Sardagna, 2009, p. 1).

Essa compreensão da pedagogia corretiva advém da forte influência da escolanovista, no século XX, a fim de realizar procedimentos os quais consistiam na correção da infância anormal. Sardagna (2009, p. 5) ressalta que:

> [...] pelo menos, três tipos de práticas normalizadoras foram evidenciadas durante a análise discursiva: a institucionalização do anormal, nas décadas de 1950 e 1960; a distribuição dos corpos na escola, nas décadas de 1970 e 1980; a inclusão e o controle dos sujeitos na escola comum, nos anos de 1990 a 2000.

As práticas de *institucionalização do anormal* configuram-se na sociedade brasileira de modo mais robusto nas décadas de 1950 e 1960, e foram legitimadas pela concepção de correção e ação terapêutica do corpo anormal — do sujeito excepcional. Nessa prática, no discurso circulante da assistência social, médica e psicológica, configura-se com bastante intensidade o suporte clínico, o qual realizava: avaliação, comparação, classificação e enquadramento do sujeito no que concerne à norma, sendo rotulado como aluno retardado e criança subdotada. Portanto, as práticas dessa natureza passam a constituir a instituição escolar. Afinal, a necessidade de diagnosticar, apontar e enquadrar os possíveis alunos-problema, por intermédio da equipe especializada, apenas ratifica os discursos promulgados de que as diferenças no contexto escolar não conseguem ser trabalhadas pedagogicamente. A este respeito, Sardagna (2009, p. 5) faz a seguinte afirmação:

> Os discursos vão posicionando o sujeito que narram e as práticas nesse período vão produzindo a posição do "anormal a corrigir", posição esta que reúne outras categorias como: o sujeito excepcional e deficiente, a criança retardada e subdotada. Podem ser identificadas outras posições nas redes discursivas, mas nas regularidades que foram apa-

recendo, considerando a demanda da sociedade na época, essa posição se destaca.

No que diz respeito à prática de distribuição dos corpos na escola, nas décadas de 1970 e 1980, pode-se perceber a influência e a inter-relação da prática apresentada. A autora considera ainda que, nesse período, não havia sido utilizado formalmente o termo "inclusão", mas o sentido dessas práticas foi pensado para criar as condições futuras, ou seja, o prenúncio para a incorporação do próximo paradigma emergente — a inclusão. As práticas de distribuição de corpos referem-se, de forma mais explícita, à organização das classes especiais e escolas especiais. Outras formas mais evidentes que caracterizam estas práticas podem ser compreendidas mediante a psicologia experimental, tendo início no século XX a forte relação entre a psicologia e a medicina. Desse modo, a autora aludida adverte:

> As práticas fazem mais do que dispor os corpos; elas inventam o aluno, criam uma posição para ele, conduzem sua conduta e passam a vigiá-los através de mecanismos de correção e de regulação. O sujeito posicionado na Educação Especial foi sendo narrado, categorizado como 'apto', 'não apto', 'com dificuldades de aprendizagem', 'com problema', 'educável', 'treinável, 'dependente' e 'portador de deficiência' (Sardagna, 2009, p. 8).

Nesse conjunto de práticas, a *inclusão e o controle dos sujeitos na escola comum*, nos *anos de 1990 a 2000*, apresenta uma ruptura no que tange às práticas anteriores. A inclusão escolar não é um modelo em voga, mas um direito do cidadão, independentemente de cor, raça, religião e opção sectária. O imperativo do discurso é a inclusão de todos nas escolas regulares e que sejam evitadas definições ontológicas.

> Este terceiro conjunto de práticas normalizadoras, a inclusão e o controle dos sujeitos na escola comum, abrange uma multiplicidade de sujeitos - com deficiência física, mental, e sensorial, com síndrome, como dificuldade de aprendizagem, entre outros - todos narrados como tendo necessidades educacionais especiais, posicionadas na escola como aluno incluído (Sardagna, 2009 p. 12).

Historicamente, esses três conjuntos articulados possibilitam o entendimento de que as políticas de inclusão escolar e as práticas, quando estão interferindo na vida dos sujeitos, passam a ser entendidas como algo regulador, por meio dos organismos de normalização e regulação contínua, de determinadas posições dos indivíduos, conduzidas pelos instrumentos normativos em um determinado contexto. O sentido da norma seria naturalizar a presença do sujeito anormal. Na distribuição dos corpos, a implicação mais direta está na classificação e hierarquização dos indivíduos. Na inclusão e no controle dos sujeitos na escola comum, todos precisam estar convivendo uns com os outros e a classe especial passa a ser marginalizada, talvez instituída em última instância no contexto escolar.

A prática pedagógica inclusiva, para Mittler (2003, p. 145), parte do pressuposto de que cada escola concebe e se organiza de um modo muito particular. Contudo, existe um currículo norteador, o qual assegura aos discentes o conhecimento de conteúdos formais. No entanto, o autor adverte que, para a efetivação dessa ação, é necessário que, durante a elaboração do planejamento e a seleção do conteúdo, os docentes tomem como referência os seguintes princípios: estabelecer desafios de aprendizagem compatíveis; responder à diversidade das necessidades de aprendizagem dos alunos; superar barreiras potenciais à aprendizagem e à avaliação tanto do aluno como da turma.

Outro aspecto, no que concerne à prática, é que o ponto de partida consiste no cotidiano dos professores e no desenvolvimento das atividades na sala de aula. Essas categorias representam um *conduíte* para a análise e o desenvolvimento de práticas inclusivas. Conforme o autor, é um caminho para que esse dia a dia escolar possa ser acompanhado sob parâmetros mais definidos, ou seja, faz-se a intervenção mediante um documento intitulado "*Index*"[5]. Trata-se de recurso para avaliar a política e a prática pedagógica. Nas palavras do autor, tem-se a seguinte explicação:

> Não é uma lista de checagem que pode ser dada a um coordenador de necessidades educacionais especiais para ser preenchida no seu "tempo livre". Ele foi projetado para ser usado como uma contribuição a um processo de revisão escolar que envolve todo o pessoal: governadores, estudantes, pais e responsáveis (Mittler, 2003, p. 163).

O referido autor aponta três fundamentos para o desenvolvimento da prática inclusiva: *diferenciação*, *avaliação* e *aprendizagem colaborativa*.

---

[5] É uma ferramenta utilizada no processo de autoavaliação da educação inclusiva, que envolve três dimensões: cultura, política e prática. Tem sua origem na Inglaterra, no trabalho de Mel Ainscow, que aborda o aprimoramento da educação para todos (Booth; Ainscow, 2011).

A diferenciação corresponde ao trabalho de sala de aula, no que concerne ao planejamento sistemático, relacionando o conteúdo curricular com as necessidades e os estilos dos educandos. A avaliação é um instrumento que possibilita a revisão de pontos de partida para desafios maiores. A aprendizagem colaborativa fortalece a ideia de que os alunos aprendem juntos, se reconhecem enquanto grupo, se tornam solidários entre si, compartilham responsabilidades e se envolvem com a aprendizagem dos colegas. Para a efetivação dessa vivência, é preciso uma organização didática na sala de aula, com fins e propósitos definidos, que correspondem a uma forma de diferenciação.

Portanto, considera-se que a prática inclusiva, na perspectiva do autor citado, caracteriza-se por meio do desenvolvimento das políticas do governo; do envolvimento dos professores e do apoio técnico; do desenvolvimento do ensino colaborativo; da relação-participação entre as crianças; do comprometimento da gestão; da autoavaliação dos atores sociais; da inter-relação entre os setores informais; do envolvimento entre pais e professores; do planejamento e execução do currículo em sala de aula; do investimento dos setores públicos.

Para as autoras Falvey, Givner e Kimm (1999), escolas que adotam o ensino sob princípios inclusivos potencializam os interesses, as necessidades dos educandos, como também o currículo. Para essas autoras, a *criação de uma comunidade de aprendizes* configura-se como um componente preponderante na organização do grupo e nas práticas inclusivas. Para isso, faz-se necessário: promover a sensação de bem-estar e o sentido de pertença dos alunos; considerar o professor como alguém fundamental para a mediação da aprendizagem; elaborar com os discentes um contrato didático; gerenciar o tempo pedagógico; organizar o ambiente físico da sala de aula com recursos adequados; avaliar formal e informalmente os alunos; garantir um currículo básico rico em conteúdo, que considere o ensino individualizado.

Outras características basilares dão continuidade à premissa sobre a *criação de uma comunidade de aprendizes*: desenvolver as inteligências múltiplas dos educandos; organizar as acomodações físicas para os discentes; mudar as estratégias diante dos desempenhos dos alunos; organizar o plano de trabalho diariamente. Assim, o direcionamento do ensino e da aprendizagem, na perspectiva das autoras citadas, revela os elementos que constituem a prática do trabalho docente, buscando efetivar uma ação mais eficaz e menos espontaneísta, diante da comunidade de aprendizes com e sem deficiência.

Iverson (1999) considera o manejo de sala de aula um relevante instrumento para a prática inclusiva. Esse manejo se torna um recurso para "encorajar" as vivências dos alunos em diferentes locais de aprendizagem. Salienta a necessidade da formação do mediador para que exista uma motivação intra e interpessoal desse sujeito, promovendo um feedback nas relações e situações no cenário escolar. A forma pela qual o docente se coloca diante do grupo deve, realmente, ser maturada, a fim de promover um ambiente favorável, acolhedor, entre os educandos. Na perspectiva de manejo do conteúdo, é possível introduzir dois aspectos facilitadores para o planejamento das aulas: *o conhecimento prévio e os interesses dos alunos; o domínio de orientação dos alunos*. Ambos os aspectos tendem a contribuir com o envolvimento e entendimento dos alunos, como também levam a acreditar na possibilidade de que as atividades podem ser realizadas, apesar de algum receio de não se obter êxito total ante o que foi programado.

Em suma, pode-se considerar que o manejo de classe se refere a uma dimensão do trabalho docente. Não se trata de uma prática tecnicista, mas de uma prática que proporciona uma intervenção didática, a qual se volta para a realização de um trabalho pedagógico centrado no aluno e na possibilidade do seu aprendizado.

As práticas na Educação Especial e Educação Inclusiva, conforme discute Magalhães (2005), na perspectiva curricular, primeiramente, eram caracterizadas pelo modelo técnico-instrumental, direcionadas às adaptações e aos acertos pedagógicos e como processo de criação de sentidos, significados e sujeitos. Isto é, a forma como os conteúdos são postos e tratados, sutilmente, constitui determinadas condutas estigmatizadoras nos grupos considerados minorias. Portanto, tais práticas, atreladas ao currículo oculto, além de categorizar e impor o engessamento dos sujeitos, de uma maneira subliminar, tendem a visualizá-los numa dimensão pejorativa:

> Conflitos e consensos se constituem nas escolas porque a presença de alunos com deficiência - ou a diferença na variada fonte de manifestações – faz aflorar a necessidade de enquadramento desses alunos no padrão reconhecido/reconhecível pelos professores (Magalhães, 2005, p. 113).

Para a autora, a prática inclusiva na escola é assimilada como uma ação menor no contexto do trabalho docente, desconhecendo-se seu contorno curricular. Dessa forma, advoga-se que a inclusão do aluno com deficiência se processa nas práticas curriculares cotidianas, explícitas ou implícitas. Nesse sentido, práticas de educação inclusiva são entendidas como questão curricular, a partir da influência do currículo oculto, diante dos processos de escolarização e inserção do aluno considerado deficiente. Nesse sentido, o currículo oculto numa dimensão mais crítica é concebido como: "artefato social e cultural" (Magalhães, 2009, p. 159).

Desse modo, ao adotar o currículo como premissa central para convalidar as práticas de educação inclusiva, afirma:

> A compreensão da prática da Educação Inclusiva parte do conhecimento da forma como a comunidade escolar lida cotidianamente com as pessoas com deficiência, em que as ações podem ser compreendidas no ambiente natural de ocorrência. Portanto, na leitura dos acontecimentos, não é possível divorciar ações e concepções dos atores do contexto sociocultural no qual estão inseridos (Magalhães, 2009, p. 161).

Assim, tem-se a compreensão de que, para a autora, o conteúdo curricular, os métodos, as técnicas de ensino e a aprendizagem são aspectos essenciais quando se trata das práticas inclusivas. Além disso, faz-se necessário apreender as interfaces entre o currículo, a perspectiva crítica, as práticas e a formação docente, propiciando uma ação reflexiva sobre a própria prática e outros determinantes culturais, econômicos, políticos e sociais, que a enquadram no cotidiano. Faz-se necessário, também, incorporar os ensinamentos da história da deficiência, a fim de compreender o trâmite histórico das lutas e conquistas dessa população que, tão fortemente, é mais identificada como de sujeito de superação do que sujeito histórico.

Ainda de acordo com a autora supracitada, o que se encontra cristalizado no âmbito das propostas curriculares de cunho oficial voltadas à educação inclusiva tem sua gênese em uma perspectiva de disciplinamento de comportamentos. Isto é, tem-se um discurso aceito socialmente que enaltece as diferenças; por outro lado, existe a ideia de que as práticas direcionadas para os alunos com deficiência continuam tuteladas sob as vozes: "da escola para todos", "da adaptação curricular" (Magalhães, 2005, p. 114).

Segundo Givigi (2009), as práticas educativas são relevantes para a aquisição da aprendizagem, no entanto, têm menores resultados entre os alunos com necessidades especiais. Em geral, o professor desenvolve suas práticas cotidianas a partir dos seus saberes e tenta fazer uma articulação com as normas curriculares. Por conseguinte, as práticas pedagógicas educativas precisam ser pensadas de acordo com a realidade da escola.

> [...] implica pensá-las numa tensão entre a formulação das propostas/regras, que são impostas, e o que realmente acontece na escola. Os professores constroem suas práticas cotidianas a partir de muitas experiências, de muitas histórias, de muitos saberes, isto muitas vezes traz contradições de crenças, de possibilidades, de regulação e emancipação (Givigi, 2009, p. 3).

Nessa linha de argumentação, a mediação pedagógica docente é uma atividade fundamental para o desenvolvimento do aluno, para que suas necessidades individuais possam ser atendidas por meio de diferentes estratégias. Por essa razão, a sala de aula é um espaço que possibilita o diálogo, a interação, a cultura. Assim, para que essa prática dialógica seja efetivada, é necessário superar a racionalidade didática e promover uma ação pedagógica mais criativa. Por isso, uma prática pedagógica inclusiva postulada na ideia inclusiva exige o reconhecimento da heterogeneidade a qual, se for compreendida com algo favorável à aprendizagem, passará a consolidar um sentido mais positivo da mediação docente.

Portanto, o que se preconiza nos aspectos teóricos em relação à prática pedagógica inclusiva, tendo como base o pensamento da autora citada, é: investir numa ação mediada por diferentes estratégias pedagógicas, que atenda os diferentes níveis de conhecimento dos discentes; reconhecer que os saberes das experiências dos professores e dos alunos são elementos essenciais para o delineamento do currículo e do exercício diário; elaborar diferentes tempos de aprender, pensando num sujeito real e potencial, partindo também do pressuposto das significações e dos sentidos que são atribuídos pelos sujeitos com necessidades especiais, em um determinado contexto, e que novas significações podem ser construídas diante dos processos de diferenciação.

Na concepção de Denari (2008), é possível pensar as práticas conforme a difusão das ideias inclusivas, no cenário brasileiro, como uma dimensão política e de direito no que tange à democratização do ensino para alunos com e sem deficiência. Nesse sentido, tal procedimento contribui para a eclosão de um enfrentamento, no cotidiano escolar, de práticas que estão imbricadas por concepções segregacionistas, integracionistas e inclusivas. O entendimento sobre práticas pedagógicas inclusivas, diante da efetividade do processo de inclusão, está atrelado ao papel significativo do professor e das suas relações sociais, mediante as diferenças na sala de aula e sua predisposição para desenvolvê-las com eficácia. Faz-se necessário, então, construir com os demais atores sociais, ou seja, supervisores, gestores e coordenadores a partir dos saberes construídos na formação humana e acadêmica, conhecimentos, procedimentos pedagógicos, materiais didáticos, métodos que passem a ser utilizados de forma adequada, recuperando o tempo pedagógico mais qualitativo.

Dessa forma, a autora considera que a prática pedagógica inclusiva difere do modelo clínico-psicológico, por compreender que a educação fundamentada nos princípios inclusivos tende mais a focar as condições culturais e sociais dos sujeitos do que a "correção" de seus atributos considerados "patológicos" e "menos valorativos".

Diante dos fundamentos teóricos da autora, é possível considerar que a prática pedagógica inclusiva se vincula ao trabalho do docente. Para tanto, é necessário garantir condições adequadas no contexto escolar e a clareza em relação à política quanto ao apoio aos docentes e aos recursos previstos para a educação. Ou seja, a melhoria da escola implica a melhoria das práticas. Assim, além da ajuda cooperativa entre gestor e supervisor, é preciso a garantia, o apoio e a cooperação de governo e comunidade. Nesse caso, o governo deveria publicizar as diretrizes sobre a inclusão e flexibilizar os recursos previstos na educação, a fim de que cada escola venha atender as suas reais necessidades.

> [...] a riqueza que se pretende na elaboração de práticas pedagógicas inovadoras e inclusivas *para todos* assenta-se em um conjunto complexo de processos de ação e reflexão, que pressupõem efetuar uma mediação entre o passado e o futuro, a*prendendo com e aprendendo da* experiência, os erros e as melhorias alcançadas. Pressupõe, ainda, mediar entre conhecimento e ação. Por último, mas não definitivamente, implica um avançar rumo à coerência global e às ações parciais que se promovam, o que representa um importante esforço para incluir paradigmas contra-hegemônicos articuladores de um fazer efetivo, viável e superador (Denari, 2008, p. 38).

Pinto (2008) considera que o desenvolvimento da prática pedagógica é de cunho socioeducacional e não assume a forma clínica, nem um caráter terapêutico. Essa proposta pedagógica tem como pressuposto a mediação e interação entre os sujeitos, os seus múltiplos elos de conhecimentos construídos ao longo do desenvolvimento da sociedade, assim como o acesso aos bens culturais. Na acepção da autora, o desenvolvimento humano está no meio social, no encontro com outras pessoas, nas relações comunicativas e colaborativas. Tal participação ativa na vida social vai muito além das propostas que se dirigem para melhorar a socialização da criança e colocam o domínio dos conteúdos escolares como objeto secundário (Pinto, 2008).

Nas práticas pedagógicas constatadas pela autora, percebe-se que, em sua grande maioria, existe a falta de vinculação entre o direito, as práticas sociais e a dimensão político-conceitual. Consequentemente, se estabelece um quadro em que o governo passa a instituir as diretrizes políticas para Educação Especial na perspectiva inclusiva, mas verifica-se que o cumprimento das metas estabelecidas não é concretizado diante da promulgação das leis; e que o ensino diferenciado acaba não entendido em sua proposição filosófica e pedagógica.

A escola não se prepara para receber o aluno com deficiência, colocando em evidência a mera matrícula do aluno no ensino regular. A falta dessa organização tem sua gênese na falta de projetos pedagógicos, na inadequação do ambiente físico; e tem seu ápice na responsabilidade exclusiva do sucesso ou fracasso escolar atribuído ao aluno. De acordo com Capellini e Mendes (2002) e Ferreira, J.R; Ferreira, M.C. (2004), a instituição escolar assume um papel ambíguo perante a educação dos alunos com deficiência. Ou seja, o discente é "um corpo presente" que avança, hipoteticamente, apenas no âmbito social, mas sem aprender, ou aprende de forma lenta. Convém destacar dois posicionamentos teóricos referentes à prática pedagógica inclusiva:

> [...] precisa abranger a participação ativa do aluno na vida social, o que vai muito além das propostas que até hoje se dirigem para melhorar a socialização da criança e colocam o domínio dos conteúdos escolares com o objeto secundário, se tanto (Pinto, 2008, p. 3).

> Ainda que a inclusão escolar não assegure ou signifique inclusão social, ainda que os processos de exclusão social não sejam exclusivos das pessoas deficientes; ainda que a compreensão das possibilidades e desafios da educação dos alunos com deficiência não se esgote no âmbito da escola; ainda assim a educação é uma mediação fundamental para a constituição da vida dessas pessoas, um espaço do exercício de direitos e de interações significativas. (Ferreira, J. R.; Ferreira, M. C., 2004, p. 44).

A prática pedagógica inclusiva, na acepção de Almeida (2012), persiste nos princípios do ensino em multiníveis. Esse ensino consiste em um conjunto de propostas interligadas em um currículo, que propicia a todos o acesso a um currículo comum com estratégias em níveis diversificados, que favoreçem os discentes, estejam no nível em que eles estiverem, várias formas de participação nas atividades com a turma. A autora afirma que:

> O ensino em multiníveis tem se instituído como estratégia educacional possível, na concretização da prática pedagógica numa perspectiva inclusiva do currículo escolar. O ensino em multiníveis está no conjunto de propostas de um currículo de abordagem inclusiva (Almeida, 2012, p. 76).

Em uma proposta de multiníveis ou níveis diversificados, o ensino não representa o mesmo sentido de atividades diversificadas. No multinível, tanto o planejamento como o processo de execução têm um único direcionamento, no que tange ao tema e/ou ao conteúdo em níveis diferentes de aprendizagem, objetivando as expectativas dos educandos e da turma. Os objetivos são únicos, mas as estratégias são diversificadas. No que se refere às atividades diversificadas, no planejamento e no procedimento são planejados conforme os objetivos do professor, que, nem sempre são únicos, e as estratégias metodológicas são as mais diversas.

Nessa perspectiva, as características para as práticas de ensino em uma proposta de multiníveis devem atentar para as seguintes considerações:

> 1. Uma aula em multiníveis deve partir do contexto geral da turma, considerando todos os alunos em seu coletivo, de forma a garantir um currículo comum a todos;
> 2. Os momentos de atividades diferenciados podem ser realizados de diferentes formas, de acordo com os objetivos do professor: alunos de um mesmo nível em grupo, realizando cada um sua tarefa; alunos de um mesmo nível realizando uma só tarefa; realização de tarefas individualmente; alunos de diferentes níveis reunidos em grupos;
> 3. Investigação didática dos níveis de aprendizagem dos alunos, bem como o acompanhamento sistemático destes níveis, pois os alunos passam de um nível para o outro rapidamente (Almeida, 2012, p. 78).

Diante dessas considerações, outras implicações são necessárias no quesito planejamento das práticas de ensino na perspectiva em multiníveis:

> A necessidade de um constante acompanhamento dos níveis de potencialidades dos alunos: diagnóstico inicial

sistematizado e formas de avaliação contínua dos percursos de aprendizagem. A avaliação formativa tem, nesse sentido, uma importante contribuição;

Deve, sempre, partir do currículo comum a todos, promovendo diferentes estratégias e metas de acordo com a especificidade de cada aluno. Assim, todos os alunos compreenderão que a aula que está sendo ministrada é também para eles, e não somente quando o professor de educação especial ou estagiário estiverem em sala. Deve ser incorporado aos currículos de formação inicial e continuada dos professores, ou seja, precisa ser estudado antes de ser executado;

Deve ser previamente analisado e avaliado pela escola e professores, no sentido de promover uma prática educativa contextualizada com a realidade local (Almeida, 2012, p. 78).

A prática pedagógica inclusiva, mediante as proposições do ensino multiníveis, parte da concepção do desenvolvimento humano de um ser histórico-cultural capaz de aprender e interagir com seus pares, a partir da mediação do professor. Nessa proposta, o potencial do aluno passa a ser valorizado, compreendendo o que ele pode fazer sozinho e o que pode ser desenvolvido com a mediação do professor.

Está, também, presente no ensino de multiníveis que as atividades programadas passam a ter um sentido pedagógico e objetivos claros, a fim de recuperar a motivação, o interesse e os saberes dos alunos, culminando no atendimento à diversidade. Os vínculos afetivos são tão necessários quanto a relação de empatia. Esse tipo de ensino exige uma opção teórica definida que proporcione uma organização didática, com ênfase na construção do conhecimento e da interlocução dialógica entre os sujeitos. Crê na possibilidade da pessoa humana e transforma dificuldade em desafio mediante a participação dos atores sociais.

No cotidiano socioeducacional, segundo Omote (2008), duas dimensões estão imbricadas no âmbito das práticas sociais. A primeira consiste na dimensão *social das diferenças*. Trata-se de uma época remota em que a diferença estava pautada sob a égide de temor, medo, admiração e/ou contemplação. Para cada contexto histórico, diferentes tipos de comportamentos iam sendo concretizados. Como exemplo dessa dimensão, têm-se os mutilados da guerra: de heróis aclamados, no auge das batalhas, às perdas de privilégios e à exclusão nos tempos de recessão. Portanto, a diferença pode ser compreendida como algo dúbio, conforme as circunstâncias e os momentos que vão sendo apresentados. Sob essa perspectiva, Omote (2008, p. 19) afirma:

> [...] é necessário que se levem em conta as consequências sociais que resultam da limitação ou da posse de alguma característica considerada desvantajosa; é preciso que se examine a construção social do desvio.

A segunda dimensão posta pelo autor vincula-se aos *modelos de estudo das deficiências*, que podem ser analisados sob duas abordagens. A primeira, centrada na pessoa com deficiência; e a segunda, no meio. Em relação à primeira, os aspectos orgânicos, biológicos e as lesões são fatores de cunho primário que constituem a deficiência. Na segunda, os aspectos ambientais, as péssimas condições econômicas, a ausência do atendimento específico, a falta de estimulação e outras situações que comprometem o desenvolvimento natural são tratados como as causas basilares da deficiência. O autor, também, deixa claro que o entendimento das deficiências, na maioria dos modelos estudados, adota essas duas posições, nas quais podem prevalecer os fatores endógenos e/ou exógenos. No entanto, releva-se também que em tais estudos se evidencia a abordagem interacionista, como foi constatado nos trabalhos, especificamente, na área de saúde, no Curso de Terapia e Fisiologia.

No que concerne ao modelo de estudo das deficiências, mediante a afirmativa do autor, essa condição está vinculada à ideia de uma concepção inatista, cujo sentido está atribuído às limitações e às dificuldades inerentes ao sujeito e sua condição biofisiológica e ao valor determinado pela sociedade diante de determinadas competências. Nesse sentido, advoga Omote (2008) que a caracterização de uma condição como deficiência ou não advém dos padrões estabelecidos pela política, muito mais do que os critérios fincados no âmbito científico ou técnico.

Dessa forma, o modo como foi instituído, no meio da sociedade, o discurso de uma prática inclusiva, nesses dez anos, representa algumas mudanças significativas. Uma delas relaciona-se à mudança do foco da atenção do sujeito limitado para as adequações do meio e das intervenções que atendam a sua necessidade. No entanto, o autor adverte que, nessa linha de argumentação, não se pode apenas tirar o foco da pessoa com deficiência e só intervir no meio. Os espaços precisam ser modificados a fim de acolher toda e qualquer diferença mediante as mudanças arquitetônicas, sociais, psicossociais e culturais. Mas, torna-se necessário o envolvimento das pessoas, aprendendo que as diferenças apresentadas precisam de uma formação para adequar-se ao meio, a fim de atender ao pleito circunstancial.

Percebe-se, dessa forma, a pluralidade dos olhares em face do fenômeno das práticas pedagógicas inclusivas. Compreende-se que essas práticas pedagógicas transitam entre velhos e novos paradigmas, ou seja, ideias mais arraigadas à premissa de que o aluno com deficiência está subjugado a sobreviver à luz da caridade e boa vontade da sociedade, sendo-lhe a socialização algo mais propositivo. Por outro lado, considera-se que os aportes legais se tornam "coadjuvantes" no processo educacional para esse segmento e outras concepções mais comprometidas para os aspectos da cultura, das políticas e das práticas.

De acordo com as contribuições dos estudos apresentados, são percebidas similitudes e distinções das práticas pedagógicas. No entanto, existe uma unanimidade em relação às mudanças necessárias no macroespaço da escola, na microcultura da sala de aula e na política. Todavia, para o desenvolvimento das práticas pedagógicas, seja via currículo, seja via ensino colaborativo ou, tendo como base a concepção interacionista, necessita-se, anteriormente, compreender o pensamento cognitivo dos atores sociais e suas atitudes.

A literatura especializada nessa área do conhecimento evidencia as diversas representações discriminatórias vivenciadas pelas pessoas com deficiência ao longo do processo histórico. Expressões pejorativas como "coitadinho", "incapaz", "doidinho", "anormal", "aluno-problema", "aluno incluso" revelam quanto se rotulam e se subestimam as pessoas, que apresentam suas diferenças em relação ao padrão de normalidade. Consequentemente, a forma como se representam essas pessoas também vai configurando as práticas.

Desse modo, identificam-se nas práticas instituídas no lócus da Educação Especial as caracterizadas pelas marcas da exclusão total, segregação, integração e inclusão. Contudo, essas características, reconhecidas na educação da pessoa com deficiência, parecem imbricadas na atualidade e diante dos pensamentos e das atitudes entre os ditos "normais".

Exemplificando, constatam-se práticas pedagógicas estigmatizadas, as quais reconhecem o aluno com deficiência no espaço escolar, mas a sua história de vida é vinculada a incapacidade, fracasso, indisciplina, insucesso, atributos que indicam estigmatização. A indiferença é fortemente presencial na relação entre professor e aluno. Identifica-se o aluno como um sujeito menor, abstrato em relação ao seu planejamento e às decisões de cunho pedagógico. É uma prática voltada para um sujeito invisível, sem oportunidades de expressar suas experiências, seus saberes. Considera-se esse indivíduo como alguém responsável pelas suas atitudes estereotipadas, sua negligência escolar. A deficiência delimita e embarga o avançar em relação à aprendizagem.

Outro exemplo se verifica no contexto da sala de aula, com práticas pedagógicas tuteladas. O aluno com deficiência está presente na sala de aula, mas o professor autoriza ao estagiário o "cuidado" pedagógico. Essa prática pedagógica consiste em reconhecer que o aluno com deficiência é responsabilidade de outro, menos do professor regente. Esse aluno passa a ser supervisionado no espaço escolar pelo docente, revelando uma atitude "artificial" no sentido de responder a suas necessidades. A aula é para todos, menos para o aluno com deficiência, que integra o espaço da sala com atividades infantilizadas, repetitivas, como cobrir, colar e ligar.

Neste trabalho, considera-se que a prática pedagógica inclusiva precisa investir em valores humanos, o que pressupõe uma reforma educativa para enfrentar os problemas existentes no sistema educacional brasileiro e em outros segmentos sociais. De acordo com Figueiredo (2002, p. 75), é necessário:

> Refazer toda a escola em seus princípios, organização e desenvolvimento das práticas pedagógicas é o grande desafio que se impõe ao conjunto dos educadores e dos representantes do poder público. Essa reformulação se justifica não pela necessidade de atender às crianças com deficiência, mas pela constatação de que a escola que temos não está dando conta da maior parte das necessidades de seu alunado.

Sendo assim, compreende-se que a prática pedagógica inclusiva significa um conjunto de decisões e fazeres que concretizam, diante dos espaços micro e macrossocial do cotidiano escolar, o desenvolvimento da diversidade individual e coletiva, a fim de garantir o processo de aprendizagem dos protagonistas sociais. Essa prática pedagógica é indissolúvel das relações interativas, afetivas, das intervenções didáticas, do currículo, do conteúdo, da avaliação, da comunicação, do ensino colaborativo e da inter-relação entre o atendimento educacional especializado e o ensino comum. Há, na mediação entre os sujeitos, atitudes de respeito, aceitação, tolerância e comprometimento.

É, portanto, uma prática que se afirma no fazer diário e contínuo, com metas, objetivos, estratégias e currículo, os quais são desenvolvidos na intencionalidade de agregar novos significados e sentidos diante do projeto pedagógico, pautado em valores e princípios que elevem a condição de pertencimento dos sujeitos e da sua especificidade humana, independentemente das suas diferenças. Afinal, a convivência humana é uma cadeia em movimento.

A prática pedagógica precisa romper com o paradigma da normalidade, da patologia, e responder à complexidade da instituição escolar de maneira coerente para atender as necessidades dos alunos. Assim, poderá fortalecer a participação da família e promover o sentimento de pertença em relação à escola.

Dos estudos apresentados sobre prática pedagógica, destacam-se as seguintes tendências: currículo (Almeida, 2012; Lunardi, 2005; Melo, 2010); cotidiano escolar (Ferreira, 2003); práticas normalizadoras (Beyer, 2006a; Sardagna, 2009); trabalho docente (Ferreira J. R.; Ferreira M. C., 2004; Givigi, 2009; Jesus, 2006; Lima; Fernandes, 2008; Machado; Lima; Pimentel, 2010; Mittler, 2003; Pinto, 2008; Pires, 2008; Silveira e Fischer, 2009); educando com deficiência (Falvey; Givne; Kimm; 1999); sala de aula (Capellini; Mendes, 2002; Carvalho, 2008; Iverson, 1999); e aprendizagem (Figueiredo, 2002).

Pode-se ainda identificar, nos trabalhos citados anteriormente, um fragmento mais restrito do fenômeno estudado sobre a prática pedagógica inclusiva. No entanto, não implica dizer que se trata de uma análise simplificada do que ocorre no processo de inclusão dos alunos com deficiência. Ou seja, o desenvolvimento dessas práticas demonstra estar mais atreladas à dimensão do trabalho docente e aos seus desdobramentos no âmbito escolar. Por outro lado, percebe-se uma tendência mais abrangente da prática pedagógica inclusiva, que transcende os aspectos microsocial da escola e do fazer docente que estão implicadas nos trabalhos de Carvalho (2008); Denari (2008); Omote (2008); e Santos (2009).

Por isso, o princípio adotado nesta pesquisa entende a prática pedagógica em uma dimensão bem mais ampla do que simplesmente focar a dimensão do trabalho docente, uma vez que se tende a responder **o que fazer** diante da natureza da educação e dos atores sociais, que instituem o cotidiano escolar em uma prática pedagógica inclusiva. Serão objeto de análise nesta investigação os seguintes elementos, que configuram a prática pedagógica inclusiva: organização e papel do AEE no interior da escola regular; articulação AEE e sala regular; inclusão na sala regular (adaptações curriculares, relações interpessoais/interações no contexto da escola, sala regular e AEE).

2.4 Prática Pedagógica Inclusiva na Produção do Conhecimento no Brasil: um longo caminhar

Com a intenção de atualizar conhecimentos e sistematizar posicionamentos teóricos, a autora percorreu *um longo caminho* por diversas instâncias associativas voltadas para a produção da ciência e, também, em periódicos de ampla divulgação, que enfocam temas do seu interesse.

Assim, foi possível localizar a produção do conhecimento mais recente no país relativa ao tema "prática pedagógica de inclusão de alunos com deficiência"; fez-se uma busca das produções acadêmicas e científicas, que abrangeu: a Coordenação de Aperfeiçoamento de Pessoal de Nível Superior (portal de teses); a ANPEd (Grupo de Trabalho de Educação Especial, GT-15); a Universidade Estadual Paulista "Júlio de Mesquita Filho" [Unesp/Marília; *Revista Brasileira da Educação Especial* (RBEE)]; e a Universidade Federal de Santa Maria [UFSM; *Revista de Educação Especial* (REE)].

Para dar prosseguimento a essa busca, tornou-se necessário o estabelecimento dos termos descritores: inclusão e prática pedagógica inclusiva e, também, a delimitação de um período, isto é, a primeira década dos anos 2000, ocasião em que ocorreu uma maior consolidação do discurso sobre inclusão no país.

É oportuno informar a sistemática de trabalho aqui adotada: inicialmente, a pesquisadora selecionou os títulos pertinentes ao tema e, pela leitura dos resumos, verificou se os textos eram decorrentes de pesquisas empíricas. Tal procedimento foi adequado à localização de teses e de dissertações, porém não pôde ser adotado para examinar os artigos provenientes do GT-15 e dos periódicos, cujos resumos, muitas vezes, eram incompletos. Diante disso, fez-se a leitura dos artigos em sua totalidade, a fim de apreender objetivos, método e resultados de cada relato de pesquisa. Com esse trabalho, percebeu que, nem sempre, o anunciado pelos títulos era condizente com o texto apresentado.

Durante a consulta das fontes selecionadas, constatou-se a existência de farta produção em Educação Especial com enfoques diversificados, tais como: inclusão de alunos no processo escolar; percepção de professores, de alunos e de familiares sobre inclusão; formação de professores para educação especial; comunicação alternativa; políticas de inclusão, estudos do tipo estado da arte sobre a produção em Educação Especial; pessoas com deficiência; Ensino Superior e mercado de trabalho.

Em relação à prática pedagógica de inclusão, a pesquisadora identificou trabalhos que analisam a escola, a sala de aula, o recreio, o processo de ensino e aprendizagem; interações e relações professor/aluno e a prática da educação física inclusiva. A seguir, tem-se uma súmula dessa produção, organizada em três blocos referentes às diferentes fontes: teses e dissertações; artigos do GT-15; e periódicos.

A Tabela 1 apresenta o quantitativo de trabalhos consultados, e a Tabela 2 contém a distribuição da produção ao longo do tempo preestabelecido.

Tabela 1 – Produção científica sobre práticas de inclusão do período 2001-2010. Site: Capes (2012); site ANPEd (2012); sites da *Revista Brasileira de Educação Especial* e *Revista de Educação Especial*

Fonte	f
Dissertação	08
Tese	09
RBEE	03
REE	02
GT-15	09
Total	31

Fonte: Capes; ANPEd; periódicos da *Revista Brasileira de Educação Especial* e *Revista de Educação Especial* (2012)

Tabela 2 – Distribuição das publicações sobre práticas de inclusão no período 2001-2010. Site: Capes (2012); site ANPEd (2012); sites da *Revista Brasileira de Educação Especial* e *Revista de Educação Especial*

Fontes	2001	2002	2003	2004	2005	2006	2007	2008	2009	2010	Total
Capes: Dissertações	-	05	-	03	-	-	-	-	-	-	08
Teses	-	-	-	-	-	-	03	-	02	04	09
Periódicos: RBEE	-	-	-	-	01	01	-	-	01	-	03
REE	01	-	-	-	-	01	-	-	-	-	02
GT-15 ANPEd	01	01	01	-	01	01	-	01	02	01	09
Total	02	06	01	03	02	03	03	01	05	05	31

Fonte: Capes; ANPEd; periódicos da *Revista Brasileira de Educação Especial* e *Revista de Educação Especial*

2.4.1 Prática pedagógica inclusiva em teses e em dissertações

Neste subitem, constam informações decorrentes do banco de dados da Capes, já citado, dentre as quais se destacam nove teses que abordam a prática pedagógica inclusiva, cujos autores são: Fontes (2007), Gessinger (2007), Givigi (2007), Lustosa (2009), Melo (2010), Moraes (2010), Neres (2010), Pletsch (2009a) e Rodrigues (2010).

É necessário enfatizar que, nessas teses, a prática pedagógica inclusiva é estudada para confrontar o proclamado pelas políticas públicas relativas ao direito à inclusão e à realidade do ensino oferecido às pessoas com deficiência. Tais estudos das práticas enfocaram os seguintes objetos: sentidos atribuídos aos sujeitos com deficiência e alvo da prática inclusiva na escola comum; trajetória de reconstrução de práticas de escolas que, gradativamente, vão se tornando inclusivas; aspectos/elementos característicos do desenvolvimento de práticas pedagógicas voltadas para a diversidade dos alunos com deficiência e que favoreçam a inclusão no sistema comum de ensino. Além disso, as teses examinadas privilegiaram os temas: práticas curriculares dirigidas para o processo de ensino e aprendizagem de alunos com deficiência mental; práticas educacionais que procuram proporcionar a inclusão escolar dos alunos com deficiência na escola comum, por meio da análise de programas com esse fim; prática pedagógica de professores de Educação Física, que atuam em comum com alunos com deficiência; e, também, percepções e estratégias pedagógicas inerentes ao processo de inclusão em educação.

Constatou-se que, das nove pesquisas em nível de doutorado aqui mostradas, seis foram desenvolvidas em redes públicas municipais; duas, estaduais; e uma em instituição especializada (não se pode afirmar a natureza da instituição, se pública ou privada, pois a informação não estava explícita no texto).

Em relação à localização dessa produção, têm-se os seguintes resultados: quatro estudos foram desenvolvidos na região Sudeste, um na região Norte, um na região Nordeste e outro na região Sul. Além disso, a região Centro-Oeste conta com duas pesquisas. As teses tomaram como campo de pesquisa turmas dos Anos Iniciais do Ensino Fundamental. No conjunto desses trabalhos, as práticas abordam aspectos diversificados, tais como: a forma como ocorre a inclusão dos alunos com necessidades especiais; o currículo para esses alunos; a sala de aula e a percepção dos alunos sobre sua própria presença na escola; as estratégias pedagógicas dos professores; a relação entre educação física e inclusão e políticas de inclusão. O grupo de alunos com deficiência intelectual foi o mais presente nas investigações. Houve alguns avanços no processo de evolução das práticas pedagógicas que estão se tornando inclusivas, no entanto, ainda persistem grandes desafios, que se impõem à área da educação e aos profissionais que atuam na escolarização de alunos com deficiência.

A maioria das teses fez uso da pesquisa-ação e/ou colaborativa para investigar as práticas. De certa forma, essa constatação confirma o já apontado por Mendes (2006b): a colaboração como um caminho favorável à efetivação de práticas inclusivas. Para a autora, a perspectiva da inclusão escolar, a partir de um processo de colaboração nas escolas, vem se constituindo em característica relevante da sociedade do século XXI. Reforça, ainda, que, em um passado recente, o significado da inclusão escolar estava reduzido à mera inserção de um aluno com deficiência na classe comum de uma escola regular; mas, hoje, esse conceito é visto de modo bem mais abrangente, pois envolve a presença do aluno na escola e, sobretudo, garante seu acesso aos serviços de apoio e aos mais diversos recursos pedagógicos. Supõe a articulação entre a Educação Especial e ensino regular a fim tornar efetivo o princípio da educação para todos.

Em relação à produção dos cursos de mestrado, foram localizadas: oito dissertações relacionadas à prática pedagógica de inclusão, que foram elaboradas por Barbosa (2002), Carvalho (2002), Garcia (2002), Mattos (2002), Possídio (2004), Schneider (2002), Siqueira (2004) e Tremea (2004).

Dos resumos de dissertações analisadas, a pesquisadora verificou que quatro foram desenvolvidas da rede pública municipal, uma em instituição privada, duas em escolas vinculadas à rede estadual, e uma contemplou tanto a rede municipal como a estadual. Não foram localizados estudos desenvolvidos nas regiões Norte e Centro-Oeste. Desse conjunto, três são oriundos da região Nordeste; quatro, da região Sudeste; e um, da região Sul. Assim como as teses, as investigações desenvolvidas nos cursos de mestrado enfocaram as práticas inclusivas que estão concentradas nos Anos Iniciais de Ensino Fundamental. Os estudos dessas práticas demonstraram maior número de alunos com deficiência intelectual. O trabalho dos professores, as relações e a adaptação curricular são os elementos mais enfocados nas dissertações de mestrado. Nesses trabalhos, a observação participante foi indicada como o instrumento mais utilizado para estudar as práticas de inclusão.

2.4.2 Prática Pedagógica Inclusiva nos Anais da ANPEd/GT-15

O conjunto geral da produção estudada sobre prática pedagógica inclusiva do GT-15 da ANPEd, no período de 2001-2010, está constituído de nove trabalhos apresentados em formato de comunicação. Os autores desses estudos são: Capellini e Mendes (2002); Ferreira (2003); Freitas e Monteiro (2010); Givigi (2009); Jesus, Caetano e Aguiar (2001); Lunardi (2005); Mendes (2006); Pinto (2008); e Silveira e Fischer (2009).

Tais trabalhos abordam os seguintes aspectos: implementação de proposta de educação inclusiva em educação especial; avaliação do rendimento escolar de alunos com deficiência inseridos no ensino regular; procedimentos adotados, adaptados e/ou transformados para atender crianças com deficiência; papel das práticas curriculares de sala de aula na constituição das diferenças apresentadas pelos alunos, durante o processo de ensino e aprendizagem; inclusão de crianças pequenas e com deficiência nas creches da rede regular de ensino e a prática do educador nessas instituições; processo inclusivo de uma escola pública de ensino fundamental que privilegia o espaço do recreio; concepções de escola inclusiva e prática pedagógica de artes visuais de arte-educadores de alunos cegos; relação entre os discursos dos professores sobre o aluno com deficiência, suas práticas e os saberes da escola; e práticas pedagógicas consideradas como entraves ou como caminhos para a superação dos obstáculos à aprendizagem na Educação Infantil.

Os trabalhos referentes à prática pedagógica inclusiva que foram apresentados nesse grupo de trabalho são decorrentes de pesquisas desenvolvidas em redes públicas municipal e estadual. São oriundos das seguintes regiões: seis foram desenvolvidas na região Sudeste; duas, na região Sul; e uma, na região Nordeste. Não foram localizadas pesquisas nas regiões Norte e Centro-Oeste do país, no período estudado. Em relação aos níveis de ensino, sete abordaram as práticas no Ensino Fundamental; e duas, na Educação Infantil. Como se percebeu anteriormente, as pesquisas focalizaram a dinâmica de escola, os conteúdos, as adaptações curriculares, o recreio e as relações interpessoais na sala de aula.

2.4.3 Prática Pedagógica Inclusiva em dois Periódicos

O estudo de periódicos ficou circunscrito a cinco artigos de duas revistas específicas de Educação Especial, as já citadas: *Revista Brasileira de Educação Especial* (Unesp/Marília) e *Revista Educação Especial* (UFSM/Santa Maria).

Continuando com a mesma perspectiva do estudo geral da produção, a pesquisadora privilegiou os artigos voltados para a prática pedagógica de inclusão que focalizavam a escola e a sala de aula, as interações entre professor e aluno, as práticas escolares e os projetos considerados inclusivos. Os trabalhos citados a seguir resultam de pesquisas empíricas que guardam alguma aproximação com o objeto de investigação da pesquisadora. Os cinco trabalhos localizados são dos autores: Furini (2006); Leão *et al.* (2006); Leonardo, Bray e Rossato (2009); Marquezan, Rampelotto e Tonini (2001); Silva e Aranha (2005).

Os artigos publicados nos periódicos analisados, entre o período de 2001-2010, enfocam os seguintes aspectos: a prática pedagógica inclusiva é estudada a partir do processo de interação entre os sujeitos, que é considerado como necessário para a construção do conhecimento em sala de aula; relações entre professora e alunos na sala de aula, que se propunham adotar uma prática pedagógica inclusiva; práticas educativas e possibilidade de inclusão do aluno com necessidades educacionais especiais; processo de inclusão de crianças com necessidades educativas especiais, nas séries iniciais no ensino regular, que provocam mudanças na estrutura pedagógica, no currículo, no planejamento diário e nos espaço físicos; e análise de projetos de educação inclusiva que são implantados no ensino básico.

A produção dos periódicos analisa as práticas pedagógicas inclusivas que são realizadas em escolas públicas e em instituições privadas. Em relação às regiões das cinco pesquisas, três são resultados de pesquisas desenvolvidas na região Sul; e duas, na região Sudeste. Nesses periódicos, não foram localizados artigos oriundos das regiões Norte, Centro-Oeste e Nordeste. Os artigos dos periódicos priorizaram, também, os Anos Iniciais do Ensino Fundamental. Quanto aos alunos com deficiência, suas necessidades especiais não estão especificadas. As pesquisas focaram as práticas pedagógicas inclusivas no âmbito das escolas e sala de aula.

2.4.4 Produção do Conhecimento e o Problema de Pesquisa

A análise da produção acadêmica relativa à prática pedagógica inclusiva escolar, no país, possibilitou à pesquisadora uma aproximação mais segura com seu objeto de estudo. Verificou-se que, em geral, as crianças e os adolescentes com deficiência estão na escola, no entanto, inúmeros estudos confirmam as dificuldades enfrentadas pelos professores no desenvolvimento de práticas efetivas de inclusão. Os trabalhos que analisam essas práticas fazem interlocução, sobretudo, com a psicologia e a sociologia, o que reforça o caráter multidisciplinar da temática, algo já proposto por Mendes (2006).

Os enfoques metodológicos das pesquisas são variados, no entanto as investigações utilizaram o estudo de caso para analisar as práticas. Em termos de abordagem, por se tratar de análises do cotidiano da escola e da sala de aula, a pesquisa qualitativa é comum a todos os estudos.

Em relação ao campo empírico, a sala de aula aparece como maior foco de análise. Os sujeitos participantes dos estudos são, predominantemente, alunos com deficiência e seus professores. Os gestores escolares e as famílias desses alunos aparecem em menor quantidade.

Nos trabalhos sobre as práticas pedagógicas inclusivas, destacam-se os excessivos recortes, pois são privilegiados determinados aspectos micro do universo escolar, tais como: relações, conteúdo trabalhado e adaptações de algum componente curricular. Em paralelo, algumas pesquisas fazem referências genéricas às práticas e revelam certos limites, nos aspectos relativos às suas possíveis articulações. Dando continuidade e, de certa forma, ampliando a discussão sobre prática pedagógica inclusiva, pretende-se com este trabalho desenvolver um estudo de caso da prática de inclusão na escola. Reafirma-se a intenção de compreender a prática pedagógica inclusiva de um espaço micro em suas articulações com o macro, ou seja, escola em suas relações com contexto social mais amplo.

Capítulo 3

Os Desafios Surgidos no Caminhar da Pesquisa

Em uma investigação científica, cabe ao pesquisador a adoção de determinados procedimentos que evitem o uso de fundamentação teórica inconsistente e interpretações falaciosas. Neste trabalho, tais procedimentos se concretizaram na metodologia de pesquisa, que possibilitou a superação de desafios e de obstáculos que surgiram ao longo da caminhada investigativa.

Com tal perspectiva, este capítulo apresenta o aporte metodológico adotado, tendo sido explicitados a abordagem de pesquisa escolhida e os instrumentos de investigação. Constam, também, informações referentes à escolha do lócus da investigação, ao grupo pesquisado e aos procedimentos de análise.

3.1 Conceitos Básicos

Tendo como base o objeto de estudo "a prática pedagógica inclusiva em uma escola que oferece ensino regular e, também, dispõe de AEE, em Jaboatão dos Guararapes", já anunciado, fez-se opção por um estudo de natureza qualitativa. A pesquisa de natureza qualitativa, de acordo com Oliveira (2012, p. 58), "se preocupa com uma visão sistêmica do problema ou objeto de estudo". A abordagem qualitativa caracteriza-se pelo esforço de explicar em profundidade o problema investigado e considera que o conhecimento é construído com base no vivido e no experimentado no cotidiano, portanto investiga o mundo vivido.

A pesquisa qualitativa não despreza as técnicas de quantificação, e responde às questões muito particulares do objeto pesquisado, conforme afirma Minayo (1994, p. 21):

> [...] ela trabalha com o universo de significados, motivos, aspirações, crenças, valores e atitudes, o que corresponde a um espaço mais profundo das relações, dos processos e dos fenômenos que não podem ser reduzidos à operacionalização de variáveis.

Dada a natureza do objeto de estudo, a prática pedagógica inclusiva, que apresenta singularidades, em decorrência de sua localização, optou-se pelo desenvolvimento de um estudo de caso para atender suas especificidades. O estudo de caso tem como preocupação central a compreensão de uma instância singular, conforme afirmam Lüdke e André (2012, p. 21): "o objeto estudado é tratado como único, uma representação singular da realidade multidimensional e historicamente situada".

Segundo Gil (2009), o estudo de caso permite examinar a fundo um objeto mediante a utilização de diversos instrumentos, pois, conforme já citado, cerca o objeto por todos os lados e, assim, capta o pensamento dos atores sociais envolvidos na pesquisa.

André (2005, p. 93) destaca o potencial do estudo de caso para o campo educacional quando afirma:

> [...] se o interesse é investigar fenômenos educacionais no contexto natural em que ocorrem, os estudos de caso podem ser instrumentos valiosos, pois o contato direto e prolongado do pesquisador com eventos e situações investigadas possibilita descrever ações e comportamentos, captar significados, analisar interações, compreender e interpretar linguagens, estudar representações, sem os desvincular do contexto e das circunstâncias especiais que se manifestam. Assim, permite compreender não só como surge e se desenvolve esse fenômeno, mas como evolui num dado período de tempo. São, portanto, instrumentos preciosos tanto para desvelar rotinas e inovações quanto para aferir mudanças em comportamentos e práticas ao longo do tempo.

Para Yin (2010), o estudo de caso possibilita a compreensão dos fenômenos sociais complexos e é frequente seu uso nas áreas das ciências humanas e sociais. Permite ao pesquisador investigar de forma integral os acontecimentos da vida real. O estudo de caso é:

> [...] uma investigação empírica que investiga um fenômeno contemporâneo em profundidade e em seu contexto de vida real, especialmente quando os limites entre o fenômeno e o contexto não são claramente evidentes (Yin, 2010, p. 39).

Trata-se de uma modalidade de pesquisa que, segundo Chizzotti (2013), visa congregar dados relevantes, a fim de obter uma visão mais ampla sobre o objeto, pois afasta dúvidas, esclarece indagações e propõe ações posteriores. Trata-se de um estudo que busca uma coleta de informações sistemáticas sobre uma pessoa particular, uma família, um evento. É, portanto:

> [...] um conjunto de relações ou processo social para melhor conhecer como são ou como operam em um contexto real, e tendencialmente, visa auxiliar tomadas de decisões, ou justificar intervenções, ou esclarecer por que elas foram tomadas ou implementadas e quais foram os resultados (Chizzotti, 2013, p. 135).

O estudo de caso possibilita um aprofundamento de dados obtidos de uma situação em particular, pois objetiva compreendê-lo, descrevê-lo minuciosamente. É algo singular, bem delimitado e contextualizado em um determinado tempo e lugar, uma busca contínua de informações específicas sobre o caso.

> [...] o estudo de caso constitui uma investigação de uma unidade específica, situada em seu contexto, selecionada segundo critérios predeterminantes e utilizando múltiplas fontes de dados, que se propõe a oferecer uma visão holística do fenômeno estudado (Alves-Mazzotti, 2006, p. 650).

A autora citada ressalta que os critérios adotados para identificação e seleção do caso e, também, a possibilidade de generalização se modificam conforme a opção paradigmática do investigador. Essa situação demonstra uma atitude de livre escolha que deve ser respeitada. Os critérios adotados para selecionar o caso precisam contemplar uma situação complexa e relevante, que explicite a compreensão do fenômeno investigado.

Em virtude da singularidade apresentada no contexto de desenvolvimento da pesquisa, ou seja, apenas uma das escolas da Rede Municipal de Jaboatão dos Guararapes, atender o critério "adequar-se à atual política de educação inclusiva oferecendo o AEE" justifica-se tratar de um estudo de caso qualitativo.

Admite-se, ainda, que a investigação pode ser considerada um estudo de caso qualitativo, tendo como base os seguintes aspectos: as atividades ocorreram em ambiente natural (uma escola pública, a única em Jaboatão dos Guararapes, que aderiu à Política Nacional de Educação Inclusiva e tinha AEE); envolveu um pequeno número de sujeitos e, durante cada observação, surgiram novos aspectos relevantes da prática que foram sendo investigados; professores, alunos, apoios e famílias tornaram-se os principais agentes da coleta de dados por meio da observação direta e interação constante; os métodos de recolha de dados, essencialmente descritivos, foram variados, o que possibilitou uma análise (da singularidade) da prática pedagógica inclusiva no interior de uma escola da rede pública municipal de ensino, tendo sido focalizado o potencial inclusivo do AEE, no espaço da escola de ensino regular.

3.2 Escolha do Lócus da Pesquisa e dos Instrumentos de Investigação

Após o delineamento dos fundamentos teóricos referentes à metodologia, iniciou-se a busca pelo lócus da pesquisa, tendo como base os seguintes critérios de escolha: existência de uma Sala de Recursos Multifuncionais (SRM); a escola deveria estar recebendo há, pelo menos, cinco anos consecutivos alunos com deficiência em processo de inclusão e dispor de Projeto Político Pedagógico com princípios e determinações voltadas para a inclusão dos alunos com deficiência.

Concluída a definição desses critérios, constatou-se que, entre as 105 escolas da Rede Municipal de Jaboatão dos Guararapes, apenas três preenchiam os critérios estabelecidos. Diante de tal situação, a pesquisadora elegeu três unidades de ensino que foram observadas e apenas uma foi selecionada, tendo sido identificada pelo nome fictício Luz do Sol. A escola selecionada ocupa dois prédios: um patrimonial e outro alugado.

Na coleta de informações, fez-se a escolha dos seguintes instrumentos de investigação: análise documental, observação (livre e dirigida) e entrevistas semiestruturadas, e entrevista associativa. Os resultados das entrevistas foram submetidos à análise de conteúdo com a utilização do software Alceste. Ao longo deste capítulo, os instrumentos de investigação e de coleta de informações estão devidamente apresentados.

3.3 Caracterização do Grupo Pesquisado

Participaram desta pesquisa 39 sujeitos: duas gestoras, quatro supervisoras, um representante do Conselho Escolar, uma bibliotecária, quatro pais, uma professora do AEE, quatro professoras do Ensino Fundamental (anos iniciais), dez professores do Ensino Fundamental (anos finais), dois professores da EJA, três apoios para os alunos com deficiência, e sete estudantes com deficiência.

3.3.1 Grupo de Alunos com Deficiência

No ano letivo de 2013, estavam matriculados na Escola Luz do Sol 1.180 alunos, entre os quais 1,5% (18) apresentavam algum tipo de deficiência.

Desses alunos matriculados na unidade de ensino, verifica-se a seguinte distribuição por níveis e modalidade de ensino. Estão matriculados nos Anos Iniciais do Ensino Fundamental: um aluno no primeiro ano; dois no segundo ano; dois no terceiro ano; um no quarto ano, e um no quinto ano, totalizando, assim, sete alunos. Nos Anos Finais do Ensino Fundamental: quatro alunos na sexta série; um na sétima série, e três na oitava série, perfazendo um total de oito alunos. Na Educação de Jovens e Adultos, são dois alunos no módulo II e um aluno no módulo IV, portanto há um total de três alunos. Somando-se os alunos da sede da escola com os alunos do anexo, tem-se um total de 18 alunos matriculados na instituição, conforme Tabela 3.

Tabela 3 – Quantidade de alunos com deficiência matriculados por turno e níveis de ensino — Escola Luz do Sol — Jaboatão dos Guararapes, PE, 2012

Turno	Séries					
	Anos Iniciais	Anos Finais	EJA	Multimídia	Laboratório	Total
Manhã	205	70	-	30	15	320
Tarde Sede	-	360	-	35	15	410
Tarde Anexo	75	155	-	-	-	230
Noite	-	40	245	40	15	340
Total	280	625	245	105	45	1.300

Fonte: Escola Luz do Sol

Antes da entrada ao campo, elegeram-se alguns critérios para a escolha dos sujeitos desta pesquisa. Inicialmente, as observações estavam direcionadas para os alunos da pré-escola ou do primeiro ano dos anos iniciais; da quarta série ou quinto ano dos anos iniciais, ou oitava série. Com essa escolha preliminar, o foco consistia em analisar as práticas que estavam acontecendo no início, no meio e no final da escolarização do Ensino Fundamental. No entanto, não foi possível seguir esse caminho, porque a escola não dispunha de classes de pré-escola. Diante disso, optou-se pelos anos iniciais e, também, pelas turmas de sexto ano, nos quais havia uma maior quantidade de alunos com deficiência.

Na construção do perfil dos alunos com deficiência matriculados na Escola Luz do Sol, foram usados como fonte de informações: históricos escolares, laudos médicos e pastas escolares dos alunos. E adotaram-se como principais descritores os seguintes elementos: tipos de deficiência, sexo e idade. Os dados e informações constantes em tais documentos trazem uma visão global do grupo pesquisado e, também, permitiram a elaboração do perfil de cada um em particular.

Dos 18 alunos matriculados, apenas 16 apresentam laudos, assim caracterizados: 6 apresentam características de deficiência intelectual, 4 alunos com deficiências múltiplas, 2 com surdez. As demais deficiências, tais como auditiva, física, visual, Síndrome de Down e transtorno do espectro autista, estão presentes nesse grupo, pois há um aluno com cada deficiência. Em relação ao sexo, o grupo está assim constituído: 3 são do sexo feminino; e 13, do sexo masculino. A faixa etária dos alunos varia entre 7 e 24 anos, assim distribuídos: oito estão entre as faixas etárias de 7, 12, 14 e 16 anos; três concentram-se na faixa etária de 15 anos; cinco correspondem às faixas etárias de 10, 13, 18, 21 e 24 anos.

Para preservar a privacidade dos alunos pesquisados, no decorrer deste trabalho, adotou-se um código de identificação, constituído de letras maiúsculas e números de ordem. A letra A indica Aluno; F e M referem-se ao sexo; e EF indicam Ensino Fundamental. Por exemplo, o código **A1FEF** identifica a aluna de número 1, que é do sexo feminino e está no Ensino Fundamental.

Os documentos supracitados (históricos escolares, laudos médicos e pastas escolares) contêm diversas lacunas nos registros da trajetória escolar dos alunos com deficiência, tais como: informações incompletas e diagnósticos clínicos em aberto. A ausência e a inconsistência de tais informações dificultam a determinação do lugar do aluno com deficiência, no espaço escolar. Após a exposição das características gerais do grupo, são apresentados os perfis individuais que englobam dados pessoais (idade e sexo); vida escolar (ano de ingresso na escola, aprovação/reprovação); e aspectos ligados à saúde (situação vacinal, diagnósticos e encaminhamentos médicos).

3.3.2 Perfis dos Alunos com Deficiência Matriculados na Escola Luz do Sol

A1FEF está com 15 anos de idade, frequenta a Escola Luz do Sol desde 2008, e seu pai renova sua matrícula todos os anos. No primeiro e segundo ano de escolarização, foi aprovada com médias 6; no terceiro ano, a média foi mantida e apresentou um discreto avanço na disciplina Religião; no quarto ano, foi aprovada em Religião e Artes com média 6, mas, em Português, História, Geografia, Ciências e Matemática, recebeu notas entre 1 e 1, por conseguinte não obteve aprovação e repetiu o quarto ano escolar, em 2011. Atualmente, se encontra no quinto ano escolar e frequenta uma sala de aula regular, contando com apoio, porém não participa de Atendimento Educacional Especializado, que é desenvolvido na Sala Multifuncional. Em relação à saúde, estão arquivados, na sua pasta escolar: o **cartão de vacinação**, que está atualizado; **duas avaliações médicas** (avaliação inicial, emitida em 2008, atesta a existência de um déficit cognitivo moderado, que está associado à oftalmoplegia; na segunda avaliação, expedida em 2012, após três anos de espera, consta que a aluna em foco "é portadora de retardamento mental CID[6] F79 F06-8"). Todos os documentos relativos à área de saúde revelam que essa aluna é, devidamente, cuidada e orientada por seus familiares.

A2MEF está com 10 anos de idade e frequenta a Escola Luz do Sol desde 2010. No primeiro ano de escolarização, não foi feito nenhum registro em seu histórico escolar; porém, nos dois anos subsequentes, os registros estão devidamente atualizados. Convém ressaltar que seu desempenho escolar é satisfatório, pois foi aprovado em todas as disciplinas. Desde seu ingresso na escola, vem recebendo, com regularidade, Atendimento Especializado, oferecido na Sala de Recursos Multifuncionais, no período da tarde. Em relação à saúde, na sua pasta escolar, constam dados clínicos, que atestam dificuldades de aprendizagem, correspondente ao CID-10 F81.0. De acordo com esse documento, o aluno necessita de reforço escolar. Há, ainda, Eletroencefalograma (EEG). Está matriculado no quarto ano do Ensino Fundamental.

---

[6] Classificação Internacional de Doenças (N. do R.).

A3FEF tem 13 anos de idade e ingressou na Escola Luz do Sol em 2012. É oriunda de uma escola particular, na qual foi reprovada no segundo ano escolar. No setor de Atendimento Especializado, não há registro de sua presença em nenhuma atividade. Foi matriculada no terceiro ano do Ensino Fundamental no prédio anexo. Em relação à saúde, na sua pasta escolar há apenas um diagnóstico, emitido em 2012, por um ambulatório de pediatria, segundo o qual a menor apresenta perda auditiva sensorial bilateral de grau severo no Ouvido Esquerdo (OE); e profunda no Ouvido Direito (OD), de acordo com CID-10 H903.

A4MEF está com 21 de idade e ingressou na Escola Luz do Sol em 2010, tendo sido reprovado em 2010 e em 2011. No seu histórico escolar, não há registro de notas em 2012, mas consta uma declaração de progressão plena. É atendido com regularidade, na Sala de Recursos Multifuncionais, que lhe oferece atendimento especializado. Quanto ao aspecto saúde, na sua pasta escolar, há um diagnóstico clínico de paralisia cerebral, que acarreta retardo mental e, também, retardo do desenvolvimento neuropsicomotor. Apresenta deformidade em membros inferiores. Está matriculado na Educação de Jovens e Adultos, módulo II.

A5MEF está com 14 anos de idade, iniciou sua vida escolar em uma instituição privada, tendo sido reprovado no segundo ano escolar. Ingressou na Escola Luz do Sol em 2013, mas não participa de Atendimento Educacional Especializado, que é desenvolvido na Sala Multifuncional. Está matriculado no terceiro ano do ensino fundamental, no horário da manhã, junto de crianças com faixa etária menor que a dele, destoando-se do grupo como um todo. Em relação à saúde, há um diagnóstico baseado em exame audiométrico, que constatou perda auditiva sensorioneural bilateral severa e profunda.

A6MEF tem 7 anos de idade e começou a frequentar a Escola Luz do Sol, em 2013, mas não participa do Atendimento Educacional Especializado, oferecido na Sala Multifuncional. No seu histórico escolar, não há registro de frequência a nenhuma escola, no período anterior ao ano de 2013. Frequentou um centro integrado que atendia crianças com deficiência nas áreas de fisioterapia, psicologia e terapia ocupacional. Está matriculado no terceiro ano, no horário da tarde. É acompanhado do apoio. Em relação à saúde, na sua pasta escolar constam os seguintes documentos: diagnóstico clínico de quadro de autismo infantil, na categoria de transtorno global do desenvolvimento, CID-10 F84; indicação de uso de remédio controlado; registros de atendimentos especializados nas áreas de terapia ocupacional, fonoaudiologia e psicologia.

A7MEF está com 12 anos de idade e, em 2011, começou a frequentar a Escola Luz do Sol, mas, em 2012, não concluiu o ano letivo, tendo sido considerado desistente. Em 2013, voltou para escola, porém, no período da pesquisa, não participava do atendimento educacional especializado, oferecido na Sala de Recursos Multifuncionais. Está matriculado no primeiro ano e é acompanhado pelo apoio. Em relação à saúde, sua pasta escolar contém uma declaração, expedida em 2001, por uma médica pediátrica, nos seguintes termos: o menor é portador da Síndrome de Down e necessita de acompanhamento especial.

A8MEF tem 7 anos de idade e começou a frequentar a Escola Luz do Sol em 2013. No seu histórico escolar, não consta nenhuma indicação de frequência a uma instituição de ensino antes de 2013. Participa de forma bastante irregular das atividades que são promovidas pela Sala de Recursos Multifuncionais. Foi matriculado no primeiro ano e tem um apoio em sala de aula. No que se refere à saúde, na sua pasta escolar, há um diagnóstico emitido por um ambulatório de pediatria, que afirma que o menor apresenta um quadro de retardo mental moderado, e distúrbio de conduta, CID-10 F71 + F91. Além disso, há indicação de atendimento especializado, nas áreas de psicologia e fonoaudiologia.

A9FEF está com 24 anos de idade, ingressou na Escola Luz do Sol em 2010, tendo tido o seguinte desempenho: aprovada no ano de ingresso, reprovada em 2011 e progressão plena em 2012. No seu histórico escolar, constam informações pertinentes ao período em que estudou em outras instituições de ensino da rede pública estadual. A aluna frequenta regularmente a Sala de Recursos Multifuncionais, que lhe oferece Atendimento Educacional Especializado. Foi matriculada na Educação de Jovens e Adultos, e tem um apoio em sala de aula. Em relação à saúde, na sua pasta escolar, estão arquivados dois documentos: um laudo de audiometria tonal, que atesta perda auditiva sensorial de grau severo bilateral; e um laudo médico, afirma que a aluna tem epilepsia e surdez congênita.

A10MEF tem 15 anos de idade, ingressou na Escola Luz do Sol em 2013, mas não frequenta regularmente a Sala de Recursos Multifuncionais, que oferece Atendimento Educacional Especializado. No seu histórico escolar, não constam informações pertinentes à sua vida escolar anterior ao ano de 2013. Está matriculado no Ensino Fundamental, séries finais.

Em relação à saúde, sua pasta escolar contém dois documentos: um laudo médico, datado de 2011, segundo o qual o aluno apresenta um quadro compatível com o CID-10 G40, ou seja, doença epilepsia e síndromes epiléticas idiopáticas, que são definidas por suas localizações (focal e parcial); e uma indicação de uso de medicação controlada.

A11MEF está com 18 anos de idade e começou a frequentar a Escola Luz do Sol em 2012, tendo sido matriculado no quinto ano escolar. Convém ressaltar que foi dispensado de Educação Física, mesmo sem apresentar dificuldades motoras. Além disso, não há registros de sua participação nas atividades promovidas pela sala de recursos multifuncionais. No seu histórico escolar, expedido por uma escola pública estadual na qual cursou os três primeiros anos do Ensino Fundamental, não há nenhum parecer avaliativo, pois estão registradas, apenas, as notas obtidas naquele período. Quanto aos aspectos de saúde, na sua pasta escolar, há um laudo médico que atesta deficiência visual, por sequela crônica de isquemia cerebral. Porém, esse laudo médico não cita os códigos do CID, que classificam doenças e síndromes.

A12MEF tem 17 anos de idade, ingressou na Escola Luz do Sol em 2010 para cursar os Anos Finais do Ensino Fundamental, porém não participa do Atendimento Educacional Especializado, que é desenvolvido na Sala de Recursos Multifuncionais. No seu histórico escolar, constam os resultados das séries iniciais, cursadas em escolas da rede de ensino público. Em relação à saúde, na sua pasta escolar, não consta nenhum laudo médico, no entanto, o aluno apresenta deficiência intelectual leve, conforme informou, oralmente, uma professora responsável pelo Atendimento Educacional Especializado, na Sala de Recursos Multifuncionais.

A13MEF está com 15 anos de idade e ingressou na Escola Luz do Sol em 2011, e frequenta a Sala de Recursos Multifuncionais regularmente; por conseguinte, recebe atendimento educacional especializado. No seu histórico escolar, não constam notas, mas uma declaração de progressão plena, referente aos anos letivos de 2011 e 2012. Frequenta a Educação de Jovens e Adultos e tem apoio. Em relação à saúde, na sua pasta escolar, consta um laudo médico, que atesta que o aluno apresenta retardo mental grave, CID-10 F-72.

A14MEF tem 12 anos de idade e começou a frequentar a Escola Luz do Sol em 2012, tendo sido matriculado no quinto ano escolar, mas não participa do Atendimento Educacional Especializado, que é desenvolvido na Sala de Recursos Multifuncionais. No seu histórico escolar, constam informações relativas ao período compreendido entre 2008 e 2011, quando frequentou uma escola da rede particular de ensino. Sua pasta escolar não contém nenhum documento relacionado ao seu estado de saúde, porém esse aluno apresenta uma deficiência física no membro superior do braço esquerdo. Frequenta o Ensino Fundamental, anos finais, e não tem apoio.

A15MEF tem 14 anos de idade e ingressou na Escola Luz do Sol em 2006 para cursar o primeiro ano escolar, mas não participa do Atendimento Educacional Especializado, que é desenvolvido na Sala de Recursos Multifuncionais. No seu histórico escolar, estão registrados os seguintes resultados: em 2006, foi reprovado em todas as disciplinas, com exceção de Artes, pois obteve média 6; em 2007, repetiu o primeiro ano escolar, tendo sido aprovado; em 2008, foi reprovado. Nos anos seguintes, foi aprovado por média, com progressão plena. Em relação à saúde, na sua pasta escolar, há um diagnóstico médico, expedido em 2010, que atesta: aluno com dificuldade para habilidades escolares CID 70 - F81. 0. Conduta: reforço escolar.

A16MEF está com 16 anos de idade e ingressou na Escola Luz do Sol em 2008 para cursar o quinto ano escolar e participa, regularmente, do Atendimento Educacional Especializado, que é oferecido na Sala de Recursos Multifuncionais. No entanto, esse aluno não apresenta rendimento escolar satisfatório, pois foi reprovado em 2010 e 2011. No seu histórico escolar, não há registros de sua vida escolar no período anterior a 2008. No que se refere ao seu estado de saúde, na sua pasta escolar, não consta nenhum laudo médico, porém, de acordo com o setor de atendimento educacional especializado da escola, esse aluno apresenta um quadro de deficiência intelectual.

3.3.3 Caracterização dos Professores e demais Participantes da Pesquisa

Participaram desta pesquisa 39 sujeitos: duas gestoras, quatro supervisoras, um representante do Conselho Escolar, uma bibliotecária, quatro pais, uma professora do Atendimento Educacional Especializado, quatro professoras do Ensino Fundamental (anos iniciais), dez professores do Ensino Fundamental (anos finais), dois professores de EJA, três apoios para os alunos com deficiência e sete alunos com deficiência.

Dos 24 sujeitos investigados, ou seja, professores e técnicos, 5 são do sexo masculino e 19 são do sexo feminino. A faixa etária dos docentes varia entre 31 e 64 anos de idade.

Desses participantes, seis eram formados em Pedagogia, dez em Letras, dois em História, dois em Ciências Biológicas, um em Psicologia, um em Matemática, um em Fonoaudiologia, um em Contábeis.

A maioria, 18, tem especialização; 2, mestrado, 2, graduação, e dois estão cursando especialização. Dos participantes, seis estão formados há mais de 17 anos; cinco, há mais de 30 anos; cinco, há mais de 26 anos; quatro, há mais de 21 anos; três, há 11 anos; um, há 6 anos.

Em relação ao ano de conclusão de curso, a maioria, seis, terminou-o entre 1997-2001; cinco, entre 1982-1986; cinco, entre 1987-1991; quatro, entre 1992-1996; três, entre 1997-2001; um concluiu-o entre 2007-2011.

Quanto ao curso de especialização, dos 24 professores: 8 concluíram-no entre 1997-2001; 4, entre 2002-2006; 5, entre 2007-2011; 2, entre 1992-1996; 1, entre 1982-1986; 2 estavam cursando especialização; 2 não tinham especialização.

Do tempo de profissão, nove tinham de 16 a 20 anos profissão; sete, entre 21 e 25; cinco, entre 10 e 15; dois, entre 31 e 35; um tinha entre 41 e 45 anos de profissão.

No quesito tempo na Rede de Ensino Municipal, oito tinham entre 6 e 10 anos; cinco, entre 16 e 20; cinco, entre 1 e 5; quatro, entre 21 e 25 anos; 1 entre 11 e 15; um entre 31 e 35 anos na rede.

Convém informar que foram entrevistados dois pais e duas mães, com escolaridade entre Ensino Fundamental e Ensino médio (incompletos).

Em relação aos três apoios entrevistados, um cursava o normal médio; dois estavam cursando ensino superior, cursos de Pedagogia, em instituições particulares.

Ressalta-se ainda que, no município de Jaboatão dos Guararapes, a Instrução Normativa da Secretaria Executiva de Educação n.º 07/2014 declara a necessidade da presença do apoio para a Educação Especial nas turmas regulares, quando afirma:

> [...] b) para as turmas de Educação Básica, que receberem estudantes com deficiência comprovada através de laudo médico, será garantido, para cada turma, 01 (um) estagiário como apoio, auxiliando no desenvolvimento das atividades.

Para recrutamento dos apoios às escolas, desde 2009 existe um convênio estabelecido entre Secretaria Executiva de Educação/Núcleo de Educação Especial e Centro de Integração Empresa Escola (Ciee), que regulariza a situação funcional dos apoios nas escolas. O Ciee, em articulação com instituições de nível superior e técnico, procura atender às demandas por apoios do NEE. No geral, esses estagiários provêm dos Cursos de Pedagogia, Psicologia, normal médio (antigo magistério) e do Curso de Técnico em Língua Brasileira de Sinais (Libras). Todavia, esses profissionais são contratados como estagiários, sem a devida advertência de que trabalharão como suporte ou apoio às crianças e aos adolescentes com deficiência nas escolas regulares.

Várias dificuldades têm sido registradas, tanto por parte da SEE como pelas escolas, uma vez que esses apoios, muitas vezes, desconhecem quem são essas pessoas, suas necessidades e peculiaridades. Também não se tem dado uma atenção à formação em serviço desse grupo para fazer o acompanhamento dos alunos com deficiência.

Em 2011, como não havia nenhum documento que orientasse institucionalmente os estagiários, o NEE, responsável pela área na SEE, produziu o documento: *Atribuições dos estagiários/apoios educativos da educação especial*. No referido texto, explicitam-se suas atribuições gerais e específicas por área de deficiência.

Conforme informações obtidas junto à SEE (Jaboatão dos Guararapes, 2014) existem, na rede de ensino, em torno de 535 estagiários/apoios que acompanham os alunos com deficiência na Educação Infantil, Anos Iniciais e Finais, Educação de Jovens e Adultos, na Rede de Ensino Municipal. Ressalta-se que os estagiários/apoios são contratados por um ano, podendo ter o contrato renovado por esse mesmo tempo.

Pode-se considerar um avanço o acompanhamento aos alunos com algum tipo de deficiência instituído pela SEE, no entanto, como mais adiante será discutido, o trabalho do apoio ao estudante com deficiência não vem sendo devidamente compreendido pela maior parte dos sujeitos envolvidos com a Educação Especial na escola pesquisada.

3.4 Procedimentos da Coleta de Informações: cuidados para evitar descaminhos

Convém reafirmar que, no decorrer das atividades investigativas, há necessidade de adoção de "cuidados" para evitar erros que levem o pesquisador a vários descaminhos. Adotar tais cuidados significa que os instrumentos de pesquisa precisam estar em sintonia com a opção teórica escolhida e, também, de acordo com o objeto de estudo.

Seguindo essa ótica, conforme o que consta no Quadro 1 (no capítulo inicial), a pesquisadora dividiu as atividades investigativas em quatro etapas e utilizou os seguintes instrumentos para coletar informações: análise documental, observação (livre e dirigida), entrevistas semiestruturadas e entrevistas associativas.

3.4.1 Análise Documental

Lüdke e André (2012) afirmam que a análise documental constitui um instrumento indispensável à pesquisa qualitativa, seja para complementar informações obtidas, seja para desvelar aspectos novos de um tema ou problema. Utiliza-se de materiais que não receberam tratamento analítico e vive muito da crítica histórica.

Os documentos são registros escritos que oferecem informações em prol da compreensão de fatos e relações, isto é, possibilitam o conhecimento de ações e/ou situações vivenciadas em determinado período, reconstruindo seus antecedentes, uma vez que revelam aspectos de determinados grupos sociais em um tempo. Neste estudo, utilizou-se a análise documental para identificar como se deu a adesão e implementação da atual política de educação inclusiva no sistema municipal do Jaboatão dos Guararapes.

Além de documentos nacionais, foram selecionados como base para compreensão da política inclusiva local os seguintes documentos: "De Raízes a Frutos: na busca de saber viver um programa de Ensino Democrático de 1989 – 1992" (1992); o Plano Municipal de Educação (2011-2020), a atual Proposta Curricular vigente no município (2011) e o Projeto Político Pedagógico da Escola Luz do Sol (2012).

Esse material foi lido e relido para se construir/reconstruir o processo de atendimento educacional às pessoas com deficiência no município, com ênfase ao modo como a política educacional inclusiva nacional foi estabelecida e sua implementação no município e como a Escola Luz do Sol incorporou as intenções e proposições dessa política em sua proposta pedagógica.

3.4.2 Observação

O período de observação teve a finalidade de caracterizar a prática pedagógica inclusiva no interior da Escola Luz do Sol, tendo sido explicitado o papel do AEE e suas articulações com a sala de aula no regular. A segunda fase da pesquisa foi a mais longa, e, para seu desenvolvimento, foram utilizadas duas modalidades de observação: a participante ou livre, e a observação dirigida.

As observações ocuparam um papel relevante na trajetória da pesquisa, pois a utilização, apenas, dos discursos dos atores sociais seria insuficiente para buscar o entendimento do próprio caso. A observação é um instrumento que possibilita o estabelecimento de relações e a apreensão dos significados compartilhados pelo grupo pesquisado. Esse instrumento de investigação, que tem como característica a flexibilidade, segue um percurso menos normativo, portanto possibilita ao pesquisador desenvolver as seguintes atividades: registrar, narrar e situar os momentos relevantes no campo empírico. Em Lüdke e André (2012, p. 26):

> A observação direta permite também que o observador chegue mais perto da perspectiva dos sujeitos, um importante alvo nas abordagens qualitativas. Na medida em que o observador acompanha *in loco* as experiências diárias dos sujeitos, pode tentar apreender a sua visão de mundo, isto é, o significado que eles atribuem à realidade que os cerca e às suas próprias ações.

Segundo Lüdke e André (2012), a observação participante pode ser conceituada como uma estratégia de trabalho em campo, que combina, ao mesmo tempo, participação ativa com os sujeitos, contato intenso do pesquisador com o ambiente natural para captar as relações e compreender aquela microcultura.

Bogdan e Biklen (2004) destacam a observação participante como um dos melhores instrumentos para recolha de dados em estudos de caso; com ela, é possível ver e sentir o sujeito e suas relações em primeira mão. As observações livres possibilitaram a obtenção de informações no momento que os fatos ocorriam e, sobretudo, indicaram o grau de coerência dos sujeitos entre o discurso e a prática.

Nesta pesquisa, a observação assumiu um papel preponderante, tendo sido realizado um total de 180 horas. Desse total, 140 h foram destinadas à observação livre; e 40 h, para as observações dirigidas.

A observação dirigida constituiu-se como um coadjuvante às observações livres, com base nos Registros de Observação previamente elaborados, que contribuíram para subsidiar a análise mais sistemática da prática inclusiva na escola e orientar o trabalho de pesquisa.

Um dos registros de observação continha itens destinados à identificação da infraestrutura dos espaços comuns da escola e da sala de aula. Foram observados os seguintes itens: comunicação escrita em diferentes linguagens (Braille, Libras); material escolar adaptado; rampa para acesso à sala de aula; porta de entrada de acordo com as normas da Associação Brasileira de Normas Técnicas (ABNT); limpeza e arejamento do ambiente; espaço interno para mobilidade; local para guarda de objetos; cadeira escolar adaptada; estímulos visuais (maquete) e quadros, murais. Em relação aos espaços comuns, observou-se a existência de diversos itens: brinquedos adaptados, adaptação de rampas, iluminação adequada, recursos adaptados, aparelhos sonoros, banheiros adaptados com barras de apoio, torneiras e descarga em formato de alavanca.

Outro protocolo de registro privilegiou a natureza do trabalho docente em sala de aula do ensino regular, e o terceiro protocolo voltou-se para o Atendimento Educacional Especializado. Nestas fichas, estão contidos os seguintes tópicos: relações entre as pessoas, intervenções pedagógicas, currículo, conteúdo, experiências interativas, avaliação da aprendizagem, explicitação das intenções pedagógicas, interação entre professores de AEE e professores da sala regular.

Convém explicitar cada um desses tópicos: No tópico **relações entre as pessoas**, procurou-se identificar o relacionamento entre professores e alunos, participação nas tarefas, atividades diversificadas, cooperação, atitudes de respeito, interação entre o grupo, formas de acolhimento e acompanhamento dos alunos. O tópico **intervenções pedagógicas** voltou-se para sequências de atividades, organização de estratégias, organização dos grupos, realização de trabalho articulado com estagiários, elaboração do plano de ensino. O tópico **currículo** enfocou sequências didáticas, estimulações ao pensamento crítico, valorização do conhecimento do aluno e programação interdisciplinar. O tópico **conteúdo** centrou-se nos seguintes aspectos: forma de articulação com outras áreas do conhecimento, leitura, interpretação e escrita de textos, artes, expressão oral e não verbal, matemática, ciência naturais e sociais. O tópico **experiências interativas** enfatizou os seguintes aspectos: vivências nas aulas de Educação Física e festividades. O tópico **avaliação da aprendizagem** voltou-se para a utilização dos instrumentos que são destinados ao registro dos avanços da aprendizagem, possibilidade de autoavaliação, articulação entre docentes, atividades exploratórias. O tópico **explicitação das intenções pedagógicas** constituiu-se de diversos itens: solicitação de sugestão dos alunos, explicação detalhada das atividades que serão realizadas, reuniões com as famílias destinadas a diálogos relativos ao desempenho do aluno. O tópico **interação entre professores de AEE e professores da sala regular** destinou-se ao registro dos diálogos com a professora de AEE, solicitações de orientação apresentadas pelos alunos referentes às atividades e às observações feitas pela professora de AEE relativas ao aluno em sala de aula.

3.4.3 Entrevista Semiestruturada

Na terceira fase da pesquisa, fez-se opção pela entrevista semiestruturada. Esse tipo de entrevista é um instrumento utilizado nas pesquisas em ciências sociais com muita frequência, e propiciou uma ação interativa entre a entrevistadora e o entrevistado, tendo possibilitado diversos esclarecimentos, adaptações dos instrumentos de investigação e obtenção de informações complementares. Trata-se de um recurso metodológico marcado pelo processo de interação, tendo como principal vantagem a captação quase imediata de informações, que possibilitam o aprofundamento de pontos que foram levantados por meio de outros recursos. De acordo com Triviños (1987), a entrevista é um instrumento que parte de questionamentos básicos, apoiados em determinadas teorias, que geram outras questões promissoras.

Na entrevista, segundo Bardin (2011), tem-se uma fala relativamente espontânea, com um discurso falado, no qual a pessoa orquestra à sua vontade. A autora expressa a importância da entrevista e da pluralidade das significações oriundas do conjunto da técnica.

> Qualquer pessoa que faça entrevistas conhece a riqueza desta fala, a sua singularidade individual, mas também a aparência por suas vezes tortuosa, contraditória, "com buracos", com digressões incompreensíveis, negações incômodas, recuos, atalhos, saídas fugazes ou clarezas enganadoras (Bardin, 2011, p. 94).

De acordo com Szymanski (2004), a entrevista assume uma interação social, submetida às condições comuns do entrevistador e entrevistado: "A intencionalidade do pesquisador vai além da mera busca de informações; pretende criar uma situação de confiabilidade para o entrevistado se abra" (Szymanski, 2004, p. 12).

Nesta pesquisa, lançou-se mão da entrevista semiestruturada para analisar como os diferentes atores escolares, professores, apoios, gestores e pais compreendem a prática pedagógica inclusiva no interior da escola. Salienta-se que as entrevistas foram realizadas de modo individual e aconteceram em diversos espaços da escola, tais como: sala dos professores, sala das gestoras, sala das supervisoras e sala de recursos multifuncionais.

3.4.4 Entrevista Associativa

A ideia de utilizar a entrevista associativa foi uma inspiração decorrente do contato com os trabalhos apoiados na Teoria das Representações Sociais[7]. Denominou-se "entrevista associativa" a relação que se estabeleceu com os sujeitos mediada por cartelas indutoras. Baseado em técnicas projetivas, esse tipo de instrumento estimula a reflexão e permite capturar discursos/conteúdos mais espontâneos e menos racionalizados por parte dos sujeitos acerca dos objetos.

Assim, na tentativa de confrontar os sujeitos em relação ao proclamado pelas políticas públicas inclusivas e a prática cotidiana da escola no trato aos alunos com deficiência, foram utilizadas três cartelas que privilegiaram os trechos da legislação atual e política nacional de educação especial. Os trechos recortados enfatizavam as garantias asseguradas por lei ao aluno com deficiência para sua inclusão no espaço da escola regular; finalidade do AEE e estratégias a serem utilizadas por esse serviço.

Essas cartelas foram apresentadas individualmente a cada um dos 32 sujeitos e, na ocasião das entrevistas, solicitou-se a cada um que lesse e refletisse sobre o conteúdo daquele material e suas relações com o que sentia e vivenciava como prática inclusiva naquela escola. As reflexões, os espantos, dúvidas e queixas dos sujeitos foram fluindo e contribuíram para analisar, na perspectiva dos professores e das famílias, a relação entre o discurso preconizado pelas políticas públicas e a prática pedagógica inclusiva no cotidiano da Escola Luz do Sol.

---

[7] "Violência contra o professor: sentidos compartilhados e práticas docentes frente ao fenômeno", desenvolvido por Michelle Beltrão Soares e Laêda Bezerra Machado. Trabalho apresentado na 36ª Reunião Anual da ANPEd, GT-20, em Goiânia, 2013.

3.5 Análise dos Dados: fortalecimento da caminhada

Na implementação dos procedimentos metodológicos, é indispensável que o pesquisador esteja fortalecido teoricamente. De acordo com tal afirmativa, a autora fez a análise dos dados oriundos da realidade investigada de modo coerente e consistente, uma vez que em sua caminhada procurou se fortalecer na teoria e nos saberes de sua experiência. Tal postura teórica está refletida nas análises que se seguem.

3.5.1 Análise de Conteúdo

Durante a análise, todas as questões propostas para esta pesquisa foram retomadas na tentativa de respondê-las. O corpus resultante dos documentos[8] e os registros das observações foram discutidos, seguindo a orientação de Bardin (2011) para análise do conteúdo. Entende-se que adotar esse suporte analítico implica buscar, interpretar as informações, captando e refinando seus sentidos e significados. Conforme a autora, análise de conteúdo significa:

> Um conjunto de técnicas de análise das comunicações visando obter, por procedimentos sistemáticos e objetivos de descrição de conteúdo das mensagens, indicadores (quantitativos ou não) que permitam a inferência de conhecimentos relativos às condições de produção/recepção (variáveis inferidas) destas mensagens (Bardin, 2011, p. 37).

De acordo com Franco (2005, p. 20), a análise de conteúdo inicia-se com a observação do modo como a mensagem é expressa: de forma verbal, escrita ou imagética, mas sempre vinculada às condições nas quais são produzidas pelos sujeitos. Para Franco: "a análise de conteúdo é um procedimento de pesquisa que se situa em um delineamento mais amplo da teoria da comunicação e tem como ponto de partida a mensagem".

Morais (1999, p. 2) afirma que a análise de conteúdo "constitui-se em bem mais do que uma simples técnica de análise de dados, representando uma abordagem metodológica com características e possibilidades próprias". Autores como Silva, Gobbi e Simão (2012) confirmam essa

---

[8] As categorias Estrutura da Educação Especial no Município; Princípios Norteadores da Educação Especial em Jaboatão dos Guararapes; e outras, que estão no próximo item, foram construídas de acordo com o roteiro descrito no Quadro 3.

linha de pensamento ao afirmar que a técnica de análise do conteúdo proporciona o surgimento de teorias que almejam um refinamento das falas anunciadas pelos sujeitos pesquisados.

Triviños (1987) destaca algumas peculiaridades da análise de conteúdo: estuda as situações comunicativas entre os atores sociais, com ênfase no conteúdo das mensagens; possibilita a "inferência" decorrente das informações depreendidas do conteúdo das mensagens, ou que se levantam como resultado do estudo dos dados existentes nas comunicações. Além disso, permite o uso de múltiplas técnicas e recursos metodológicos como: codificação, classificação e categorização, elementos indispensáveis quando se busca apreender o dito e o não dito de uma situação comunicativa.

Bardin (2011) apresenta três etapas do trabalho com essa técnica de tratamento de dados: pré-análise, exploração do material e interpretação inferencial. A pré-análise exige sucessivas leituras do corpus recolhido para que o pesquisador possa sistematizar ideias, intuições e impressões iniciais de maneira a conduzir uma visão do conjunto de material coletado. A exploração do material consiste em submeter o corpus aos seguintes procedimentos: codificação, classificação e categorização, visando alcançar os núcleos de sentido das mensagens. Por meio da interpretação inferencial, procura-se desvelar os sentidos e significados inerentes ao conteúdo daquele quadro comunicacional. Nesse sentido, para proceder à análise, após a coleta das informações, foram registradas todas as observações e sínteses da leitura dos documentos.

O segundo momento foi dedicado à construção de quadros temáticos para explicitar e captar as unidades de sentido do corpus. De acordo Bardin (2011), com a captação e explicitação, ou interpretação, desses significados, chega-se às categorias. Para a autora:

> [...] categorização é uma operação de classificação de elementos constitutivos de um conjunto, por diferenciação e, seguidamente, por reagrupamento segundo o gênero (analogia), com critérios previamente definidos. As categorias são rubricas ou classes, que reúnem um grupo de elementos unidades de registro, no caso da análise de conteúdo, sob um título genérico, agrupamento esse efectuado em razão dos caracteres comuns destes elementos (Bardin, 2011, p. 146).

A categorização materializa as impressões do pesquisador em face do material obtido na coleta de informação, reflete sua forma de organizar e agrupar os dados, mediante sua criatividade e compreensão (Szymanski, 2004). Em suma, a análise de conteúdo, neste estudo, foi uma ferramenta necessária para compreender como se caracterizam as práticas pedagógicas inclusivas, no interior da Escola Luz do Sol. No Quadro 2, logo a seguir, apresenta-se o esquema desenvolvido para construção das categorias temáticas decorrentes dos registros das observações, que estão apresentadas no próximo item.

Quadro 2 – Procedimentos para a análise dos documentos e registros das observações

Etapa	Procedimentos
1.ª Identificação e organização dos trechos em unidades ou núcleos de sentido	1) Os trechos do registro foram recortados, tomando por referência os seus sentidos. 2) Os recortes foram denominados de núcleo de sentidos, e cada um desses núcleos foi nomeado com uma frase ou palavra capaz de resumi-lo. Ex.: "falta de material"; "sala mal iluminada", "aluno só copia". 3) Os núcleos de sentido que compartilhavam significados comuns foram marcados com um realce comum. Por exemplo, cada um de uma cor.
2.ª Separação e agrupamento dos núcleos de sentido dos registros e construção dos temas	4) Os núcleos/unidades de sentido foram reunidos, e cada conjunto por cor formou um "tema de significação". O tema[9] foi dado com base nos núcleos de sentido. Ex.: adaptações curriculares (incluíram alguns núcleos de sentido, tais como: "aluno só copia"; "o apoio tem que estar junto"; "a atividade é cobrir letrinhas"...).
3ª Organização e definição das categorias[10]	5) Agruparam-se os temas e formaram-se as categorias. Por exemplo, a categoria "Inclusão dos alunos com deficiência na sala regular: dos aspectos físicos às práticas" agregou os temas: espaço físico; adaptações curriculares; e relações interpessoais para inclusão.

Fonte: a autora (2014)

---

[9] O tema significa uma proposição sobre o assunto investigado, que pode estar sintetizado em uma sentença ou conjunto de sentenças, ou mesmo em um parágrafo.

[10] Em análise de conteúdo, a formação/construção de uma categoria precisa respeitar princípios básicos, tais como: exclusão mútua, ou seja, um único princípio orienta sua construção; exaustão de todo o material textual, que deve fazer parte da categoria (por isso, cabe ao pesquisador apropriar-se do material); exclusão, isto é, cada aspecto do texto deve estar contemplado em uma única categoria (Franco, 2005 e Minayo, 1994).

3.5.2 O uso do Software Alceste

Nesta pesquisa, os depoimentos obtidos nas entrevistas semiestruturadas e associativas foram processados pelo software Alceste. O programa favorece e agiliza a análise lexical de dados textuais. O software foi desenvolvido por Max Reinert na França, em 1970. No Brasil, o programa foi introduzido no final da década de 1990 e, de acordo com Soares (2005, p. 541), trata-se de:

> [...] uma metodologia de análise de dados qualitativos que se adequa a qualquer domínio de investigação onde se pretenda tratar material textual, nomeadamente no que se refere à sua composição lexical e estruturação temática. É aplicável a dados provenientes de diversos procedimentos de recolha cujo denominador comum é a linguagem verbal.

O Alceste é um programa estatístico de análise léxica das palavras de um texto, que organiza os dados textuais com base na segmentação, na análise de correspondências e na classificação hierárquica do material. A utilização do programa exige a construção de um corpus que requer coerência para garantir uma lógica quantificável da análise estatística de textos; é um recurso útil para tratar textos volumosos decorrentes do trabalho com muitos sujeitos. Pode ser usado para análise de perguntas abertas de questionários, depoimentos, entrevistas, narrativas orais, dados de mídia, artigos e capítulos de livros, entre outros.

O programa agrupa as palavras dos textos (corpus) em classes. As classes são o conjunto das raízes semânticas das palavras, e o agrupamento expressa o pensamento comum de um grupo sobre determinado objeto. A lógica orientadora do Alceste é a regularidade do vocabulário, que sinaliza um campo semântico específico. Coerente com essa lógica, o objetivo principal do Alceste é garantir:

> [...] a organização tópica de um discurso ao colocar em evidência os mundos lexicais [...] o vocabulário de um enunciado constitui um traço, uma referência, um funcionamento, enfim, uma intenção de sentido do sujeito-enunciador (Nascimento; Menandro, 2006, p. 74).

Conforme Lima e Fernandes (2008, p. 219):

O programa parte do pressuposto de que diferentes pontos de referência podem produzir diferentes maneiras de falar. Nesse sentido, as palavras que foram organizadas em classes pelo programa reúnem e desvelam o pensamento desse grupo acerca de um objeto, tornando possível compreender o modo subjetivo daquilo que está sendo partilhado.

O resultado desse procedimento configura-se em gráficos e figuras que evidenciam palavras e sentenças comuns aos discursos mais homogêneos dos sujeitos. O programa determina a frequência das informações (vocábulos e palavras) mais relevantes dos campos semânticos (classe).

Ao processar as informações, o Alceste organiza os dados em forma de Classificação Hierárquica Descendente (CHD), e Análise Fatorial de Correspondência (AFC) corresponde às classes, que aparecem em forma de dendograma. Cada classe é formada por palavras que constituem as Unidades de Contexto Elementar (UCEs). Essas UCEs não mais são do que o vocabulário comum do grupo seguido de sua respectiva frequência. Lima e Fernandes (2008, p. 219) afirmam que: "As classes identificadas pelo Alceste relacionam-se entre si e permitem observar similitudes no material analisado."

No que tange à utilização do software, esta tem sido comum em estudos orientados pela Teoria das Representações Sociais, mas não se trata de um programa exclusivo de estudos apoiados nessa abordagem, pois diversos trabalhos utilizam esse software em outras áreas do conhecimento. Na área educacional, podem ser citados os estudos de Teixeira *et al.* (2007), que enfocam as condições gerais para inclusão escolar de crianças com deficiência; Hazboun e Alchieri (2013), que identificam justificativas e concepções de psicólogos que não utilizaram avaliação psicológica em suas intervenções clínicas; e Roque; Pedrosa e Campos (2014), que estudam a influência do mediador pedagógico, no desempenho acadêmico de estudantes em cursos a distância.

Para esta pesquisa, a organização do material seguiu as instruções de Camargo (2005), por conseguinte, o software foi usado dois momentos: inicialmente foi processado o material decorrente das entrevistas semiestruturadas; e, em um segundo momento, fez-se o processamento das entrevistas associativas. Em cada rodada, teve-se depoimento de participante, que correspondeu a uma Unidade de Contexto Inicial (UCI), totalizando o correspondente a 32 UCIs de cada vez. Foi feita uma cuidadosa preparação do corpus a fim de garantir a precisão do processamento do

Alceste. Do processamento das entrevistas semiestruturadas, o software analisou 93% do corpus, que é uma quantidade considerada plenamente satisfatória, visto que é aceitável que, pelo menos, 70% sejam analisados. Do material resultante das entrevistas associativas, o software processou 74%, uma quantidade considerada também satisfatória, conforme estabelecem as regras do programa.

Com a disposição do corpus em classes, procurou-se analisar a prática de inclusão e, também, a relação entre o discurso preconizado pelas políticas públicas e a prática de inclusão, no cotidiano da Escola Luz do Sol, na perspectiva dos professores e das famílias. Nos dois últimos itens deste trabalho, estão apresentados dois dendrogramas: o primeiro (Figura 2) sintetiza o resultado do processamento do corpus (entrevistas semiestruturadas), que está organizado em duas classes e o segundo (Figura 3) resume o processamento do corpus (entrevistas associativas), que está organizado em quatro classes (vide Capítulos 6 e 7).

Capítulo 4

Educação Especial em Jaboatão dos Guararapes: o real e o proclamado

Considerando que uma instituição de ensino recebe influências oriundas do espaço físico onde está localizada e de sua clientela, este item apresenta informações relativas ao município, à estruturação/organização do sistema de ensino, notadamente nos aspectos da educação inclusiva e do caso em particular: a Escola Luz do Sol.

4.1 Jaboatão dos Guararapes: o contexto da caminhada

Cabe ao pesquisador procurar conhecer "o mundo ao seu redor" (características físicas, geográficas e estruturais), ou seja, o ambiente no qual pretende desenvolver suas atividades investigativas. Por conseguinte, é imprescindível que procure conhecer o contexto de sua caminhada. Os dados e as informações colhidas pela pesquisadora e autora deste livro trouxeram as necessárias informações e, assim, evitaram atropelos e descaminhos.

Esse município está situado no litoral do estado de Pernambuco e apresenta uma extensão territorial de 257,3 km². Geograficamente, limita-se ao norte com a capital pernambucana e o município de São Lourenço da Mata; ao sul, com o Cabo de Santo Agostinho; a leste, com o Oceano Atlântico; e a oeste, com o município de Moreno. É parte integrante da Região Metropolitana do Recife (RMR), localizado a, apenas, 14 km da capital recifense.

Embora seja a segunda economia do estado, com arrecadação inferior à de Recife, com receitas de R$ 523.230.361 e despesas de R$ 408.504.675, o município do Jaboatão dos Guararapes tem investido de forma incipiente na qualidade de vida da população, o que pode ser comprovado pelos principais indicadores sociais e pela complexa organização urbana. Dentre os problemas enfrentados pelo município, destacam-se: a complexa desorganização do espaço urbano e da ocupação dos espaços públicos (clandestina e irregular); a baixa qualidade do ensino, expressa nos indicadores nacionais Sistema Nacional de Avaliação da Educação Básica (Saeb)/Prova Brasil, cujos índices de proficiência em leitura e em matemática se encontram inferiores a 50%, no quinto ano na oitava série do Ensino Fundamental.

Em relação ao Índice de Desenvolvimento da Educação Básica (Ideb), no quinto ano (antiga quarta série), pode-se observar que houve um aumento de um décimo, comparando os resultados de 2009 e 2011, ou seja, 3,8 (2009) e 3,9 (2011). Diante das metas projetadas, os resultados ascenderam de 3,2 em 2009 para 3,6 em 2011. Convém salientar que, em 2011, o município já alcançou uma meta, que estava projetada para 2013 (3,9). Os dados demonstram um ínfimo aumento em nível dos anos iniciais. No entanto, pode-se considerar que esses resultados representam uma história de descontinuidade das Políticas Públicas Educacionais; da falta de investimentos, manutenção e construção das escolas; das precárias condições de trabalho; da desvalorização do docente e da ausência de ofertas de formação continuada aos trabalhadores em educação.

Com o objetivo de enfrentar os indicadores sociais, a gestão governamental (2009-2012) elaborou como estratégia o Programa Jaboatão 2020, visando ao desenvolvimento local, que resulta, essencialmente, das características sociais, econômicas, culturais e ambientais, com o foco na inclusão social e sustentabilidade local, a fim de desenvolver o município de forma mais equilibrada. O programa está baseado em quatro eixos: competitividade, habitabilidade, igualdade e modernidade. Pode-se apreender que os quatro eixos definidos na política governamental visam à melhoria dos direitos sociais, tais como: educação, saúde, assistência social, lazer. Fortalecem as cadeias de produção, a atração de investimentos nos setores de turismo, dos serviços públicos, da desburocratização tributária. Voltam-se, também, para a requalificação dos espaços urbanos e o desenvolvimento rural, da gestão ambiental (Jaboatão dos Guararapes, 2011b).

Nessa direção de desenvolvimento da vocação econômica e social de cada área do município, foi instituída uma Política de Regionalização, a qual, além da valorização setorial, possibilita, de acordo com a Lei Municipal n.º 5, de 8 de janeiro de 2009, uma nova divisão administrativa, ou seja, a implantação das regionais (Tabela 4). Assim, do ponto de vista da estrutura organizacional, os serviços públicos, favorecidos pela descentralização, procuram contribuir para agilizar e atender as demandas da população.

Tabela 4 – Regionais administrativas do município de Jaboatão dos Guararapes, 2012

Regional	N.º de escolas
1 Jaboatão/Centro	33
2 Cavaleiro	21
3 Curado	06
4 Muribeca	10
5 Prazeres	14
6 Praias	18
7 Guararapes	11
Total	113

Fonte: Secretaria Executiva de Educação Municipal

Com efeito, a lógica que inspira a gestão municipal busca garantir o direito ao acesso, à permanência e à aprendizagem de todos os cidadãos nas instituições escolares, na tentativa de seguir os preceitos proclamados na LDBEN n.º 9.394/1996, no Art. 11, Inciso V, que ressalta a oferta da Educação Infantil em creches e pré-escolas e o Ensino Fundamental, sendo permitida a atuação em outros níveis de ensino quando, efetivamente, atender as necessidades de seu território.

O Sistema Municipal de Ensino contempla a oferta dos seguintes níveis, etapas e modalidades da Educação Básica: Educação Infantil; Ensino Fundamental (anos iniciais e finais); Normal Médio (em extinção em 2012); Educação Especial; Educação de Jovens e Adultos e, também, Educação do Campo.

4.2 A População com Deficiência em Âmbito Nacional, Estadual e Municipal

No Brasil, de acordo com o Censo Demográfico (IBGE, 2010), tem-se um total de 190.755.799 habitantes. Em Pernambuco, são 8.796.448; e, no município do Jaboatão dos Guararapes, há uma população de 644.620 pessoas.

O Censo (IBGE, 2010), para definir a pessoa com deficiência, adotou a Classificação Internacional de Funcionalidade, Incapacidade e Saúde (CIF), da Organização Mundial da Saúde (OMS, 2001), considera a deficiência como uma incapacidade permanente com limitação das funções e das estruturas do corpo e, também, a influência de fatores sociais e ambientais sobre essa limitação.

No que tange à população com deficiência, em 2010, os resultados indicam que o esse número se elevou para 45.606.048 no contexto nacional, correspondendo a 23,9% da população brasileira; em Pernambuco, 2.425.900; e, em Jaboatão dos Guararapes, 196.402, os sujeitos apresentam algum tipo de deficiência permanente. Do total dessa população, 38.473.702 se encontram em áreas urbanas e, 7.132.347, em áreas rurais.

Os resultados do Censo (IBGE, 2010) apontaram que, no âmbito brasileiro, a região Nordeste concentra os municípios com os maiores percentuais da população com, pelo menos, uma deficiência. Apesar dessa constatação, o censo revelou que, em todas as unidades da Federação, havia municípios com percentual de pessoas com, pelo menos, uma das deficiências investigadas, acima da média nacional.

Em relação ao município do Jaboatão dos Guararapes, os dados apontam que 196.402 indivíduos apresentam, pelo menos, uma deficiência investigada, isto é, deficiência visual, auditiva e motora, tendo como parâmetro o grau de severidade e, também, as deficiências mental e intelectual (Tabela 5).

Tabela 5 – Número de pessoas com deficiência no município do Jaboatão dos Guararapes. Site: IBGE (2010)

Tipos de deficiência								
Visual			Auditiva			Motora		Intelectual
Não enxerga permanente	Grande dificuldade	Alguma dificuldade	Não escuta permanente	Grande dificuldade	Alguma dificuldade	Sem mobilidade permanente	Grande dificuldade	Alguma dificuldade	
1.458	28.231	128.673	974	6.513	32.278	2.114	15658	40.793	10.792

Fonte: IBGE (2010)

A Tabela 5 expressa um número significativo de pessoas com deficiência em Jaboatão dos Guararapes, assim como as que apresentam grande ou alguma dificuldade em relação a algum tipo de deficiência. Evidencia-se que o documento referido, o Censo de 2010, não revelou as causas das deficiências, se têm sua origem genética ou se são adquiridas, omitindo os sujeitos superdotados e com altas habilidades nos diversos contextos brasileiros. A questão norteadora da pesquisa para esse segmento da população foi: "Tem dificuldade permanente de...?", facilitando ao informante declarar sua deficiência e respectivo grau de severidade.

O *Resumo Técnico do Censo Escolar* (Inep, 2012), ao tratar do número de alunos matriculados na modalidade da Educação Especial, afirma que, em 2011, houve um aumento de 7% em relação às matrículas. Em 2010, havia 702.603 alunos matriculados; e, em 2011, 752.305 (Inep, 2012, p. 27). Em relação ao número de alunos incluídos em classes comuns do ensino regular e da EJA, obteve-se um aumento de 15,3%. Segundo o documento citado, nas classes especiais e escolas exclusivas (termo utilizado no relatório), houve diminuição de 11,2% no número de alunos.

Sobre as matrículas na Educação Especial, o Resumo Técnico informa que: 62,7% do total de matrículas nessa modalidade, em 2007, estava nas escolas públicas; e 37,3% nas escolas privadas. No ano de 2011, dos alunos matriculados, 78,3% estavam nas instituições públicas e 21,7% nas instituições privadas. De acordo com os resultados, o esforço das redes de ensino para garantir a oferta da educação inclusiva é evidente. Todavia, ainda, é preciso considerar a relação entre o número de alunos matriculados e a efetivação dos processos de ensino e de aprendizagem, no campo das pesquisas educacionais sobre os alunos com deficiência nas escolas.

De acordo com as informações fornecidas pelo Censo Escolar dos anos 2009, 2010, 2011 e 2012, pode-se visualizar, na Tabela 6, a quantidade de alunos matriculados na Educação Especial (alunos de escolas especiais, classes especiais e incluídos) no Município, nesses anos.

Tabela 6 – Educação Especial na Rede Pública Municipal de Jaboatão dos Guararapes. Site: Inep (2012)

ANO	Etapas, níveis e modalidades de ensino							TOTAL	%
	Creche	Pré-escola	Anos iniciais	Anos finais	Méd.	Ed. prof. Nível técnico	EJA Fund.	EJA Méd.		
2009	Ø	4	128	10	Ø	Ø	20	Ø	162	9,5
2010	Ø	33	242	14	Ø	Ø	34	Ø	323	18,8
2011	1	25	403	28	Ø	Ø	84	Ø	541	31,4
2012	1	44	495	46	Ø	Ø	106	Ø	692	40,3
TOTAL	2	106	1.268	98	Ø	Ø	244	Ø	1.718	100%

Fonte: Inep (2012)

Como está evidenciado na Tabela 6, a Rede Pública Municipal de Ensino de Jaboatão dos Guararapes apresenta um crescente aumento nas matrículas na modalidade da Educação Especial, nas classes comuns, iniciando-se na creche até a modalidade da EJA. Os dados revelam que a presença do aluno com deficiência em 2009 representa um percentual de 9,5% no contexto das escolas. Em 2010 houve um considerável aumento nas matrículas desses alunos, passando a 18,8%. No ano seguinte, em 2011, constata-se a presença de aluno na creche, perfazendo um percentual de 31,4%. Concluindo, observa-se que, em 2012, todas as etapas, todos os níveis e modalidades de ensino apresentam o registro de aluno com deficiência na rede de ensino, totalizando um percentual de 40,3%.

Os dados revelam que a oferta de Educação Infantil, sobretudo na creche, é bem reduzida. Essa informação leva a pensar sobre a responsabilidade do município diante da prerrogativa da LDBEN n.º 9.394/1996 para com a garantia dessa etapa da Educação, bem como sobre intervenções realizadas fora do espaço escolar em Jaboatão dos Guararapes.

Nos anos iniciais, há uma crescente demanda de alunos matriculados, porém nos anos finais os números não acompanham os mesmos resultados, o que leva a uma reflexão sobre as formas de avaliação, de atendimentos e práticas pedagógicas desenvolvidas na escola e no modelo tradicional da seriação. Os dados documentados indicam que, assim como no país inteiro, há uma lacuna na oferta de Educação Especial para a criança pequena (Educação Infantil) e para os adolescentes e jovens.

Os resultados referenciados nas matrículas da EJA sinalizam que a presença do aluno com deficiência nessa modalidade de ensino representa as interferências da retenção na Educação Especial e da negligência do Ensino Fundamental. Mesmo com o crescente número na EJA, as condições de inclusão desses jovens merecem ser analisadas de forma mais sistemática e densa.

Ferreira, J. R e Ferreira, M. C. (2004, p. 24) afirmam que os dados do Censo Escolar de 2002 já consolidavam o crescente número de alunos com deficiência no Ensino Fundamental. No entanto: "deve-se buscar ir além da dimensão do acesso e da visão da chegada à classe comum como fim de um processo bem-sucedido na escolarização desses alunos".

Nesse sentido, faz-se necessário que a transversalidade da Educação Especial, em todos os níveis, etapas e modalidades de ensino, esteja articulada à Educação Infantil, ao Ensino Fundamental, à Educação de Adultos, dialogando de forma contínua, a fim de sistematizar uma política de atendimento na rede pública acessível às pessoas com deficiência.

4.3 Estrutura da Educação Especial no Município

A Educação Especial no Município de Jaboatão dos Guararapes, entre os anos de 1989-1992, foi redirecionada da Escola Santo Amaro para o Centro de Reabilitação e Educação Especial. Nesse período, no âmbito da Secretaria de Educação, não existia um setor específico direcionado às Políticas Públicas Educacionais para o segmento da pessoa com deficiência. No entanto, o órgão gestor municipal criava condições para manter a infraestrutura do prédio escolar e o provento dos funcionários municipais.

O documento *De Raízes a Frutos: na busca de saber viver um programa de ensino democrático de 1989 – 1992* tece comentários sobre as primeiras iniciativas do novo serviço prestado à pessoa com deficiência. Professores, técnicos e direção escolar passavam a atender os estudantes nas áreas da psicologia, pedagogia, fisioterapia e fonoaudiologia, no Centro de Reabilitação e Educação Especial, que dispunha de equipamentos mínimos indispensáveis para o atendimento clínico, como audiômetro, fone de oito canais e instrumentos de fisioterapia.

Ainda de acordo com o documento citado no parágrafo anterior, algumas articulações foram construídas com o objetivo de melhorar a qualidade dos serviços, dentre as quais se destacam: Instituto Materno Infantil de Pernambuco (Imip), Universidade Federal de Pernambuco (UFPE), Universidade Católica de Pernambuco (Unicap), Secretaria de Saúde do Município, Centro de Educação Especial de Casa Amarela e o Departamento de Educação Especial da Secretaria Estadual de Educação.

Em síntese, a Educação Especial em Jaboatão dos Guararapes, no final dos anos de 1980, pautava-se no modelo clínico, com ênfase na escola especial e nas classes especiais. Ou seja, os atendimentos dos alunos estavam mais voltados para as áreas de saúde, nos setores de fisioterapia e fonoaudiologia. A escola especial estava responsável, diretamente, pela educação dos alunos com deficiência, fortalecendo a permanência duradoura desses sujeitos na instituição. Percebe-se o equívoco: considerar a escola especial mais indicada para eles. Além disso, havia o forte discurso das famílias em relação às dificuldades da inserção dos filhos com deficiência em outras instituições escolares.

As interações entre a Educação Especial e o ensino regular comum ocorriam de forma tímida, daí raros casos de alunos matriculados serem encaminhados para este último. Constatava-se que as possibilidades de retorno à escola especial desses alunos eram sempre recorrentes, diante da retórica das impossibilidades da aprendizagem e da necessidade contínua dos atendimentos clínicos. Mesmo com as intervenções da equipe técnica entre alunos e professores no ensino regular, os resultados eram bastante incipientes em relação à continuidade e à permanência do educando; consequentemente, tinha-se maior retorno à escola especial.

Nos anos 2000, o setor responsável pela condução de ações da Educação Especial no âmbito municipal passa a ser o Departamento de Educação Especial (DEE). De acordo com Albuquerque (2007), trata-se de um expediente da Secretaria de Educação que tinha a finalidade de desenvolver programas, projetos e ações que garantissem o atendimento dos alunos com deficiência, que necessitam de serviços especiais, acompanhamento e apoio de forma sistemática, a fim de tornar eficaz o processo de inclusão desses alunos.

Em relação ao processo de acompanhamento ao docente na Rede Municipal de Ensino, o DEE promovia visitas de assessoria técnica pedagógica às escolas com alunos em processo de inclusão, buscando conhecer as dificuldades, criando um espaço de escuta e orientação aos professores. Além disso, em parceria com o Projeto Saúde na Escola: Tempo de Crescer, da Secretaria de Saúde do Município de Recife, o DEE oferecia momentos de formação continuada aos professores que recebiam alunos com transtornos globais do desenvolvimento.

Quanto à escolarização dos alunos, que chegavam às instituições de ensino com diagnóstico clínico, a orientação do DEE era de que a supervisora escolar realizasse uma avaliação de cunho pedagógico, seguida de encaminhamento à assessoria pedagógica do departamento. Outra situação se refere à criança, que estava frequentando o ensino fundamental sem laudo médico. Neste caso, a orientação para o professor era de que fizesse observação sistemática do aluno, registrando os dados relevantes sobre este, os quais serviriam como referência para as decisões de natureza pedagógica e, quem sabe, posteriores encaminhamentos.

No contexto atual, a Educação Especial está sob responsabilidade do Núcleo de Educação Especial, vinculado à Gerência de Ensino e à Coordenação do Ensino Fundamental, que tem como principais atribuições: elaborar a Política Pública Municipal de Educação Especial em consonância com as diretrizes das Políticas Públicas Nacional e Estadual; acompanhar o processo de ensino e aprendizagem dos alunos com deficiência durante a inclusão; sistematizar o processo de formação continuada na rede de ensino, de forma articulada entre as coordenações da gerência de ensino.

Pode-se considerar que, nos últimos quatro anos, entre as principais ações para a modalidade de Educação Especial em Jaboatão dos Guararapes, destacam-se as seguintes ações: formação continuada; redirecionamento normativo e institucional; e intersetorização.

Em relação à formação continuada dos profissionais da educação, salientam-se as atividades voltadas para professores regentes, estagiários, gestores, supervisores escolares; monitoramento pedagógico às escolas por meio das Coordenadoras Educacionais do NEE, que estão subdivididas por grupos de trabalho nas áreas de deficiência (intelectual, autismo, surdez, visual, física e múltipla); publicação de material para professores.

Quanto ao redirecionamento normativo e institucional, ocorreu a reorganização do Centro de Reabilitação em Educação Especial (Cree) para Centro de Atendimento Educacional Especializado em 2011; e implantação das Salas de Recursos Multifuncionais.

Em nível de intersetorização, ocorreram: parceria com a Secretaria de Saúde para avaliação diagnóstica e possíveis intervenções nos alunos com deficiência da rede municipal; contratação de estagiários para acompanhamentos aos alunos com deficiência em processo de inclusão; articulação com a Secretaria Municipal de Promoção Humana e Coordenação da Pessoa com Deficiência; organização e realização da Semana Municipal da Pessoa com Deficiência; articulação com a Gerência da Educação Especial da Secretaria Estadual de Educação de PE (Projeto Pacto à Diferença); e articulação com a Gerência da Educação Especial da Secretaria Municipal de Recife (Programa Educação Inclusiva – Direito à Diversidade).

Como já se afirmou, a Rede Municipal de Ensino de Jaboatão dos Guararapes estava composta por um conjunto de 113 instituições escolares. Desse parque escolar, 96 recebem alunos com deficiência. Conforme dados do Núcleo de Educação Especial, o município registrava, no início do ano de 2012: 544 alunos com deficiência matriculados nessas escolas, distribuídos da seguinte forma: 40 alunos matriculados na Educação Infantil; 432 no Ensino Fundamental; e 72 vinculados à modalidade EJA. Quanto às áreas específicas por deficiência, têm-se: 51 alunos com deficiência auditiva; 362 alunos com deficiência intelectual; 20 alunos com deficiência visual; 43 alunos com deficiência física; e 77 alunos com deficiência múltipla.

As Políticas Públicas de Inclusão de Jaboatão dos Guararapes estão de acordo com o que é proposto pela agenda do governo federal. Desde 1990, as iniciativas da gestão no campo da Educação Especial estão acompanhando o discurso da inclusão e educação para todos. Embora seja propagada essa retórica do acolhimento de todos os alunos, independentemente de suas diferenças, como já comentado neste trabalho, a escola e seus profissionais não parecem preparados para tornar a inclusão efetiva.

A educação, em uma perspectiva inclusiva, compromete-se com a diferença, com os Direitos Humanos e com o respeito à identidade de cada ser. Exige uma responsabilidade coletiva, social, entre todas as autoridades que estejam comprometidas com qualidade de vida e com o desenvolvimento integral do ser humano.

4.4 Princípios Norteadores da Educação Especial em Jaboatão dos Guararapes: para evitar descaminhos

A ação humana, em sua verdadeira acepção, é direcionada por princípios éticos (princípios de ação), que oferecem ao indivíduo a possibilidade de agir segundo a ética aristotélica (*ação útil a si, aos seus e à sociedade*). Após um exame minucioso, constatou-se a adequação dos princípios norteadores, notadamente os relacionados à Educação Especial, na organização e na estruturação do sistema educacional em foco. Convém esclarecer que os *descaminhos* percebidos ao longo da caminhada não são decorrentes da ausência de *princípios norteadores*, pois têm origens e causas diversificadas. Impõe-se, agora, examinar a legislação municipal referente a esse tema, e "perceber" os princípios de ação que direcionam essa área.

No Brasil, a legislação educacional e a Política Nacional de Educação Especial na Perspectiva da Educação Inclusiva (2007) definem a Educação Especial como modalidade de educação escolar oferecida, preferencialmente, na rede regular de ensino, cujo princípio orientador é a inclusão.

À luz dessas considerações, a Secretaria Executiva de Educação, Núcleo de Educação Especial, adota como princípio basilar que todas as crianças, independentemente de sua etnia, gênero, classe social ou características individuais, têm o direito de estar, permanecer e aprender na escola de maneira exitosa. A convicção de que a educação é construída por indivíduos e coletividades, que criam e recriam seus espaços e suas culturas, fortalece os princípios norteadores da Educação e da Educação Especial.

Assumindo tal concepção, a escola pública é um espaço que possibilita a cada pessoa fortalecer sua autonomia a partir de vivências coletivas. Assim, os princípios da educação especial devem estar assentados na construção de um paradigma que rompa com o modelo de escola burocrática, da normalidade, distanciada das dinâmicas culturais, dos processos sociais e políticos, bem como dos Direitos Humanos.

As intencionalidades que vêm norteando a implementação das Políticas Públicas Municipais para a Educação Especial objetivam: assegurar a educação como um direito, articulado à garantia dos direitos fundamentais e afirmar a escola pública como espaço desse direito; reconhecer que a pessoa humana é um ser com potencialidade; considerar a política educacional no processo de aprendizagem nas escolas; valorizar as inovações e o uso das modernas tecnologias como instrumentos pedagógicos e de gestão; garantir, na escola pública, uma educação de qualidade social, com dignidade; considerar a cultura como a grande matriz do conhecimento; reconhecer e respeitar a diversidade étnico-racial, cultural, religiosa, de livre orientação sexual, de gênero e de pessoas com deficiência.

Os eixos que fomentam as inter-relações entre o governo federal, estadual e municipal para a Educação Especial, na perspectiva da educação inclusiva, objetivam incrementar o desenvolvimento das políticas públicas de educação no sentido de garantir: o acesso à educação e a permanência na escola com dignidade; que o ensino e a aprendizagem ocorram nas escolas como resultado do envolvimento de toda a comunidade escolar; que os espaços físicos estejam pautados nos critérios de acessibilidade e, ao mesmo tempo, favoreçam e disponibilizem materiais pedagógicos diversificados e espaços de convivência; a construção dos princípios da gestão democrática e participativa, em rede; o direito à educação profissional alinhada às políticas de inclusão.

Corroborando as ideias supracitadas, o município do Jaboatão dos Guararapes reafirma em sua proposta curricular que a educação deve estar pautada na percepção crítica da sociedade, com seus problemas, valores, objetivos e ideias. A proposta preconiza o estabelecimento de:

> [...] uma relação dialógica, no intuito de efetivar diretrizes educacionais pela socialização de suas convicções políticas, pelo compartilhar das tradições culturais e pela expressão de suas múltiplas formas de sentir, pensar e agir no mundo contribuindo, assim, com a formação de um espaço educativo no qual se respeite o direito de falar, opinar, ser solidário e participativo (Jaboatão dos Guararapes, 2011b, p. 15).

Em relação à Educação Especial, a proposta curricular reitera seus princípios, pressupondo a superação de uma formação desigual, segregativa e desumana. Considera que a escola deve ser um lugar para a convivência democrática e para a construção da cidadania. Consequentemente, o conhecimento, a formação, as práticas pedagógicas e a avaliação fundem-se para garantir o processo de humanização do sujeito capaz de intervir na realidade.

Pode-se, assim, dizer que a fundamentação da proposta curricular do município se aproxima dos princípios estabelecidos pelas Diretrizes Nacionais para a Educação Especial na Educação Básica (Brasil, 2001b). Portanto, a educação especial deve ser organizada nos sistemas de ensino, constituídos sobre o tripé: preservação da dignidade humana; busca da identidade; e exercício da cidadania.

Os eixos das Diretrizes Nacionais para a Educação Especial na Educação Básica (DNEE) apresentam indícios de que é preciso respeitar as diferentes formas de ser e existir na sociedade, a fim de que a pessoa humana possa se construir, individual e coletivamente, como cidadã, ser responsável, exigente e operante quanto a direitos e deveres.

4.5 Atendimento Educacional Especializado na Rede Pública Municipal de Ensino

As orientações postuladas na Política de Educação Especial na Perspectiva da Educação Inclusiva (2008) inspiram os sistemas públicos de ensino a organizar e implantar o Atendimento Educacional Especializado como um serviço, que se constitui como um suporte nas instituições, com o objetivo de suplementar e complementar a aprendizagem do seu público: alunos com deficiência, transtornos globais de desenvolvimento, altas habilidades e superdotação.

Tendo em vista o direito à educação, a oportunidade de atingir e manter o nível adequado de aprendizagem, tornam-se necessárias a sistematização e a organização dos serviços especializados, a fim de atender as diversas demandas dos alunos com deficiência matriculados na Educação Básica.

Compreende-se que é emergente a inclusão do aluno com deficiência na Rede Pública de Ensino Municipal. Portanto, ao incrementar as ações voltadas para as instituições de ensino por meio de outro serviço especializado: as salas de Recursos Multifuncionais que, no cenário educacional, se efetivam, como uma medida propositiva. Na Rede Pública de Ensino Municipal, a ampliação das condições do atendimento especializado contribui para que as condições dos processos de ensino e aprendizagem sejam legitimadas, tornando efetivo o compromisso social e político com o desenvolvimento integral e escolar dos alunos com deficiência.

Percebe-se que, ao adentrar as questões específicas da inclusão do aluno com deficiência no Ensino Fundamental e na Educação Infantil, torna-se emergente a promoção de programas e projetos para a formação inicial e continuada do docente e ao atendimento ao aluno em processo de inclusão. A preocupação em efetivar o atendimento educacional especializado, no município, insere-se nessa premissa do governo federal em consonância com a política estadual, além das orientações postuladas nos documentos oficiais.

Assim, para garantir o atendimento educacional especializado na rede de ensino, a LDBEN n.º 9.394/1996 anuncia, em seus Arts. 58, 59 e 60, do Capítulo V, a necessidade do apoio pedagógico aos alunos com deficiência. No entanto, não oferece detalhes sobre essa forma de apoio.

As Diretrizes Nacionais para a Educação Especial na Educação Básica (2001b) esclarecem que o serviço educacional de apoio especializado diversificado deverá ser oferecido em escola comum para responder às necessidades educacionais especiais do educando. Pode ser desenvolvido:

> a) nas classes comuns, mediante atuação de professor da educação especial, de professores intérpretes das linguagens e códigos aplicáveis e de outros profissionais; itinerância intra e interinstitucional e outros apoios necessários à aprendizagem, à locomoção e à comunicação;
> b) em salas de recursos, nas quais o professor da educação especial realiza a complementação e ou suplementação curricular, utilizando equipamentos e materiais específicos (Brasil, 2001b, p. 42).

De acordo com as bases legais em vigor, que fundamentam e sustentam a implantação de Centros de Atendimento Educacional Especializado, destacam-se: a Política Nacional de Educação Especial na Perspectiva Inclusiva (2008); o Decreto n.º 6.571/2008, que dispõe sobre a política de financiamento e do Atendimento Educacional Especializado; a Resolução n.º CNE/CEB 4/2009, que institui as Diretrizes Operacionais para o Atendimento Educacional Especializado na Educação Básica; a Nota Técnica n.º Seesp/GAB n.º 9/2010, que expressa as orientações para a organização de Centros de Atendimento Educacional Especializado. Outro documento que expressa as orientações para a institucionalização da oferta do Atendimento Educacional Especializado em Salas de Recursos Multifuncionais é a Norma Técnica Seesp/GAP n.º 11/2010.

As considerações sobre o atendimento educacional especializado, na Política Nacional de Educação Especial na Perspectiva Inclusiva (2008b), mostram a necessidade de disponibilizar programas de enriquecimento curricular, ensino de linguagens e códigos específicos de comunicação e sinalização, técnicas e tecnologia assistida. Especifica que

> O atendimento educacional especializado tem como função identificar, elaborar e organizar recursos pedagógicos e de acessibilidade que eliminem as barreiras para a plena participação dos alunos, considerando suas necessidades específicas (Brasil, 2008b, p. 21).

Reiteram-se os objetivos propostos na Política Nacional da Educação Especial (2008b, p. 19) para os sistemas de ensino, firmando seus propósitos no acesso, na participação e na aprendizagem dos alunos com deficiência e garantindo:

> Transversalidade da educação especial desde a educação infantil até a educação superior; atendimento educacional especializado; continuidade da escolarização nos níveis mais elevados do ensino; formação de professores para o atendimento educacional especializado e demais profissionais da educação para a inclusão escolar; participação da família e da comunidade; acessibilidade urbanística, arquitetônica, nos mobiliários e equipamentos, nos transportes, na comunicação e informação; e articulação intersetorial na implantação das políticas públicas.

Em relação às formas de disponibilizar os serviços especializados, no que tange à função dos Centros de Atendimento Educacional Especializado, a Nota Técnica MEC/Seesp/GAB n.º 9/2010 declara:

> I. A oferta do Atendimento Educacional Especializado - AEE, de forma não substitutiva à escolarização dos alunos público-alvo da educação especial, no contra turno do ensino regular;
> II. A organização e a disponibilização de recursos e serviços pedagógicos e de acessibilidade para atendimento às necessidades educacionais específicas destes alunos; e
> III. A interface com as escolas de ensino regular, promovendo os apoios necessários que favoreçam a participação e

aprendizagem dos alunos nas classes comuns, em igualdade de condições com os demais alunos (Brasil, 2010a, p. 2).

O município do Jaboatão dos Guararapes iniciou a implantação do Caee, na regional Jaboatão/Centro, no Cree. Instituição que, no período de 1996 a 2010, manteve a escolarização dos alunos com deficiência no modelo de classes especiais.

O AEE requer uma ampla variedade de recursos e serviços educacionais, visando atender a diversidade dos docentes e discentes nos estabelecimentos de ensino. Logo, a operacionalização pelos sistemas de ensino deve potencializar o serviço especializado previsto nos dispositivos das Diretrizes Nacionais para a Educação Especial (Brasil, 2001b, p. 42): "são os serviços educacionais diversificados oferecidos pela escola comum para responder às necessidades educacionais do educando".

O serviço de apoio pedagógico especializado requer um sistema colaborativo entre professores que atuam em diferentes funções. Ou seja, aqueles que trabalham em classes comuns, salas de recursos, professores-intérpretes. Nesse caso, a modalidade de ensino de Educação Especial passa a assumir dupla função: atender a todos os discentes com necessidades especiais que requerem atendimento educacional e apoiar os docentes sob cuja responsabilidade esses alunos se encontram.

O Decreto n.º 6.571/2008, que dispõe sobre a política de financiamento e do atendimento educacional especializado, reafirma a definição do AEE, em seu § 1º do Art. 1º: considera que o serviço especializado assume um caráter complementar e suplementar na realização das atividades diferentes das vivenciadas em sala de aula, mantendo-se de forma articulada com a proposta pedagógica do ensino comum.

Por isso, é importante asseverar que a oferta do AEE na rede de ensino é dever dos órgãos públicos, mas opcional para os educandos. O atendimento deve ocorrer em outro turno, preferencialmente na própria escola em que o aluno está matriculado, ou ainda em centro especializado que realize o atendimento educacional.

Em sua rede de ensino, Jaboatão dos Guararapes dispõe de três programas instituídos pela Secadi, tais como: Programa Escola Acessível; Programa Salas Multifuncionais e Programa Educação Inclusiva: direito à diversidade.

O Programa Escola Acessível objetiva promover condições de acessibilidade nos diversos setores das escolas públicas de ensino regular, tais como: ambiente físico; recursos didáticos e pedagógicos; e comunicação e informação. Procura, também, garantir a adequação arquitetônica: rampas, sanitários, vias de acesso, instalação de corrimão e de sinalização visual, tátil e sonora; aquisição de cadeiras de rodas, recursos de tecnologia, bebedouros e mobiliários acessíveis.

Programa Escola Acessível, iniciado em 2007, apresentava a seguinte configuração em 2011: Jaboatão/Centro, 3 escolas; Cavaleiro, 4 escolas; Curado, 1 escola; Muribeca, 1 escola; Prazeres, 2 escolas; Praias, 2 escolas; Guararapes, 1 escola, perfazendo um total de 14 instituições.

Do total de 14 instituições, em apenas 10 escolas foi efetivada a construção de rampas e a adaptação de banheiros. Os principais empecilhos à promoção da acessibilidade estão vinculados às condições dos prédios, ou seja, são alugados; problemas no cadastro do Sistema Integrado de Monitoramento, Execução e Controle do Ministério da Educação (Simec), portal operacional e de gestão do MEC, que trata do orçamento e monitoramento das propostas on-line do governo federal na área da educação; ausência de um plano de ação por escola, com as metas para acessibilidade.

O Programa Salas de Recursos Multifuncionais tem como finalidade apoiar a organização e a oferta do Atendimento Educacional Especializado, prestado de forma complementar ou suplementar aos alunos com deficiência, transtornos globais do desenvolvimento, altas habilidades/superdotação, matriculados em classes comuns do ensino regular.

Nesse sentido, o sistema público federal disponibiliza às escolas públicas de ensino regular um conjunto de equipamentos de informática, mobiliários, materiais pedagógicos e de acessibilidade para a organização do espaço de AEE. Coube ao sistema municipal a seguinte contrapartida: disponibilização de espaço físico para implantação dos serviços nas salas de recursos multifuncionais ou centros especializados; organização dos equipamentos, mobiliários, materiais didáticos e pedagógicos de acessibilidade, bem como do professor para atuar no AEE.

No município em foco, algumas escolas são contempladas com o Programa Salas de Recursos Multifuncionais desde 2007. Atualmente, tem-se a seguinte distribuição, conforme Tabela 7, a seguir.

Tabela 7 – Programa Sala de Recursos Multifuncionais no Município de Jaboatão dos Guararapes, 2012

Regional	N.º de escolas
1 Jaboatão/Centro	03
2 Cavaleiro	05
3 Curado	01
4 Muribeca	01
5 Prazeres	02
6 Praias	03
7 Guararapes	01
Total	**16**

Fonte: Secretaria Executiva de Educação Municipal, 2012

Das 16 escolas contempladas com o programa, apenas 2 puderam iniciar efetivamente o atendimento aos educandos com deficiência. Uma está localizada na regional Praias e a outra na regional Guararapes. No entanto, dessas duas, apenas uma escola — que constitui o estudo de caso desta pesquisa — mantém uma organização mais delineada, seguindo as orientações do MEC. A segunda teve o trabalho de atendimento especializado iniciado em na sala da biblioteca, mas, logo em seguida, a professora, que ministrava o atendimento, pediu afastamento para tratamento de saúde. Faz-se necessária a melhoria na infraestrutura e um professor para efetivar os trabalhos docentes.

Nessa rede de ensino, pode-se salientar que os principais empecilhos para a implantação dos serviços especializados estão atrelados à falta de infraestrutura, acessibilidade nas vias públicas e locação de espaços físicos nas instituições escolares. Outra dificuldade identificada se refere aos materiais enviados pelo MEC: pela falta de estrutura nas escolas, alguns foram roubados e até mesmo utilizados para outros fins.

O Programa Educação Inclusiva: direito à diversidade contempla a formação de gestores e educadores, a fim de tornar os sistemas educacionais mais inclusivos. Destacam-se as seguintes ações: realizar seminário nacional de formação dos coordenadores municipais e dirigentes estaduais; prestar apoio técnico e financeiro e orientar a organização da formação de gestores e educadores dos municípios polos e de abrangência; disponibilizar referenciais pedagógicos para a formação regional.

Em suma, a organização e a implantação dos serviços especializados na Rede de Ensino Municipal em Jaboatão dos Guararapes têm caminhado de forma bastante tímida. Nos discursos, é possível verificar boa vontade e intervenção por meio de medidas paliativas tais como: a construção de rampas ou aquisição de alguns materiais para os alunos com deficiência visual ou paralisia cerebral. Também a ação imperativa da Justiça, celebrando Termo de Compromisso entre Educação e Ministério Público de PE, a fim de garantir que as regionais disponham de, pelo menos, duas escolas com acessibilidade, formação para os docentes e recursos multifuncionais. Assim, a efetivação do princípio da inclusão escolar para a inserção dos alunos com deficiência no Ensino Regular com qualidade ratifica a assertiva de Bueno (2008), ou seja, a educação inclusiva é *um objeto político a ser alcançado*.

Se, por um lado, tem-se um diminuto progresso diante dos resultados apresentados nas matrículas dos alunos com deficiência, constatado durante o percorrer deste trabalho, por outro, tem-se um crescente número populacional que, efetivamente, se configura além dos espaços escolares. Existe uma grande maioria de pessoas com deficiência nos diversos contextos brasileiros entre crianças, jovens e adultos que precisam, no mínimo, ter suas necessidades essenciais atendidas. Outros já apresentam, também, grandes dificuldades em sua própria constituição de pessoa humana, que possivelmente aumentarão as estatísticas desse segmento.

Conforme Ferreira J.R e Ferreira M.C. (2004, p. 39) afirmam:

> Numa sociedade, grupo social ou nas instituições, assim como nas políticas, não se pode ignorar que as deficiências existem e são ao mesmo tempo agravadas e negadas pela construção social que as acompanha e que coloca a diversidade na posição de ilegitimidade no contexto das relações humanas.

Em relação à Educação Especial no município, constata-se que se precisa avançar na ampliação dos atendimentos educacionais e nas políticas voltadas aos alunos com deficiência. Atualmente, as dificuldades enfrentadas em relação à inclusão dos alunos com deficiência nas classes regulares permeiam o perfil do profissional de apoio sem qualificação para o atendimento; a forma como é selecionado; o professor da sala regular que não tem formação apropriada para o atendimento; não dá nenhuma assistência aos alunos inclusos; as péssimas condições de trabalho e a interlocução entre AEE e o ensino comum.

No AEE, a pessoa com deficiência na escola, indaga-se como as necessidades individuais e coletivas desse segmento vêm se construindo e sendo gerenciadas na medida em que gestores, pais, docentes e discentes se encontram nesse movimento intenso e adverso das práticas pedagógicas inclusivas. Explicita-se que não se está fragmentando o olhar sobre um aspecto da escola, mas a intenção é analisar o contexto inter-relacional das práticas desenvolvidas na instituição e a implicação com os seus atores sociais.

Diante de uma das maiores dificuldades, que a escola está enfrentando em relação aos profissionais na atuação junto aos estudantes com deficiência, este estudo visa compreender de que maneira as práticas pedagógicas são efetivadas no cotidiano escolar.

Entende-se que os acontecimentos que emergem do dia a dia podem trazer indícios essenciais para a identificação de determinados conflitos e possíveis encaminhamentos que redirecionam os fazeres e saberes dos sujeitos, que estão envolvidos com a educação dos alunos em processo de inclusão. Nessa possibilidade de se encontrarem nas práticas pedagógicas os conhecimentos dos sujeitos sobre o que pensam, sabem e fazem diante do processo de inclusão dos alunos com deficiência, é que se encaminha esta pesquisa.

4.6 Escola Luz do Sol: destino da caminhada

O longo caminho trilhado, que está fundamentado na experiência profissional da autora e em sua formação acadêmica, teve como destino final uma escola de Educação Básica, que lhe permitiu o desenvolvimento de atividades empíricas. A descrição e os comentários analíticos da estrutura física e organizacional da escola investigada justificam o destino da caminhada da pesquisadora. É oportuno observar que os detalhes registrados do/no cotidiano escolar devem levar o leitor para uma visão ampla da escola em foco, ou seja, o destino da caminhada.

A Escola Luz do Sol está localizada na Sétima Regional — Guararapes —, cujo acesso é bastante diversificado, podendo ser feito por ônibus, metrô, transporte alternativo e carro. Fica em rua asfaltada, bastante arborizada e que conta com orelhões, casas comerciais, escolas particulares, igrejas de diversas denominações.

Para se chegar à escola, há dois acessos: o principal, utilizado por professores, funcionários e demais pessoas; o segundo está localizado em uma rua lateral, sem asfalto e sem calçada. Esse segundo portão dá acesso ao carro, que transporta a merenda e aos demais funcionários da prefeitura, que prestam algum serviço à escola. Por essa via lateral, é possível chegar ao prédio do Anexo, onde funciona parte da instituição, que está localizado em outra rua.

A rua principal é asfaltada, mas não existe calçada; há apenas um espaço (com areia/barro) entre o asfalto e o muro da escola. Além disso, a parada de ônibus não é muito próxima da entrada da escola. Tais condições dificultam os deslocamentos de todas as pessoas que transitam pela escola.

Outra observação em relação ao bairro: a maioria das casas residenciais é de alvenaria, o que demonstra pertencer a uma população de classe média-alta. De certa forma, é uma área que apresenta um entorno com um comércio bem desenvolvido, além do quartel do Corpo de Bombeiros, cartórios, a Câmara dos Vereadores, um shopping center, postos de gasolina e a sede da prefeitura municipal, contando ainda com iluminação e saneamento. Pode-se chegar aos Montes Guararapes — uma das atrações turísticas da cidade —, à Estrada da Batalha e a outras áreas da região metropolitana por meio dos acessos locais.

A fundação da Escola Luz do Sol ocorreu em 13 de agosto de 1979. Essa instituição tem seu nome inspirado em uma pessoa, que atuava no quadro político da cidade e faleceu de forma trágica, por apresentar denúncias de irregularidades verificadas no comércio da região, especificamente, pertinentes à administração da feira livre. Assim, o então prefeito da cidade, sensibilizado pela coragem e pelos serviços prestados à comunidade, prestou-lhe uma homenagem simbólica, inaugurando a instituição de ensino homônima.

Inicialmente, a escola teve, em seu projeto educacional, ações voltadas para as séries iniciais, tornando-se depois uma instituição de grande porte, com o objetivo de atender às comunidades circunvizinhas e de outros bairros, garantindo o direito à educação aos alunos nas classes dos Anos Iniciais e Finais do Ensino Fundamental e EJA.

Em face do crescimento da população, foi necessário ampliar os espaços físicos da instituição, o que exigiu do município a aquisição de outro prédio para viabilizar a demanda da comunidade. Assim, a Escola Luz do Sol tem o Anexo, que funciona no horário da tarde, nas instalações de um colégio particular. É pertinente salientar que a unidade de ensino também se modernizou, utilizando-se da linguagem das redes sociais via blog e e-mail, a partir de 2010, com a gestão do governo municipal de 2009-2012), que distribuiu notebooks aos professores e aos gestores na rede de ensino.

No ano em que a pesquisa foi desenvolvida, a instituição atendia uma demanda de 1.300 alunos, matriculados em três turnos: manhã, tarde e noite. No período da manhã, das 7 h 30 min às 11 h 30 min, funcionavam nove salas de aula destinadas aos Anos Iniciais do Ensino Fundamental, com 320 alunos. À tarde, das 13 h 30 min às 17 h 30 min, atendia aos anos finais, de quinta a oitava séries, com 410 alunos na sede e 230 alunos no Anexo. No turno da noite, das 18 h 40 min às 22 h, existiam oito salas de aula destinadas aos Anos Finais do Ensino Fundamental e à EJA, com 230 alunos, conforme Tabela 8.

Tabela 8 – Quantidade de alunos por turno e atendimento escolar na Escola Luz do Sol Jaboatão dos Guararapes, 2013

Turno	Séries					Total
	Anos iniciais	Anos finais	EJA	Multimídia	Laboratório	
Manhã	205	70	-	30	15	320
Tarde Sede	-	360	-	35	15	410
Tarde Anexo	75	155	-	-	-	230
Noite	-	40	245	40	15	340
Total	280	625	245	105	45	1.300

Fonte: Escola Luz do Sol, 2012

Naquele ano, do total desses alunos, verificou-se a seguinte distribuição por níveis e modalidade de ensino: nos Anos Iniciais do Ensino Fundamental, estavam formadas três turmas na primeira série; três turmas na segunda série; duas turmas na terceira série; duas turmas na quarta série, totalizando, assim, dez turmas. No Ensino Fundamental (anos finais), seis turmas na quinta série; quatro turmas na sexta série; três turmas na sétima série; três turmas na oitava série, perfazendo um quantitativo de dezesseis turmas. Na Educação de Jovens e Adultos, funcionavam uma turma no módulo I; uma turma no módulo II; uma turma no módulo III; quatro turmas no módulo IV; e duas turmas do Programa Mais Educação. Além dessas turmas, existiam três outras de multimídia e de laboratório. Somando as turmas da sede e do Anexo, chega-se a um total de 41 turmas.

É válido reforçar, ainda, que a faixa etária dos alunos da Escola Luz do Sol corresponde à de 6 a 14 anos de idade, para os Anos Iniciais do Ensino Fundamental; e dos 15 aos 90 anos, para os anos finais e EJA.

Em relação ao número de alunos com deficiência matriculados na sede e no Anexo da escola, tem-se um total de 15 educandos, com os seguintes tipos de deficiência: um com baixa visão; um com autismo; dois com Síndrome de Down; um deficiente físico; um auditivo; quatro com deficiências intelectuais; e quatro com deficiências múltiplas. Desse total, 13 alunos frequentam e são incluídos no Atendimento Educacional Especializado, na Sala de Recursos Multifuncionais, em horários diferentes das aulas do ensino regular.

Conforme análise do Projeto Político Administrativo Pedagógico (PPAP), a comunidade usuária dessa escola é constituída por uma população de baixo poder econômico, vinda do interior do estado de Pernambuco. Esse processo migratório sinaliza a necessidade de mudanças em relação à qualidade de vida dessa população. As comunidades, que fazem parte da escola, são oriundas do Córrego da Batalha, Aritana e Ki-Boi, cuja população é constituída por comerciantes, empregadas domésticas e trabalhadores do comércio informal.

Segundo informações contidas no PPAP (Escola Luz do Sol, 2012), a comunidade apresenta a seguinte expectativa em relação à escola: ensino de qualidade, ampliação do espaço físico, ampliação do número de matrículas, implantação do ensino médio e de curso de informática.

Ainda de acordo com o documento citado anteriormente, as dificuldades pedagógicas são decorrentes de: ausência dos pais no acompanhamento escolar dos filhos; salas de aula com grande quantidade de alunos; dificuldades de leitura, compreensão e escrita de textos; professores desmotivados; dificuldade de aprendizagem na área de matemática.

Quanto às dificuldades administrativas, poderiam ser, pelo menos, diminuídas com: melhoria na infraestrutura do espaço escolar; realização de eventos culturais e encontros pedagógicos; implantação dos horários para os encontros do Conselho de Integração Socioeducativo (Cise); envolvimento dos atores sociais na participação do Conselho Escolar.

Em relação ao rendimento escolar, a instituição apresentou os seguintes resultados em 2011: número de aprovados, 836 alunos; reprovados, 141 alunos; afastados por transferência, 28 alunos; afastados por abandono, 106 alunos. Os números revelam que a taxa de aprovação foi de 77,25%; a taxa de reprovação, de 12,98%; e a taxa de abandono, de 9,76%.

No que se refere ao Ideb, os resultados da aprovação em 2009 apontaram: o Ensino Fundamental, anos iniciais, com 4,6 mediante a projeção de 4,2. Os anos finais, 4,0 com projeção de 3,7. Em 2011, os resultados revelaram: o Ensino Fundamental, anos iniciais, 4,9 com projeção 4,6; anos finais, 4,0 e projeção de 3,9.

Para que fossem alcançados melhores resultados por parte dos alunos, a escola inclui, em sua proposta pedagógica, ações que contribuam não apenas para o desenvolvimento da aprendizagem por meio do domínio das linguagens e de cálculos, mas também o desenvolvimento de atitudes como participação e respeito ao outro, o fortalecimento da presença da família na unidade de ensino e a discussão de temas que abordem as diversas relações vivenciadas na comunidade.

A escola reafirma seus princípios educacionais baseando-se na busca da superação da desigualdade social e no respeito ao ser humano, bem como na construção do conhecimento que contribua para a formação de cidadãos bem preparados e informados, capazes de refletir de forma crítica sobre o mundo em que vivem e de dar sua contribuição para melhorá-lo. Considera, ainda, sua missão: assegurar o ensino de qualidade, desenvolvido em ambientes agradáveis, no qual haja o respeito e a valorização do educando, de forma a garantir a sua permanência na Escola.

A unidade de ensino aponta como objetivo geral promover a construção de uma escola de qualidade que prime pela formação humana, o desenvolvimento social e cultural dos atores sociais, mediante uma prática pedagógica sedimentada no conhecimento, no contexto histórico, nos direitos e deveres sociais dos cidadãos.

Os objetivos específicos elencados no PPAP sinalizam: a promoção da melhoria da prática pedagógica por meio de incremento das atividades interdisciplinares; uma educação voltada às questões sociais e políticas; o envolvimento da família no acompanhamento dos alunos nas atividades escolares e nos eventos socioculturais.

No âmbito da proposta de ação, verifica-se que algumas metas da escola têm como foco: diminuir em 10% o índice de distorção idade/série no Ensino Fundamental (anos iniciais); aumentar em 10% o índice de aprovação nos anos iniciais; aumentar de 76,06% para 86% o índice de aprovação nos anos finais; aumentar o índice de aprovação na EJA de 48,75 para 60%; ampliar o envolvimento das famílias de 70% para 90%; obter 100% do espaço escolar de salas, biblioteca, laboratórios, de forma a serem utilizados de maneira adequada; ter 100% dos alunos conscientes de sua participação na conservação do patrimônio escolar.

Para que essas metas sejam atingidas, a escola pretende integrar os alunos com dificuldades de aprendizagem no Projeto de Educação Integral, desenvolvendo as atividades pedagógicas por meio de estratégias dinâmicas. Também é objetivo da instituição vivenciar o currículo de forma interdisciplinar, integrando as áreas de conhecimento a partir da proposta pedagógica e da realidade dos educandos.

Há, também, proposta de realização semestral de oficinas de Português e Matemática e de promoção de eventos pedagógicos, que envolvam alunos e familiares, ocasião em que se pretende chamar atenção da família para o papel do educando na conservação do patrimônio.

A instituição define como objetivos estratégicos: melhorar as práticas pedagógicas da escola; elevar o desempenho acadêmico dos alunos; melhorar o gerenciamento da instituição. Utilizam-se como critérios de eficácia: o ensino e a aprendizagem; os resultados dos alunos e da escola; a infraestrutura e a convivência social no ambiente escolar, respaldando-se na legislação nacional.

Nas referências colocadas pela escola no sentido de promover a educação da pessoa com deficiência, três critérios merecem destaque. O primeiro surge no início da *apresentação do projeto*, que anuncia a oferta a Educação Básica ao aluno e oportuniza práticas de esportes, arte, música, xadrez e, também, a participação em projetos tais como: laboratório de língua estrangeira, laboratório de informática, projeto de leitura integrado à biblioteca e atendimento educacional especializado. O segundo faz menção, no item do *histórico escolar*, ao que se oferece à comunidade: laboratório de língua inglesa, sala de informática, biblioteca, sala de atendimento educacional especializado ao aluno com deficiência. O terceiro aspecto sobre a educação da pessoa com deficiência está apresentado nos *objetivos específicos*, expressos da seguinte forma: acolher o aluno com deficiência, com professor de apoio, incluindo-o no ensino regular; implementar a Sala de Recursos Multifuncionais para melhor atendimento aos alunos com deficiência.

Percebe-se, diante do exposto, que as estratégias para o atendimento à pessoa com deficiência aparecem bastante fragmentadas nos documentos elaborados pelos atores sociais da escola, por exemplo, no PPAP. No âmbito da legislação brasileira, nenhum documento é referido sobre a Educação Especial na perspectiva da educação inclusiva; nas metas e estratégias, o AEE é, simplesmente, esquecido no bojo da discussão e das necessidades da efetivação e ampliação do serviço educacional.

Em suma, o Projeto Pedagógico da Escola Luz do Sol, em relação à pessoa com deficiência, anuncia alguns elementos, que serão analisados com mais detalhes, no decorrer do estudo das práticas.

4.6.1 Espaço Físico da Sede da Escola

As primeiras imagens percebidas são de pessoas que começam a percorrer a Escola Luz do Sol; estão voltadas para um espaço livre, coberto com areia da praia, um canteiro de flores, alguns coqueiros, plantas em caqueiras. Após uma grade de ferro, surge uma parede construída com pedras pretas, que constitui o alicerce da estrutura física, que é utilizada, também, para ornamentar e divulgar as atividades da escola.

No interior da instituição, no lado esquerdo, existe um hall que conduz às três primeiras salas: secretaria da escola, sala dos professores e, por fim, sala das gestoras. Nesse espaço, encontra-se um toalete para professores e professoras.

Seguindo em frente, existe uma rampa com um corrimão, uma escada e uma área em frente, a cozinha, destinada para lanches e distribuição de merendas dos alunos. Também nesse local, há uma sala em reforma, destinada à coordenação e, ao lado, os sanitários para os meninos e as meninas. Mais adiante, ficam as nove salas de aula; uma área livre, coberta; a sala multifuncional; a sala de informática; a biblioteca; a sala de vídeo, o laboratório de línguas e a quadra coberta.

De modo geral, a Escola Luz do Sol demonstra, diante da realidade escolar, um esforço coletivo para manter o mínimo de condições em relação à manutenção dos aspectos físicos, materiais e humanos da comunidade escolar. No entanto, nos espaços mais particulares da instituição, observa-se a falta de investimento e atendimento às necessidades mais emergentes da população, que utiliza seus serviços.

Percebe-se a falta de preservação do patrimônio público: salas com odor desagradável, com paredes sujas e mofadas e com teto apresentando vazamento; bancas e quadros em péssimo estado de conservação; poucos ventiladores e péssima circulação de ar; falta de muitas pedras da cerâmica que reveste o interior e exterior do prédio. Embora as salas de construção mais recente possuam PVC no teto e cerâmica no piso, as marcas das infiltrações encontram-se nas paredes, o que sugere a necessidade de manutenção e investimento de ordem pública na instituição.

Nota-se, ainda, que uma das salas de aula está totalmente abandonada, pela falta de conserto do telhado, causando riscos de vida e transtornos para os professores, os alunos e a comunidade. Os banheiros de meninos e meninas estão em péssimas condições de uso. A cozinha, além de ficar bem próxima aos banheiros, é pequena e funciona de forma desorganizada. A Sala de Recursos Multifuncionais e as salas em que funcionam o setor de informática, a biblioteca, a sala de vídeo e o laboratório de línguas estão sendo subutilizadas e revelam uma desorganização em relação ao mobiliário e à limpeza.

Quanto aos funcionários, tem-se o seguinte quantitativo: duas gestoras; quatro supervisoras; uma secretária; 25 professores em nível I, sendo 3 contratados; 37 professores de nível II, dos quais 9 são contratados; oito agentes da administração escolar; dois agentes da alimentação; 13 agentes de manutenção escolar, apenas 1 contratado; oito auxiliares em Educação Especial contratados — perfazendo um total de cem funcionários.

Em relação ao quantitativo de professores no ensino fundamental, nos anos iniciais e nos anos finais, tem-se a seguinte distribuição, conforme Tabela 9:

Tabela 9 – Quantidade de docentes por turno e níveis de ensino da Escola Luz do Sol, Jaboatão dos Guararapes, 2013

Turno	Níveis e modalidades de ensino			
	Ensino Fundamental Anos Iniciais	Ensino Fundamental Anos Finais	EJA	Total
Manhã	07	03	-	10
Tarde Sede	-	16	-	16
Tarde Anexo	03	08	-	11
Noite	-	-	11	11
Total	10	27	11	48

Fonte: Escola Luz do Sol, 2012

Do total destes professores, verifica-se a seguinte distribuição por níveis e modalidade de ensino: 10 docentes nos anos iniciais; 27 no Ensino Fundamental, anos finais; e 11 na EJA, perfazendo um total de 48 professores. Pode-se constatar que, no quadro geral dos docentes, não foram contabilizados os professores com contratos temporários.

Em relação à formação acadêmica do corpo docente, têm-se: 23 graduados em Pedagogia; 1 em Química; 6 em Ciências Biológicas; 2 em Música; 7 em Matemática; 3 em Educação Física; 17 em Letras; 4 em História, 1 em Física; 1 em Fonoaudiologia; 2 em Geografia; 3 em Psicologia.

No que tange à formação escolar de pessoas na função de auxiliares e agentes, têm-se: 14 com Ensino Médio; 11 com Ensino Fundamental; 1 em Comunicação em Marketing; 4 com o Curso Normal Médio; 1 em Recursos Humanos.

Do exposto, é pertinente ressaltar que a Escola Luz do Sol, identificando-se com a realidade da sua clientela e envolvida de forma consciente com os processos de ensino e aprendizagem, se propõe, apesar das dificuldades diagnosticadas, a desenvolver um PPAP com foco na qualidade de ensino. Avaliando-se o cotidiano dessa instituição, conclui-se que se faz necessária a intervenção do município para que os problemas detectados possam ser sanados, o que contribuirá para a realização de um melhor atendimento à comunidade escolar.

Em 2011, a Escola organizou a Sala de Recursos Multifuncionais, no prédio-sede, e iniciou o trabalho de atendimento aos seus alunos com deficiência e, também, aos estudantes de outras instituições da Rede Municipal de Ensino. A professora que atua na sala é formada em Letras, com especialização em Educação Especial e mestrado em Linguística, realizado em instituição pública. Tem 50 anos; leciona nas redes de ensino municipais: um contrato em Jaboatão dos Guararapes e outro em Recife. Ingressou na rede de ensino via concurso público. Está com 23 anos em serviço; trabalha com alunos com deficiência há mais de 22 anos. Participa de formação continuada em Recife, pois, no momento, o município do Jaboatão dos Guararapes só oferece atualização para estagiários.

Constata-se, no registro de observação utilizado para anotar os materiais existentes, utilizados pela professora e discentes, que alguns recursos para esse atendimento oriundos do MEC foram extraviados[11] da escola, especificamente, da sala da gestão. Os recursos existentes nessa sala podem ser agrupados da seguinte forma: *equipamentos e mobiliários*; *materiais e equipamentos específicos para deficiência visual*; *apoio para orientação e mobilidade*; *recursos audiovisuais*; *materiais didáticos e pedagógicos*.

Em relação aos *equipamentos e mobiliários*, dispõe de: computador; um aparelho de TV de 29 polegadas; um DVD; um par de fones de ouvido; uma mesa redonda com quatro cadeiras; duas mesas para computador e impressora, quatro armários. São inexistentes os instrumentos: impressora a laser; scanner; toca-fitas (gravador); notebook; adaptador de campainha; cadeira para digitador; quadro melanínico branco.

Quanto aos *materiais e equipamentos específicos para deficiência visual*, existem: uma punção; um soroban; quatro luvas individuais. São materiais inexistentes na sala: regletes de mesa; guias de assinatura; bengalas; globo terrestre adaptado; impressora Braille de pequeno porte; máquinas de datilografia Braille; lupa eletrônica.

Com relação ao material destinado para *apoio para orientação e mobilidade*, há apenas, uma cadeira de rodas. Outros recursos, tais como: identificação nas portas em diferentes linguagens multicomunicação; identificação de funcionários; sinalização com setas para indicar os vários

---

[11] Materiais extraviados: notebook, scanner, quadro melamínico branco, dominó de animais e de frutas em língua de sinais, plano inclinado.

ambientes da unidade escolar; texturas nas paredes para direcionar aos espaços; piso podotátil de alerta e direção[12]; paredes e chão em cores, contrastes adequados; pré-bengala; bengala longa e muletas não foram identificados na instituição.

No que se refere aos *recursos audiovisuais*, têm-se: um material de estudo apresentado em diferentes texturas, formas, temperaturas, contornos, alto relevo e pesos. Não existe o aparelho de amplificação sonora individual e, a escola não conta com intérprete de língua de sinais, nem com guia-intérprete.

A Sala de Recursos Multifuncionais dispõe ainda de *material didático e pedagógico* em quantidade relevante para o uso com os alunos. Destacam-se: uma bandinha rítmica; um material dourado; dois esquemas corporais; uma memória de numerais; um tapete de alfabeto de encaixe; um software de comunicação alternativa; um sacolão criativo[13]; cinco quebra-cabeças sobrepostos (sequência lógica); um dominó de associação de ideias; um dominó de frases. Quanto a outros materiais necessários, constatou-se não haver: dominó de animais e frutas em língua de sinais; conjunto de lupas manuais; dominó com textura; plano inclinado para leitura.

Pontua-se, ainda, a existência de outros recursos, que foram identificados no momento da observação: quatro DVDs em Libras; dois ventiladores de parede; uma barra de medidas; um dominó de formas geométricas; dois cubos de encaixe; um jogo chinês; um aparelho de ar-condicionado (sem instalação); quatro abecedários visuais; um abecedário maiúsculo; um tapete EVA (letras); duas maletas de jogos de memória.

É relevante salientar que os materiais inexistentes na sala de recursos multifuncionais foram disponibilizados pelo MEC, contudo foram extraviados na unidade de ensino antes da implementação do atendimento especializado aos educandos com deficiência.

O interior da sala de recursos multifuncionais pode ser visualizado na Figura 1. A leitura do ambiente inicia-se pelo canto inferior esquerdo, sempre seguindo nessa direção. A sala tem, aproximadamente, 7 m de comprimento por 7 m de largura. Há uma porta com grades, um lixeiro e, na parede acima, um ventilador fixo. Em frente, uma mesa com quatro

---

[12] Placas de borracha antiderrapantes e superfície em relevo, que tornam mais acessível e orientam o trajeto da pessoa com deficiência visual.
[13] Sacolão criativo: conjunto confeccionado em plástico rígido colorido, que contém mil peças de diferentes formatos e encaixes (formatos quadrangular, retangular, curvo e triangular).

cadeiras. Seguindo à esquerda, há uma janela gradeada, um armário grande e uma mesa para computador. Existe mais uma janela, também com grades e três armários conjugados. Sempre na mesma direção, fica a mesa com cadeira para o professor, um quadro branco e mais um ventilador, fixo na parede. Existe, também, um pequeno armário sobre uma mesa, outro grande, uma cadeira de rodas, ainda envolvida em plástico, uma mesa para computador, acima da qual, na parede, há um espaço ocupado com um mural; mais outro armário grande e uma estante. No centro da sala, existem 30 cadeiras.

Figura 1 – Layout da Sala de Recursos Multifuncional

Fonte: a autora (2013)

Salienta-se que nem todos os materiais — os que estão na sala e os que foram extraviados — fazem parte do projeto AEE idealizado pelo MEC. Percebe-se, pela Figura 1, que a quantidade elevada de cadeiras para os alunos, os três armários ao lado da mesa da professora e os estímulos visuais não são compatíveis com o tipo de atendimento que deve ser dado aos alunos nessa sala. A atual configuração é fruto do que já foi referido: a falta de manutenção do prédio escolar, particularmente, da sala de aula. Ainda é possível constatar outras irregularidades no local:

a falta de pintura, de reposição dos materiais que foram extraviados e da instalação do aparelho do ar-condicionado, como também as infiltrações.

No que se refere à sala de informática, observa-se que os problemas não se restringem à infraestrutura física; falta, também, um profissional para trabalhar com os alunos. Na parte física, pode-se constatar a presença de sacos de cimento e caixas de cerâmica no ambiente, provavelmente, em decorrência da não conclusão da reforma da sala. Existem ainda na sala: três armários; um conjunto de oito mesas com cadeiras; telas, teclados, torres e estabilizadores para computadores. A iluminação e a revisão dos equipamentos de informática ainda não foram realizadas.

A sala da biblioteca funciona, regularmente, nos turnos da manhã e da tarde, nos horários das 7 h às 13 h e das 12 h 40 min às 18 h 40 min. Em relação à parte física da biblioteca, há problemas semelhantes aos das demais salas: paredes mofadas, infiltrações, ventiladores necessitando de manutenção, computador sem uso. Há no ambiente: dez estantes, 20 cadeiras, cinco mesas, um DVD, um armário e um arquivo.

A sala de multimídia é um espaço utilizado pelos docentes e discentes de forma planejada. Os professores entregam à coordenação um cronograma com os dias e horários em que realizarão as atividades e os respectivos materiais didáticos necessários. Os recursos estão aglomerados entre os equipamentos eletrônicos: um retroprojetor, um amplificador, cinco aparelhos de TV e 14 cadeiras.

O laboratório de Língua Inglesa funciona três dias na semana. As atividades são para os alunos do Ensino Fundamental, anos finais. Na sala existem: dois ventiladores, um aparelho de tevê, quatro armários e dez cadeiras.

A área destinada para Esportes e Lazer é coberta, mas sem iluminação, o que não permite que seja utilizada em outras atividades à noite. Os três professores de Educação Física atuam nos horários matutino e vespertino, com atividades voltadas para os educandos do Ensino Fundamental. Apenas um professor tem especialização. A faixa etária varia entre 25 e 35 anos. Têm, em média, dez anos em serviço.

O espaço destinado para a recreação não é delimitado. Os alunos brincam conforme os recursos existentes, tais como: bolas, cordas e a própria criatividade humana quando estão juntos. Pode-se afirmar que não foram identificados momentos de lazer dirigido. Os educandos ficam livres e utilizam-se das áreas existentes no ambiente escolar para se divertirem no momento do recreio e do lanche.

Ressalta-se, ainda, que, na entrada da escola, existe um espaço que os discentes utilizam para fazer suas refeições e conversar. As merendas são entregues de acordo com as turmas, e os alunos ficam nesses ambientes já descritos ou seguem para as salas de aula.

Na escola-sede, têm-se, ainda, os seguintes recursos: 360 bancas; nove quadros brancos; seis armários nas salas de aula, dos quais quatro estão inadequados; 12 ventiladores, que precisam de manutenção. Na sala dos professores, há uma mesa com nove cadeiras e três armários, um ventilador. Na sala da direção há dois computadores, um com defeito e outro em uso; um ventilador; dois birôs; três cadeiras; duas estantes; quatro aparelhos de DVDs, sem condições de uso.

Como se pode observar, nas descrições feitas nos parágrafos anteriores, a maioria das salas da Escola Luz do Sol — prédio-sede — apresenta problemas não, apenas, em relação ao mobiliário e à própria estrutura física do prédio, mas pela ausência de profissionais para trabalharem com os alunos. Além disso, faltam salas para as aulas de música e para que se possa desenvolver um trabalho com a banda marcial.

O prédio anexo, alugado pela prefeitura, onde funciona parte da escola, possui estrutura física bem mais conservada que a da sede. A estrutura inicial da instituição tem sua origem em um patrimônio particular, de uma pessoa com vínculo religioso. Por isso, são visíveis as marcas dessa arquitetura de cunho cristão no local.

No entanto, há pontos negativos que devem ser enfatizados, como a dificuldade de acesso — fica distante da sede, aproximadamente 200 m — e a falta de manutenção nos espaços internos e externos. Por exemplo, a cozinha, pois os servidores não podem utilizar o fogão, além de não contarem com geladeira nem água filtrada. Também não existe um espaço destinado aos professores. Embora, nesse espaço, haja uma sala que deveria ser utilizada pelos professores, existe uma determinação da gestora do prédio para que isso não ocorra.

Das nove salas que são utilizadas pelo município, seis estão localizadas na parte superior do prédio. Desse total, três são destinadas ao Ensino Fundamental (anos iniciais): uma sala para primeira série e duas salas para segunda série; uma sala para contar história e para apresentação de filmes; duas salas são destinadas para uma turma da quinta e outra para a sexta série.

Existem seis banheiros, duas pias utilizadas por meninos e meninas, em situação regular de limpeza e higiene. Também os dois banheiros utilizados pelos professores estão em bom estado de conservação. A quadra de esportes é coberta e está sendo utilizada para a recreação do Ensino Fundamental (anos iniciais), entre outras atividades escolares de esportes. As salas de aula são grandes, com telhas aparentes e piso em cimento rústico. Têm ventiladores, armários, quadro branco, murais, basculantes, iluminação. Há um espaço para os professores e a coordenação, com bebedouro, um aparelho de ar-condicionado, um armário. Outro espaço foi cedido para o Programa Nacional de Inclusão de Jovens Urbano (ProJovem Urbano), a fim de guardar materiais como livros e aparelhos de TV. Existe um bebedouro coletivo, exposto em uma área coberta da escola, próximo a um espaço para recreação.

Acrescenta-se que, para as crianças do Ensino Fundamental (anos iniciais), as salas de aula no piso superior inspiram cuidados com o acesso, pois a escada é muito inclinada e está fora dos padrões das normas técnicas da ABNT, NBR 9050, de 31/05/2004. As cadeiras não são adequadas, as instalações elétricas são precárias e falta ventilação. Em suma, o prédio anexo da Escola Luz do Sol também apresenta dificuldades materiais e administrativas, embora em menor escala do que as do prédio-sede.

4.6.2 Organização Escolar

Os setores administrativo e pedagógico da Escola Luz do Sol organizaram inúmeras atividades, que são necessárias para o início do ano letivo. No nível administrativo, pôde-se constatar a renovação das matrículas para os educandos da instituição de ensino e outras demandas da comunidade. A secretaria da escola voltava-se para o atendimento aos pais ou responsáveis, a fim de atender as solicitações de transferências e histórico escolar dos discentes. Também, verificou-se que o setor administrativo é responsável pelo encaminhamento dos pais à Sala de Recursos Multifuncionais, para legitimar as matrículas dos alunos com deficiência no Atendimento Educacional Especializado.

A intenção do trabalho inicial na escola no começo do ano letivo era conferir e aprofundar informações coletadas no segundo semestre de 2012, atividade que nos pareceu simples, no entanto tornou-se muito trabalhosa. Coletar informações sobre o número de alunos com deficiência matriculados, como também outros dados relevantes em relação à prática inclusiva, exige dos pesquisadores um exercício de paciência, humildade e dedicação. Percebe-se que nem tudo pode ser disponibilizado quando se quer e como se planeja. Afinal, são muitos atores envolvidos nos espaços da escola e cada um com o seu perfil profissional e sua formação.

Durante essa fase da pesquisa, um dado chamou atenção, no que tange ao quantitativo de alunos com deficiência matriculados na escola. Ou seja, percebeu-se que a responsabilidade da renovação das matrículas não é só da secretaria escolar, mas também da professora do AEE. Esse fato se confirmou quando se indagou sobre o quantitativo de alunos matriculados para o ano letivo (2013). Logo, foi preciso aguardar o retorno da professora do AEE para se iniciar o mapeamento dessas informações. Tudo indica que a própria organização interna desses educandos, no âmbito da instituição, seja na sede, seja no anexo, centra-se no setor especializado.

Por isso, observou-se que o processo de inclusão ou exclusão dos alunos com deficiência se torna presente desde sua entrada na escola, por meio da oferta das matrículas e na efetivação da sua permanência na instituição de ensino, situações que vão sendo trazidas à tona para o cotidiano das práticas.

Diante dessa contextualização preliminar, foi reiniciado o trabalho investigativo na Escola Luz do Sol. Na ocasião, evidenciou-se uma cena bastante peculiar. Ao se entrar na unidade de ensino, havia muitos comentários sobre a SRM, posição nada peculiar para o limiar do primeiro semestre de 2013. Isto é, como foi relatado no item anterior, sobre a infraestrutura da escola, havia uma sala com problemas no telhado, ocasionando o deslocamento de uma sala do Ensino Fundamental (anos iniciais) para o AEE. Como a SRM era utilizada com um número ínfimo de alunos, seria possível dividir os horários entre atendimentos individualizados e a professora do primeiro ano do Ensino Fundamental. A SRM foi sendo subutilizada com outras atividades da própria escola, o que constitui um problema, pois fugia de suas funções específicas. Esse problema foi constatado desde o ano anterior e, ainda, persistia no começo de mais um ano escolar.

No início do ano letivo, uma professora demonstrou um certo espanto com a participação de uma pessoa que estava fazendo uma pesquisa, na reunião na unidade de ensino. Mesmo aparentando ter um "tom de brincadeira", o espanto sinalizou que o trabalho de pesquisa representa um sutil desconforto.

Na segunda semana do mês de fevereiro, a escola iniciou as atividades do ano letivo com uma quantidade mínima de alunos. A organização administrativa e pedagógica seguiu o calendário oficial da Secretaria Executiva de Educação Municipal. A euforia carnavalesca invadiu o espaço escolar, e os preparativos começaram de forma gradativa, ou seja, do Ensino Fundamental (anos iniciais) às séries finais.

Em relação ao AEE, a professora recebe em sua sala algumas pessoas responsáveis pelos alunos com deficiência. De modo geral, a preocupação dos responsáveis voltou-se para saber quando os alunos frequentariam a escola. E a justificativa da indagação era a falta dos apoios[14] contratados pela Secretaria Executiva de Educação Municipal. Outra situação questionada por uma das genitoras foi a questão do laudo médico, isto é, do CID. Na ocasião, a mãe de um aluno com deficiência perguntou à professora do AEE por que o médico não explicara o que representavam aqueles números F71 + F91. A professora ficou de esclarecê-la em outro momento.

Nesse dia, os alunos da tarde saíram mais cedo da escola para que os professores participassem de uma reunião com a supervisora educacional. A reunião foi realizada na SRM com professores da sede e com a bibliotecária. O assunto em tela esteve direcionado para a organização da rotina escolar, tais como: saídas de discentes para o pátio, necessidade de os alunos trazerem água de casa, comunicação das ausências à escola, orientação do conteúdo para o planejamento escolar, enfatizando-se a Lei n.º 11.645, que estabelece as diretrizes para incluir no currículo da rede de ensino a temática "História e Cultura Afro-Brasileira e Indígena". Houve distribuição de uma pasta aos professores com: um caderno, o calendário escolar, o calendário interno, a programação do ano letivo (2013) e um quadro com os nomes da equipe. Observou-se que, nesse último documento, não apareceram os nomes da professora do AEE e da professora, que está exercendo a função de bibliotecária.

Como o mês de fevereiro possibilita um clima carnavalesco em torno das capitais nordestinas e, especificamente, a recifense, há um clima de prévias para mais um Carnaval e, nesse contexto, a Escola Luz do Sol e demais instituições de ensino também se rendem aos Festejos de Momo para vivenciar o feriado da época.

---

[14] Profissional de apoio: estagiário de nível médio ou de graduação em Pedagogia, contratado para acompanhar os alunos com deficiência em suas atividades diárias e escolares no interior das instituições. Nesta pesquisa, ouvimos três apoios.

Depois da semana carnavalesca, a instituição voltou a sua rotina, com mais dois dias de formação em serviço, sempre no horário da tarde. Dessa vez, o tema abordado é a oratória, anunciado na primeira formação do ano de 2013. A curiosidade foi imediata: por que uma formação desse gênero entre tantas dificuldades expostas no cotidiano escolar? De onde viria tal necessidade? A fim de entender melhor tais questionamentos, resolveu-se consultar uma das gestoras.

Segundo relato verbal de uma gestora, a formação foi uma solicitação dos professores, que deveria ter sido realizada no ano de 2012. Só que o calendário escolar não possibilitou atender essa antiga reivindicação do corpo docente. Para a escolha do tema, houve algumas reuniões pedagógicas, nas quais foram expostas as necessidades mais emergentes do grupo de educadores. O Conselho Escolar observou, dentro dos diversos temas expostos, um que atendesse a necessidade mais evidenciada. Entre os temas mais recorrentes, foram elencados: relações interpessoais, relacionamento professor aluno, hierarquia, o agir profissional e pessoal do professor.

Outra justificativa dada para a escolha da formação é que a escola passou por um período sem ter acesso à formação continuada e os professores desejavam ter mais contato entre eles. Havia uma necessidade de mais encontros. Assim, como no seu trabalho o professor utiliza muito a linguagem oral e tendo em vista, também, a grande utilização das redes sociais para a comunicação, esse assunto foi escolhido. Além disso, seria a oportunidade de preparar os docentes para trabalharem essas formas de comunicação com os alunos. Portanto, diante da seleção da temática, ficou estabelecida uma carga horária de oito horas. Todavia, uma dificuldade foi apresentada: nem todos os professores poderiam participar, em função dos trabalhos em outras redes de ensino. Tornou-se difícil conciliar o horário para atender a dinâmica escolar dos profissionais da escola, fato que sempre ocorre na vida do professor. Quanto à escolha da formadora, foram seguidos os critérios do Plano de Desenvolvimento da Escola (PDE), que estabelecem as orientações mais relevantes para a contratação do profissional. Neste caso, a mesma formadora que trabalhou com os professores sobre as relações interpessoais retornou à escola para continuar os trabalhos.

Após averiguar as impressões iniciais do ano letivo na Escola Luz do Sol e da formação continuada para os professores, foi realizado um levantamento estatístico sobre o número de alunos matriculados na unidade de ensino com e sem deficiência e o número de professores que constituem o quadro funcional da instituição de ensino. Assim, na penúltima semana do mês de fevereiro de 2013, inicia-se um trabalho mais voltado para as atividades realizadas junto aos professores que trabalham com alunos com deficiência. Mas, para que essa fase fosse concretizada, era preciso concluir as informações sobre o número de alunos matriculados por turma, série e turno e, também, no AEE. Decidiu-se que, nessa semana, era preciso conseguir tais informações, a fim de realizar um novo direcionamento para a pesquisa. Assim, elegeu-se como critério observar o maior número de alunos com deficiência matriculados nas respectivas séries. Neste caso, Ensino Fundamental (anos finais), exatamente, a sexta série atendeu o requisito prescrito.

Assim, considera-se que o conjunto de práticas desenvolvidas pelos profissionais dessa instituição de ensino demonstradas no começo do ano letivo sinaliza uma fragmentação dos trabalhos administrativos e pedagógicos de cada setor. A escola, mesmo apresentando uma sede e um anexo, não se reconhece como uma única escola. Nesse sentido, ela já se descaracteriza do pressuposto de uma prática inclusiva: o reconhecimento de todos pertencerem e se identificarem na unidade escolar.

A formação dos docentes demonstra não se atingir o objetivo proposto: melhorar a comunicação entre alunos e a qualidade do trabalho docente, principalmente na utilização dos recursos naturais, no caso, a voz. Para um começo de ano letivo, o estresse já aponta seus sinais nas imagens dos professores, no final de cada período de aula: o cansaço, a irritação, as ameaças constantes aos alunos. Em relação aos alunos, o espaço da sala de aula é estimulador para conversas entre os grupinhos e os desenhos nos cadernos. As cópias do quadro revelam a falta dos livros didáticos e outros recursos que favoreçam a aprendizagem

As informações e os conhecimentos adquiridos durante a elaboração deste item tornaram mais consistentes as análises e interpretações dos resultados das observações, que constam no capítulo seguinte.

Capítulo 5

Prática Pedagógica Inclusiva e os Resultados das Observações: benefícios da caminhada

Na implementação das atividades investigativas, surgiram obstáculos circunstanciais e desafios teóricos, que foram superados com obstinação e paciência da pesquisadora. Impõe-se destacar: muitos momentos foram desafiantes... no entanto, os resultados obtidos *foram e são* compensadores. A seguir, estão registrados os *benefícios da caminhada*, apesar dos inúmeros descaminhos.

Neste capítulo, teve-se como objetivo explicitar o processo de inclusão, nas práticas pedagógicas inclusivas desenvolvidas no Ensino Fundamental (anos iniciais e anos finais), tendo como base os resultados das atividades de observação desenvolvidas na Escola Luz do Sol.

Convém lembrar que as observações (livres e dirigidas) constituíram a segunda fase desta pesquisa e atingiram um total de 180 horas, tendo como foco o processo de inclusão de alunos com deficiência no espaço escolar. Foram observadas sete turmas, assim distribuídas: quatro turmas dos anos iniciais (uma turma do primeiro ano; uma do segundo ano; uma do quarto ano; e uma do quinto ano); e três turmas dos anos finais (sexta série).

Das observações em sala de aula emergiram três categorias:

- Primeira categoria: Inclusão de alunos com deficiência na sala regular: dos aspectos físicos às práticas; Sala regular e adaptações curriculares; Relações interpessoais para a inclusão;
- Segunda categoria: Práticas pedagógicas no AEE;
- Terceira categoria: Interação entre AEE e Ensino Regular.

A seguir, apresenta-se a categoria **Inclusão de alunos com deficiência na sala regular**, discutindo-se o espaço físico, as adaptações curriculares e as relações interpessoais para a inclusão.

5.1 Inclusão de Alunos com Deficiência na Sala Regular: dos aspectos físicos às práticas

Com base nas primeiras inferências sobre o processo de inclusão na sala regular, pode-se supor que sua gênese se encontra na infraestrutura física, pois tem início antes de entrar na sala de aula. O espaço físico, que materializa o institucional, ocupado pelos atores sociais, deve estar condizente com a diversidade de cada um deles. Impõe-se analisar a estrutura do ambiente escolar de forma macro e, depois examinar o espaço micro das salas de aula. Considera-se que o espaço não é apenas geométrico, pois está eivado de símbolos e marcas de quem o cria, de quem nele convive e de quem o organiza.

Nesse sentido, Ribeiro (2004, p. 103) afirma: "o espaço escolar é um construto gestado por múltiplos interesses manifestos e ocultos que podem afetar a vida dos sujeitos, gerando inclusões e exclusões". Para a autora, uma escola inclusiva objetiva atender as necessidades de seus alunos, respeitando suas características individuais; por isso, a organização do espaço torna-se relevante para propiciar o desenvolvimento principalmente dos alunos com deficiência física, motora e sensorial. Fernandes, Antunes e Glat (2007, p. 60) afirmam:

> [...] o pré-requisito para a inclusão educacional de alunos com necessidades especiais é a constituição de espaços escolares acessíveis a todos que lhes permitam circular livremente e participar, junto com os demais, de todas as atividades, acadêmicas ou não.

Com essa perspectiva, durante o processo de observação mais global, em relação às salas de aulas, percebeu-se a inexistência dos seguintes itens: material escolar adaptado, rampa para acesso à sala de aula, porta de entrada conforme normas exigidas pela ABNT, cadeira escolar adaptada, espaço de circulação que possibilitasse mais mobilidade. Não há nenhum tipo de comunicação escrita em diferentes linguagens, tais como: Libras ou código em Braille. Não existe lugar para guardar os materiais dos alunos e dos professores. O ambiente é precário em relação à iluminação, à ventilação, à limpeza e à conservação dos bens físicos e materiais. As carteiras são desproporcionais e desconfortáveis para os alunos e são mantidas em uma disposição fixa: enfileiradas umas atrás das outras.

Ainda na instituição, pôde-se averiguar que, especificamente na Sala 1, existe um armário e um quadro branco. No final da sala, há duas janelas de vidro com grades externas, que se tornam instrumentos de dispersão para a turma e, também, causam um forte reflexo no quadro, o que dificulta a visualização dos alunos. Além disso, os professores enfrentam dificuldades na ocasião em que vão escrever as atividades do dia, pois os tais reflexos, conforme já citado, dificultam a visualização de todos. Das seis lâmpadas existentes, apenas, quatro iluminam o espaço, e há quatro ventiladores, que não são eficazes para gerar um ambiente mais arejado para alunos, professores e outras pessoas. Observou-se, também, que o calor fica mais intenso quando os professores fecham a porta.

As salas de aula da sede e as salas 2 e 3, que se localizam no Anexo, também apresentam as mesmas carências em relação aos materiais e ao espaço físico, embora ofereçam área física bem maior. Nas salas de aula, existem cobogós e basculantes, que não garantem a necessária passagem de ar e de iluminação. Dos quatro ventiladores existentes, nenhum circula, o que traz muito incômodo aos alunos, que se sentam na parte de trás da sala. O telhado é aparente e as telhas bancas estão em péssimas condições. Há, ainda, na parte frontal das salas, uma janela com divisórias, que permite a quem passa no corredor visualizar todo o movimento interno.

Na Escola Luz do Sol (sede e Anexo), as áreas de circulação destinadas a todos os indivíduos que por ali transitam não podem ser consideradas como ambientes que poderiam contribuir com o processo de inclusão, em decorrência dos seguintes fatos: nas quadras, não existem brinquedos nem materiais adaptados; não há rampa de acesso; a iluminação é inadequada; e a amplificação sonora não foi utilizada.

No que concerne ao acesso a toaletes masculino e feminino, não há nenhum equipamento adaptado. Convém ressaltar que foi realizada uma reforma no prédio, mas não atendeu às normas de acessibilidade. Ou seja, as barras de apoio perto dos lavabos e sanitários; as torneiras e descarga em forma de alavanca; as portas largas e o espaço interno para movimentação de cadeiras de rodas não existem. Ficou evidente que a infraestrutura dos espaços comuns compromete o projeto de uma escola inclusiva.

Essa dimensão educativa do espaço escolar torna-se um dos elementos estruturantes para o desenvolvimento da prática pedagógica. O espaço escolar pode se constituir em um ambiente de amplitudes ou de restrições para os sujeitos, que ensinam e para aqueles que aprendem, pois não é um lugar estático, uma vez que contém uma riqueza de detalhes, expressões simbólicas e reais. Conforme Ribeiro (2004, p. 107) afirma:

> Observa-se que, em geral, as edificações escolares são de má qualidade e não atendem aos mínimos requisitos de conforto ambiental. Algumas escolas funcionam em torres de igrejas, casas alugadas e prédios pré-fabricados em condições extremamente precárias. Verifica-se um excesso de tolerância, quanto aos espaços escolares, principalmente, aos das redes municipais. A baixa qualidade do ambiente escolar é geralmente atribuída à urgência e aos custos implicados. Entretanto, sabe-se que subjacente a isso, está a pouca importância dada às escolas destinadas às classes populares.

Historicamente, tem-se o exemplo das classes especiais, dentro do ensino regular, que foram localizadas nos piores lugares das unidades de ensino. Locais pequenos e, muitas vezes, desligados das outras salas, o que dificulta o convívio com outras crianças. A afirmação de Kassar (1995, p. 65) ilustra tal situação:

> As professoras queixam que as salas utilizadas para o funcionamento das classes especiais são, geralmente, improvisadas. Estas instalações longe das outras salas que corresponderiam à mesma faixa etária e, às vezes, até mesmo em outro período. As crianças das classes especiais acabam não tendo contato com as outras crianças de sua idade, nem mesmo no intervalo das aulas.

As observações da Escola Luz do Sol, em sua totalidade, revelam que o espaço físico se torna um dos entraves à participação e ao envolvimento pleno das pessoas com deficiência com as atividades escolares. No espaço escolar investigado, as barreiras existentes tornam mais patentes a falta de acessibilidade e, por consequência, aumentam a dependência dos alunos com deficiência, sobretudo, daqueles que têm algum tipo de comprometimento motor.

> A situação de vulnerabilidade vivenciada pelas pessoas com deficiência, portanto, é mantida pela falta de entendimento da sociedade a respeito das características e particularidades dessas pessoas, originadas pelo desconhecimento sobre suas reais necessidades, a fim de respeitá-las e contemplá-las como membros sociais dessa mesma sociedade (Guedes, 2002, p. 31).

As observações relativas à escola demonstraram que os ditames em prol de uma escola inclusiva estão muito distantes, pois o modelo instituído de espaço escolar corresponde ao idealizado para os alunos ditos "normais". A necessidade dessa discussão sobre o aspecto espacial está interligada à dimensão educativa para evitar o seguinte equívoco: a presença do aluno com deficiência na escola já garante sua inclusão.

Impõe-se esclarecer que o MEC disponibiliza recursos financeiros, por meio do Programa Dinheiro Direto na Escola (PDDE), para as possíveis reformas dos espaços físicos, tendo em vista a acessibilidade aos alunos com deficiência. No entanto, tais verbas são usadas de modo não adequado, portanto as modificações dos espaços físicos do prédio escolar não promovem as adaptações necessárias à acessibilidade e à autonomia dos alunos. Em determinadas situações, os alunos são privados dos seus direitos de entrar, permanecer e sentir-se pertencentes ao espaço escolar.

As dificuldades decorrentes do espaço físico foram confirmadas por diversos depoimentos dos sujeitos entrevistados: "*Que a escola inclusiva vai da calçada* à *sala de atendimento,* à *merenda, ao refeitório. Tudo o que é*". Com base em tais depoimentos e, também, fundamentada nos resultados das observações, afirma-se que falta acessibilidade na entrada da escola, nos espaços de circulação coletiva e no interior das salas de aulas.

Ressalta-se, ainda, que a estrutura física do conjunto organizacional da Escola Luz do Sol não se configura com o que se preconiza com educação inclusiva, pois impossibilita o direito de o sujeito ir e vir em seus espaços. As barreiras, que existem no interior dos espaços examinados, contribuem para a negação da autonomia desses sujeitos.

5.2 Sala Regular e as Adaptações Curriculares

Durante as observações nas salas de aula, procurou-se identificar como as adaptações curriculares se constituíam na prática. Segundo as diretrizes da MEC/SEESP (2007, p. 61), as adequações curriculares constituem-se em:

> [...] possibilidades educacionais de atuar frente às dificuldades de aprendizagem dos alunos. Pressupõem que se realize a adequação do currículo regular, quando necessário, para torná-lo apropriado às peculiaridades dos alunos com necessidades especiais. Não um novo currículo, mas um currículo dinâmico, alterável, passível de ampliação, para que atenda realmente a todos os educandos.

Conforme estabelecem as Políticas Públicas de Educação Inclusiva, a realização de oportunidades pedagógicas significativas, em sala de aula, exige planejamento prévio da equipe técnica, recursos apropriados e, sobretudo, modificações no currículo para adequá-lo às necessidades dos alunos.

Ainda de acordo com o documento supracitado, as adequações curriculares objetivam estabelecer uma relação entre as necessidades dos alunos e a programação curricular que consta no projeto de escola e no planejamento dos professores.

A partir do trabalho de observação desenvolvido na Escola Luz do Sol, pode-se admitir que a Política Educacional do Jaboatão dos Guararapes ainda não incorporou esse princípio norteador de adaptação curricular às práticas pedagógicas. Apenas algumas atividades pedagógicas diferenciadas são, timidamente, apresentadas como se fossem adaptações curriculares.

Um dos registros do período de observação confirma a afirmação acima citada, conforme o que se segue: na Sala 5, a professora identificada sob o código P8 aplicou um teste de Ciências Naturais para os alunos. No entanto, a aluna A1FEF fez uma atividade de recorte e colagem (jogo da memória), que enfocava um dos conteúdos de Ciências Naturais, abordado no teste geral dos outros alunos. Durante essa atividade, a aluna recebeu as orientações do apoio, mas demonstrou que não havia assimilado o conteúdo de ensino proposto. Por conseguinte, reafirma-se que tal atividade pedagógica é diferenciada, porém não pode ser considerada como uma adaptação curricular.

Em relação às adaptações curriculares, Carvalho (2008, 105) afirma:

> [...] devem ser entendidas como mais um instrumento que possibilita maiores níveis de individualização do processo ensino-aprendizagem escolares, particularmente importante para alunos que apresentam necessidades educativas especiais. As adaptações curriculares consistem em modificações espontaneamente realizadas pelos professores e, também, em todas as estratégias que são intencionalmente organizadas para dar respostas às necessidades de cada aluno, particularmente dos que apresentam dificuldades na aprendizagem.

Verificou-se que, nas salas do Ensino Fundamental, há um descompasso entre as concepções postas, que se referem à adequação curricular e à realidade dos alunos com e sem deficiência, conforme o que está nos registros de observação desta pesquisa.

> Na Sala 1, os primeiros momentos da aula foram mais voltados para a identificação do professor, informações relativas ao desenvolvimento das aulas e qual deveria ser o papel dos alunos. Para o docente, foram estabelecidas as seguintes

> rotinas de trabalho: manter a disciplina do ambiente; utilizar o material didático, que era constituído de livro, caderno, lápis, borracha; aplicar/coordenar os exercícios escritos e provas; e não permitir o uso do celular. Após esse monólogo, o professor iniciou a cópia de um texto no quadro e seguiu sua programação do dia (Registro de observação).

Nesse exemplo, os conteúdos a serem desenvolvidos pelo docente já estavam definidos, portanto, no primeiro dia de aula, a voz dos alunos foi silenciada. O reconhecimento dos saberes dos alunos referentes à disciplina ministrada ficou à margem de um currículo inclusivo. A desvalorização dos saberes dos alunos das Salas 1, 2 e 3 e, sobretudo, suas necessidades, naquele momento, foram ofuscadas pela falta de diálogo e de democracia na sala de aula.

Outra cena que revela uma ação tão imperativa quanto à anterior foi registrada na mesma sala com outra professora. Depois de corrigir os cadernos dos alunos, a professora dirigiu-se à turma para explicar a presença da pesquisadora e falou:

> A professora faz parte da escola, mas de forma diferente. Ela vai observar e ajudar na aprovação ou reprovação de vocês. O comportamento ajuda a aprovar ou reprovar os alunos. E continua: botem isso aí que é assunto novo! (Registro de observação).

Os conteúdos desenvolvidos pelos professores, em geral, traduzem o que Freire (1996, p. 47) afirma: "Saber que ensinar não é transmitir conhecimento, mas criar as possibilidades para a sua própria produção ou sua construção." Nas práticas pedagógicas, esse preceito freireano torna-se quase imperceptível, mesmo que seja indispensável. Pensar o currículo na abordagem freireana, para Santiago (2006, p. 76), significa:

> [...] antes de tudo reconhecer os sujeitos da educação como sujeitos capazes de construir o conhecimento e não como consumidores. É relacionar-se com os sujeitos da educação como seres históricos, situados, de relação, críticos, criativos e curiosos cujos conteúdos da educação emergem da análise da realidade política e social.

Nos achados desta pesquisa, a perspectiva adotada no currículo da escola está em desacordo com a concepção defendida pela autora supracitada. Trata-se de um projeto de um possível vir a ser, no qual os alunos são mais consumidores de informações do que sujeitos de conhecimentos.

Quando o aluno é considerado como um ser humano inacabado, com capacidade de refletir e estabelecer relações com o mundo à sua volta, significa que a escola está adotando uma concepção de educação mais inclusiva. Porém, a escola em foco não adota tal postura, pois várias cenas, que foram registradas no período das observações, revelaram a adoção de atitudes e de procedimentos mais próximos de um currículo que é considerado como um artefato técnico.

Nos achados de pesquisas feitas por Jesus, Caetano e Aguiar (2001), a organização do trabalho para os alunos com e sem deficiência revela as inadequações das condições materiais e estruturais, que são semelhantes aos resultados das observações registradas aqui. Segundo as pesquisadoras supracitadas, no contexto pedagógico de uma determinada unidade escolar, havia a supremacia de estratégias pedagógicas pautadas na repetição de conteúdos. Havia, também, a percepção negativa das possibilidades de aprendizagem do aluno, que era considerado responsável por suas dificuldades de aprendizagem e/ou pelo seu êxito escolar.

No contexto pesquisado, a prática pedagógica em relação às adaptações curriculares vai se tornando mais longínqua. Constatou-se que as aulas são ministradas de acordo com o seguinte ritual: cópia no quadro, anotação, explicação sobre o conteúdo. As atividades têm forte teor expositivo, sob o pretexto de ausência de material pedagógico e do livro didático. Sem dúvida, a precariedade dos instrumentos pedagógicos em sala de aula contribui para a monotonia e dispersão do grupo, porém a capacidade de diálogo do professor e, sobretudo, a sua postura de respeito aos alunos poderão contribuir para a superação de tais dificuldades.

Segundo Omote (2008, p. 26):

> O ensino inclusivo propõe, acima de tudo, que as condições de ensino, desde a infraestrutura física até as estratégias e recursos didáticos, em sala de aula, sejam amplamente adaptadas para atender às necessidades especiais apresentadas por qualquer aluno, de maneira a garantir que, independentemente das suas dificuldades, consiga realizar os objetivos educacionais.

De acordo com tais proposições, cabe à escola promover a adaptação dos espaços físicos, a adoção de estratégias e a implementação de determinados serviços pedagógicos, tendo em vista a melhoria das condições de acessibilidade do aluno conforme suas características.

Nas salas de aula do Ensino Fundamental, a maioria dos docentes justificou a necessidade de impor as regras para o desenvolvimento das atividades pedagógicas. Tais posicionamentos causavam dificuldades ao processo de ensino e de aprendizagem, tais como: impossibilidade de escolha dos materiais de pesquisa; atividades de classe sem articulação com as diversas áreas do conhecimento; leitura, interpretação e escrita de texto apresentadas apenas em forma de cópia. Em tal contexto, a expressão oral e a linguagem não verbal dos alunos ficavam ofuscadas pela fala contínua do professor e, por conseguinte, as atividades constituintes da rotina escolar provocam dispersão generalizada e tornavam o ambiente da sala de aula não muito agradável.

> Ao iniciar a cópia no quadro, a docente falou: na próxima aula vou separar alguns. E continua escrevendo. Quando concluiu o assunto, passa exercícios de classe e fala "Vou fazer a chamada. Hoje quero ver os rostos. Levantem a mão" (Registro de observação).

Essa atividade pedagógica, à luz do pensamento de Carvalho (2008), pode ser considerada meramente centralizada em torno dos conteúdos do ensino e das disciplinas curriculares. Por conseguinte, tem como foco as informações que são emitidas pelos docentes em suas aulas e de acordo com as especificidades das disciplinas.

> No relato a seguir, verifica-se o que foi problematizado na Sala 3. Durante a aula, a docente fez uma anotação sobre o conteúdo, fez a chamada dos alunos e circulou pela classe, passou o visto nos cadernos dos alunos. Em seguida, concluiu a anotação e explicou o conteúdo de forma bem expositiva, com pouca participação dos alunos. Ao encerrar a aula, não passou atividade de casa (Registro de observação).

Na Sala 4, estão matriculados 35 alunos, e apenas, um aluno apresenta diagnóstico de deficiência intelectual, que está identificado, neste relato, sob o código A8MEF.

A professora conduzia o processo de ensino dentro dos padrões esperados, pois realizava as atividades de rotina pedagógica: exposição do conteúdo de ensino, cânticos e preces. No entanto, observou-se que as atividades de A8MEF estavam muito aquém daquelas indicadas para os demais alunos, que já transcreviam, para seus respectivos cadernos, as famílias silábicas que estavam escritas no quadro, enquanto o aluno com deficiência apenas ligava as letras e pintava. No decorrer da aula, o professor incentivava, com frequência, os demais alunos, porém, em nenhum momento, estimulou-o a participar das atividades escolares. Além disso, ficou sempre indiferente em todas as ocasiões em que A8MEF tentou alguma aproximação.

> Na sala 4, enquanto os demais alunos participam com o P7, das leituras repetitivas das sílabas e letras, o aluno A8MEF abre o caderno, pega o lápis, coloca a mão no rosto, balbucia alguma palavra, olha para a turma. O apoio fica apontado o material no quadro, o apoio incentiva a repetição oral. O aluno olha para frente, balbucia as letras e P7 não emite nenhum comentário (Registro de observação).

> Enquanto os alunos que demonstravam dificuldades faziam a suposta tarefa de classe, a professora dizia: ele, aquele e a outra que faltou, dou a tarefa, explico e nada. Acho que eles precisam de uma avaliação com a outra professora (Registro de observação).

> Nessa mesma sala, outros alunos demonstram sentir dificuldades diante da atividade que foi passado pela professora. Eles demoram muito para responder, brincam, conversam e se aproximam uns dos outros (Registro de observação).

> O aluno com deficiência olha, olha o tempo todo para a atividade e o apoio com muita calma vai tentado realizar com ele. Nada. Ele risca, faz o traço e não conclui a tarefa (Registro de observação).

De acordo com Rezende (2013), a cena descrita anteriormente representa uma atitude pedagógica indiferente, pela demonstração de desconsideração e desinteresse do professor pelo processo de aprendizagem do aluno, a quem não apresentou nenhum estímulo. "A atitude de indiferença dos docentes para com os discentes manifesta-se ainda através da estigmatização" (Rezende, 2013, p. 145). Tais atitudes reforçam o descrédito do professor em relação ao potencial do aluno, que fica entregue à própria sorte e assume, sozinho, as responsabilidades pelo seu sucesso ou fracasso na escola. Para Bentes e Hayashi (2012), trata-se de *invisibilizações*, ou seja, a negação das necessidades básicas do outro, tornando-o invisível da convivência.

Nessa mesma perspectiva, Tacca (2009, p. 55) afirma: "Confunde-se o transtorno com o sujeito e, é dessa forma estereotipada que, muitas vezes, são vistos os estudantes que estão parados ou com graves lacunas no seu percurso escolar". O transtorno ofusca as características da singularidade do sujeito. O estigma, uma vez incorporado ao contexto, ratifica as crenças de impossibilidades. Estigma aqui é compreendido como "[...] condição de descrédito social vivenciada pela pessoa que desvia de normas. Existe em função dos julgamentos das pessoas em relação aos desviantes; no caso dos desviantes, são as pessoas com deficiência" (Magalhães, 2002, p. 24). Portanto, a dimensão social das diferenças pode receber interpretações e tratamentos multifacetados, em diferentes contextos, que ocasionam estranheza e/ou rompimento do padrão identificado.

Na continuidade das observações na Sala 4, ocorreu o seguinte fato: quase na metade da aula, A8MEF desperta fisicamente para as atividades que estão postas no caderno e, um pouco depois, começa a fazer as atividades xerografadas que foram entregues pela professora de apoio.

Convém esclarecer que, na ausência da professora, esse aluno se relacionava de forma afetuosa com os colegas e, também, transitava na sala de aula com mais liberdade: corria pela sala, abraçava e sentava-se ao lado dos colegas.

> A8MEF circula pela sala com naturalidade, abraça e é abraçado pelos colegas, senta-se ao lado deles, sorri. Demonstra estar alegre quando fica junto deles e o apoio deixa-o se expressar mais espontaneamente (Registro de observação).

A relação pedagógica perpassa todas as intervenções em sala; por conseguinte, precisa ser mais afetiva e oferecer apoio a todos os alunos. Segundo Freire (1996), a articulação entre afetividade e a prática educativa é essencial, pois *o-bem-quer* pelo aluno não representa um laço, mas um nó que amarra um compromisso e rompe com a ideia da separação radical entre seriedade docente e afetividade. Sem reciprocidade afetiva, a relação entre os sujeitos fica comprometida, o que poderá levar à perda do sentido de aprender, de ensinar e de humanizar.

> Na verdade, preciso descartar como falsa a separação radical entre seriedade docente e afetividade. Não é certo, sobretudo do ponto de vista democrático, que serei tão melhor professor quanto mais severo, mais frio, mais distante e cinzento me ponha nas minhas relações entre os alunos, no trato dos objetos cognoscíveis que devo ensinar. A afetividade não se acha excluída da cognoscibilidade. O que não posso obviamente permitir é que minha afetividade interfira no cumprimento ético de meu dever de professor no exercício de minha autoridade. Não

posso condicionar a avaliação do trabalho escolar de um aluno ao maior ou menor bem querer que eu tenha por ele (Freire, 1996, p. 141).

As intervenções pedagógicas que foram identificadas no período de observação eram inadequadas ao aluno com diagnóstico de deficiência intelectual. Convém relembrar o seguinte fato: enquanto os demais alunos estavam na decodificação da família silábica do pa, pe, pi, po, pu, A8MEF desenhava as vogais em seu caderno. Essa atividade não foi feita em casa, como deveria. A fala da professora descreve a situação: "Falamos com a professora do AEE e ela disse que não é para fazer a atividade de casa em classe. Mas se ele não faz vou deixar assim?" (Trecho do comentário da professora).

A escola não dispunha de um protocolo referente ao processo de aquisição formal da língua escrita e de outras competências do A8MEF, o que se constitui em lacuna que dificulta o planejamento da professora e, também, as atividades de acompanhamento que são desenvolvidas pela professora de apoio.

Houve um fato que merece destaque: A8MEF, espontaneamente, aproximou-se da pesquisadora e demonstrou seu interesse pelo bloco de registro, no qual fez alguns rabiscos. Em seguida, a pesquisadora escreveu o nome dessa criança, que não foi capaz de identificar seu próprio nome. Havia, portanto, uma discrepância entre símbolo, sentido oral e escrita.

Antes do início das observações em sala de aula, foi realizada uma entrevista com a mãe desse aluno e, assim, teve-se a oportunidade de conhecer um pouco de sua história de vida. Segundo ela, A8MEF iniciou seu processo de escolarização em escolas particulares de pequeno porte, tendo sido matriculado em escola regular de ensino público, pela primeira vez, no presente ano letivo. No processo de diagnóstico clínico, ela ficou sem entender que tipo de doença o filho apresentava, pois não conseguia decifrar os números e letras que estavam escritos no laudo, tomando como referência o Código Internacional de Doenças. Tal dificuldade foi superada, pois uma professora do AEE apresentou à mãe desse aluno as necessárias informações.

Além da superação de dúvidas, ficou estabelecido que A8MEF só poderia frequentar as aulas depois da chegada do apoio. Diante disso, a mãe dessa criança voltou à escola inúmeras vezes para saber quando seu filho poderia começar a frequentá-la. Tal atitude revela o desejo da genitora em ver seu filho participando e se desenvolvendo no âmbito escolar.

O relato dessa mãe também se enquadra na afirmativa de Jerusalinsky e Páez (2012, p. 122):

> Muitos pais lançam-se de modo energético e decidido a conquistar um novo lugar para seus filhos nas fileiras da sociedade de todos, na esperança de que a sua participação na comunidade social providencie a recuperação espontânea de funções ou posições perdidas.

As esperanças e os desejos dos pais, em geral, não se realizam, pois crianças, adolescentes e jovens que apresentam alguma deficiência quando ingressam na escola pública regular assumem o mesmo status que foi imposto ao menor A8MEF. Assim, vivenciarão enormes desafios e, sobretudo, enfrentarão a inadequação institucional por anos a fio.

Segundo Carvalho (2000), no cotidiano escolar diversas barreiras são impostas à aprendizagem dos alunos, de forma temporária ou permanente. Tais barreiras se apresentam em qualquer fase do processo de escolarização e interferem no desenvolvimento dos alunos com e sem deficiência. "Barreiras existem para todos, mas alguns requerem ajuda e apoio para seu enfrentamento e superação, o que não nos autoriza a rotulá-los como alunos *com defeitos*" (Carvalho, 2008, p. 58).

Continuando a enfocar a situação pedagógica de A8MEF, afirma-se que a inadequação das intervenções pedagógicas não poderia ser explicada a partir das condições de privação social, econômica, familiar e psíquica.

Quando uma criança com deficiência ingressa em uma escola, precisa ser submetida a uma avaliação pedagógica, que deverá identificar e recuperar as fragilidades do processo escolar anterior. Se essa avaliação não for feita, a deficiência do aluno poderá ser ratificada, tornando-se um estigma. Em relação ao currículo, afirma-se a sua inadequação ao aluno em foco, com base nos argumentos já apresentados. O ritual do processo de decodificação das letras e das sílabas para os demais alunos faz parte da rotina escolar, no entanto A8MEF tentava usar a expressão oral para participar dessas atividades, mas não conseguia. Pronunciava sons que são característicos de ecolalia.

Além disso, a distribuição dos alunos em sala de aula agravava as dificuldades de inclusão do aluno A8MEF, considerando-se os seguintes aspectos: os outros alunos estavam sentados lado a lado, na sala de aula, e podiam escolher seus lugares; o aluno com deficiência foi colocado no final da sala, junto à professora de apoio, tendo ficado isolado dos colegas de sala. Dessa forma, a exclusão não ocorreu apenas no espaço físico, mas, notadamente, no espaço social, o que contradiz as práticas pedagógicas inclusivas.

A educação inclusiva, segundo Beyer (2005b, p. 28), está sedimentada em diversos princípios de ação, dentre os quais se destaca a **individualização do ensino**, que precisa ser fundamentada nas características de cada criança em seu contexto de sala de aula. Como desdobramento desse princípio, tem-se: **a individualização dos alvos**, que respeita o ritmo e o desempenho do aluno, por conseguinte, no currículo são feitas as denominadas adaptações curriculares que envolvem conteúdo de ensino e avaliação de aprendizagem; **a individualização da didática** volta-se para a promoção da colaboração diferenciada na aprendizagem; e a **individualização da avaliação** é constituída de informações contínuas do progresso e das dificuldades do aluno.

Inspirando-se no princípio da individualização do ensino em relação às sequências didáticas, constatou-se, algumas vezes, que a realidade dos alunos não foi respeitada, pois o estágio de desenvolvimento de cada um não foi levado em consideração. Para confirmar essa afirmação, relata-se o seguinte fato: a professora solicitou que todos os alunos fizessem um uma atividade a partir do desenho de um pato. No entanto, o aluno observado não conseguia fazer a tarefa solicitada, ou seja, copiar as famílias do "p" a contento, pois, certamente, não tinha conhecimentos elementares para desenvolver atividades relativas a essa família silábica. Sua atividade ficou concentrada na pintura do desenho. Em tais procedimentos, percebe-se que a atitude pedagógica e os conteúdos de ensino não se fecundam reciprocamente. As estratégias de aprendizagem utilizadas não estavam adequadas aos níveis diferentes dos alunos, o que comprometeu a aprendizagem.

Dessa forma, como afirma Carvalho (2008), quando o professor simplifica e banaliza as atividades propostas aos alunos com ou sem deficiência, conferindo maior referência às habilidades motoras e relacionais, assume a falsa suposição da impossibilidade desses alunos desenvolverem suas competências. Fatos dessa natureza ocorreram nas Salas 5 e 6, com os alunos A7MEF e A3FEF.

Nessa linha de argumentação, Pinto (2008, p. 4) afirma:

> Por sua vez, quanto mais limitações apresentar uma criança, mais ela necessita de uma educação rica, desafiadora, elaborada e organizada, não uma educação focada no problema orgânico, limitada à repetição e ao treino de habilidades.

De acordo com Albuquerque (2007), com base em pesquisas anteriores, no contexto escolar, em geral, os conteúdos voltados para os alunos com deficiência são negados, e as atividades de recorte e colagem ganham destaque na sala de aula como uma tentativa de suprir tal lacuna. Convém enfatizar que, durante o processo de investigação, ocorreram fatos semelhantes de colar e pintar.

Para complementar as observações, a pesquisadora acompanhou os alunos durante algumas atividades lúdicas, na quadra de esporte, tendo como finalidade apreender as experiências interativas que ocorrem nas atividades extraclasse. Constatou-se o interesse dos alunos por essa vivência coletiva, que traz a sensação de liberdade.

> O recreio é um momento necessário da rotina escolar, destinado a possibilitar atividades prazerosas de caráter relativamente livre. Por serem atividades distintas das que ocorrem em sala de aula ou em outros horários da rotina, também a presença dos adultos tem um caráter distinto, sendo que sua atuação costuma dirigir-se para o controle de condutas inadequadas, o incentivo de brincadeiras, a contenção de conflitos entre crianças e os cuidados com a integridade física das mesmas (Pinto, 2008, p. 4).

Essa quadra de esporte pertence a outra escola, porém as crianças não ficaram intimidadas, e buscaram aproveitar a totalidade do espaço para correr, gritar, criar situações lúdicas. No entanto, a professora estava preocupada com o possível comportamento de A8MEF, como se ele fosse incapaz de desfrutar de um espaço livre. Tais preocupações não se confirmaram, pois todos os alunos conseguem conviver sem ocorrências de violências nem de acidentes físicos.

Há, ainda, um fato que merece ser enfatizado: após o término das atividades na quadra de esportes, os pais e os responsáveis pelos alunos vieram buscá-los, porém a professora não procurou entrar em contato com ninguém. Essa atitude de indiferença da professora, já revelada em sala de aula, impediu que a escola aproveitasse uma oportunidade de interação com a família de seus alunos.

No que concerne aos níveis de aprendizagem, verifica-se que as atividades proporcionam mais o condicionamento das respostas do que a reflexão sobre o texto.

Nas Salas 1, 2, 3, 4, 6 e 7, todos os professores escreviam, constantemente, suas atividades no quadro, não faziam perguntas que poderiam estimular a reflexão, não perguntavam se os alunos tinham dúvidas sobre o assunto e, também, não procuravam estabelecer relações com outras disciplinas. Houve, sempre, uma repetição de exercícios e cópias. A seguir, alguns exemplos:

> A de avião, e de elefante, i de igreja, o de ovo, u de uva. Vamos de novo... (Registro de observação).

> Para hoje serão realizados mais exercícios (Registro de observação).

> Se fizer barulho com o apito, vai para a supervisão. Silêncio pessoal! (Registro de observação).

> Pra que explicação? Tá tudo no quadro. É só ler que entende (Registro de observação).

Quanto à organização do ambiente escolar, em função das atividades diárias, constatou-se a adoção de uma metodologia com forte teor dos pressupostos da escola tradicional, por exemplo: inibição do poder criativo do educando; não incentivo à reflexão, repressão à curiosidade do aluno, que se tornava um sujeito passivo. Além disso, o ato pedagógico estava sempre desconectado da realidade e acrítico.

> Eu vou fazer o exercício em casa e quem vai ajudar é minha mãe, comenta um dos alunos (Registro de observação).

> Façam as questões em dupla, destaquem a folha e entreguem. Apenas coloquem as respostas (Registro de observação).

> O aluno na minha aula aprende o conteúdo e a ter disciplina. Com o professor ninguém brinca e eu chamo pai e mãe. Decida rapaz! No final da aula, quero ver seu caderno (Registro de observação).

Em relação às intervenções pedagógicas, constatou-se que não há incentivo para pesquisas. Nas Salas 2, 3 e 7, não há apoios. De acordo com o parecer do AEE, esses alunos não apresentam necessidade de ter esse suporte na sala. No entanto, apenas o aluno que está na Sala 7 está matriculado no atendimento especializado.

A observação das práticas demonstrou que as relações entre os alunos com e sem deficiência são todas iguais. Não há diferença entre eles. Portanto, os alunos não foram atendidos nas suas necessidades individuais.

Nesse momento, não havia atividades diversificadas e adaptadas, o aluno com deficiência e os seus colegas são sempre pressionados com atitudes reguladoras, por meio das notas (tirar ou receber pontos). Por exemplo:

> Toca o sinal que a aula acabou. A outra professora entra na sala. Seu discurso inicial é sobre as regras: desligar celular, conversar baixinho e avisa logo que vai convidar para sair quem estiver bagunçando. E continua as advertências para os alunos. Ela registra no quadro o conteúdo da primeira unidade que será abordado inicialmente com cópias e exercícios. Depois alerta a turma "Hoje, já começa a retirada dos pontos. Quem participa recebe ponto positivo e quem participa de forma negativa recebe ponto negativo" (Registro de observação).

Com relação às intervenções pedagógicas, percebeu-se uma rotina estabelecida: chamada, correção de cadernos, das atividades de casa ou classe, aula expositiva. Não foi possível averiguar o plano de ensino entre os professores; no entanto, havia unidade entre os conteúdos e todos mantinham a sequência da proposta curricular. Esse argumento refere-se ao momento de observação de dois professores com perfis diferentes que ministravam a mesma disciplina, em turmas diferentes. As estratégias eram semelhantes ao que é descrito como pedagogia bancária por Freire (1996), pois o professor trazia o conteúdo, expunha o tema aos alunos sem questionamentos e sem despertar curiosidade.

> Nas salas 2 e 3 os professores chegam, entram, colocam os materiais no birô, começa a escrever o nome, a disciplina e logo em seguida começa a colocar os exercícios. Dar um tempo e logo em seguida faziam a correção. Ninguém pergunta, apenas desejam que a aula termine para ir para casa (Registro de observação).

> Na próxima aula continuaremos os exercícios já que vocês não podem levar os livros pra casa (Registro de observação).

> Entra mais um professor na sala e já começa o registro no quadro. Explica o texto, tenta fazer algumas questões para os alunos e eles não conseguem participar. O comportamento não é diferente das outras aulas: conversam demais e demoram a copiar. O sujeito observado demonstra tranquilidade, copiando sem problemas (Registro de observação).

Nos pressupostos freireanos, a cena exposta representa atitudes de professores autoritários, que reprimem o direito de o educando verbalizar sua curiosidade epistêmica.

> O professor que desrespeita a curiosidade do educando, o seu gosto estético, a sua inquietude, a sua linguagem, mais precisamente, a sua sintaxe e a sua prosódia; o professor que ironiza o aluno, que o minimiza, que manda que ele se ponha em seu lugar ao mais tênue sinal de sua rebeldia legítima, tanto quanto o professor que se exime do cumprimento do dever propor limites à liberdade do aluno, que se furta ao dever de ensinar, de estar respeitosamente presente a experiência formadora do educando, transgride os princípios éticos da nossa existência (Freire, 1996, p. 59).

Em todas as atitudes observadas nas salas de aula, esse tom de autoritarismo esteve presente. Segundo o pensamento de Carvalho (2008), seleção de atividades de ensino e de aprendizagem deveria ser um exercício que permitisse ao aluno tomar decisões, ser ativo, investigar e estabelecer relações com outros saberes. Nas salas observadas, não havia um clima propício ao desenvolvimento de tais posturas, portanto diversos alunos demonstravam indiferença e/ou problemas de indisciplina.

Nesse contexto, pode-se constatar um desperdício do tempo, na perspectiva de Santiago (1990, p. 50):

> A perda do tempo curricular vem sendo uma característica da escola pública brasileira no seu conjunto. Esta perda se dá de várias maneiras, com diferentes argumentos e sutilezas. De forma coletiva e individual, como justificativa pedagógica ou de apoio ao trabalho pedagógico. E gerada dentro da escola ou originada fora dela, assumindo, inclusive, um perfil de normalidade quando não se discute essa prática por se repetir cotidianamente em outras escolas.

É preocupante reconhecer que a perda do tempo curricular ainda se faz tão presente na escola, diante das atitudes que se tornaram comuns entre seus atores sociais. Os exemplos do desperdício curricular são de diversos aspectos, tais como: entrada dos alunos e sua organização para ir para as salas, as ausências de professores, as saídas constantes de determinados docentes, a hora da merenda, a busca de materiais para os alunos, as saídas para beber água, as intervenções diante dos problemas de disciplina. Uma professora revela tal intenção:

> Gente, por favor, fiquem quietos, copiem a tarefa enquanto vou na outra sala falar com a supervisora. Quando chegar, faço as correções e explico o conteúdo (Registro de observação).

Em relação à aprendizagem, observou-se que os professores não preparavam nenhum material para realizar os registros sobre os avanços da aprendizagem. Não definiam, com clareza, o que esperavam do aluno. Os professores, de modo geral, entravam nas salas e realizavam as atividades já estabelecidas, não procuravam dizer aos alunos o que esperavam daqueles exercícios. Agiam de forma automatizada e exerciam um forte controle do comportamento dos alunos.

Não foi identificada nenhuma iniciativa de articulação com outros docentes, para análise dos avanços e das dificuldades na aprendizagem do aluno. As intenções pedagógicas estão postas pelos planejamentos pedagógicos e os alunos são apenas receptores. Por exemplo: "*Na próxima semana, vou fazer prova. Quando chegar, passo uns exercícios, depois faço o teste*".

De modo geral, a avaliação da aprendizagem demonstra ser classificatória. As tarefas repetidas, cópias e modelos padronizados são algumas evidências dessa avaliação escolar. Assim, tanto o aluno quanto a professora não vivenciam momentos de autoavaliação. Logo, as oportunidades para dialogar e ampliar a prática pedagógica com os alunos, por meio das experiências de vida, distanciam-se de uma relação mais dialógica e reflexiva.

Na assertiva de Hoffmann (2008, p. 59):

> Avaliar em educação significa acompanhar estas surpreendentes mudanças, admirando aluno por aluno em seus jeitos especiais de viver, de aprender a ler e a escrever, em suas formas de conviver com os outros para ajudá-los a prosseguir em suas descobertas, a suportar seus anseios, dúvidas e obstáculos naturais ao desenvolvimento. Ninguém aprende sozinho. E os alunos não aprendem sem bons professores.

Na perspectiva de consideração da diversidade, a avaliação de aprendizagem necessita da revisão de valores, conhecimentos, saberes dos professores, para que possam "respeitar primeiro, educar depois" (Hoffmann, 2008, p. 20).

Para Carvalho (2000), o sentido da avaliação, sob a ótica da educação inclusiva, visa superar a ideia de mensuração de QI ou percentis; e, também, não poderá se tornar um diagnóstico centrado no desempenho do aluno, pois precisa estar focada no processo de ensino e aprendizagem.

> Sob o paradigma de uma escola de melhor qualidade para todos, a avaliação emerge com outro sentido diferente do tradicional, pois em vez de servir como argumento de auto-

> ridade que acaba por excluir alunos, seus resultados servirão como indicadores das necessidades do aluno é como "diagnóstico" da saúde do processo educacional, globalmente considerado. Serão importantes, também, para embasar as decisões acerca da programação curricular e das ajudas que se fazem necessárias para o pleno desenvolvimento do aluno e para a melhoria da escola (Carvalho, 2000, p. 147).

As atividades, que seguiam as orientações do livro didático, não eram criativas. Em relação à organização do ambiente escolar, identifica-se o modelo das cadeiras enfileiradas, uma atrás da outra. O cenário era sempre desmotivador e centrado no professor.

Para Oliveira e Machado (2007), as práticas curriculares tradicionais, que são vivenciadas na escola, por meio de seus instrumentos, mais corroboram o excluir do que o incluir.

Para Silva (2010), o desencanto da rotina escolar torna-se um tédio, um lugar de produzir excluídos, que perdem vitalidade e autoestima. Como consequência, a escola ensina como não aprender.

> Esse fato acontece quando ela se limita a proporcionar atividades centradas na cópia, na repetição, na memorização, afastando os aprendentes das surpresas, das descobertas e das inovações, tornando-se espaço desencantador, pois todas as respostas já estão prontas, a exigência é só prestar a atenção na exposição, no livro didático (Silva, 2010, p. 28).

Este autor assegura que tal modelo instituído está cristalizado em um paradigma centrado no ensino, pois a escola ensina de forma horizontal e homogênea, o que a torna distante das necessidades da comunidade. Dessa forma, mobiliza conteúdos cada vez mais fragmentados, adota provas e atribui notas, que levam à evasão dos alunos. Faz-se necessário trazer para o âmago da escola, questões que envolvam valores e crenças dos atores, que convivem ali e circundam esse espaço.

No contexto pesquisado, não há flexibilização e nem adaptação do currículo geral para os alunos com deficiência. A sequência didática não se altera conforme suas necessidades. Não há estimulação do pensamento reflexivo do aluno, nem utilização de formas de avaliação contínua nas diferentes situações didáticas. A programação interdisciplinar e a valorização do conhecimento, do aprendizado do aluno, também não foram identificadas. O registro seguinte mostra uma cena que ilustra a falta de estimulação ao pensamento crítico.

> Pressentindo a inquietação dos alunos, o professor chama a atenção dos discentes. Como não houve uma resposta imediata e positiva, o docente diz, olhando para a pesquisadora: "Eles não querem me ouvir". Assim, ele se volta para o quadro e começa a registrar o assunto do dia (Registro de observação).

Segundo Oliveira e Magalhães (2002), as orientações relativas à instituição escolar de acordo com o paradigma da inclusão são de caráter teórico e prático, que representam formas diferenciadas de conceber as ações destinadas ao planejamento, ao ensino, à aprendizagem, à avaliação na instituição escolar. A adaptação curricular é opção para as práticas alternativas de inclusão escolar.

> Este processo abre espaço para o aluno com necessidades educacionais, temporárias e permanentes, viabilizando flexibilizar uma prática pedagógica que valorize o potencial do indivíduo com alguma dificuldade (Oliveira e Magalhães, 2002, p. 193).

Nesse sentido, as adequações curriculares devem otimizar o currículo, considerando-se que o aluno tem direito de aprender os conhecimentos socialmente construídos que estruturam a prática pedagógica. Trata-se de um documento que traduz, de forma pedagógica, a ação a ser desenvolvida no âmbito escolar. Nesse sentido, o currículo é um documento indissociável do fazer institucional, que estabelece concepções e intenções relativas ao conteúdo a ser ministrado, determina os períodos (tempos, seriações e carga horária) e, também, direciona o processo de avaliação de aprendizagem.

Em diversos episódios verificados nas salas do ensino fundamental, constatou-se que o direcionamento dado ao currículo não estava de acordo com um projeto de escola inclusiva. O pressuposto da inclusão é a não discriminação. Isto é: "eleger princípios e valores considerados significativos para a qualidade da formação a ser oferecida na escola a todos os alunos, indiscriminadamente" (Carvalho, 2008, p.111). Vide os exemplos:

> Os professores utilizavam o máximo possível do quadro com exercícios escritos. Os alunos demonstravam muita inquietação diante dos assuntos que são colocados no quadro. Uns ficavam passivos demais, outros começavam a falar alto e pedir para sair da sala, ou seja, ir ao banheiro ou beber água (Registro de observação).

> Existem várias atividades da mesma natureza sendo feitas pelos alunos com deficiência com a ajuda do apoio: colar, pintar e cobrir. Não há nada que estimule as aprendizagens significativas. A rotina é sempre a mesma para eles e para os outros (Registro de observação).
>
> Em algumas salas, os alunos ficavam horas repetindo as mesmas atividades, apenas mudavam as ordens: tarefa de ligar, depois pintar, lanche e descanso. Outra pintura. Vamos cobrir e pintar (Registro de observação).
>
> O aluno com deficiência olha para a atividade xerografada e tenta organizar o que se pede. Mas é perceptível que o material entregue não corresponde às suas possibilidades. Há um esforço muito grande e em sua grande maioria quem acaba concluindo as tarefas é o apoio (Registro de observação).

Nas palavras de Oliveira e Machado (2007, p. 16):

> A construção de um currículo para a Educação Inclusiva requer, quando necessário, eliminar, introduzir ou modificar algum objetivo, conteúdo ou atividade. Requer, também, priorizar certos conteúdos, de acordo com o processo de aprendizagem do aluno, bem como modificar o tem o previsto para atingir os objetivos propostos. [...] não significa um empobrecimento ou desvitalização dos conteúdos, mas consideração das diversidades existentes na turma, para que as atividades propostas pelos professores em sala de aula possam propiciar o desenvolvimento pleno de todos os alunos.

Quanto às especificidades da inclusão do aluno com deficiência na sala regular, percebeu-se que os docentes não conheciam esses alunos que estavam matriculados na Escola Luz do Sol. Desconheciam, portanto, suas necessidades e não poderiam planejar um tipo de intervenção que pudesse favorecer o desenvolvimento da aprendizagem desses alunos.

O desconhecimento dos alunos ficou patente logo no primeiro dia de aula, pois o professor afirmou que não sabia quem seriam seus alunos e ressaltou que não tinha sido informado se, entre eles, haveria alguém com deficiência. Além disso, informou que, nos anos anteriores, não passou pela experiência de ensinar aluno com algum tipo de deficiência e, também, não sabia quantos estavam matriculados na unidade escolar. Nas Salas 2 e 3, os professores também desconheciam quem eram os alunos com deficiência. No relato a seguir, tem-se a seguinte constatação: "*Você sabe que na sala 3 tem um aluno com deficiência? Indaga a pesquisadora. Tem aluno? Não sei. São tantos alunos complicados, cheio de problemas que é difícil saber quem é deficiente e quem não é."*

Com tal perspectiva, a inclusão na sala regular retrata o que os estudos de Albuquerque (2007), Carvalho (2008), Machado, Lima e Pimentel (2010) e Mendes (2003) declaram sobre a inserção do aluno com deficiência: a presença física da criança em sala de aula e a convivência entre os alunos. Essa constatação precisa ser dialogada entre os atores sociais. Por exemplo, o que foi verificado neste estudo: enquanto todos os alunos da Sala 6 trabalhavam com desenho e cópia de um texto, o aluno A7MEF, do segundo ano, não recebeu a mesma atividade e continuou pintando e cobrindo letrinhas fora do contexto da turma.

De acordo com Pinto (2008, p. 3):

> A educação precisa abranger ações que promovam a participação ativa do aluno na vida social, que vai muito além das propostas que até hoje se dirigem para melhorar a "socialização" da criança e colocam o domínio de conteúdos escolares como objetivo secundário, se tanto. Dessa maneira, o aluno fica "de corpo presente" no ensino comum, na melhor das hipóteses avançando nas habilidades "sociais", porém sem aprender ou aprendendo muito pouco.

Diante desse conjunto de observações em relação à adequação curricular, compreende-se que é algo de natureza complexa, pois pode subtrair as experiências dos alunos no que tange aos saberes formalmente acumulados. Deve contribuir para o atendimento da sua especificidade, que requer atenção e recursos mais adequados do que mais utilização no cotidiano das instituições. Sendo assim, as finalidades das adaptações curriculares são:

> Conseguir a maior participação possível dos alunos que apresentam necessidades educacionais especiais em todas as atividades desenvolvidas no projeto curricular da escola e na programação da sala de aula.
> Levar tais alunos a atingirem os objetivos de cada nível do fluxo educativo, por meio de um currículo adequado as suas necessidades.
> Evitar a elaboração de currículos específicos para os alunos em situação de deficiências ou para outros que, no processo de aprendizagem, apresentem características significativas diferenciadas das de seus pares, no que se refere à aprendizagem e a participação (Carvalho, 2008, p. 115).

Essa última autora considera três tipos de adaptação curricular: adaptações de acesso ao currículo, adaptações curriculares não significativas e adaptações curriculares significativas. A primeira — **adaptações de acesso ao currículo** — volta-se para um planejamento baseado nas previsões e provisões dos recursos técnicos e materiais e, também, para a remoção das barreiras arquitetônicas que inviabilizam a acessibilidade e a prática pedagógica. Por conseguinte, os meios de acesso ao currículo exigem intervenção com tecnologia assistiva e serviços educativos.

Este tipo de adaptação curricular é o que mais circula nos espaços escolares, pois a política governamental da perspectiva inclusiva busca eliminar as barreiras arquitetônicas nas unidades de ensino. Entretanto, as mudanças são irrisórias em relação ao contexto da escola investigada. Reflexo disso é a infraestrutura da sala de aula e do espaço em geral. Os recursos financeiros da escola e do município são infimamente investidos para proporcionar um espaço inclusivo. As verbas oriundas do governo federal e a contrapartida do governo municipal tornam-se ínfimas para a manutenção e melhoria do ambiente escolar durante o ano letivo.

A segunda — **adaptações curriculares não significativas** — diz respeito ao cotidiano do trabalho docente em sala de aula, quando o professor usa de forma criativa os aspectos relacionais (interações entre professor e aluno; dos alunos entre si; e entre os docentes), organizativos (recursos didáticos e mobiliários, a organização da sala e do tempo pedagógico) e curriculares (adaptações dos conteúdos, dos objetivos; complexidade das atividades, atividades diversificadas, planejamento para trabalhar com conteúdos diferentes e avaliação contínua; em síntese, envolve todos os contextos de ensino e aprendizagem) para todos os alunos. A distância entre esse princípio e a prática pedagógica mostra-se presente nas cenas a seguir:

> Enquanto a professora distribuía o teste da área de ciências humanas para todos os alunos da sala 5, A1FEF recebe um comando escrito em uma folha com a seguinte afirmativa: Faça um colorido bem bonito! O desenho fazia alusão a uma data comemorativa da época (Registro de observação).
>
> Na sala 6, durante a exposição da professora ela dizia: quem precisa de ficha para escrever o nome? E as crianças iam respondendo eu, eu. Em seguida P29 chamava os que também precisavam. Mas o nome de A7MEF nem foi cogitado (Registro de observação).

Na medida em que, todas as crianças estão realizando atividades na quadra de esporte, pulando, gritando, jogando bola, A1FEF fica distante de todos. De longe ela fica observando tudo, mas demonstra não se incomodar. O professor aproxima-se do material que contém algumas bolas, retira uma delas e diz: vem. E volta para a quadra. Para tentar minimizar a situação, o apoio vem fazer atividades corporais com ela (Registro de observação).

Na sala de aula uma das professoras solicita à pesquisadora que observe uma criança que tem dificuldade na escrita. Ela diz que não sabe mais o que deve fazer com ela. Fala das dificuldades de aprendizagem. A criança copia do quadro com dificuldade, reconhece algumas letras e sempre é chamada pela professora: tá copiando mocinha? (Registro de observação).

Na sala 5, o aluno com deficiência pouco interage com os seus colegas. Ele ficava ao lado do apoio o tempo todo fazendo os exercícios. O apoio fica conversando com ele. Alguns alunos se aproximam, mas a interação não acontecia (Registro de observação).

Em outra sala o aluno com deficiência não está adaptado ao ritmo do professor, nem da turma. Tudo o que acontece é motivo para distrair-se ou para chamar a atenção da professora. Ele demonstra uma energia intensa, mas o que é colocado para o grupo não pode atender as suas necessidades. A série em que está matriculado parece ser destoante para o seu desenvolvimento (Registro de observação).

A terceira — **adaptações curriculares significativas** — refere-se às adaptações curriculares expressivas, segundo as quais o professor, antes de qualquer intervenção, precisa assumir uma atitude mais observacional dos alunos que apresentam um comprometimento na aprendizagem: "supõe uma certa modificação no desenho curricular da aula, havendo eliminação de conteúdos essenciais ou nucleares, adequando os objetivos da área e os respectivos critérios de avaliação" (Oliveira; Magalhães, 2002, p. 194).

Essa tipologia requer que, nas diversas áreas, os conteúdos essenciais sejam provisoriamente retirados e sejam estabelecidos objetivos gerais mais condizentes com as alterações curriculares e com os instrumentos de avaliação da aprendizagem. Contudo, essa adaptação deve ser cautelosa, pois precisa envolver decisões articuladas entre a equipe técnica e a família. Tal tipologia não foi identificada no contexto da unidade de ensino. Hipoteticamente, poderia ser aplicada aos alunos que demonstraram grandes dificuldades em relação aos conteúdos desenvolvidos durante o processo escolar. Assim, percebe-se que esse tipo de adaptação curricular poderá oferecer novas formas de intervenção no contexto da escola investigada.

Numa tentativa de incrementar o processo de inclusão dos alunos com deficiência em processo de inclusão, sob o prisma curricular, em uma prática pedagógica condizente com a diversidade dos atores sociais, é possível elencar alguns indicadores que sinalizam uma ação prepositiva para o desenvolvimento do trabalho docente, a saber:

> Receba o aluno com dificuldade como alguém que tem potencialidades e depende de uma prática pedagógica adequada para aprender.
> Instigue nos planejamentos da escola discussões sobre todos os alunos com dificuldade visando encontrar formas alternativas de atender as suas necessidades.
> Observe seus alunos: atente para o fato de que todos têm estilos cognitivos e ritmos de aprendizagem diferenciados.
> Registre as suas observações e tente não avaliar o que vê somente descreva e se habitue a refletir sobre estes registros.
> Tente criar grupos de estudo na escola com o apoio do Núcleo Gestor; neste grupo as reflexões sobre o processo de ensino-aprendizagem vivenciado por seus alunos podem ser discutidas com seus colegas de trabalho.
> Visualize formas alternativas de trabalhar em sala de aula atividades: pequenos grupos, trios, duplas ou outra estrutura de atividades que necessitem da cooperação e trocas entre os aprendizes, desenvolvendo a mediação como elo nos saltos qualitativos apresentados: a ajuda dos colegas mais experientes é ponto referencial para as crianças com dificuldades
> Tente deixar claro para os alunos os objetivos de seu plano semanal e mensal de atividades e a flexibilização dos mesmos (Oliveira e Magalhães, 2002, p. 195).

Os indicadores elencados acima exemplificam que, por meio de ações simples, é possível modificar algumas práticas pedagógicas para beneficiar o desenvolvimento global dos alunos. Tais práticas podem ser modificadas conforme as necessidades do grupo-classe e a disponibilidade dos demais atores sociais.

Em suma, verificou-se, no conjunto das salas observadas, que essa ação propositiva para garantir uma prática capaz de incluir os alunos com deficiência tem sido dificultada. O que se observou foi:

> Todos os dias as rotinas são as mesmas nas salas de aula. As diferenças existem, porque são alunos diferentes, mas as atitudes são as mesmas em relação a eles. Os alunos demonstram a necessidade de falar, de exprimir seus pensamentos, suas necessidades, mas o imperativo do silêncio e da disciplina é mais forte. Os professores demonstram medir forças com os alunos e tornam-se desgastados pelo cotidiano. Os alunos com deficiência estão fisicamente presentes. Quem demonstra dificuldade na aprendizagem fica sob os auspícios do apoio e quem revela mais autonomia vai sobrevivendo nos espaços da escola (Registro de observação).

As adaptações curriculares são inexistentes e o currículo escolar está atrelado à égide dos conteúdos a serem transmitidos aos alunos com e sem deficiência. Os conteúdos pedagógicos mais evidentes centralizam-se nos conteúdos instrumentais, que são compostos pela: "aprendizagem do uso oficial das linguagens verbais escritas e orais e das matemáticas, assim como pelo desenvolvimento das linguagens artísticas em suas diferentes manifestações" (Souza, 2009, p. 86). Convém reafirmar que, ainda de acordo com Souza (2009), são sonegados do contexto escolar os conteúdos educacionais — que abordam a compreensão, a interpretação e as explicações das contradições e os conteúdos operativos — constituídos pelo desenvolvimento da capacidade de projetar intervenções sociais em diferentes âmbitos, do pessoal ao internacional.

Dessa forma, a sala regular e as adaptações curriculares distanciam-se dos princípios da educação inclusiva, ratificando a falta de acessibilidade ao currículo, aos recursos tecnológicos e ausência de estratégias que poderiam facilitar a aprendizagem dos alunos em processo de inclusão.

5.3 Relações Interpessoais *versus* Inclusão: tentativa para evitar descaminhos

Um relacionamento saudável (baseado no respeito e na harmonia) é benéfico a todos e poderá contribuir para o surgimento de uma amizade fraterna, extremamente necessária a qualquer ambiente, notadamente, a uma escola. As crianças e os adolescentes em formação precisam de apoio afetivo dos familiares e, também, dos professores. Partindo dessa premissa, a pesquisadora procurou aquilatar o grau de envolvimento afetivo entre professores e estudantes com ou sem deficiência. Além disso, *tentou avaliar* em que medida as dificuldades relacionais estariam aumentando os *descaminhos* que dificultavam o processo de Educação Inclusiva.

Com tal pressuposto, observou que, no contexto da prática pedagógica, as relações interativas entre professor e aluno com deficiência são bastante incipientes. O exemplo de tal situação foi constatado desde as primeiras observações nas salas de aula.

> O aluno dirigia-se sempre aos colegas, que estavam ao seu lado para esclarecer suas dúvidas. O professor não conhecia o aluno e nem suas dificuldades e, sobretudo, não procurou conhecê-lo (Registro de observação).

Nessa sala observada, um aluno não foi atendido nas suas necessidades individuais, por intermédio do professor. Porém, nota-se que os colegas colaboravam com esse aluno nas atividades de classe e demonstravam respeito por ele.

> Quando o aluno sentia dificuldade em identificar as palavras, solicitava aos colegas para dizê-la ou mudava de lugar para copiar as atividades. Os alunos eram solidários, ainda que os que estavam no final da sala sentiam-se incomodados com a presença dos alunos mais altos no começo da turma (Registro de observação).

Constatou-se que, durante a aula citada, houve quatro intervenções do corpo técnico e administrativo. A primeira foi feita pela auxiliar da supervisão; a segunda, pela supervisora; a terceira, pela gestora; e a quarta, novamente pela supervisora. A entrada da auxiliar teve o intuito de comunicar aos alunos a devolução dos livros do ano passado. Logo em seguida, a supervisora avisa sobre o horário das aulas do dia e as datas das aulas de Educação Física para os meninos e meninas. Pergunta se há alguma dúvida e, como não há cadernetas, ela faz a chamada dos alunos, valendo-se de uma relação nominal. A última intervenção da supervisora aconteceu na quinta aula, quando veio avisar que aquela seria a última aula do dia.

Como os alunos estão muito agitados, o professor ausenta-se um pouco da sala de aula. Depois disso, a gestora aproxima-se da sala, escuta a história e afirma que a escola não é lugar para brincadeiras. Assim, o professor recorre à gestora para apresentar os alunos que estão "atrapalhando a aula". A gestora afirma: *"Pode apertar essa turma, pois eu já conheço um grupinho que gosta de brincar mesmo"*. O professor tranquiliza-se, e os alunos ficam mais calmos, voltando a copiar o conteúdo.

Diante da cena exposta, convém citar Freire (1996) quando se refere à contradição entre autoridade e liberdade. Para esse primeiro momento, observou-se que a autoridade do professor é legitimada pela presença da gestora em sala de aula, portanto suas atitudes e decisões não estiveram pautadas no respeito nem no diálogo. Esse momento inicial entre professor e aluno é essencial para uma relação mais eficaz e produtora do conhecimento. Portanto, na cena anterior, ficou evidente uma postura que é contraditória ao pensamento freireano.

> É meu bom senso que me adverte de que exercer a minha autoridade de professor na classe, tomando decisões, orientando atividades, estabelecendo tarefas, cobrando a produção individual e coletiva do grupo não é sinal de autoritarismo de minha parte. É minha autoridade cumprindo o dever. Não resolvemos bem, ainda, entre nós, a tensão entre contradição autoridade-liberdade nos coloca e confundimos que sempre autoridade com autoritarismo, licença com liberdade (Freire, 1996, p. 61).

O fator emocional presente nos pressupostos freireanos possibilita o entendimento de que determinados tipos de comportamentos são oriundos da insegurança e das contingências do momento, que levam o professor a conduzir o processo de sala de aula, às vezes, com impaciência e agressividade. Constatou-se que, nesse momento, a reflexão da prática docente se distancia do bom senso e dos processos interativos mais salutares.

Conforme Stainback, S. e Stainback, W. (1999, p. 392),

> [...] os problemas da turma devem ser tratados pelos próprios professores, e não por outros profissionais da escola, para indicar que eles têm o conhecimento e autoridade para tomar decisões com respeito às infrações.

Diante das primeiras horas da observação, voltou-se o olhar para o A11MEF, da sexta série, que transcrevia um exercício do quadro para o caderno. O professor só percebe quem é esse aluno com deficiência, após seu deslocamento de uma cadeira para a outra. O aluno justifica que trocou de lugar com a colega por conta da sua dificuldade de enxergar. Essa movimentação do aluno é decorrente da atividade colocada no quadro para que ele e os demais a copiem.

Nos momentos finais dessa aula, observou-se que A11MEF e alguns alunos não concluíram a escrita do quadro para o aluno. Na sequência, o professor escreveu o vocabulário e a interpretação do texto. O docente é canhoto e também sente dificuldade em realizar sua atividade, quando se aproxima da parte inferior do quadro. Nesse ínterim, o aluno com deficiência entregou o texto, mas não terminou toda a atividade. Dirige-se ao professor e pergunta se pode encontrar o texto em outros livros, tendo obtido uma resposta positiva. Quando escutam o toque anunciando que a aula está concluída, os alunos se organizam e se dirigem ao pátio para pegar a merenda. O professor se despede dos poucos que, ainda, estão na sala.

Nas aulas seguintes, a diferença é que a professora conhece o aluno com deficiência, pois lecionou na quinta série do ano anterior. Por isso, há uma interação entre eles. Mas a dinâmica da prática pedagógica também tem uma convergência com o que foi constatado nas duas primeiras aulas.

Nessa aula, o aluno A11MEF está num ritmo bem diferente do da aula anterior, pois está mais adaptado. Alguns alunos se aproximam da professora para pedir esclarecimentos. Porém, muitos alunos estão dispersos, falam muito alto e conversam com outras pessoas que estão fora da classe. A professora perde muito tempo chamando a atenção da turma. São sermões demorados, que mais deseducam do que provocam transformação. Nesse ínterim, a professora comunica que precisará terminar a aula mais cedo e os alunos demonstraram satisfação em ouvir o aviso. Nota-se que, independentemente da notícia e da presença da professora, as meninas estão muito agitadas. Logo em seguida, descobriu-se o motivo do comportamento: a chegada de um aluno novato à escola.

As relações interativas entre professor e aluno com deficiência basicamente são muito formais, mesmo não sendo o primeiro contato da professora com ele:

> O aluno fica em pé ao lado dos outros alunos, aguardando a professora corrigir o caderno e passar o visto. Ela olha, passa o visto. Depois ele senta e fica manuseando as folhas do caderno (Registro de observação).

Na sequência, o aluno faz as atividades e não faz perguntas. Nesse ambiente, não há elogio por parte do professor aos alunos, porém muitos reforços em relação às regras de comportamento — *Vocês estão prestando atenção* à *aula? Que conversa é essa? Vou mandar sair* —, direcionando sua fala para um grupinho de alunos, que estava conversando entre si e bem alto.

Nesse sentido, as relações interativas entre os colegas da turma e o aluno com deficiência A11MEF estão mais direcionadas para conversas e brincadeiras do que para a aprendizagem dos conteúdos. A11MEF *chega rápido do lanche e conversa com uma colega sobre a merenda. Depois, senta-se e fica esperando o professor continuar o assunto.*

O professor volta a escrever no quadro os exercícios da aula. Os alunos estão conversando e copiando ao mesmo tempo. Percebe-se que esse olhar voltado para as necessidades específicas é negligenciado pelos docentes que estiveram sob o processo de observação. Há uma tendência em comum para uma relação imperativa da ordem, da disciplina, situações em que os alunos não assimilaram os conteúdos de ensino ao longo dos primeiros dias do ano letivo. A posição do professor concentra-se mais na imposição das regras, no condicionamento dos exercícios, do que no diálogo, do que nas atividades estimulantes e criativas para o pensamento: *Que conversa é essa, pessoal? Vamos fazer silêncio. O assunto tá todo aqui, é só copiar. Pra que explicar mais? Façam logo! Fiquem quietos! Meu Deus, eu vou começar a pedir para ir para a coordenação. Vamos parar logo com essa conversa!*

Tais atitudes revelam a intolerância da prática docente e embarga a dinamicidade consigo mesmo e com o outro. A falta de compreensão do que Freire (1996, p. 70) afirma sobre a passagem da heterônima para a autonomia dos alunos revela quanto o professor ainda precisa tornar consciência desse saber. Na condição de autoformador, a sua presença em sala de aula beneficiará ou prejudicará a formação de muitos alunos. Assim, o conjunto das interações entre professores e estudantes demonstra uma relação apartada de afeto e amorosidade.

Essa atitude de indiferença é fortemente contestada por Freire (1996) e Souza (2009). Nas palavras de Souza (2004, p. 228):

> É preciso não esquecer que eu só consigo pensar, fazer e emocionar-me na coletividade, na convivência com os outros seres humanos, com a natureza e a cultura, em situações e condições cotidianas, rotineiras e extraordinárias, bem como históricas. Numa palavra, nas relações sociais.

Nesse sentido, os alunos não participam de forma interativa. Na Sala 2, um grupo brinca, dá "corretivo", beliscão, ri de maneira atípica, principalmente quando os professores ainda estão chegando para iniciar as aulas.

> Durante o intervalo de uma aula para outra os meninos têm uma brincadeira pesada e o aluno em observação participa da brincadeira. Depois eles mesmos ficam calmos e voltam para os lugares (Registro de observação).

Conforme Pacheco (2007), existem noções centrais para a inclusão dos alunos com deficiência, tais como: ser aceito no espaço escolar, interagir com os colegas e participar de atividades contínuas na unidade de ensino. Tal atitude serve como estímulo para as interações sociais e os relacionamentos na comunidade educativa. Para Mendes (2003, p. 203-204) inserir a criança na sala de aula regular é considerar, principalmente, as relações interpessoais e as interações com todos os alunos.

Averiguou-se durante as observações que os professores também demonstraram pouco contato interativo com o aluno com deficiência.

> A professora entra, não cumprimenta ninguém e começa a copiar no quadro. Faz a chamada e automaticamente os alunos apresentam o caderno. Quem mostra ganha ou perde ponto (Registro de observação).

A atitude autoritária no interior da sala de aula está presente, em sua grande maioria, a partir dos comportamentos dos professores. Eles gritam, ameaçam, controlam, falam alto e na forma como que organizam as salas: "*Pessoal, vamos fazer silêncio, nesse barulho não vai dar não*". Outro aluno comete uma digressão, utilizando um apito, e imediatamente, o professor diz: "*Se fizer barulho com o apito, vai para a supervis*ão".

Nessa mesma sala, o professor aguarda receber os trabalhos dos alunos e constata que um deles está com um celular na sala. O aluno não atende ao telefone, mas dramatiza a ação. O professor reage aos gritos: "*Cala a boca, menino! Você não tem educação? Você tem o que fazer!*"

No contexto da sala, as relações entre os atores sociais vão sendo construídas: alunos cuja voz só se escuta quando o professor faz a chamada; outros não param de falar entre os próprios colegas; alguns querem conversar com os professores, mas logo são impedidos pelo número de exercícios expostos no quadro.

Na concepção de Tacca (2009), o como e o contexto da sala de aula representam atividades pouco expressivas, que deixam lacunas em relação ao atendimento das necessidades dos alunos. Para a autora, o tipo de comportamento demonstra uma visão linear e uniforme.

Conforme Figueiredo (2002), quanto mais a escola tenta homogeneizar os alunos nas turmas, mais excluídos são os que se diferenciam do contexto.

Verificou-se que a organização do espaço escolar não permite ao aluno liberdade para transitar na sala de aula. E, quando o espaço existe, as atividades não são aproveitadas por completo. Há professores que se esforçam para demonstrar uma relação interativa e de respeito com todos os alunos. No entanto, alguns alunos confundem a forma gentil de o professor se comunicar, e, mesmo diante da atitude da professora, os alunos demonstram uma inquietude para permanecer em sala de aula: *A professora entra na sala, cumprimenta. Pergunta como estão, e os alunos ficam admirados com esse tratamento. Depois disso, voltam* às *conversas e ao barulho.*

Durante o percurso da aula, os alunos repetem as mesmas atitudes: conversam demais, demoram a escrever. A11MEF revela tranquilidade, copiando sem dificuldades de concentração. A docente faz um breve comentário do que expôs e anuncia que fará a chamada e corrigirá os cadernos. Assim, ela continua escrevendo no quadro a continuação do texto. Percebe-se que os 15 minutos finais da aula são utilizados para chamada e apresentação dos cadernos dos alunos. Depois das apresentações, os alunos saem da turma e despedem-se da professora.

A prática pedagógica estabelecida nessa Sala 3 revela os mesmos resultados das situações constatadas em outros episódios: desperdício do tempo pedagógico e não orientação para a aprendizagem. As expressões de elogios e estímulos são raras nos momentos de interação no grupo. A professora explica o assunto com tranquilidade e paciência, mas torna-se trabalhoso manter um direcionamento harmonioso na sala de aula. As advertências são constantes, e o tempo todo os alunos mostram uma necessidade de brincar e conversar com os colegas.

As intervenções são niveladas de forma homogênea e linear para todos. Nada é adaptado e elaborado para atingir as necessidades e diferenças dos alunos.

> Na sala 6, A1FEM é convidada para participar do grupo de meninas na hora de pintar a capa dos testes. Ela junta-se com as demais, mas sem grande envolvimento. (Registro de observação).

Segundo Magalhães (2011), o referencial de uma escola inclusiva pressupõe a necessidade de interação entre alunos com e sem deficiência. A instituição passa a ser compreendida como sistematizadora das atividades de ensino e aprendizagem, pois o professor ratifica o lugar que o aluno assume de sujeito aprendiz.

> Na escola inclusiva lidamos com alunos que se afastam dos modelos pré-formados de aprendizagem (os diferen-

tes) e isto pode ser encarado como um desafio institucional e profissional na construção de respostas educativas diversificadas e atentas as peculiaridades de nossos alunos (Magalhães, 2011, p. 102).

Em todas as observações, foram constatadas as mesmas disposições físicas do ambiente da sala de aula. Todas as cadeiras permanecem enfileiradas, mantendo-se da mesma forma em todas as turmas e, os alunos tendem a conversar muito. Os professores assim se expressam: *Pessoal, o que está havendo hoje?*

Nas duas primeiras aulas iniciais, os alunos estão mais tranquilos e esforçam-se para realizar o exercício proposto. Nessa observação, um docente convida os alunos para virem responder à atividade no quadro e os mais participativos procuram atender o desafio. As meninas revelam uma compreensão melhor sobre o assunto e os meninos buscam entender a lógica da resolução das questões. Elas mostram logo os cadernos com as respostas, o professor acena com a cabeça que está correta. O professor mostra uma reação positiva quando os alunos querem participar da atividade e diz: "É bom que vocês estão brigando para vir fazer".

Na Sala 3, o aluno A14MEF demonstra ser muito calmo. Faz as atividades que são postas pelos professores com rapidez. Não tem dificuldades em relação à disciplina entre os colegas. Ele se senta na frente, gosta de conversar com os colegas de forma muita educada. Os professores não fazem nenhum tipo de atividade. No que se refere à aprendizagem, esse aluno está no mesmo nível da turma. Ele é um dos alunos que não participam do atendimento especializado. E a cena a seguir ratifica a observação:

> A pesquisadora pergunta: Por que A14MEF não participa do atendimento? Responde a professora: Porque ele não tem nenhum comprometimento intelectual. É um aluno que não precisa do atendimento (Registro de observação).

Nessa aula, os alunos apresentam uma forma muito agressiva com o professor: uns gritam, outros arrastam as cadeiras e falam bem alto. E o professor fala: "*Pessoal, vamos fazer silêncio, nesse barulho não vai dar não*". Nesse dia, o professor tenta modificar o cenário da turma, realizando uma atividade em dupla. E anuncia: *a atividade de hoje vale ponto*. O aluno com deficiência fica muito bem com o seu colega e faz a atividade. Logo em seguida, entregam o exercício e o livro para o professor e aguardam a próxima aula.

Há uma reincidência de comportamentos e atitudes entre os professores: coerção, autoritarismo e ameaças. Há pequenas tentativas de mudança na sala de aula: exercício em dupla, chamada ao quadro; no entanto, as cópias e os inúmeros exercícios se sobressaem nesse contexto.

Observou-se que, nas Salas 2 e 3, os alunos com deficiência permanecem invisíveis, diante da organização do ambiente escolar. A estes é sonegado o uso de uma cadeira adaptada, o que traz desconforto. Fato lamentável que não foi identificado por nenhum dos atores sociais que convivem, diariamente, com esses alunos.

Nas Salas 4, 5 e 6, as relações interpessoais entre os alunos e professores acontecem com a mediação dos apoios. Observou-se durante a pesquisa que todo o processo de intervenção pedagógica é realizado pelo apoio. Quando os professores se aproximam dos alunos, é apenas para averiguar se eles fizeram as atividades. O distanciamento é visível desde a posição física das cadeiras, por exemplo, os alunos A1FEF, A7MEF e A8MEF ficam sentados no final das carteiras, ao lado do apoio. Das observações realizadas, verificou-se que esse processo é fortemente declarado, pois, quando o aluno vai escrever o nome da professora no cabeçalho, escreve o nome do apoio.

> Passado mais de quinze minutos de aula chega A7MEF com o apoio. Ela arruma os materiais e já recebe o recurso do dia: um livro para fazer recorte e colagem com os demais alunos, sobre o assunto do dia anterior de ciências naturais. Única participação do aluno no sentido de grupo (Registro de observação).

> Houve problemas de professor não aceitar o aluno, de deixar o aluno fora da sala, porque o aluno é do acompanhante, é do professor que acompanha, certo? É do apoio, e não dela, certo? É de aluno que, se o apoio não vier, o aluno também não vem (P13).

Outro exemplo de episódio muito intenso em relação ao distanciamento físico e afetivo: A1FEF vai para uma atividade externa. O apoio acompanha a aluna e lá ela não consegue interagir com o outro professor nem com os colegas de classe. Não há materiais que atendam suas necessidades. A pesquisadora indaga: *Por que você não participa?* Ela responde com muita dificuldade: *não quero. O apoio diz: Vá. E a aluna, sem interesse, senta-se na cadeira esperando que a atividade termine.*

Em uma outra cena, o aluno deixa de interagir com os colegas: A7MEF está trabalhando em sala de aula com um jogo e os demais alunos fazem uma atividade de escrita. Uma aluna fica olhando para a A7MEF de forma tão intensa que chamou atenção da pesquisadora.

Nas Salas 4, 5, 6 e 7, os espaços também são organizados da mesma forma: cadeiras enfileiradas e alunos sempre sentados nos mesmos lugares. Não há nenhuma mudança em relação ao espaço físico. Os alunos com deficiência não têm autonomia para irem ao sozinhos ao toalete. Tudo acontece sob a tutela dos apoios.

Os demais alunos não demonstraram nenhum tipo de preconceito em relação aos alunos com deficiência, no entanto, quase todos ficam isolados, pois têm dificuldades para trocas afetivas e não são envolvidos nas situações de aprendizagem. A exceção foi o aluno A8MEF, que brincava na quadra com os outros alunos e demonstrava uma reciprocidade de carinho com os colegas.

No que tange às relações interpessoais observadas na Sala 7 entre professor/aluno, aluno/aluno, no caso específico de A2MEF, foi a que mais apresentou uma saliência de desafeição. O aluno senta-se na frente. O professor distribui um documento informando os horários das provas, enfatizando bem o processo: *vocês precisam estudar!*

Depois de ser bem incisivo nos comentários sobre as provas, o professor faz uma atividade com os alunos para prepará-los para o teste. Entrega as folhas avulsas e começa a citar algumas palavras. O aluno em questão diz: *Não trouxe lápis*. O professor empresta o dele. Ele retorna à atividade, e A2MEF fala: *Eu não sei fazer. O professor aproxima-se dele, passa a mão na cabeça e diz: faça do seu jeito.*

Mas o aluno aparentava desconhecer o assunto e logo em seguida começa a virar e revirar a folha. O professor, num tom bem enérgico, afirma: *Quando eu escrevo no quadro, você diz que está cansado.* E continua com a segunda etapa do exercício.

Para Falvey, Givner, Kimm (1999), estabelecer uma comunidade de aprendizes é essencial para firmar um ensino inclusivo. Os alunos precisam se sentir pertencentes àquela comunidade e bem-vindos. Nas cenas da Sala 7, foram percebidas práticas de aprendizagem permeadas de ironias e disputas intensas entre alunos e professor.

Diversas formas de expressões são reveladas no interior da sala. Por exemplo:

> Os outros alunos vão fazendo suas hipóteses sobre o assunto e o aluno observado fica debruçado sobre a mesa. Ele balança a perna, pega o lápis e fica riscando a folha. O aluno pede ao colega a borracha e o colega empresta. Na segunda solicitação, o colega deixa de atender ao pedido (Registro de observação).
>
> A professora convida o aluno com deficiência para participar da atividade no quadro, para responder o exercício de revisão do assunto para a prova. Ele vai ao quadro e a professora coloca o exercício mais fácil para ele e, mesmo assim, ele responde de maneira equivocada. Depois ele pede para sair da sala e a professora permite (Registro de observação).
>
> Outros alunos demonstram não gostar das atitudes de A2MEF. Pedem para ele parar e fazer a tarefa. Ele diz que não sabe e fica procurando algum objeto na sua bolsa (Registro de observação).

As relações entre aluno e professor refletem-se, diretamente, na forma de participação dos alunos em sala de aula, por exemplo: no quadro, são colocados vários assuntos para a revisão das ciências exatas. O gesto autoritário do docente entra em ação: *Só prestem atenção!* E escreve no quadro. Logo em seguida, dirige-se, especialmente, para o aluno com deficiência e diz: *A2MEF, presta atenção!* A resposta do aluno foi adversa: começa a riscar a cadeira em que estava sentado e nem olha para o professor. Logo em seguida, o professor começa a chamar ao quadro alguns alunos, e o aluno com deficiência é um dos últimos a participar. Na sua vez, ele diz: *fale mais alto,* não estou ouvindo. Agora é sua vez de falar alto.

Sem obter muito sucesso na atividade, o aluno volta a escrever na mesa. No entanto, o professor não toma nenhuma atitude. Novamente, ele solicita que o aluno preste atenção, e este continua riscando a banca. Nesse dia, havia uma aluna do Curso Normal Médio na sala e, na ausência do professor, ela realizava algumas intervenções com os alunos: *fiquem quietos, parem com isso!*

Tacca (2009) afirma que o insucesso do aluno, diante das atividades propostas pelo professor, significa o desconhecimento do desenvolvimento do educando no processo de aprendizagem e o aviltamento das relações afetivas.

> Ousamos inferir que, o empenho do professor ou o auxílio dado à criança não tem sucesso esperado porque ele é extremo à dinâmica do desenvolvimento e, desse modo, não

> alcança a relação afetivo-cognitivo. Só ficam, então, possibilidades superficiais, que não servem para que os alunos pensem tomando-as por base ou que operem e gerem generalizações que projetam o conteúdo para o campo de outras significações, ou seja, para que haja aprendizagem. Da forma como são realizadas e no contexto citado, só poderão frustrar as expectativas, ou seja, os objetivos da recuperação do processo de aprendizagem (Tacca, 2009, p. 58).

Na hora do lanche, os alunos saem, e o aluno com deficiência volta, dirige-se para um dos colegas e diz: *eu tomei o iogurte todinho*. Na ausência do professor, ele extravasa toda a energia: levanta o suporte da banca, chuta o colega, mas o colega revida, faz gestos obscenos e a estagiária grita: *parem com isso!* E fica dizendo: *Eu tô adorando a aula porque não tem tarefa escrita*.

Nesse ínterim, o quadro estava repleto de exercícios. Ele vai ao quadro, torna a fazer gestos obscenos, senta-se e volta a comer o biscoito. O professor chega e sai rapidamente da sala. Na saída da estagiária e do professor, o aluno joga o biscoito no chão, faz da cadeira um balanço, tenta arrumar a banca, bate a perna e pega o caderno. Com a chegada da professora, ele diz: *posso ir ao banheiro*? *Vá*. E de repente ele fecha a porta com uma força intensa. Ao retornar, continua com os comportamentos estereotipados: bate o caderno na cabeça, assobia, levanta-se e fica olhando o desenho do colega.

Glat e Pletsch (2011) afirmam que, além dos problemas de infraestrutura e pedagógicos, a baixa expectativa do professor em relação ao aluno com deficiência é outra barreira que contribui para o processo de exclusão.

> E segue o professor a fazer a tarefa de classe. O aluno com deficiência é o único que não acompanha as atividades da turma. Ele fica fazendo barulho, imitando som e os outros alunos ficam dizendo: *Tio ele* tá fazendo barulho. E a indiferença permanece. Ele não copia no caderno e também não recebe nenhuma outra atividade para fazer. Ele pega o caderno do colega e o menino pede para ele devolver (Registro de observação).

O depoimento acima sinaliza que, no cotidiano escolar, atividades que suprissem as especificidades do aluno não foram planejadas. Tem-se, portanto, a compreensão de que as intervenções que deveriam ser mais individualizadas ou realizadas em pequenos grupos, para suprir os déficits de aprendizagem, são negligenciadas pelo professor e pela equipe técnica. Diante dessa relação conflituosa, verifica-se que tanto o professor como os alunos estão fadados às consequências do mal-estar do processo ensino e da aprendizagem.

Na referida classe, o mesmo professor solicita o caderno do aluno, faz o cabeçalho e pede para este copiar o que estava escrito no quadro. Na hora da chamada, mais reclamações. O docente continua copiando o que estava no quadro no caderno do aluno e depois não conclui a atividade. Os outros alunos fazem com o professor a leitura do texto. Logo em seguida, o docente encerra a aula e não passa nenhum exercício para casa. Concluídos os trabalhos, os alunos saem da sala sem se despedir. O relato a seguir ilustra a cena:

> É interessante a forma como os alunos saem da turma após ouvirem o toque ou liberação dos professores: é tudo rápido, agitado, um alívio. A hora da saída demonstra ser mais desejada do que a hora de estar na sala de aula aprendendo ou descobrindo novos saberes (Registro de observação).

Durante as observações, pôde-se constatar que as vivências no campo pedagógico expõem momentos de tensão com alunos e professores. As péssimas condições da sala de aula, o número de alunos matriculados, os recursos sem nenhum tipo de adaptação, docentes que desconhecem seus alunos, o tempo desperdiçado em retóricas disciplinares remetem-se a uma prática desumana.

A presença do aluno com deficiência revela apenas sua inserção no contexto da instituição escolar. Os protocolos utilizados na sala de aula confluíram para ratificar situações próximas de uma inclusão perversa, estando muito próximo do modelo integracionista, ou seja, integrar o aluno à escola, socializar. Nesse sentido, ao invés de a escola ter que se adequar ao aluno, o aluno é que deve se adequar à escola. O depoimento a seguir ilustra a situação:

> Embora que ele não esteja entendendo, mas ele participa daquilo, ele participa de projeto, ele participa de... de coisas que ela faz aí de feira, de... de, assim, de botar de doença, o que é que a comida faz. O que a comida não faz, aí ele fica na portinha entregando as lembrancinhas para as pessoas que vêm nas salas (P15).

Os papéis exercidos entre profissionais revelam um distanciamento entre seus pares, dos seus projetos e fazeres inclusivos. Segundo Magalhães (2011, p. 87), "a comunicação é um elemento decisivo para o sucesso da inclusão". Nos depoimentos, verifica-se a ausência desse instrumento de intermediação entre os docentes. Afirmaram:

> Olha, porque eu sei assim, eu sei que tem professor que dá o apoio, né [?], na área de psicopedagogia, não é isso? Mas eu realmente, eu não sei mesmo como é o trabalho, não... é. Então, eu nem posso nem falar algo (P12).

> Eu num posso falar pelos outros, num é?! Eu acho que eles vão ter... Mas ninguém nunca parou pra conversar comigo sobre inclusão, assim de um sentar com o outro, não. No conselho se colocam essas pessoas, que eu acho que todo conselho, ele deve ser lido por quem ter TDG, agora a gente sabe que o aluno tem uma certa deficiência, diferença ou outra, mas você num consegue saber o que é, tem que ser um laudo, né [?], e assim o que se conversa no conselho é que existe essas pessoas que a gente tem que olhar pra elas e tem que chamar a família (P7).

As experiências e práticas com alunos com deficiência no processo de escolarização representam, apenas, a ponta de um "iceberg" para os atores sociais compreenderem suas responsabilidades, no sentido de incrementar mudanças mais radicais no âmago da instituição escolar. O desempenho dos atores sociais em relação à aprendizagem dos alunos também revela uma formação acadêmica dissociada da realidade escolar. Mudar as práticas persiste em mudanças e concepções, de superação de barreiras atitudinais, de desconstrução dos modelos hegemônicos na sociedade. O modelo de aluno ideal é uma utopia vivida na escola. Na sala de aula, o que se apresenta é um conjunto de diversidades, que representam um enriquecimento para o ensino e a aprendizagem. No entanto, tais diversidades não são devidamente compreendidas.

Pôde-se averiguar que o ambiente escolar não apresenta nenhum tipo de atrativo para os alunos com e sem deficiência; com exceção da quadra de esportes. As salas não são adaptadas e a predisposição das cadeiras não possibilita uma interação entre os alunos. A diversidade do grupo demonstra não ser respeitada no momento em que o planejamento é pensado. Não foram identificados trabalhos em grupos a fim de ampliar a mediação entre a classe. A participação dos alunos fica restrita às atividades escritas, a cópias e exercícios. Quando existem os apoios, a realização das tarefas é feita a partir intervenção desses sujeitos. O professor regente torna-se mero coadjuvante na ação educativa.

Nos momentos em que as observações foram realizadas, verifica-se também que, em algumas salas dos anos iniciais, os professores colocam para os alunos as atividades do dia. Em sua maioria, as atividades estão programadas para os alunos que estão no mínimo dentro dos princípios da normalidade, enquanto os alunos com deficiência, visivelmente, continuam entre as atividades de desenho, pintura e recorte e colagem.

Nesse sentido, as práticas pedagógicas inclusivas são eivadas por atitudes não éticas, autoritárias e indiferentes, conforme os estudos de Rezende (2013).

Tem-se um grupo de professores assíduos, pontuais, em sua maioria, porém, em relação à organização prévia da sala e dos recursos didáticos, percebeu-se determinado posicionamento que não despertava o envolvimento, a concentração e a participação dos alunos. O espaço de aprendizagem era fortemente caracterizado para correções das atividades, cópias e vistoria nos cadernos dos alunos.

Constatou-se, no período de observação, que a relação família e escola se torna primordial para uma prática pedagógica inclusiva. O dever de educar os sujeitos de forma integral corresponde inicialmente à família; em seguida, às instituições. Portanto, ambas devem caminhar juntas, imbuídas de responsabilidades e conscientes do compromisso de tornar os sujeitos educados e homens de bens.

Nesses momentos na escola, os pais estão presentes na instituição. O acesso é permanente, e, quando são solicitados, atendem a convocação dos gestores e professores. Alguns pais acompanham os filhos com deficiência para as salas, tanto os dos anos iniciais como dos anos finais. Em uma entrevista, um deles afirma: *No caso, ele eu acho mais falta de interesse da parte dele. Eu sou separado. Eu faço o papel de pai e mãe dele.* Mais adiante na entrevista, ele mostra total desconhecimento do atendimento educacional especializado. E diz: *não, eu nunca ouvi falar. E o senhor teria interesse em trazer seu filho? Se for bom pra ele. Mas no caso dele é disciplina.*

A presença dos pais no atendimento educacional especializado é sempre assídua, principalmente entre os alunos que são de outra unidade escolar e recebem o apoio na sala de recursos multifuncionais e os que fazem parte da própria unidade de ensino. Dependendo da situação da criança ou do adolescente, os pais assistem à intervenção especializada e colaboram na execução da atividade. Também degustam da merenda escolar e participam de outros diálogos na sala.

Para Carvalho (2000), a família contribui de forma relevante para a remoção das barreiras existentes na escola e que embargam a aprendizagem dos alunos. E destaca:

> A participação da família é da maior relevância principalmente quando se trata da avaliação do aluno com vistas à remoção de barreira para sua aprendizagem e, quando for o caso, para indicação de ajuda e apoio, na escola ou fora dela. Além do direito de participar do processo decisório, a família tem muito a contribuir com esclarecimentos e informações (Carvalho, 2000, p. 88).

O trabalho cooperativo foi apreciado de maneira muito tímida entre professor e pesquisadora, quando conversaram sobre a intervenção didática em sala de aula para um aluno com deficiência, sinalizando uma possibilidade de mudança de prática. Por isso, concorda-se com as pesquisas de Almeida (2012), Beyer (2005a), Capellini (2013) e Mendes (2002, 2003, 2006a), ao entender que o trabalho da bidocência ou ensino colaborativo se torna uma alternativa para o favorecimento da inclusão escolar, que objetiva a articulação entre dois professores, que poderão refletir e planejar práticas pedagógicas, assim como reconstruir seus saberes, diante do trabalho docente e das diferenças e necessidades dos alunos.

Na afirmativa de Capellini (2013, p. 87):

> O ensino colaborativo é uma estratégia didática inclusiva em que o professor da classe comum e o professor especialista planejam em forma colaborativa, procedimentos de ensino para ajudar no atendimento a estudantes com deficiência em classes comuns, mediante ajuste por parte dos professores. Neste modelo, dois ou mais professores possuindo habilidades de trabalho distintas, juntam-se de forma co-ativa e coordenada, ou seja, em um trabalho sistematizado com funções previamente definidas, para ensinar grupos heterogêneos tanto em questões acadêmicas quanto em questões comportamentais, em cenários inclusivos. Ambos compartilham a responsabilidade de planejar e de implementar o ensino e a disciplina da sala de aula.

Percebeu-se, na continuidade das observações, que a falta de uma prática pedagógica mais inter-relacionada interfere na forma como os autores sociais pensam e agem em relação à prática pedagógica inclusiva.

Diante disso, a falta de comunicação demonstra ser uma ameaça para a materialização das metas entre todos os setores da escola.

> Pode até ter tido acesso na direção da escola, está lá engavetado na ficha pessoal do aluno, pode ser, num é [?]. Existe a possibilidade dessa... desse laudo está lá na ficha pessoal dele, muito provavelmente, mas que tenha sido comunicado de tal fato, não! Porque é dessa forma que funciona (P14).

Um dos achados mais fortes das observações oriundas da prática pedagógica da Escola Luz do Sol, no Ensino Fundamental, revela que a unidade de ensino não responde às necessidades de todos os alunos. A discussão sobre currículo, organização, conteúdos, método e técnicas para os alunos com deficiência ainda representa ações menos significativas, diante das diversas fases de desenvolvimento e da escolaridade dos alunos. Todos esses fatores estão imbricados, influenciam uns aos outros e exigem respostas concretas para o atendimento educativo das crianças, dos jovens e dos adultos em sua totalidade. Mas percebeu-se um hiato entre os elementos constitutivos da prática pedagógica.

> Ambientes educacionais inclusivos que possuem práticas orientadas para a inclusão em educação tendem a ter princípios claramente expostos, discutidos e conhecidos por sua comunidade, tendem a colocar, com coerência, tais princípios em prática e manter sempre uma abertura para questionamentos por parte de qualquer membro. Tendem a investir no ato de educar como um prazer pessoal, mas também como um ato cidadão, cujo prazer e compromisso sejam visíveis coletivamente (Santos, 2009, p. 19).

O princípio da prática pedagógica inclusiva, à luz da perspectiva teórica de Santos (2009), revela quanto existe de contradição entre as relações existentes no cotidiano escolar, expostas neste trabalho, e os pressupostos que devem nortear a dinâmica vivenciada pelos atores sociais.

Nesse contexto, o ápice das dificuldades nas relações interpessoais passa a ser compreendido a partir dos depoimentos de docentes que demonstram o desejo de sair da sala de aula, quando estão se relacionando com as turmas das séries finais no Ensino Fundamental, pelos problemas de indisciplina. O depoimento a seguir ilustra a situação:

> Professora, eu saí do regular, porque não suportava mais tantos problemas de indisciplina. Vim para a noite porque

eles são maiores, mais velhos e são mais tranquilos. Eu já estou com problema de saúde. Vou pedir uma licença para cuidar, antes que o caso fique mais grave. Pra lá não volto mais (P31).

Os estudos de Silva e Aranha (2005, p. 377) deixam claro que, no contexto da relação interpessoal entre o professor e o aluno, se desenha a relação entre as necessidades educacionais dos educandos e as respostas pedagógicas que serão disponibilizadas. Para isso, fazem-se necessários os saberes do professor, a sua formação, a sua experiência ao longo do exercício da docência, suas características culturais e a dimensão afetiva entre os atores sociais envolvidos. E afirmam:

> Pensar na Educação Inclusiva como uma possibilidade de construção de uma sala de aula melhor, na qual alunos e professores sintam-se motivados a aprender juntos e respeitados nas suas individualidades, parece que realmente pode vir a ser um progresso na história da educação brasileira.

Durante as observações, tornaram-se evidentes, que as condições físicas não colaboraram para que as relações entre professores e alunos fossem efetivadas de maneira mais respeitosa e fluente. Entende-se que o espaço físico é um elemento fundamental para o desenvolvimento do trabalho docente, no entanto, não é o determinante pelo conjunto das práticas e da relação afetiva entre os atores sociais.

No âmbito dessas relações, há mais evidências de uma prática pedagógica, que se encaminha para uma polarização de ideias do próprio trabalho docente, tornando os docentes mais disciplinadores e controladores do que mediadores da aprendizagem.

Nessa perspectiva, os atores sociais que estão envolvidos no fazer pedagógico, de forma direta ou indireta, precisam propiciar a realização de atividades mais articuladas entre si, organizando um planejamento mais qualitativo e diversificado, para atender as necessidades dos alunos, como também promover uma relação mais dinâmica e menos burocrática entre os professores. Devem, ainda, apresentar alternativas para o trabalho pedagógico que despertem as necessidades dos alunos e as demandas da própria natureza da sala de aula. Interesse e motivação constituem o ponto de partida, mas o diálogo é essencial para redirecionar as práticas pedagógicas que garantam um ambiente mais prazeroso e menos tenso entre alunos e professores.

A segunda categoria de análise das observações das práticas pedagógicas na sala do AEE decorre das informações e dos dados colhidos durante as atividades de investigação, que enfocaram o setor de Atendimento Educacional Especializado. Dos resultados das primeiras análises, surgiram dois núcleos: **Práticas pedagógicas no Atendimento Educacional Especializado; Atendimento Educacional Especializado e Ensino Regular.**

5.4 Práticas Pedagógicas Inclusivas no Atendimento Educacional Especializado: em busca de novos caminhos

Em conformidade com o pensamento freiriano, a implementação de uma prática educativa tem como principal finalidade levar o indivíduo *a pensar e começar* uma nova ação. Convém destacar dois componentes dessa postura freiriana: pensamento e ação, que impulsionam os atores das práticas pedagógicas no AEE que desejam *descobrir* novos caminhos. Em consonância com esse posicionamento, a pesquisadora prosseguiu em seu caminhar descritivo-analítico.

Na elaboração desse item, levou-se em consideração a segunda categoria, **Práticas pedagógicas no AEE**, já citada. Na presente pesquisa, as atividades de observação das práticas pedagógicas que ocorrem no AEE foram planejadas de duas formas: inicialmente, fez-se uma observação livre, sem o uso de nenhum protocolo preestabelecido; e, em um segundo momento, optou-se por uma observação dirigida.

Os resultados das atividades de observação livre são apresentados na seguinte sequência: escola; surgimento, estrutura e funcionamento do setor de AEE; recursos humanos e identificação de alunos.

Escola: como já foi mencionado neste texto, a Escola Luz do Sol atende a 16 alunos que apresentam algum tipo de deficiência. Esses alunos estão matriculados no Ensino Fundamental, nos anos iniciais e finais, nos módulos II e IV, nos turnos manhã, tarde e noite. Dois alunos oriundos de outras instituições estão cursando o Ensino Fundamental, porém não foram incluídos na presente pesquisa.

Setor de AEE: esse setor funciona, como já dito, na sala do AEE, tendo sido implantado em 2011, em condições estruturais e humanas precárias — paredes úmidas e mofadas, telhado repleto de goteiras, móveis molhados, materiais sucateados, mesas e carteiras escolares trazidos de outras salas. A falta de manutenção, o descaso com o patrimônio público e o desinteresse pelo bem-estar dos alunos são visíveis. Tal situação é agravada pela ausência de profissionais especializados. As práticas pedagógicas que ocorrem na sala de recursos multifuncionais constituem a razão do AEE.

Recursos Humanos: atualmente, além das dificuldades citadas acima, a carência de recursos humanos é acentuada, pois apenas uma professora está designada para AEE na sala. Convém ressaltar que essa professora está devidamente habilitada, pois é formada em Letras, fez curso de especialização em Educação Especial e mestrado na área de Linguística. Tem larga experiência profissional, em duas redes públicas de ensino municipal, já trabalhou com formação de professores, tendo ministrado cursos de Libras.

A professora em destaque assume uma quantidade excessiva de tarefas, tais como: realização de matrículas dos alunos com deficiência; orientação aos pais e responsáveis; orientação aos profissionais de apoio; elaboração de tarefas pedagógicas; atendimento aos alunos de modo individual e coletivo; orientações a alguns professores dos anos iniciais do Ensino Fundamental; acolhimento dos estagiários de universidades. Além disso, executa tarefas administrativas: elaboração e entrega de ofícios aos órgãos da Administração Municipal; captação dos professores de apoio dos alunos em sala de aula; acompanhamento do andamento e do despacho dos ofícios enviados à Secretaria de Educação.

Identificação de alunos: com base nos registros e documentos escolares, fez-se uma busca de informações dos alunos matriculados na escola em foco, para localizar os seguintes aspectos: série, turma, horários, idade, tipo de deficiência e, também, identificar os alunos oriundos de outras instituições, que estavam participando dos atendimentos oferecidos no AEE. O perfil desse grupo está apresentado no item 5.3.

Em paralelo às atividades de observação, fez-se uma tentativa de aproximação com professores, pais e/ou responsáveis pelos alunos, com base em entrevistas posteriormente discutidas.

O histórico escolar e o laudo médico dos alunos com deficiência e em processo de inclusão indicam que, dos 16 alunos matriculados, 13 apresentam documentos da área médica que atestam algum tipo de deficiência, tendo havido maior recorrência da deficiência de tipo intelectual.

Os achados em tais documentos possibilitaram indagar: como esses alunos se tornaram pessoas com deficiência? E como a escola se torna responsável diante dessa caracterização social? Tais questões fortalecem a premissa de que o discurso médico tem uma força decisiva na vida escolar e na vida particular dos sujeitos.

Os laudos não contêm informações detalhadas dos alunos com deficiência, pois fazem referências apenas às características biológicas e físicas. Além disso, buscam normalizar os alunos de acordo com os padrões hegemônicos da sociedade, por exemplo: há um aluno com perda auditiva bilateral que, recentemente, vem utilizando aparelho auditivo, o que poderá facilitar sua aprendizagem, no entanto o diagnóstico médico indica perda sensorioneural bilateral severa e profunda. Esse tipo de diagnóstico poderá gerar expectativas negativas, pois não faz referências à prótese auditiva, que vem trazendo diversos benefícios para o aluno em foco. Os exemplos a seguir ilustram a situação:

> À escola: tem dificuldade nas habilidades escolares [...] Conduta: reforço escolar + EEG (Declaração médica).

> Paciente 14 anos, com diagnóstico de paralisia cerebral flácida acarretando em retardo mental e retardo do desenvolvimento neuropsicomotor (Declaração médica).

Convém ressaltar que a atribuição de estigmas ao aluno, que apresenta alguma deficiência não está atrelada apenas aos diagnósticos clínicos, pois, na atualidade, persistem atitudes pessimistas relativas ao seu desenvolvimento físico, emocional e intelectual e, também, pairam muitas dúvidas em relação ao seu desempenho social, notadamente, quando atingir a idade adulta. Tais perspectivas interferem na área da educação e levam a escola à adoção de posicionamentos e de práticas pedagógicas fortemente subordinadas aos diagnósticos médicos.

Segundo Beyer (2005b, p. 17):

> O paradigma decorrente de tal hegemonia é denominado de clínico-médico. Realça as categorias clínicas ou médicas, em detrimento das pedagógicas. O olhar médico sobre a pessoa com histórico de deficiência e/ou doença induz à busca pelas causas das mesmas na esfera individual, ou

seja, o estudo etiológico circunscreve-se, na maioria das vezes, aos limites pessoais ou familiares.

É conveniente esclarecer que, nesta pesquisa, não se nega a necessidade do diagnóstico médico para a identificação do tipo de deficiência do aluno, tendo em vista a adequação das práticas pedagógicas. Nessa linha de argumentação, Padilha (2007, p. 29) afirma:

> De forma alguma estou negando a Medicina como ciência e prática social. O que questiono (e não estou sozinha nesta empreitada) é a incorporação do modelo médico pela psicologia e pela educação, quando se necessita discutir questões do desenvolvimento e da aprendizagem, principalmente quando se deparam com pessoas com desenvolvimento atípico ou comprometido pela deficiência. Isto porque, assumindo o modelo, estas disciplinas transpõem crenças, valores, afirmações, explicações e fazem uso das palavras médicas, que nomeiam, que explicam, que afirmam, que valoram. [...] Palavras como déficit, incapacidade, imaturidade, transtornos, portadores de deficiência, anormais, carência, retardo, síndromes etc., marcam os encaminhamentos de crianças e jovens para tratamentos especiais, atribuindo-lhes problemas, sendo apenas individuais e de origem biológica.

Com base nos laudos médicos, pode-se afirmar que as políticas públicas voltadas para a Educação Especial precisam estabelecer de que forma a gestão governamental irá assistir os alunos com deficiência e seus familiares. As necessidades de cada sujeito e de seus grupos na sociedade precisam ser respeitadas; portanto, para oferecer condições de inclusão, cabe à escola identificar as necessidades dos alunos com deficiência e, em seguida, procurar envolver os responsáveis pela aplicação das políticas.

No decorrer dessas observações e com base na análise dos históricos escolares, foi possível perceber que os alunos matriculados na escola e identificados com deficiência tiveram inúmeras reprovações. Tal fato revela a não inclusão no interior dessa escola pesquisada.

Além disso, é evidente a falta de articulação entre os setores existentes, no contexto da instituição escolar, pois o trabalho pedagógico e o administrativo permanecem ilhados entre si. Tais setores não conseguem proporcionar uma territorialidade pedagógica comum aos sujeitos, portanto, criaram um currículo paralelo frente às necessidades dos sujeitos, o que favorece a lógica das intervenções pedagógicas fragmentadas, que estão distantes de uma perspectiva inclusiva.

Os desafios postos nos descritores analisados revelam os inúmeros impasses: não ter laudo, frequência ao AEE, AEE no contraturno. Esses elementos são fortemente presentes nas falas dos entrevistados, uma vez que passam a ser os empecilhos para o processo de inclusão. Os exemplos evidenciam

> Primeiro: o aluno que eu tenho esse ano, ele não tem laudo. Não teve acesso ao laudo ainda. O atendimento educacional especializado a pessoa aqui, eu fiquei sabendo que foi marcado pra o horário da tarde. E eu não acredito que ele ou esteja vindo ou ele tenha sido atendido (P25).

> O próprio serviço, só posso atender quem tem laudo, se a gente precisa, dá uma olhada nesse menino, não pode, porque não tem laudo, então isso é uma barreira. Então a mãe tem que ir com um laudo fora, muitas vezes passa um, dois anos, e o menino... Então eu... seria uma sugestão, aqueles que precisam... tivessem um espaço para que fossem olhados, olha, chama a mãe — "Olhe, mãe, vai pra isso, isso e isso". Aí na outra semana, não: "Mãe, já foi? Precisa disso, disso e disso, precisa de um parecer de alguém, vá para um parecer cardiológico, vá para um parecer psicológico". Entendeu? Para que a mãe seja direcionada (P16).

A identificação dos alunos com deficiência possibilita ao professor conhecer os interesses pedagógicos e particulares de cada sujeito que se encontra na dinâmica escolar. As informações contidas nos laudos médicos, nos históricos escolares e em outros documentos (relativos à situação do aluno) não podem ser consideradas um fim em si mesmas, pois trazem novas possibilidades de investigações e de intervenções no processo de ensino e de aprendizagem. Conforme afirmam Fernandes e Viana (2009, p. 307):

> Os professores, por estarem em contato direto com os alunos em sala de aula, são os profissionais da educação mais indicados para fazer uma avaliação diagnóstica. Podem observar, formal e informalmente, atividades e comportamentos revelados no cotidiano, e ainda sinalizar capacidades gerais e específicas.

O professor da sala regular, que conhece bem o aluno, tem maiores possibilidades de atender às suas particularidades físicas, emocionais e educativas. O tempo na escola e as articulações internas são elementos que não podem ficar distantes da realidade dos alunos com deficiência, sobretudo em relação às práticas pedagógicas.

Percebe-se que o setor de AEE está estruturado para funcionar nos três turnos, no entanto, no turno da noite, a frequência é diminuta. Em geral, três a quatro alunos são atendidos por dia e cada atendimento tem duração média de 30 a 40 minutos. O serviço é realizado de duas formas: individualizada e coletiva. No período pesquisado, houve uma maior ocorrência de atendimentos coletivos.

Esse setor apresenta várias lacunas, tais como: registros incompletos ou inexistentes; não atendimento à totalidade dos alunos que apresentam algum tipo de deficiência; e, sobretudo, o não envolvimento de todos os pais cujos filhos apresentam algum tipo de deficiência. Alguns pais não participam das atividades oferecidas na sala de recursos multifuncionais, nem sequer são informados das atividades desenvolvidas nesse segmento.

Dos alunos com deficiência matriculados na instituição, apenas cinco participam do atendimento educacional especializado. Por desconhecimento do serviço ou até mesmo das condições de cunho administrativo, o atendimento especializado torna-se cada vez mais precário.

No decorrer do período de observação, teve-se a possibilidade de constatar outros obstáculos que se impõem ao processo de inclusão. A Sala de Recursos Multifuncionais foi um espaço implantado para os atendimentos aos alunos com deficiência, a fim de intervir, por meio de estratégias previamente planejadas e de recursos tecnológicos, no desenvolvimento do currículo e nos conteúdos, que estão correlacionados à vida escolar. Nesse espaço, alunos, pais e outros sujeitos da comunidade também são recebidos. Percebeu-se que a natureza do trabalho especializado nesse espaço abrangia as atividades pedagógicas e administrativas. No entanto, o que foi verificado é que a sala foi usada para dois fins: atendimento aos alunos com deficiência e sala de aula para os anos iniciais, fato ocorrido no primeiro semestre de 2013 (conforme layout apresentado no item anterior), sob a alegação de que uma sala de aula do ensino regular apresentava problemas no telhado.

> A sala de recursos multifuncionais foi subutilizada para vários fins: depósitos de vários materiais que estavam sendo utilizados por outro professor da escola, a fim de realizar os ensaios com os alunos para a banda escolar ou mesmo às aulas de músicas. Situação que depois foi substituída por uma sala da aula, pois a infraestrutura da sala do Ensino

Fundamental, anos iniciais, estava sem manutenção, comprometendo à comunidade escolar, mais diretamente os que utilizam a sala diariamente. Assim, a sala de recursos multifuncionais foi sendo dividida entre as aulas da professora do Ensino Fundamental e seus alunos, como também, dos alunos atendidos pelo serviço especializado (Registro de observação).

O espaço físico da sala de recursos multifuncionais deveria estar estruturado para a realização das atividades de AEE, conforme o que determina a regulamentação da Política da Educação Especial na Perspectiva da Educação Inclusiva (Brasil, 2008b, p. 19): "garantir acessibilidade urbanística, arquitetônica, nos mobiliários e equipamentos". Acessibilidade não significa apenas ter mudanças nos aspectos físicos, mas oferecer condições para que os sujeitos possam transitar de forma autônoma. De acordo com Dorziat (2013, p. 177):

> [...] a questão da acessibilidade de todas na escola regular precisa cumprir critérios que envolvam as especificidades do ser diferente, pois, se não fizer, pode estar contribuindo para formas mascaradas da exclusão. Essa visão é fundamental, no sentido de superarmos a noção de que o espaço físico da escola regular que aí está por si só assegurará processos inclusivos.

A estrutura física da sala de recursos multifuncionais recebeu uma melhor organização em maio de 2013, pois os objetos obsoletos foram retirados e a classe de ensino regular que ali funcionava, conforme já citado, foi deslocada para outro espaço. Nesse período, foi possível transitar na sala de recursos multifuncionais sem grandes empecilhos, na presença e na ausência do responsável pelo setor. Teve-se, também, oportunidade de realizar algumas entrevistas com os participantes da pesquisa, em diversos horários.

Apesar das melhorias citadas anteriormente, os serviços oferecidos ao público-alvo da Educação Especial reforçam, em parte, as impossibilidades de garantia, permanência e continuidade dos trabalhos específicos com alunos em processo de inclusão.

A Escola Luz do Sol vive uma grande contradição, pois procura conhecer os alunos que, por motivo biológico e/ou social, se encontram com alguma deficiência. Com base nos diagnósticos médicos, quase sempre identifica as dificuldades que estão impedindo o processo de aprendizagem, porém a instituição não dispõe de recursos humanos e materiais necessários ao desenvolvimento de uma intervenção pedagógica mais eficaz. O Atendimento Educacional Especializado passa a ser evidenciado mais como um espaço formal do que de apoio efetivo à aprendizagem das crianças. As dificuldades desse atendimento perpassam desde a falta de manutenção dos recursos didáticos, da lotação de apenas uma professora, até a precarização dos serviços pedagógicos, dos apoios sem qualificação e a superposição de "tarefas" administrativas. Alguns exemplos revelam essas constatações.

> Há necessidade de outra pessoa pra trabalhar na sala da educação especializada pelo fato de manhã, assim, fica a maioria do tempo fechada, a tarde que é o atendimento, mas a maior parte eu tô no turno da manhã, fica fechada, à noite também fica fechada, na sala a gente tem alunos à noite também (P19).

> Ele foi instituído primeiro com o apoio da secretaria para atender o discurso legal. Tinha que cumprir os prazos, tinha que cumprir o que tava determinado na Constituição, e aos poucos a gente foi adequando, né [?]. Foi adequando e foi recebendo o aluno, muito embora a gente não faz só (P18).

> Olhe, eu vi desde o ano passado, porque foi quando começou a chegar apoio, só que começou a chegar apoio sem nenhuma noção, então a gente foi deixando, nós pensamos que o apoio tinha, como a gente viu que não tinha, tanto que os apoios do ano passado não ficaram esse ano (P16).

Verificou-se, ainda, a não utilização de computadores, que se encontravam na Sala de Recursos Multifuncional, não foram instalados. Impõe-se ressaltar que a utilização de computadores se torna uma ferramenta que potencializa o processo de ensino e de aprendizagem. Entende-se ainda que a tecnologia assistiva para determinados tipos de deficiência auxilia na ampliação do desenvolvimento social e intelectual. A partir das necessidades individuais dos alunos e com a colaboração do recurso material, é possível criar situações didáticas por meio de softwares, que estimulem áreas neurocognitivas e facilitem a comunicação dos alunos com algum tipo de dificuldade na aquisição da aprendizagem.

Nesse sentido, algumas necessidades pedagógicas mais prementes para os alunos, como a seleção prévia dos recursos, a vivência de atividades mais problematizadoras e contextualizadas, ficam em segundo plano, em decorrência das excessivas atividades de caráter burocrático-administrativo da professora do AEE, já citadas.

Em uma das observações, percebeu-se que o atendimento especializado ocorria de forma simultânea a três alunos, oriundos da EJA e do Ensino Fundamental, cujas características diferenciadas exigiam atenção especial, o que trouxe prejuízos ao processo de acompanhamento individual[15]. Cada aluno recebeu um tipo de atividade: quebra-cabeça, cópia de livro e sequência lógica e trabalhou de forma isolada. Para os alunos com surdez, transtorno de desenvolvimento global e outros casos mais graves, o ano letivo teve início postergado, em decorrência de uma medida administrativa: a escola deveria solicitar, via ofício, à Secretaria de Educação Municipal um estagiário para atender cada caso. Tal solicitação deveria ser acompanhada de laudo médico atualizado, o que se tornou em mais um entrave ao trabalho do gestor escolar. Mesmo que o aluno já tivesse frequentado a escola no ano anterior, essa solicitação era necessária. O depoimento ratifica a observação:

> Da seguinte forma: o aluno, quando tem essa necessidade específica, que ele chega no início, a gente ainda vai analisar a dificuldade do aluno. Em seguida, a gente vai solicitar o apoio. Certo? Aqui na escola a gente não tem, assim, o aluno com qualquer deficiência, ele chega e ele é atendido. Não. Primeiro a gente analisa, solicita o apoio pedagógico, depois é que ele entra na escola (P18).

Torna-se evidente, que os alunos ficaram em casa aguardando, a chegada do apoio e cabia aos pais a obrigação de ir até a escola para obter informações relativas ao início das aulas dos seus filhos. Os alunos que ficaram esperando a chegada dos estagiários não tiveram assegurados seus direitos relativos aos 200 dias letivos, que são determinados pela atual legislação. O depoimento de um professor especialista a seguir reforça essa situação.

> Por exemplo: o aluno necessita do apoio, mas que depende da Secretaria, que ainda vai fazer uma seleção. Então, nem é pronto o atendimento. Então, ele aguarda até ter esse atendimento; é uma deficiência do sistema (P18).

---

[15] Um aluno matriculado na EJA executava tarefas da Educação Infantil.

Salienta-se que o papel do apoio no acompanhamento dos alunos com deficiência e sua relação com o AEE assumem uma dimensão precípua para o desenvolvimento do plano individual do aluno. No âmbito do município, é uma função que ainda exige um maior investimento no planejamento das contratações, que deveriam ocorrer bem antes do início do ano letivo, e na qualidade da seleção dos sujeitos. Mediante o documento elaborado pelo Núcleo de Educação Especial (Jaboatão dos Guararapes, 2011), têm-se as atribuições dessa função. Entretanto, o que ficou mais evidente durante as observações é a polarização entre esses dois segmentos. Das poucas intervenções percebidas, constataram-se mais as presenças dos apoios do horário da tarde para comentários aligeirados sobre os comportamentos dos alunos ou mesmo para organização da sala de recursos multifuncionais.

Além das carências supracitadas, esse depoimento revela a atitude da escola, que não respeita o direito do aluno à escolaridade e transfere as próprias responsabilidades para o sistema de ensino. Essa atitude da escola se enquadra no que Carvalho (2000) denomina de barreira atitudinal.

Para Figueiredo (2002) e Sant'Ana (2005), a primeira porta para a inclusão inicia-se com o processo de matrícula dos alunos com deficiência. Apesar da existência da Lei 7.853, de 24/10/1989, e de suas implicações no âmbito escolar, os casos de exclusão continuam existindo. Em seu Art. 8º, estabelece que:

> Constitui crime punível com reclusão de 1 (um) a 4 (quatro) anos, e multa para quem: I - recusar, suspender, procrastinar, cancelar ou fazer cessar, sem justa causa, a inscrição de aluno em estabelecimento de ensino de qualquer curso ou grau, público ou privado, por motivos derivados da deficiência que porta (Brasil, 1989).

A legislação brasileira e as orientações decorrentes de eventos e de tratados internacionais, por exemplo, da Declaração de Salamanca, em 1994, são referências indispensáveis ao processo de inclusão dos alunos com deficiência. No entanto, até o presente momento, tais contribuições não se efetivam, pois dependem da gestão de órgãos públicos, cujas ações, muitas vezes, não atendem a realidade do país.

Para exemplificar a inoperância dos gestores públicos, podem ser citados inúmeros fatos: antes do início do ano letivo de 2013, a Secretaria de Educação de Jaboatão dos Guararapes (SEE) dispunha de informações e dados relativos aos alunos com deficiência visual matriculados desde o ano anterior e que renovaram suas matrículas no então presente ano letivo. No entanto, o contrato do profissional de apoio, que deveria acompanhar esses alunos, foi suspenso e levou um longo tempo para ser refeito.

Nesse sentido, convém informar que a professora de AEE se deslocou, inúmeras vezes, até a SEE com a finalidade de assegurar a assinatura do contrato em foco. Há, ainda, outro fato: os recursos didáticos e pedagógicos destinados às salas de recursos multifuncionais são enviados à escola, porém os professores não estão habilitados para usá-los de modo correto e adequado às necessidades dos alunos. Conforme depoimento a seguir: "O material das salas de recursos multifuncionais chega à escola, mas não tem o pessoal preparado para trabalhar" (P20). Nessa ótica, Dorziat (2013, p. 178) afirma:

> Embora entendamos que o direito de todos à educação apresenta avanços consideráveis, avaliamos que a análise da inclusão deve ser cautelosa. As intenções subjacentes ao ideal inclusivo são materializadas nas precárias condições de atendimento existentes nas escolas, oferecidas aos supostamente incluídos. Desse modo, embora a ideia de escola para todos pareça ser concretizada com a abertura de suas portas para receber os excluídos, atendendo supostamente aos ideais progressistas, a escola tende, em seu interior, a continuar cumprindo o seu papel de mantenedora do sistema instituído, inaugurando, dessa forma, nova e paradoxal forma de exclusão.

Ainda em relação às tarefas da professora de AEE, que vão além das da sala de aula, é conveniente lembrar as determinações da Res. n.º 4 de 02/10/2009 do CNE-CEB, que estabelece a prática pedagógica como foco do trabalho desse profissional. A participação do gestor escolar é indispensável ao desenvolvimento das práticas inclusivas, conforme afirma Sage (1999, p. 135):

> O papel do diretor em provocar mudanças necessárias do sistema em cada nível – o setor escolar central, a escola e cada turma – é essencialmente um papel de facilitação. A mudança não pode ser legislada ou obrigada a existir. O medo da mudança não pode ser ignorado. O diretor pode ajudar os outros a encararem o medo, encorajar as tentativas de novos comportamentos e reforçar os esforços rumo ao objetivo da inclusão.

De acordo com essa citação, a gestão escolar desempenha uma função relevante na dinâmica das relações entre todos os atores sociais da instituição de ensino, notadamente nos aspectos referentes ao processo de inclusão dos alunos que apresentam algum tipo de deficiência. Como já foi ressaltado, na Escola Luz do Sol, os esforços da equipe gestora não foram suficientes para a implantação e o funcionamento do AEE em tempo hábil. Além das dificuldades em relação ao espaço físico para a construção, não houve determinação do que priorizar no âmbito do serviço especializado a ser realizado. Além de questões externas, como a articulação com engenheiros e contratação de funcionários, houve falhas de comunicação, pois inúmeros professores e funcionários não conheciam a sala de recursos multifuncionais. Na verdade, o que demonstrou estar mais evidente foi a transferência do trabalho burocrático para a professora do AEE, conforme depoimento a seguir.

> Amanhã terei que levar o ofício na secretaria e falar com os responsáveis para a liberação de estagiário. É preciso explicar as necessidades do aluno e o tipo de pessoa que ficará com o aluno. É preciso diferenciar os estagiários e as deficiências dos alunos. É diferente um braillista, um estudante de pedagogia, um intérprete... Cada um ocupa uma função diferente (Registro de observação).
>
> A uma sala com um profissional é... pros meninos... que tem horário diferenciado... não sei se pode à tarde ou pela manhã? Pode, pode ser? E à noite? Vem à tarde ou pela manhã. Sei, sei. Não tava sabendo não. É bom perguntar pra vocês. É, porque... eu.... não sei se...É, não é possível, eu aqui todinho... Todo dia eu tô aqui (P13).

Após a conclusão das atividades de observação livre, adotou-se um protocolo de observação dirigida, com enfoque nos seguintes tópicos: Relações entre Professora do Setor de AEE e Alunos Atendidos; Atividades Propostas; Intervenções Pedagógicas; Atividades de Vida Diária; Sequências Pedagógicas; Avaliação da Aprendizagem; Conteúdos de Ensino; Experiências Interativas; Discrepâncias entre Idade Cronológica e Nível de Escolarização; Relações entre Professora do Setor de AEE e a Família dos Alunos. A seguir, discute-se o AEE com base nesses pontos.

Relações entre Professora do Setor de AEE e Alunos Atendidos: as interações são espontâneas e naturais, pois os alunos ficam bem à vontade e conversam de modo civilizado. Aqueles que chegaram em 2013, também, conseguiram se adaptar ao contexto do atendimento. Apenas oito alunos frequentam com assiduidade o AEE e apresentam as seguintes especificidades: deficiência física, intelectual, surdez, autismo e dificuldade de aprendizagem.

Esse grupo tem presença contínua, ou seja, diária, e, quando um aluno não pode comparecer ao atendimento, algum familiar avisa à professora, por telefone. Outras informações desse grupo merecem destaques, tais como: as atividades propostas pela professora são aceitas com facilidade, todos são participativos e colaboram entre si.

A professora acolhe a todos de forma cortês e faz muito esforço, porém não consegue atender as necessidades básicas dos alunos. Faz perguntas relativas ao desenvolvimento da aula na sala regular, procura verificar o que cada aluno está fazendo, e tenta, sem muito êxito, identificar as necessidades de todos. Na hora do intervalo, ela se dispõe a buscar a merenda dos alunos e pergunta: *"Você quer lanchar? Eu vou buscar pra você. Se não quiser comer depois da atividade, pode levar pra casa"*.

Não há casos de violência, e os relacionamentos são cordiais, pois, mesmo aqueles que apresentam dificuldades de dicção, quando chegam ao AEE, cumprimentam as pessoas presentes. Com frequência, esses alunos usam as seguintes expressões: *"Boa tarde! Já falou com a outra professora? Como foi seu dia? Até amanhã"*.

Atividades Propostas: em geral, as estratégias adotadas são mais direcionadas para a utilização de recursos materiais disponíveis do que para os conteúdos escolares. Por exemplo, as ações realizadas partem da iniciativa da professora do AEE, pois os alunos não escolhem os jogos. Em alguns casos, chama atenção dos alunos para:

> Não é arrumar assim não. Veja como é que você vai fazer. Isso aí é pra arrumar aí não. Vá procurar a boneca onde está. Cadê? Onde está a boneca? Uma tá aqui, procure a outra (Registro de observação).

Quase todos os alunos que estão no atendimento fazem cópias de textos, de palavras, montam quebra-cabeça com e sem palavras, organizam e desmontam jogos, fazem exercícios psicomotores.

> O que ele tá fazendo? A gente está trabalhando os padrões silábicos, a família do "ba" que ele tem dificuldade. Então eu

fiz essa tarefa com ele. Fiz a leitura e agora ele tá copiando as palavras que foram unidades (Registro de observação).

As atividades realizadas durante os atendimentos propostas aos alunos focam os conteúdos do ensino regular. No entanto, concentram-se nas áreas psicomotoras, que, na maioria das vezes, não contribuem para que os alunos estabeleçam relações com os conteúdos estudados ou para formar o raciocínio conceitual. Por outro lado, a ênfase recai em tarefas como desenho, jogos e pintura. Verifica-se ainda que, em muitos momentos, a leitura de textos e as cópias são utilizadas. As orientações são por mediações rápidas e sem continuidade. Como a professora se considera "hiperativa", sempre sai da sala para resolver outras questões da escola. Ressalta-se, ainda, que os alunos são atendidos de modo mais coletivo do que individual. Tal achado corrobora o que Mendes, Silva e Pletsch (2011) revelam sobre as práticas de AEE relativas ao currículo, as quais estão sedimentadas nas práticas dos jogos pedagógicos:

> [...] as práticas são fundadas em jogos pedagógicos (memória, matemáticos, imagens e silábicos), formação de alfabeto móvel e construção de palavras, registros em folhas específicas, registro livre e uso de caderno de classe. A utilização dessas práticas, supostamente, está orientada pelo desenvolvimento individual do aluno, uma vez que, mesmo proposta para os grupos, elas atendem as especificidades das necessidades de cada um deles, pois são realizadas individualmente (Mendes; Silva e Pletsch, 2011, p. 261).

Nos resultados encontrados nas pesquisas de Arnal e Mori (2007), os professores que trabalham nas Salas de Recursos Multifuncionais usam uma diversidade de materiais pedagógicos, que envolvem jogos, recortes e material concreto. No entanto, esses professores não escolhem atividades que poderiam contribuir para a superação das dificuldades escolares dos alunos e, também, não procuram estabelecer relações entre os conteúdos de sala de aula, pois utilizam os materiais de modo independente, sem nenhum tipo de articulação em seus objetivos educacionais. Conforme Arnal e Mori (2007, p. 3) afirmam:

> Na prática da educação inclusiva, a sala de recursos está se tornando uma das formas mais frequentes de atendimento à pessoa com necessidades educacionais especiais. Todavia, a sala de recursos só pode ser considerada instrumento de inclusão se a ação pedagógica acontecer, conforme foi

apresentada no contexto legal, ou seja, desde que consiga atender à diversidade, assegurando ao aluno a inclusão em situações de aprendizado no ensino regular.

Na presente investigação, as atividades propostas pelo setor de AEE não divergem dos achados das pesquisas supracitadas. É conveniente ressaltar que o setor de AEE conduz seus trabalhos pedagógicos de forma semelhante aos procedimentos adotados pelo ensino regular. Porém, as condições de trabalho são diferenciadas, em decorrência dos seguintes fatores: a grande quantidade de material didático disponível na sala de recursos multifuncionais e a possibilidade de realização de trabalhos individuais, em dupla e em pequenos grupos, contando com a mediação de um professor especializado. A existência desses recursos propicia ao setor de AEE possibilidades de atuar de forma mais adequada ao público-alvo, mas a escola pesquisada não consegue atingir plenamente seus objetivos.

Intervenções Pedagógicas: o acompanhamento das atividades dos alunos é fragmentado, pois, diversas vezes, a professora é chamada durante o atendimento para resolver assuntos administrativos. Tais fatos dificultam o processo de ensino e de aprendizagem, conforme já ressaltado

> Enquanto a professora do AEE faz a entrevista com a mãe de uma criança que foi orientada para fazer a matrícula no AEE, o aluno em atendimento brinca de montar. A outra criança pega o material dele, espalha na mesa, mas a mãe intervém. Observando que o aluno apresentava dificuldade na realização da atividade, a professora P26 que estava na ocasião dentro da sala de recursos multifuncionais, aproxima-se do aluno e começa a interagir com ele e permanece até a hora em que a professora retorna do atendimento com a mãe (Registro de observação).

Em algumas ocasiões, os pais dos alunos desse grupo acompanham seus filhos na sala de recursos multifuncionais e procuram ajudá-los em diversas tarefas. A pesquisadora também trabalhou junto aos alunos e aos seus responsáveis para atender à solicitação da professora do AEE.

> A aluna chega ao setor e vai para a banca. A responsável fica na sala conversando com a professora do AEE. A pesquisadora dirigiu-se até o lugar, ficou ao lado da aluna, observando sua tarefa. Pergunta-se: o que está fazendo? É oxítona, paroxítona? Ah, você sabe dizer e escrever, mas você sabe qual é a sílaba mais forte? E diz as palavras... mas

> não consegue reconhecê-las quanto à tonicidade (Registro de observação).

Nem todas as atividades são adequadas às necessidades dos alunos, principalmente, daqueles que apresentam deficiências físicas.

> Sempre é oferecido atividade de encaixe ao aluno A4MEF. Nada está adequado para ele: a mesa, os jogos, mas do seu jeito tenta fazer a atividade. Ele simplesmente faz. O aluno demonstra tranquilidade e não reivindica nada. Faz uma atividade e depois faz a seguinte e fica à espera de a pessoa responsável. Chega outra criança e a mãe para o atendimento e ele fica no mesmo lugar (Registro de observação).

Nessa mesma perspectiva, tem-se o seguinte relato:

> Eu acho que... por exemplo: eu trabalhar com o aluno que tem um problema de coordenação, como A4MEF, porque ele é cadeirante, certo? Então, ele... As atividades dele são, digamos assim, são atividades que requer não aqueles exercícios que pudessem desenvolver a mão dele, que é muito dura. Eu sei porque já peguei na mão dele até assim pra ver determinado momento se fazia atividade, e é muito rígida a mão, porque ele não fazia fisioterapia quando era pequeno, não é? Então, eu acho, a partir de exercícios cobrindo e juntando peças de jogos, tá certo que é válido. Mas exercício de movimentar, assim, com a bola, com um jogo de acertar que desenvolvesse a coordenação maior, certo. Eu acho que isso é... (P20).

Com base em depoimentos desse tipo, pode-se afirmar que algumas atividades são selecionadas, conforme as deficiências do aluno, mas não contribuem para o processo de construção de conhecimentos. Portanto, como sugere Jannuzzi (2004a), prevalece uma concepção de educação centrada nas deficiências e nas diferenças relativas ao padrão de normalidade imposto pela sociedade capitalista. De acordo com tal concepção, o trabalho docente adota planos de ensino mais flexíveis, no entanto, não tem como foco o desenvolvimento da escolarização dos alunos.

As atividades dos alunos pesquisados indicam que a prática pedagógica privilegia aspectos comportamentais e, também, revelam a adoção de uma concepção psicopedagógica que enfatiza o uso de recursos didáticos. Tais resultados são semelhantes aos identificados nas pesquisas de Michels, Carneiro e Garcia (2012).

Nessa sala, durante o período de observação dirigida, não foi constatada a existência de nenhum plano de ensino, mas a professora dispunha de um caderno no qual registrava as atividades diárias.

> E esse caderninho? Esse caderninho é do ano passado que eu aproveito, não é? Hum, hum (responde o aluno). É do ano passado que eu aproveito trabalhando com eles. Que se for pra casa não vem mais. A Secretaria não dá, a escola não dá. Você providenciou o caderninho? (pergunta a pesquisadora) Providenciei o caderninho. Fica no armário e trabalho também com textos e o caderninho (Registro de observação).

Quanto ao conteúdo do "caderninho", verificou-se que são tarefas destinadas para os assuntos realizados na sala de aula regular. São exercícios para a área da Língua Portuguesa, os quais demonstram um arsenal de situações repetitivas bem próximas das apresentadas nos livros didáticos. Além das folhas avulsas, o caderninho completa as atividades de intervenção pedagógica junto aos alunos. E a relação entre o aluno e o material já faz parte da rotina nos atendimentos. Por outro lado, o aluno demonstra uma certa dispersão ao vivenciar tal atividade. A cena a seguir exemplifica essa situação:

> A2MEF isso é tarefa, não é conversa paralela. Todo dia é essa história. O aluno fica de bruços sobre o caderninho segurando o lápis e olhando para a pesquisadora (Registro de observação).

Ainda em relação à organização dos atendimentos, havia também um cronograma com os dias e horários dos alunos. As necessidades educacionais específicas dos alunos não eram devidamente identificadas; por conseguinte, os recursos e as atividades pedagógicos não eram definidos previamente.

A ausência de planejamento enseja a realização de ações que podem ser consideradas improvisadas e, em geral, inadequadas às necessidades dos alunos. Por exemplo: "*Eu tô procurando uma... Tá aqui pra você juntar: boné, com boneca. Procure as partes. Você sabe!*" Diversas atividades são semelhantes às desenvolvidas nas salas de aula regulares, que demonstram não atender às necessidades dos alunos com deficiência. Outros exemplos desse improviso estão nos relatos:

> O que é que vai trabalhar hoje? Trabalhe com isso aqui quebra-cabeça, quando terminar avise. Vou olhar. Agora monte os encaixes (Registro de observação).
>
> Qual foi a aula de ontem? Trouxe o caderno? Vou olhar o conteúdo. Tome o livro e faça uma cópia do texto (Registro de observação).
>
> Enquanto vou atender essa pessoa você vai trabalhando com esse material. Depois mudamos a atividade (Registro de observação).
>
> Um dos alunos brinca com um dos jogos, chega outro colega e espera receber a sua atividade. São alunos tão diferentes que as atividades realizadas ficam comprometidas porque um quer fazer a do outro (Registro de observação).

A Escola Luz do Sol não dispõe de um plano de AEE, portanto está em desacordo com a Resolução CNE/CEB 4, de 02/10/2009, que no Art. 9 determina:

> A elaboração e a execução do plano de AEE são de competência dos professores que atuam na sala de recursos multifuncionais ou centros de AEE, em articulação com os demais professores do ensino regular, com a participação das famílias e em interface com os demais serviços setoriais da saúde, da assistência social, entre outros necessários ao atendimento (Brasil, 2009b, p. 2).

Conforme a legislação em vigor, cabe ao professor da Sala de Recursos Multifuncionais assegurar a elaboração e execução do plano de AEE, que se viabiliza com a elaboração e implantação do Plano de Ensino Individualizado (PEI). Segundo Braun e Vianna (2011, p. 30), o PEI é considerado: "uma estratégia para favorecer o atendimento educacional especializado, cujo objetivo é elaborar e implementar, gradativamente, programas individualizados de desenvolvimento escolar."

Sua amplitude vai além do setor de AEE, pois mobiliza todos os profissionais que atuam na instituição escolar e, também, as famílias dos alunos. Sua complexidade exige que as decisões sejam coletivas, pois demandam tempo e disponibilidade dos envolvidos, que irão planejar e viabilizar ações destinadas ao seu público-alvo. O PEI deve ser planejado como:

> [...] metas a serem atingidas a curto e a longo prazos, precisa contar com a participação de todos os membros da

> comunidade escolar e da família de cada aluno. A intenção é otimizar a aquisição de conhecimento, desenvolvimento de habilidades e atitudes que favoreçam a inclusão acadêmica, social e até laboral (Braun e Vianna, 2011, p. 30).

Com tais perspectivas, o PEI é um instrumento de ação indispensável ao setor de AEE, que poderá proporcionar um salto qualitativo ao processo de aprendizagem dos alunos. De acordo com Pacheco (2007), esse tipo de plano está atrelado ao currículo da escola e necessita da inter-relação de todos os envolvidos. Trata-se de um instrumento de cunho didático, que possibilita a superação de concepções errôneas, existentes na escola, segundo as quais cabe ao professor do setor AEE agir de modo isolado. Pacheco (2007, p. 100) afirma:

> A preparação de PEIs exige a colaboração de muitas pessoas. Em primeiro lugar, a colaboração dos professores e dos pais. A participação ativa do próprio aluno também é recomendada. Além disso, vários especialistas de dentro e de fora da escola participem. Essas pessoas reúnem seu conhecimento e experiência para criar um plano que permita aos alunos participar e utilizar o currículo de aula.

Em paralelo à nomenclatura "Plano de Ensino Individualizado", Mittler (2003) usa o termo "Plano de Educação Individual" e cita pontos positivos, porém ressalta a existência de determinados obstáculos. Como positivos, considera os seguintes aspectos: estratégias adotadas para promover um espaço interativo entre os pais, tendo em vista o processo de aprendizagem; possibilidade de trocas de experiências; desenvolvimento de metas; acompanhamento e desenvolvimento dos alunos; elaboração de medidas avaliativas dos serviços complementares, que são necessários ao atendimento das necessidades dos alunos.

Em relação aos possíveis obstáculos, esse autor cita: o conteúdo básico do documento poderá não ser realizado na prática, o que o tornará estático; o excesso de tempo investido na administração do plano provocará a desvinculação de experiências; o aumento da projeção de recursos confundirá o uso dos recursos disponíveis; o excesso de condicionamentos e de mensuração dos comportamentos prejudicará o atendimento às necessidades dos alunos. Além disso, se ocorrer uma maior ênfase no modelo de intervenção clínica, a intervenção pedagógica ficará em segundo plano.

Ainda segundo Mittler (2003), à medida que a escola vai se tornando inclusiva, a necessidade de utilização do PEI diminui, uma vez que:

> [...] as escolas terão um currículo adequadamente criado para responder às necessidades de todas as crianças. Na medida em que Planos de Educação Individual parecem ter ajudado alguns alunos a adquirirem a alfabetização básica e as habilidades matemáticas, eles terão facilitado o acesso ao currículo inteiro. Alcançar os objetivos estabelecidos por eles é só um passo pequeno em direção à inclusão (Mittler, 2003, p. 36).

De acordo com os posicionamentos do autor supracitado, no âmbito escolar a implantação dos PEI ocupa um lugar provisório, pois realiza a transição entre algum tipo de deficiência do aluno e práticas pedagógicas mais inclusivas. Afirma ainda que, com o advento da tecnologia assistiva, notadamente, com a utilização de software específico tem-se um instrumento colaborativo para eventuais dificuldades de alguns alunos em processo de escolarização. Portanto, haverá uma diminuição do PEI nas ações de intervenção junto aos alunos. A descrição da proposta do referido autor, para as observações aqui expostas, torna-se algo irreal, distante quando se verifica o trabalho desenvolvido nas práticas do AEE, especificamente, na instituição em estudo, uma vez que não foi identificado um plano específico para os alunos.

Durante a permanência na sala do AEE, diversos alunos com deficiência não receberam atendimento condizente com suas características (desenvolvimento cronológico e individual). Em geral, os alunos realizavam, com frequência, as mesmas atividades: de montar/desmontar e copiar textos. Convém ressaltar que tais atividades não colaboravam para o êxito da aprendizagem, e eram acompanhadas da seguinte observação da professora: *"Ele é bastante comprometido..."*, *"Os alunos são muitos carentes e não contam com a ajuda de outros serviços para atender suas necessidades"*. No caso em estudo, não se observou a existência de um PEI. O AEE funcionava na base das possibilidades existentes.

Na sala do AEE, o trabalho de intervenção pedagógica não assume as funções de complementação e de suplementação da aprendizagem. Portanto, conforme afirma Macedo, Carvalho e Pletsch (2011), a intervenção pedagógica em foco aproxima-se do que se chama reforço escolar e não consegue mediar o processo de apropriação, construção e produção de conhecimento dos alunos com necessidades especiais. Sob essa mesma perspectiva, Carneiro (2012, p. 518) afirma:

> A educação especial em uma perspectiva inclusiva deixa de ser substitutiva ao ensino regular e assume caráter complementar e suplementar as atividades desenvolvidas na sala de aula comum. A complementação/suplementação das atividades passa a ser responsabilidade do serviço denominado Atendimento Educacional Especializado – AEE, assumido por profissionais habilitados para atuar com o público-alvo da educação especial.

O trabalho pedagógico desenvolvido no setor de AEE pesquisado demonstra pouca articulação com os professores que lecionam nas salas de ensino regular. No entanto, alguns alunos aproveitam o tempo no AEE para realizar, durante o atendimento oferecido pelo setor de AEE, as tarefas escolares decorrentes das aulas ministradas nas salas de ensino regular.

> A responsável pelo aluno chega e diz: eu tô com dificuldade em ajudá-lo a fazer essa tarefa. Eu não sei responder, por isso, me lembrei de você (Registro de observação).

É necessário ressaltar que tais procedimentos não favorecem o processo de articulação acima referido, pois trazem prejuízos para as ações do setor de AEE e, também, aumentam o trabalho, que já é excessivo, da professora que atua na sala multifuncional em tela. Vide o seguinte comentário da professora: "*Hoje* tá bem movimentado por aqui... Aqui é bem movimentado todo dia. Qual é a tarefa que tem *pra fazer? Procure no caderno, que eu vou atender a mãe. Veja o caderno...*" Segundo Carneiro (2012, p. 522):

> Os profissionais da educação especial que atuam na escola (sejam eles professores que atuam no atendimento educacional especializado ou profissionais de apoio ao professor em sala de aula) precisam manter o foco do seu trabalho no processo de escolarização dos alunos da modalidade educação especial, apoiando os professores e demais profissionais da escola sem, contudo, substituí-los nas tarefas que lhes cabem.

A atuação dos dois apoios aproxima-se do posicionamento do autor supracitado, pois desenvolvem as seguintes tarefas: o primeiro colabora diretamente com o professor na sala de recursos multifuncionais, pois organiza o material didático, reproduz documentos e orienta os alunos, mesmo após o horário das aulas. O segundo apoio sempre chega antes do início das aulas, orienta os alunos em relação aos trabalhos escolares realizados e participa de todas as atividades da sala de aula.

> A gente tá sempre conversando, a gente tá sempre perto, sempre chama pra falar. Eu tô sempre dentro da sala, a gente sempre troca ideias quando tem algum assunto, é, sobre as necessidades especiais, a gente troca figurinhas, né [?]: um vídeo, é... sei lá, um programa, é... que vá contribuir tanto pra o conhecimento nosso, tanto pra esse conhecimento possa ajudar a gente também pra sala de aula (P29).

Atividades de Vida Diária: quase todos os alunos têm uma certa autonomia em relação aos cuidados pessoais, porém os alunos com autismo e/ou deficiência física precisam de auxílio para a realização de rotinas do cotidiano, tais como: alimentação, entrada e permanência na sala de aula, uso de toalete e outros movimentos no interior da escola.

Sequências Didáticas: há uma constante repetição de tarefas definidas no momento do atendimento e que não têm vinculação com os conteúdos de ensino ministrados em sala de aula. Diante disso, é possível afirmar que não assumem a função de aprofundamento e de complementaridade do processo de ensino. Além disso, os alunos não são agrupados por séries, idade ou tipo de deficiência. Eles são atendidos em dias estabelecidos de modo aleatório.

> As crianças vão chegando para os atendimentos, sentam-se e vão recebendo um quebra-cabeça com muitas pecinhas, o comando é que junte as peças para depois dizer o que ele criou. Para a outra criança é oferecida uma caixa com outras peças de diversos tamanhos tipo encaixe. Quando concluem as atividades passam para outra, com o mesmo objetivo. A outra criança que apresenta maior dificuldade de realizar a tarefa permanece com o joguinho para relatar oralmente o que faz (Registro de observação).

> Os alunos que mais apresentam dificuldades intelectuais fazem constantemente montagem com joguinhos, acoplam pecinhas de diversos tamanhos e cores. Na maioria das observações esse tipo de atividade foi desenvolvida (Registro de observação).

Avaliação de Aprendizagem: no decorrer das atividades de observação, não foram localizados os instrumentos de registro do processo avaliativo que, em geral, são usados nas escolas, tais como: caderneta, fichas de acompanhamentos, portfólio ou qualquer instrumento.

Não há indícios de procedimentos de uma autoavaliação dos alunos e, também, não ocorreram encontros pedagógicos, previstos pela atual legislação, que são destinados à avaliação dos avanços e das dificuldades existentes no processo de ensino e aprendizagem. Porém, na sala de professores, durante os intervalos foram registrados questionamentos e comentários relativos ao desempenho de alguns alunos com deficiência por parte do professor do AEE e de outros docentes.

> Como vai A3FEF? Anda se adaptando às aulas e ao grupo. Como ele é fisicamente maior que os outros alunos e a escolaridade é diferenciada, estamos trabalhando para melhorar (Registro de observação).
>
> E o aluno está frequentando as aulas. Já se adaptou? Ele não se sente bem junto dos pequenos e quer mudar de professor. Ele está se identificando com a outra turma mesmo sendo mais avançada e não tendo intérprete (Registro de observação).
>
> Ele não foi alfabetizado, então preparamos uma caixa que contém vários materiais para o aluno. Então a gente trabalha cada letra: imprensa, maiúscula, minúscula. Olha aqui o caderninho. Tem o alfabetizado manual de Libras, mas ele não conhece as letras do alfabeto (Registro de observação).
>
> Olhe a gente criou a caixa. Foi uma iniciativa nossa. Pra quando o apoio vir dizer, eu vou trabalhar o quê? Então ela tem uma caixa com lápis, caderno, borracha e, a partir disso, as tarefinhas, que é pra facilitar o trabalho. Se o apoio faltar a gente tem a caixa, aí eu fico com ele ou eu peço pra outro apoio ficar (Registro de observação).

Conteúdos de Ensino: ocorre uma aproximação com os conteúdos de ensino ministrados em sala de aula, tais como: padrões silábicos, formas geométricas e identificação das cores. São enfatizados os conteúdos de Língua Portuguesa, de Matemática e de Libras. Também são trabalhadas diversas atividades nas áreas de psicomotricidade e de coordenação motora; por exemplo, a professora pergunta a um aluno: "*O que você tá fazendo? Um avião. Ele tá montado um avião com pinos. Ele é grande e você consegue desmontar? Sim*".

Durante o período de observação, não foi desenvolvida nenhuma estratégia metodológica específica para os alunos com deficiência, pois, com frequência, são usados cadernos de exercício e/ou folhas avulsas. Por conseguinte, pode-se afirmar que, na sala do AEE, as práticas pedagógicas não são inovadoras e que esse atendimento "maquiado" não oferece condições de ser um serviço diferenciado do ensino regular. O atendimento educacional oferecido às crianças com deficiência na sala de recursos multifuncionais, pelos diversos motivos já ilustrados, é desarticulado das demais práticas pedagógicas das salas regulares.

Experiências Interativas: alguns projetos são destinados à promoção de uma melhor interação dos alunos em foco, por exemplo, o Projeto de Música. No entanto, os alunos que frequentam a sala do AEE e estão envolvidos nesse projeto não participaram de uma apresentação coletiva ocorrida na escola. Percebeu-se, durante as observações, que os alunos com deficiência frequentaram as atividades referentes ao projeto de música, contudo, eram sempre excluídos das apresentações do grupo na escola e de outros momentos culturais.

Discrepâncias entre Idade Cronológica e Nível de Escolarização: diversos alunos, notadamente, aqueles com deficiência intelectual e surdez, vivenciam um acentuado descompasso entre idade cronológica e nível de escolarização. Esses alunos apresentam as seguintes características: têm mais de 16 anos, já enfrentaram inúmeras reprovações na escola e estão matriculados no turno diurno, portanto frequentam uma sala de aula destinada a crianças pequenas. Esses alunos poderiam frequentar a modalidade de ensino promovido pela EJA e, assim, iriam conviver com colegas de idades semelhantes. No entanto, seus pais ficam temerosos em relação ao horário noturno e à convivência com pessoas mais adultas. Porém, quando estão com as crianças, se tornam inquietos, irritados e insatisfeitos. Um dos docentes comentou:

> [...] eu tenho visto, a menina tem chamado a atenção dele, tem ensinado pra ele, entendeu [?], que ela até falou que, é... Vai dá uma revisada nessa coisa básica, pra mais na frente dá um, como se fosse um empurrão, assim, pra ele fazer outras coisas mais, se aprofundar mais um pouco, pra ver como é que tá, pra botar ele numa série que dá pra ele ficar, porque ele já tá de saco cheio de tá lá junto com os pequenininhos... (P26).

Relações entre Professora do Setor de AEE e Família dos Alunos: as relações entre a escola e a família dos alunos estão centralizadas na professora do setor de AEE, que, conforme já citado, trabalha em excesso, porém não consegue alcançar pleno êxito na totalidade dos desafios enfrentados. Dessa forma, alguns pais não conhecem os serviços que são prestados pelo setor de AEE. Todavia, respondem às convocações da escola de modo civilizado, mesmo que não possam comparecer.

Em paralelo, diversos pais demonstram sentimentos de gratidão pelos serviços oferecidos pelo setor de AEE e, sobretudo, percebem a forma de agir do corpo docente da escola.

> É... É, tem uma professora aqui que atende diferente, é a única que me ajudou a vencer barreiras aqui dentro, preconceito, sabe [?], e veio melhorar agora porque ela veio e bateu de frente comigo (P24).

> A senhora poderia ser a diretora da escola. É muito atenciosa, cuidou do documento, nos atendeu muito bem. Não sei o que seria sem a senhora aqui. Não conhecia nada quando cheguei aqui, mas fui muito bem atendido. Estamos felizes (Registro de observação).

Impõe-se informar que, no decorrer das observações, não foi identificada nenhuma reunião com os pais dos alunos com deficiência. Essas reuniões poderiam funcionar como fonte de esclarecimentos para os pais e, também, a escola teria oportunidade de obter informações mais detalhadas da realidade de cada aluno.

Com base nos tópicos analisados, afirma-se que não houve mudanças substanciais no processo de inclusão do aluno com deficiência, na escola investigada. No entanto, não se pode negar que a implantação do setor de AEE trouxe benefícios para pais e alunos, ainda que persistam inúmeros obstáculos e desafios, dentre os quais se destacam: a insuficiência de recursos humanos, pois apenas uma professora assume o funcionamento desse setor; a falta de interação entre corpo técnico da escola e o setor em foco; os órgãos de educação municipais não conseguem resolver os problemas de manutenção do espaço físico e não investem de modo satisfatório no processo de formação dos profissionais da educação.

Em paralelo a tais obstáculos, é conveniente fazer mais alguns comentários em relação às práticas pedagógicas desenvolvidas no AEE: tais práticas garantem, timidamente, a inserção dos alunos com deficiências no interior da sala de aula; não conseguem assumir a contento a tarefa de suplementação da educação; não estabelecem a devida articulação com os professores no ensino regular. Dessa forma, os alunos com deficiência não têm garantidos seus direitos à educação, conforme determina a legislação vigente.

5.5 Interfaces entre Atendimento Educacional Especializado e Ensino Regular

A terceira categoria — Interação entre AEE e Ensino Regular —, citada anteriormente, direcionou a análise /interpretação dos resultados das observações, no que se refere às possíveis relações entre o ensino ministrado nas salas de aula e as atividades desenvolvidas pelo setor de Atendimento Educacional Especializado.

No início das observações, em uma das salas dos anos finais do ensino regular, foi possível constatar a acentuada desarticulação entre esse nível de ensino e os serviços ofertados no AEE. Em primeiro lugar, percebeu-se que alguns professores desconheciam quem eram os alunos com deficiência matriculados e os que frequentavam as aulas. Considerando que o professor não dispunha sequer de informações relativas à existência desse aluno, é possível inferir a falta de comunicação entre os dois setores. Tais evidências foram encontradas nos trabalhos de Galvão e Miranda (2013), as quais identificaram um isolamento entre as ações do especialista e os professores do ensino regular.

Considerando que o professor não dispunha sequer de informações relativas à existência desse aluno, é possível inferir sobre o seu desconhecimento do AEE na escola e, talvez, até dessa área/campo da educação. Tal situação está em desacordo com os posicionamentos de Capellini e Mendes (2002, p. 115) que afirmam:

> Numa perspectiva de escola aberta para todos, torna-se evidente a necessidade, por parte do educador, de buscar conhecimentos específicos e recursos que auxiliem sua prática, bem como sua formação profissional. Assim sendo, é necessário que professores sejam capazes de ensinar com os mesmos objetivos, independentemente de os alunos terem ou não necessidades educacionais especiais. Portanto, cabe a eles, quando necessário, fazer adequações curriculares para garantir o atendimento às especificidades de cada aluno.

Nessa mesma ótica, Glat e Pletsch (2011) consideram que a ascensão do discurso relativo à educação inclusiva, o papel dos serviços especializados e o aumento quantitativo de alunos com deficiência que estão matriculados no ensino regular não trouxeram melhorias para o ensino dos alunos com deficiência. E afirmam:

> [...] o aluno está incluindo fisicamente na turma comum e pode até ter uma boa integração social com os colegas, mas é excluído do processo de ensino-aprendizagem. Nessa lógica, tem acesso ao sistema escolar, mas é excluído da construção do conhecimento, o que significa que estão sendo produzidas novas formas de exclusão no interior da própria escola (Glat e Pletsch, 2011, p. 31).

Na escola investigada, ocorrem situações que se aproximam das considerações citadas anteriormente, pois a instalação do setor de AEE não tem garantido a inclusão dos alunos com necessidades especiais.

O AEE revela invisibilidade do caráter institucional e pedagógico, pois não atende às diversas necessidades dos alunos e não consegue desenvolver ações curriculares suplementares com os professores do Ensino Fundamental.

> Observa-se que os alunos com mais dificuldade de aprendizagem no ensino regular, recebem as mesmas orientações que os alunos comuns. Uns chegam até dormir na sala de aula e ficam assim até a hora da merenda (Registro de observação).

Na articulação entre o setor de AEE e as classes comuns, percebe-se a ausência de estratégias sistemáticas, o que coincide com os resultados de pesquisas desenvolvidas por Michels, Carneiro e Garcia (2012). Essas pesquisadoras afirmam, também, que o envolvimento desses dois segmentos surge e se concretiza, no cotidiano da escola, a partir da participação dos professores do Ensino Regular e daqueles que atuam no setor AEE, tendo em vista a aprendizagem dos alunos em processo de inclusão.

Apesar dos obstáculos encontrados, alguns depoimentos, sobretudo de professores dos anos iniciais, enfocam aspectos positivos dos trabalhos desenvolvidos pelo AEE na Escola Luz do Sol:

> Ela conversa, identifica, dá sugestões. Professora trabalha assim. Quando ela tem alguma sugestão, ela mostra, traz encarte e revista, vamos fazer, é... Aquele... Jogo da memória. Ela me ensinou a fazer alguns materiais (P24).

> Quando ela chega, ela vai lá na sala, procura ver como ele tá, diz com ele tá, se está faltando. Aí ela pede pra falar com a mãe. Aí é esse contato do dia a dia mesmo. Chega, ela me procura, vai na sala, ou então eu procuro, tenho alguma

> coisa pra conversar com ela. A gente, sempre na quarta-feira, que ela tá aqui de manhã, sempre conversamos. Ou até por telefone sempre tem esse contato (P24).

> Aqui é bom, porque num é só incluir o aluno em sala de aula, mas dar suporte ao professor; pra isso, nesse caso eu tenho, tem uma professora de apoio e tem essa outra psicóloga que eu num estou lembrada o nome dela (P17).

Os depoimentos revelam que as relações entre os dois segmentos são frágeis, no entanto, os professores do Ensino Regular declaram que necessitam do suporte oferecido pelo setor de AEE. Tais posicionamentos legitimam a presença do suporte em sala de aula para promover a educação e a inclusão dos alunos com deficiência. No entanto, verificou-se a não inserção desse aluno no contexto escolar.

No decorrer do período de observações, constatou-se que não houve melhorias significativas no processo de aprendizagem dos alunos com deficiência, apesar da presença do suporte ou do apoio. Tais constatações ocorreram, também, nos resultados já citados, que são inerentes à primeira categoria de análise.

Convém, ainda, expor mais um obstáculo que se impõe ao processo de ensino e aprendizagem: na dinâmica da sala de aula, alguns alunos dominavam bem determinados conteúdos de ensino, no entanto não colaboravam com os colegas que estavam em fases diferenciadas de conhecimento.

> Muito bem! Sua resposta está correta! Agora sente-se e continue a tarefa. Se quiser pode ir tomar água e ir ao banheiro (Registro de observação).

Os resultados das observações fundamentam a seguinte afirmação: a não identificação entre os objetivos do Ensino Fundamental e as finalidades do setor de AEE afasta a Escola Luz do Sol de um projeto mais inclusivo. Tal situação é agravada pelo grau de desconhecimento das finalidades do AEE, revelado pelos professores dos anos iniciais e finais do Ensino Fundamental, conforme os depoimentos a seguir:

> Nessa escola eu não conheço nada. Não conhece nada? Não tocam nesse tema. Tá entendendo? Quer dizer, eu tenho participado dos conselhos, das reuniões, não se trata desse assunto aqui (P31).

> O que eu sei é que tem aquelas meninas que ficam com os meninos que têm problemas, só, só sei isso mesmo! Lá na sede a gente tem uma sala de recursos multifuncionais, você sabe de alguma coisa? Não, não! (P22).

> E na escola, nesta escola, o que você conhece sobre o AEE? Nada. Eu não conheço nada. Eu realmente... não me é passado nada sobre isso. Eu não tenho conhecimento de nada. Eu só sei que eles são acompanhados, com a sala específica durante a semana, durante o dia e à noite eles vão. Mas que não é passado nada pra mim (P3).

> E... em relação, como é esse atendimento aqui na escola, aí é como eu já disse: eu não sei se é porque meu aluno, ele não tem laudo, que aí eu não sinta... Essa diferença que você fala é em relação a quê? Não sei. Pra que serviria esse atendimento especializado? Não é como apoio pra ver as necessidades e tentar dar uma ajuda? Eu não tenho sentido muita... Eu nem sei dizer se esse aluno tá vindo pra os atendimentos à tarde. Se ele é atendido. De manhã não. À tarde eu acredito que ele não tá vindo ou que não tenha tido o atendimento (P25).

Nos anos finais do Ensino Fundamental, o desconhecimento dos serviços oferecidos pelo setor de AEE é mais acentuado. Vide depoimentos que se seguem.

> Não posso dizer que eu conheço. E aqui na escola o que é que você conhece sobre o atendimento? Do atendimento, o quê? O que eu conheço é que tem uma professora que tem uma sala que faz trabalhos com alunos de outro turno, porque meu turno não é; se faz trabalho com alunos da minha sala, deveria ser passado, não sei se deveria ser passado, não sei como é esse processo, não sei (P5).

> Eu percebo que tem professores que até tem uma certa curiosidade, mas só, não vai muito além disso, não, especialmente, fundamental II (P9).

O desconhecimento e a falta de interesse dos professores do Ensino Regular não têm perturbado a imagem que o AEE faz de si mesmo, pois se considera como um instrumento que contribui de forma consistente para o processo de inclusão dos alunos com deficiência. A professora responsável pelo setor destaca as seguintes ações: tentativas de integração entre família e escola e articulação com outras escolas localizadas nas proximidades.

> A sala de atendimento educacional está cumprindo o papel que foi designada, de melhorar a aprendizagem do aluno. Eles dizem que esse atendimento não deveria ser só para o aluno com deficiência. Esse atendimento deveria ser estendido é a todos os alunos (P2).
>
> De maneira nenhuma, não contribui. Eu acho que pode até causar até, depois, até uma certa rejeição do próprio aluno. O aluno vai e sente de qualquer forma ele sente seja o problema que for (P20).
>
> Você, enquanto professora, tem esse contato nesse atendimento pra falar das suas necessidades enquanto professora? Ainda não. Ainda não teve essa oportunidade, não. Esse ano não. É importante. Em outros momentos você já teve? Tive, mas é uma coisa muito solta (P12).

Há dicotomias entre o discurso relativo ao setor de AEE e a realidade, pois a escolarização dos alunos com deficiência é sempre negligenciada. No contexto da Escola Luz do Sol, há uma "caricatura" do processo de práticas inclusivas, conforme depoimento a seguir.

> Olha, porque eu sei assim, eu sei que tem o AEE, que dá o apoio, né [?], na área de psicopedagogia, não é isso? Mas eu realmente, eu não sei mesmo como é o trabalho não, é... Então, eu nem posso nem falar algo. Eu sei que ela faz o atendimento, né [?], para auxiliar esses alunos, mas não sei especificamente como é o trabalho que ela realiza com esses alunos. Aí eu nem posso assim... (P6).

Nesse mesmo sentido, Dorziat (2013, p. 193) afirma:

> O ideal de inclusão que consiste em modificações (seja no currículo escolar, em métodos ou estrutura física) das escolas regulares de ensino com o objetivo de adaptação das mesmas às necessidades dos educandos, ainda se encontra no plano das ideias.

O ideário de uma prática pedagógica inclusiva caminha na contramão da lógica existente no cotidiano escolar, que está constituído pelo somatório de sucessivos modelos comportamentais. Tais modelos estão distantes da realidade humana e não atendem às necessidades educacionais e formativas dos alunos com deficiência.

> Ainda há barreiras, volto a dizer "barreiras", por exemplo, no tocante quantitativo de alunos, demasiadamente grande, quando você precisa da atenção especial a alguns

> alunos e você às vezes não consegue, por conta da turma ser grande, heterogênea, é lógico, a questão disciplinar, então, muitas vezes você perde tempo chamando atenção de um aluno, e esse tempo deveria ser dedicado àquele que tem a necessidade especial de aprendizagem, mas o professor infelizmente, do ponto de vista pedagógico, ele também sofre influência da questão burocrática, ele tem que planejar, preencher caderneta, fazer a chamada (P14).

O depoimento ressalta que a heterogeneidade demonstra ser um mecanismo nefasto às atividades desenvolvidas no interior da sala de aula, que dificulta o processo de inclusão. Em geral, entre os professores da rede pública de ensino, as diferenças sobressaem-se como principal obstáculo ao trabalho docente, pois não são consideradas como características intrínsecas ao ser humano. Asseguram, também, que a rotina estabelecida em sala de aula se torna um exercício burocrático, que se inicia desde a elaboração do planejamento, registros nas cadernetas das aulas e frequência dos alunos. Nessa dinâmica, há implicações de que o contexto apresentado não é satisfatório para que o trabalho do professor seja mais propositivo para a inclusão dos alunos, que demonstram mais necessidades de ser atendidos.

Nesse sentido, constatou-se que os resultados de estudos e pesquisas de Braun e Vianna (2011); Glat e Pletsch (2011); Mendes e Malheiro (2012); Mendes, Silva e Pletsch (2001); e Michels, Carneiro e Garcia (2012) ressaltam que as políticas públicas de Educação Especial na perspectiva da Educação Inclusiva, a partir do Governo Lula (2003-2010), centralizam seus investimentos na implantação de Salas de Recursos Multifuncionais e no fortalecimento dos serviços educacionais especializados.

Diante do que preconizam os ditames legais e conceituais, verifica-se que, neste estudo de caso, a Sala de Recursos Multifuncionais e o Atendimento Educacional Especializado passam a ser desarticulados entre si e para os atores sociais. São dois objetos antagônicos para a comunidade escolar e para a unidade de ensino. Os professores desconhecem a sala e as atividades desenvolvidas em seu interior. Tais relações apresentam características de uma fase histórica da Educação Especial em que as classes especiais faziam parte de um cenário isolado do contexto geral da escola, carregado de estigmas e preconceitos em relação à educação dos alunos com deficiência e às salas regulares.

Na Escola Luz do Sol, o AEE resume-se a uma única professora, que, apesar de atender os prenúncios de uma formação qualificada, mestrado em Linguística, não dá conta da diversidade dos alunos que fazem parte dos atendimentos. Mostra-se, então, "mediadora de conflitos administrativos" e não uma mediadora da aprendizagem.

Nesse conjunto de observações, percebe-se que, apesar dos benefícios oriundos dos investimentos e políticas públicas, de acordo com os resultados da presente pesquisa, reafirma-se que a cisão entre ensino regular e os serviços oferecidos pelo AEE continua impedindo o processo de inclusão plena dos alunos com deficiência. O serviço não tem condições de renovar suas práticas pedagógicas, que devem atender às necessidades dos alunos que constituem o universo da Educação Especial e sua inclusão no contexto do Ensino Fundamental.

Capítulo 6

Prática Pedagógica Inclusiva nos Discursos dos Sujeitos

Como já anunciado no percurso da pesquisa, para melhor caracterizar a prática pedagógica inclusiva na Escola Luz do Sol, realizou-se uma entrevista semiestruturada com profissionais que nela atuavam: 17 professores, três apoios, quatro supervisores, um representante do conselho escolar, dois gestores, um técnico e quatro pais.

Os depoimentos recolhidos com essas entrevistas foram processados no software Alceste. Como já mencionado neste texto, o software apresenta toda uma preparação do material para ser analisado. Primeiramente, o corpus de análise deve ser um conjunto textual monotemático, a fim de garantir a fidelidade do procedimento do programa, composto pelas Unidades de Contexto Iniciais (UCIs). Nesta pesquisa, fez-se uma limpeza geral, tendo sido retiradas do texto as expressões "né", "tá", "pra" e "tava" e, também, os detalhes de falas que estavam entre parênteses e caracteres, tais como: aspas, apóstrofos e cifrões. As siglas também sofreram mudanças, porém permaneceram com a inicial maiúscula e, as palavras compostas tiveram o hífen substituído pelo sinal *underline*. Todo o arquivo foi digitado na fonte courier new, fonte 10, espaçamento simples, alinhado à esquerda.

Logo em seguida, todas as entrevistas foram agrupadas em um único arquivo Word no formato "somente texto sem quebra de linhas", separadas por linhas com asteriscos, que continham os códigos de identificação de cada Unidade de Contexto Inicial, que, no caso, corresponderam às respostas das entrevistas.

Para identificar os sujeitos, foram utilizadas sete variáveis, quais sejam: número de protocolo de entrevista, sujeito, idade, sexo, tempo de serviço, formação, tempo na rede de ensino investigada. Para os participantes que não exerciam a docência, foram colocados apenas: número de protocolo de entrevista, sujeito, idade, sexo, formação. As 32 UCIs, ou seja, o total das entrevistas constituiu o corpus da análise, formado por 441.357 caracteres e 113 páginas, aqui designado **"Prática Pedagógica Inclusiva"**.

Convém lembrar que, conforme as regras do software, para que o processamento da análise seja considerado satisfatório, é necessário que, pelo menos 70% do corpus nele processado, seja analisado. No caso deste material de pesquisa, obteve-se um nível de satisfação muito bom, uma vez que 93% das informações foram processadas e, apenas, 7% obtiveram um índice de rejeição das UCIs.

Como resultado do procedimento de análise, obteve-se um total de 1.748 Unidades de Contexto Elementares (UCEs) e duas classes estáveis que não apresentaram nenhuma subdivisão. A Classe 1 organizou os depoimentos dos professores. A Classe 2 organizou os depoimentos de pais e apoios. Na Figura 2, a seguir apresentada, visualizam-se as duas classes que sintetizam os conteúdos dos depoimentos sobre prática pedagógica inclusiva: a escola e a sala de aula; os pais e os filhos.

Figura 2 – Dendrograma referente à Classificação Hierárquica Descendente (CHD) do corpus "Prática Pedagógica Inclusiva"

PRÁTICA PEDAGÓGICA INCLUSIVA

CLASSE 1 A escola e a sala de aula (60%)		CLASSE 2 Os pais e os filhos (33%)	
Palavras	f	Palavras	f
Aluno	340	Menino	145
Necessidade	149	Ele	740
Precisa	165	Ano	127
Deficiência	173	Ela	465
Recurso	87	Dele	122
Trabalho	284	Eu	997
Atendimento	122	Sabe	127
Gente	498	Passa	111
Prática	93	Fica	144
Formação	135	Tinha	113
Inclusão	85	Foi	133
Escola	290	Mãe	61

Fonte: a autora (2014)

A Classe 1, intitulada **Prática Pedagógica Inclusiva na Escola e na Sala Aula**, organizou 60% das UCEs e representa o contexto temático mais significativo dos dados apurados pelo programa.

Essa classe está composta por 1.037 UCEs, o correspondente a 60% do corpus analisado. Nela se situam palavras: aluno (f = 340); necessidade (f = 149); precisa (f = 165); deficiência (f = 173); recurso (f = 87); trabalho (f = 284); atendimento (f = 122); gente (f = 298); prática (f = 93); formação (f = 135); inclusão (f = 85) e escola (f = 290). No material da Classe 1, identificam-se três temas: **Ausência de formação dos profissionais**; **Condições de trabalho**; e **Desarticulação entre os serviços educacionais regular e especializado**. Ressalta-se que esses temas são interdependentes entre si e não podem ser vistos isolados um do outro. Eles sintetizam os discursos do grupo participante acerca da prática inclusiva no cotidiano da Escola Luz do Sol.

6.1 Classe 1 – Ausência de Formação dos Profissionais

Os professores entrevistados são todos graduados e, apenas dois não têm formação em curso de licenciatura. Do grupo, 2 são mestres, 18 são especialistas e 2 estão matriculados em algum curso de especialização. Em termos acadêmicos, os professores estão devidamente qualificados, no entanto, em seus depoimentos, justificam a impossibilidade de incluir o aluno com deficiência em razão da falta de formação. Esses professores admitem, que não têm preparo profissional técnico para desenvolver uma prática docente, que contemple a inclusão de alunos com deficiência. Referem-se aos limites da formação inicial e continuada como entraves à prática inclusiva.

A falta de preparo profissional dos docentes como obstáculo à inclusão dos alunos com deficiência na escola e na sala de aula já vem sendo recorrentemente tratada nas pesquisas nesse campo, tais como: Carvalho (2008); Fontes *et al.* (2007); Leão (2004); Magalhães (2011); Oliveira e Machado (2007); Pletsch (2009b); Possa e Naujorks (2014); Sant'Ana (2005); Saraiva, Vicente, Ferenc (2007) e Silva (2014);

A formação docente, de acordo com Mendes (2009), é um dos elementos para a inclusão escolar, por meio da qual os recursos humanos se potencializam para o exercício de suas práticas. É necessário que os professores estejam habilitados, sejam remunerados e reconhecidos socialmente. Nesse sentido, o preparo desse profissional não pode estar desvinculado das condições de trabalho, de um ambiente condizente com o exercício do aprender e do ensinar dos atores sociais, que estão envolvidos no processo educativo. A formação do docente deve contribuir para atuação do professor em sala de aula e, também, para a construção de um sujeito reflexivo e comprometido com a sua condição profissional do magistério. Segundo Santiago (2006), no decorrer da ação docente, tendo como base o desenvolvimento de reflexões críticas do cotidiano escolar, cada um constrói competências necessárias ao desenvolvimento profissional.

Inúmeros e diversificados fatores interferem no processo de formação do professor, em decorrência, por exemplo, das diferenças existentes entre as instituições de ensino, que têm currículos e propostas formativas distintas. Cada sujeito está envolvido em uma cultura escolar, cujas interferências repercutem, diretamente, nas práticas docentes e nas situações de aprendizagem. A cultura escolar está constituída de significados, expectativas e comportamentos que são compartilhados por um determinado grupo, o que favorece o surgimento de variados intercâmbios sociais. Por conseguinte, a cultura escolar potencializa ou limita as relações entre os sujeitos e as produções simbólicas e materiais, no âmbito das realizações individuais e coletivas, que são demarcadas por espaço e tempo específicos. De acordo com Candau e Moreira (2003), não é possível conceber uma experiência pedagógica *desculturizada*. A escola é um lugar que reflete as condições sociais e, também, as demandas de determinados grupos hegemônicos, portanto torna-se um vasto cenário de contradições e tensões sociais. Desse modo, a formação docente é um instrumento que favorece a construção da identidade profissional e possibilita o desenvolvimento do trabalho docente.

Em suma, a análise das respostas obtidas nas entrevistas endossou os resultados das observações, que permitiram identificar a precariedade da formação dos professores, que estão trabalhando com alunos com algum tipo de deficiência, ou seja, com educação inclusiva. Tais constatações serão detalhadas a seguir.

6.1.1 Limites da Formação Inicial

Os cursos de formação de professores são alvo de diversas críticas relativas à preparação de docentes que irão atuar na educação básica regular e à ineficiência para garantir a educação das pessoas com deficiência. Nesta pesquisa, não há diferenças. Na visão dos professores, o despreparo profissional é decorrente das lacunas existentes no processo de formação inicial e continuada, o que constitui um grande empecilho à inclusão das crianças e adolescentes na escola. Os docentes enfatizaram o caráter teórico dos cursos de graduação e pós-graduação, a insuficiência dos conteúdos trabalhados e uma certa idealização de alunos e de escola.

> Todos os professores, que eu posso dizer assim, até audaciosamente, que o professorado não foi preparado pra isso, não vou dizer que foi, porque passou pela faculdade, não, são eles, muito do que está escrito não está se pondo em prática, é irreal (P5).
>
> Então, as coisas ainda estão neste patamar, mesmo tendo aumentado o número de especializações de educação especial, mas eu penso ainda que dentro da pedagogia precisa vir um espaço maior pra isso, coisa que não tem! É uma cadeira ou muito duas, especial I e II. E as especializações, enfim, ainda não, não... Não dão esse suporte mesmo, não está dando vazão (P9).
>
> Bom, eu acho que, se nós professores tivéssemos, é... Uma... Como é que se diz... formação voltada para isso, pra trabalhar com aluno especial, seria mais fácil e tivesse recursos, né [?], seria ideal (P20).

Desde os anos 1990, organismos internacionais vinculados à educação inclusiva têm feito determinadas recomendações ao governo brasileiro segundo as quais as escolas precisam ser preparadas para receber alunos que apresentem algum tipo de deficiência (Declaração Mundial sobre Educação Para Todos, 1990; Declaração de Salamanca, 1994). Como já pontuado nesta pesquisa, esse movimento impulsionou mudanças na legislação brasileira, no que se refere à educação inclusiva e à formação inicial docente. A adoção de uma perspectiva inclusiva de educação como direito de todos os cidadãos foi incorporada pela legislação e, de algum modo, influenciou os processos formativos de professores.

Já no início da década de 1990[16], em termos legais, tem sido estabelecida a necessidade complementar a formação de professores e de outros profissionais que irão atender pessoas com deficiência. Em relação aos

---

[16] A Portaria n.º 1.793, de dezembro de 1994, recomenda a inclusão da disciplina Aspectos Ético-Político-Educacionais da Normalização e Integração da Pessoa Portadora de Necessidades Especiais, enfatizando prioritariamente os cursos de licenciatura em Pedagogia, Psicologia e outro. A lei recomenda ainda a inclusão dos conteúdos da referida disciplina em cursos da área de Saúde, como Educação Física, Enfermagem, Farmácia, Fisioterapia, Fonoaudiologia, Medicina, Nutrição, Odontologia, Terapia Ocupacional, no curso de Serviço Social.

profissionais da educação, a Lei de Diretrizes e Bases n.º 9.394/1996, em seu Art. 61, proclama que a formação desses profissionais precisa atender os objetivos dos diferentes níveis e modalidades de ensino, apoiada nos seguintes fundamentos:

> I - a associação entre teorias e práticas, inclusive mediante a capacitação em serviço;
> II - aproveitamento da formação e experiências anteriores em instituições de ensino e outras atividades. (Brasil, 1996, p. 120).

Nas Diretrizes Nacionais para a Educação Especial na Educação Básica (DNEE), vide Brasil (2001a), a formação dos professores tem como foco o ensino para a diversidade e o desenvolvimento de trabalho de equipes. Inspirado pela LDBEN de 1996, Art. 59, o documento supracitado faz referências a dois perfis de professor que poderão atuar com os alunos com deficiência: o professor capacitado e o professor especializado em educação especial. Professor capacitado é aquele que apresenta em sua formação, em nível médio ou superior, conteúdos e/ou disciplinas que contemplem a área da educação especial. Com base na sua formação, estará capacitado para desenvolver as seguintes ações: identificar as necessidades dos alunos; flexibilizar sua prática docente de acordo com os diversos campos do conhecimento; avaliar a eficácia do processo educativo e atuar junto à equipe multidisciplinar da escola.

Cabem ao professor especializado em educação especial as seguintes tarefas: identificar as necessidades educacionais; definir e implantar intervenções pedagógicas alternativas; propor a elaboração de um currículo adaptado às características dos alunos que apresentam necessidades especiais e apoiar o professor da classe comum, nos processos de desenvolvimento da aprendizagem. Quanto à sua formação, as DNEE (Brasil, 2001a, p. 32) estabelecem que:

> a) formação em cursos de licenciatura em educação especial ou em uma de suas áreas, preferencialmente de modo concomitante e associado à licenciatura para a educação infantil ou para os anos iniciais do ensino fundamental; e
> b) complementação de estudos ou pós-graduação em áreas específicas da educação especial, posterior à licenciatura nas diferentes áreas de conhecimento, para atuação nos anos finais do ensino fundamental e no ensino médio.

Nessa perspectiva, Bueno (1999) discute o tema "formação docente" e enfatiza aspectos relativos ao sentido de ser generalista ou especialista. Segundo o autor, a preparação do professor é fator indispensável ao trabalho docente, tendo em vista a inclusão de alunos com deficiência na escola. No entanto, outros fatores são necessários, por exemplo, a definição, no projeto político, de ações específicas relativas ao rendimento do aluno e à qualificação do professor.

Na mesma linha de preocupação, o Parecer n.º CNE/CP 0009/2001, que institui as Diretrizes Curriculares Nacionais para a Formação de Professores da Educação Básica, em Nível Superior, em Curso de Licenciatura de Graduação Plena, cita diversas dificuldades que se interpõem à implantação de políticas educacionais, notadamente o preparo inadequado dos professores. Entre essas diretrizes para atuação docente, que se coadunam com uma perspectiva em direção à inclusão dos alunos com deficiência, convém destacar:

> [...] orientar e mediar o ensino para a aprendizagem dos alunos; comprometer-se com o sucesso da aprendizagem dos alunos; assumir e saber lidar com a diversidade existente entre os alunos (Brasil, 2001b, p. 4).

Além disso, o referido documento, coerente com a legislação de ensino em vigor e com as discussões acadêmicas mais amplas a respeito do papel dos professores, no processo educativo, determina que é preciso:

> [...] fomentar e fortalecer processos de mudança no interior das instituições formadoras; fortalecer e aprimorar a capacidade acadêmica e profissional dos docentes formadores; atualizar e aperfeiçoar os formatos de preparação e os currículos vivenciados, considerando as mudanças em curso na organização pedagógica e curricular da educação básica; dar relevo à docência como base da formação, relacionando teoria e prática; promover a atualização de recursos bibliográficos e tecnológicos em todas as instituições ou cursos de formação (Brasil, 2001b, p. 4).

As Diretrizes sobre Formação de Professores nos Cursos de Licenciatura (2001b) apresentam, de forma aligeirada, o que deve ser previsto para a formação dos docentes em relação aos alunos com deficiência na educação básica. O Parágrafo 3º do Art. 6º estabelece que os conhecimentos exigidos para a constituição das competências devem propiciar a inserção de um debate relativo aos aspectos socioeconômicos e culturais do desenvolvimento humano. É necessário destacar que o Inciso II se refere ao conhecimento de crianças, adolescentes, jovens e adultos e inclui, aqui, as especificidades dos alunos com necessidades educacionais especiais (termo utilizado no documento).

Esse documento não contém informações suficientes relativas ao processo de ensino e de aprendizagem, na perspectiva da educação inclusiva, nas licenciaturas.

No que concerne às Diretrizes Curriculares Nacionais para o Curso de Graduação de Pedagogia (Brasil, 2001b), a formação docente para atender as necessidades dos alunos com deficiência está posta como atividade complementar, portanto sem o caráter de obrigatoriedade. A educação especial, a educação do campo, a educação indígena e a educação dos remanescentes de quilombos são colocadas como opcionais para os estudantes no período de formação.

As instituições formadoras não são completamente omissas em relação à educação inclusiva, pois esse conteúdo faz parte da formação inicial. Sant'Ana, F.M., (2005), que investigou as matrizes curriculares dos cursos de Pedagogia e do curso normal superior das instituições de ensino superior do Recife, identificou que os conteúdos das disciplinas de educação especial e afins contribuem para a formação de professor para educação inclusiva e correspondem às determinações da Resolução CNE/CEB n.º 2, de 11 de setembro de 2001 do MEC (Brasil, 2001c). No entanto, a autora considera que, apenas, a presença de tais conteúdos, nas matrizes curriculares, não é suficiente para garantir a preparação do professor.

Sob essa mesma ótica, a pesquisa ora apresentada, que focaliza as práticas pedagógicas na escola, constata a existência de descompasso entre a formação inicial e a prática inclusiva. A observação das práticas dos professores e a análise de seus depoimentos confirmam esse descompasso, conforme o que se segue:

> Nenhum! Nenhum, não foi visualizado na minha formação gradual e na pós-graduação, não foi passado isso, é por isso que, me desculpe dizer isso, essa inclusão é fantasiosa, professora, é fantasiosa! (P5).

> [...] não, não sou apta para... porque eu teria que estudar muito mais para lidar com essas questões porque é muito difícil numa sala de 40 pessoas, 30 às vezes, você garantir o aprendizado de uma pessoa que às vezes não ouve bem, não escuta bem, o intelecto também não está de acordo

> com a maioria. Todo mundo tem umas deficiências, às vezes eu também tenho, mas na época da gente não davam mais, eu acho que a gente não tinha medo de se preocupar, nem se preocupava com que o outro que tinha liberdade, mas eu acho muito difícil, não me sinto 100% capacitada para trabalhar com essas pessoas, eu acho que eu deveria ter mais impulso para isso, eu e todos os professores (P7).

Em consonância com o mencionado anteriormente, Mendes; Silva e Pletsch (2011, p. 144) afirmam que o Sistema de Ensino Superior no Brasil tem tido poucas reações proativas na definição de prioridades para a área. Na mesma direção, Pletsch (2009b p. 150) considera que:

> [...] as licenciaturas não estão preparadas para desempenhar a função de formar professores que saibam lidar com a heterogeneidade posta pela inclusão. Isso é preocupante, pois os alunos bem ou mal estão sendo incluídos e cada vez mais as salas de aula se diversificam, embora, evidentemente, não no ritmo desejado.

O discurso legal instituído, aqui apresentado, referente à formação inicial do professor para o desenvolvimento de uma prática docente inclusiva, quando comparado aos depoimentos dos professores, pode ser considerado apenas uma preocupação retórica. Os documentos legais do período reconhecem a necessidade de formar professores, tendo em vista a educação inclusiva. Contudo, há quase duas décadas, a produção científica brasileira vem mostrando as dificuldades e o despreparo do professor para lidar com o aluno com deficiência e garantir-lhe, especialmente, o direito de aprender. Não se pode negar que diversos conhecimentos sobre educação inclusiva estão sendo difundidos na formação inicial de professores, mas não têm impactado, positivamente, as práticas docentes para favorecer a inclusão.

6.1.2 Limites da Formação Continuada

Muitos professores não tiveram oportunidade de estudar o tema "educação inclusiva" durante a formação inicial, e reclamam da ausência de formação continuada. Afirmou um dos entrevistados:

> [...] mas da secretaria, formação continuada, a gente não teve nenhuma formação continuada a respeito. Sabendo que a gente trata, né [?], a gente tem esses alunos. Pelo menos até então, eu não me lembro de ter formação específica. Eu nunca participei. Na escola, também não (P6).

Nesse depoimento, há ressentimentos relativos à formação continuada e a seus organizadores. Os professores reconheceram a necessidade de discutir sobre currículo, avaliação, planejamento e educação especial.

Nesta pesquisa, os professores ouvidos demonstraram interesse por uma formação continuada para suprir as dificuldades que enfrentam no cotidiano. No entanto, os momentos destinados à formação continuada dos docentes foram subutilizados, pois o tema "inclusão", considerado um obstáculo à prática docente, não foi tomado como objeto de debate, durante os estudos realizados em grupo, na Escola Luz do Sol.

Nos encontros destinados à formação continuada do professor, na referendada escola, foram enfocados os seguintes temas: relações interpessoais, organização da rotina escolar e curso de oratória.

"Relações interpessoais". No encontro destinado a esse tema, merece destaque a seguinte tarefa: cada professor escreveu uma carta, na qual deveria narrar momentos vividos na escola. Tal atividade tem como finalidade oferecer ao professor a oportunidade de refletir sobre as relações estabelecidas no cotidiano escolar. Uma afirmou: "*Eu tô gostando, é tanta imagem bonita, alegre, é relaxante*".

"Organização da rotina escolar". Esse encontro ocorreu na sala de recursos multifuncionais da escola, com a participação de professores e da bibliotecária. Foram discutidos e estudados os temas: saídas de discentes para o pátio; necessidade de os alunos trazerem água de casa; comunicação das ausências à escola; planejamento do ano letivo; e ensino da temática História e Cultura Afro-Brasileira e Indígena, de acordo com a Lei n.º 11.645/2008. Na ocasião, foi distribuída aos docentes participantes uma pasta com o seguinte material: caderno, calendário escolar, calendário interno, programação do ano letivo 2013 e um quadro com os nomes dos componentes da equipe gestora da escola.

"Curso de oratória". Uma empresa privada foi contratada para ministrar esse curso, que enfocou o uso adequado da voz e postura do orador. Um fragmento transcrito do protocolo de campo ilustra o tema:

> Quem conhece sua voz? Hoje vamos aprender os seguintes conteúdos; saúde vocal do orador; sistema de ressonância; entendendo a produção vocal; velocidade da voz; projeção vocal; expressão corporal; gestos e posturas aconselháveis e desaconselháveis; técnicas de respiração e relaxamento,

> exercício articulatório e aquecimento e desaquecimento vocal. Vamos trabalhar com um recurso importante para o nosso trabalho (Registro de observação).

Segundo relato verbal de um dos participantes, o curso de oratória como formação continuada foi solicitado pelos professores e deveria ter sido realizado em 2012, ano anterior a esta pesquisa. A escolha foi feita pelo Conselho Escolar, para atender um maior número de solicitações. Outros temas foram sugeridos pelos docentes: relações interpessoais, relacionamento professor/aluno, hierarquia, o agir profissional e pessoal do professor.

Em relação ao interesse pelo curso de oratória, surgiram as seguintes justificativas: o trabalho do professor é, predominantemente, oral; as formas de linguagem estão passando por acentuadas mudanças, em decorrência do uso da internet e das redes sociais e do Facebook, e necessidade de maior treino da comunicação oral dos docentes.

No decorrer da pesquisa, além dos encontros ocorridos no interior da escola, houve um evento promovido pela Secretaria Municipal de Educação do Jaboatão, destinado à formação continuada, do qual participaram cerca de 3 mil professores. Além da abertura festiva em tons carnavalescos, foi apresentada uma peça de teatro, na qual uma personagem falava da contribuição da ciência para o mundo. Essa atividade foi desenvolvida na abertura do ano letivo.

Impõe-se enfatizar que, após o espetáculo cultural, não houve nenhuma mediação junto aos professores, que se tornaram apenas expectadores, pois não debateram o tema veiculado. Durante esse evento, eles não discutiram os compromissos decorrentes do fazer pedagógico nem os problemas do cotidiano escolar. Apesar dessas lacunas, no encontro de formação continuada, havia um clima repleto de afetividade entre os docentes.

Para compreender melhor tal constatação, impõe-se procurar apoio, mais uma vez, na literatura especializada. De acordo com Molina; Prieto e Sofiato (2015), em geral, os entraves à inclusão estão vinculados à própria forma de organização da Educação Especial no Brasil, que foi tardia e tradicionalmente oferecida em espaços segregados, portanto a prática dos profissionais era direcionada para esses espaços. Segundo as autoras, a inclusão nos espaços regulares gerou a demanda por formação docente. Nessa perspectiva, Nóvoa (1995) afirma que o valor da formação do docente para as práticas não é resultante, apenas, do acúmulo de cursos, conhecimentos ou técnicas. A formação docente decorre de reflexões sobre as práticas, que contribuem para reconfiguração da identidade desses profissionais.

Pensando a formação do professor a partir de Nóvoa (1995), pode-se afirmar que os depoimentos dos professores ouvidos nesta pesquisa oscilam entre duas perspectivas de formação continuada: a primeira está vinculada à racionalidade técnica que oferece métodos, subsídios e técnicas para lidar com aluno com deficiência; a segunda perspectiva está baseada na concepção de que a formação docente é um processo gradativo, que inclui conteúdos disciplinares e técnicos e, também, diversas aprendizagens decorrentes de experiências no cotidiano escolar. Tais experiências levam o professor a adotar determinadas estratégias e usar os recursos disponíveis na escola, para trabalhar com o grupo de alunos com deficiência. As falas dos professores são ilustrativas:

> Falta mesmo capacitação pra que o professor conheça os métodos, as técnicas e possa implementar. Eu, eu confesso a você que eu trato todos eles, sabe... Até porque eu não tinha nem conhecimento do que era deficiência. Aí eu não sei... Eu confesso a você que eu gostaria muito, assim, de ter uma capacitação boa, que a gente pudesse tratar de metodologia, de técnicas, que a gente pudesse, né? Ter um guia não é pra dizer assim: como é que você vai tratar aquele aluno. Eu não sei, eu não sei não, me foge, assim, e é um tema tão importante (P31).

> A escola vai se ajustando. A escola também tá aprendendo, porque não é sempre que a gente tem trabalhado com esse tipo de aluno, que é aluno da inclusão, aluno com deficiência. E os professores também estão se adequando, nem todos estão preparados (P18).

> Aí volto de novo: a rede não está oferecendo condições de preparação através de formação para que esses professores trabalhem com alunos com deficiência. A grande dificuldade da rede é funcionário que prega o que a escola é inclusiva. A escola precisa realmente dizer e fazer o papel de inclusiva (P2).

> Bom. A gente não tem capacitação, a gente não tem reciclagem específica. É... Não é trabalhado com a gente esse currículo diferenciado. Metodologia é o que a gente tenta buscar pela internet, dos livros, certo? Não é trabalhado, não há investimento em relação a isso da rede. No magistério

> tinha uma cadeira, foi há... Uns 15 anos mais ou menos. Nesse curso de especialização teve, mais geral, certo? Não era cadeira específica não (P25).

Conforme afirmam Jesus e Alves (2011), a formação de professores tem implicações nos sistemas de ensino, nas escolas e nas agências de formação inicial e continuada.

Os professores pesquisados consideram que as políticas públicas podem trazer resultados positivos para a formação docente voltada para educação inclusiva. Contudo, tais investimentos não podem ser reduzidos à oferta de cursos, uma vez que há necessidade de um projeto de educação que considere o professor, suas condições de trabalho e, principalmente, tempo para se dedicar às atividades docentes. Conforme relatos a seguir.

> É justamente a formação dos professores. Pode ser das duas formas, como formação continuada ou como universidade, agora a gente precisa ter tempo pra isso, a carga horária, tem gente que tem os três horários, como é que vai fazer isso? No caso, eu tenho dois, Recife e Jaboatão, Recife de manhã, Jaboatão à tarde. Muito corrido! Muito, muito corrido! (P21).

> [...] não se para para fazer um planejamento específico para esse tipo de aluno, não se para para praticamente nada, nem para se fazer uma caderneta, você tem que se virar para fazer a caderneta que nunca chega na data, né? Então, eu acho que é um problema sério (P14).

Os depoimentos *supra* sugerem que a efetivação da prática pedagógica inclusiva exige mudanças no projeto de escola vigente. Ressaltam os limites que enfrentam em suas vidas, por exemplo, a necessidade de assumir vários vínculos profissionais simultâneos como garantia de sobrevivência; falta de tempo para estudar e preparar o material pedagógico; e ausência de trabalho coletivo na escola. Dessa forma, os professores colocam em evidência a impossibilidade de uma escola inclusiva. Tais posicionamentos são semelhantes às afirmações de Giroto, Poker e Omote (2012, p. 12):

> [...] a organização do sistema educacional, na perspectiva inclusiva, aponta para um novo modelo de escola e, consequentemente, um novo modelo de formação docente, que requer um professor preparado para atuar em uma escola pautada na atenção à diversidade, para desenvolver sua prática pedagógica considerando diferentes modos de

aprender e ensinar, contrários à cultura escolar tradicional, até então vigente, historicamente excludente, seletiva, pautada em um modelo de ensino homogeneizador.

Conforme os autores citados, um sistema educacional, na perspectiva inclusiva, sugere um novo modelo de intervenção e de formação que atenda as diferenças, no macro contexto da cultura educacional. A ausência desse modelo fragiliza uma prática pedagógica mais próxima dos princípios inclusivos, o que inviabiliza a escolarização do aluno com deficiência. Nesse sentido, os depoimentos dos professores, durante as entrevistas e observações, aproximam-se das colocações de Dorziat (2011, p. 156, v.2):

> [...] continuamos a conviver com um sistema educativo que, mesmo sob o discurso multicultural dos documentos oficiais, busca formar professores para lidar com alunos hipotéticos, desprovidos de características físicas, biológicas, cognitivas, materiais, etárias, sociais, etc.; e, mesmo sob o discurso de Educação como importante área de desenvolvimento nacional, não a prioriza devidamente em termos orçamentários, de recursos físicos, materiais e humanos, ou canaliza indevidamente os recursos existentes.

De acordo com a autora, apesar dos avanços ocorridos nos documentos oficiais e nas políticas públicas voltadas para a educação inclusiva, a formação dos docentes caminha em descompasso com o cotidiano escolar. Na escola, os professores convivem com crianças e adolescentes que romperam com o modelo de idealizado na formação inicial, que foi direcionada para lidar apenas com alunos que estavam dentro de padrões estabelecidos pela normalidade. Tal perspectiva continua distante do real, pois as relações do cotidiano escolar são adversas e contraditórias, diante do idealizado pela formação inicial.

Dos depoimentos dos professores organizados nesta categoria, infere-se que a formação (inicial e continuada) dos professores necessita de maior atenção e conhecimento das características dos alunos com deficiência, para garantir as mínimas condições de ensino e aprendizagem.

Pode-se concluir que a formação docente, considerada como um dos elementos de inclusão de alunos com deficiência, enfrenta inúmeros limites, conforme depoimentos dos professores dos anos iniciais e finais do Ensino Fundamental e do AEE já citados. Contudo a formação de professores, embora contribua para a prática docente, não é suficiente para superar todos os obstáculos existentes na sala de aula e no sistema de ensino com seus problemas estruturais. Conforme afirma Mendes (2009), no Brasil o futuro da educação inclusiva está condicionado a um esforço coletivo de políticos, pesquisadores, prestadores de serviços, familiares e indivíduos com deficiência, tendo em vista a concretização de um direito já formalizado em lei: uma educação de qualidade para todos. Por conseguinte, há necessidade de uma revisão dos posicionamentos adotados relativos à educação inclusiva.

6.2 Condições de Trabalho

Esse segundo tema da Classe 1 (Figura 2) reafirma os resultados obtidos nas observações livres e dirigidas, que ressaltam a inexistência de infraestrutura geral da escola e da sala de aula, notadamente nos aspectos de acessibilidade, materiais didáticos, equipamentos e mobiliários que são destinados aos docentes e aos alunos.

Durante as observações das práticas pedagógicas, percebeu-se com muita clareza que as condições de trabalho interferem na qualidade das atividades e, também, nas relações entre os docentes e os alunos. Segundo a literatura especializada, essa situação não é exclusiva da escola investigada, pois outras instituições públicas de ensino enfrentam problemas semelhantes.

Nesse sentido, a realidade da escola pesquisada aproxima-se de outros contextos, que foram identificados no decorrer do estudo, no entanto, não representam o objetivo desta pesquisa. No início do ano letivo de 2013, as escolas do município do Jaboatão dos Guararapes, em Pernambuco e de outras, que estão localizadas nos estados de Alagoas e Maranhão, se tornaram objeto de matéria jornalista[17], com enfoque nas condições gerais de infraestrutura das instituições de Ensino Fundamental.

Essa reportagem tornou o município conhecido pelas dificuldades identificadas em três instituições de ensino, tais como: dificuldades de acesso em decorrência da falta de calçadas e ruas sem asfalto e saneamento básico. Tais dificuldades eram agravadas no período das chuvas, pois as águas invadiam as escolas, o que inviabilizava o acesso de alunos e professores. Muitos desses problemas citados estão presentes na escola em estudo, que não foi alvo da reportagem, e foram destacados pelos docentes nas entrevistas como obstáculos à efetivação de uma prática inclusiva.

---

[17] Matéria apresentada pela Rede Globo, no programa *Fantástico*, em 9 de março de 2014, sob o título: "Fantástico mostra situação precária de escolas públicas em Alagoas, em Pernambuco e no Maranhão."

Dessa forma, a infraestrutura dos espaços físicos nas instituições apresenta-se como um dos primeiros entraves para a efetivação do processo de inclusão e da materialização do direito de ir e vir para todos os sujeitos.

As DNEE (Brasil, 2001b), no item que aborda questões administrativas, estabelecem que os problemas estruturais que provocam a falta da acessibilidade devem ser resolvidos pelos órgãos competentes de cada instância administrativa. A autorização e o funcionamento de novas instituições de ensino estão condicionados ao atendimento dos requisitos de infraestrutura inclusiva. "É importante que a esse processo se sucedam ações de amplo alcance, tais como a reorganização administrativa, técnica e financeira dos sistemas educacionais e a melhoria das condições de trabalho docente" (Brasil, 2001b, p. 38).

Segundo Vitaliano (2003), a estrutura física das escolas é um fator que deve ser considerado no momento da inclusão dos alunos com deficiência. Para a autora, a falta de condições físicas pode inviabilizar o andamento educativo dos alunos com deficiência e a atuação dos docentes. Seguindo essa ótica, pode-se considerar que, na escola pesquisada, as práticas pedagógicas possibilitam, apenas, a inserção dos alunos com deficiência, mas não conseguem promover a necessária inclusão. Portanto, cabe à escola refletir a partir das palavras de Vitaliano (2003, p. 75):

> Há que se pensar com certa urgência em melhorar as condições da escola para que de fato se efetive a integração ou inclusão dos alunos com necessidades especiais no ensino regular. O que estamos presenciando não atende aos critérios contidos nos conceitos de integração e inclusão, ocorre, sim, apenas a simples inserção dos alunos com necessidades especiais no ensino regular.

A infraestrutura da escola é um elemento que facilita o acolhimento das diferenças, por conseguinte, determinadas mudanças físicas contribuem para organizar o ambiente escolar. Uma sala de aula na qual alunos e professores desfrutem de um clima salutar e favorável, por exemplo, ao deslocamento de pessoas aumenta as possibilidades de autonomia e garante um melhor rendimento das práticas pedagógicas.

Stainback, S. e Stainback, W. (1999, p. 434) afirmam que os desafios para tornar a educação inclusiva serão mais complexos enquanto a sociedade não oferecer apoio necessário ao aluno para participar da rede regular de ensino.

> A chave para a inclusão bem sucedida é nossa disposição para visualizar, trabalhar e conseguir uma rede que se adapte e dê apoio a todos. Todos os alunos, incluindo os rotulados como alunos com deficiência, querem estar em uma rede regular que satisfaça às suas necessidades e na qual se sintam bem-vindos e seguros.

No decorrer das observações, constatou-se que a escola superou, minimamente, determinadas barreiras físicas, que dificultavam o acolhimento dos alunos com deficiência, por exemplo, a construção de rampas que facilitam o deslocamento dos cadeirantes. Tais medidas são necessárias, porém não são suficientes para torná-la inclusiva.

Além disso, o entorno da escola dificulta o acesso de alunos com deficiência, em consequência dos seguintes fatos: a calçada não está adaptada para receber pessoas que utilizam cadeira de rodas; não existe rampa para a mobilidade dos cegos; não foram instaladas as sinalizações específicas para os demais tipos de deficiência. Impõe-se esclarecer que os resultados obtidos durante o período das observações foram confirmados ao longo das entrevistas com os docentes.

A compreensão de que inclusão não se faz, apenas, com as modificações ou com o acréscimo de um artefato material pode ser apreendida no depoimento de uma professora, que disse o seguinte:

> Se não vai ficar simplesmente, vamos fazer uma rampinha, pronto! Já fizemos a educação inclusiva, não é isso! Rampa é apenas um dos elementos para a educação inclusiva, mas a educação inclusiva eu entendo que é pegar o aluno portador de necessidades especiais e trazê-lo democraticamente para ele partilhar daquele conhecimento que os demais alunos ditos normais já têm, isso é incluir! Botar simplesmente o aluno lá e não promover todos esses adereços necessários para que a educação realmente ocorra eu entendo que é estigmatizar o aluno, é excluí-lo, é uma inclusão excludente (P14).

Esse posicionamento é encontrado, também, na literatura especializada, na qual se destaca o que afirma Oliveira (2003, p. 36):

> Lidar com as diferenças e com o processo de inclusão significa que a escola se modifica para receber e manter o aluno no processo educativo, apesar da diversidade. Sejam quais forem as diferenças, os alunos devem ser mantidos nas escolas, desde que as mesmas possibilitem respostas educativas às necessidades específicas dos sujeitos [...].

Tornar o ambiente adaptado é um dos pré-requisitos para a prática pedagógica inclusiva, no entanto, nos espaços observados, inúmeros empecilhos atrapalham o desenvolvimento de tal prática. Essa realidade não motiva a ação docente, nem desperta o interesse dos alunos, conforme depoimento a seguir:

> Então o que foi que eu fiz [?]. Eu consegui uma pessoa que está me fornecendo uma xerox, essa pessoa tem papéis usados, e está reciclando o papel, então a despesa é só com a tinta da xerox. Então essa pessoa está me fornecendo, aí eu não sei até quando vai ser possível fazer isso, que eu estou trazendo as xerox e entregando nas mãos de cada aluno. Eu estou conseguindo isso, melhorou um pouco, mas, mesmo assim, como eles não têm o acompanhamento em casa, aí têm dias que eles não trazem a xerox, perde, rasga, está entendendo, começa e não termina, porque a turma é muito grande para o número de alunos, mesmo os que são especiais, mas a vida deles faz com que eles sejam especiais, de certa forma, então é muito difícil a gente trabalhar com a quantidade de alunos que a gente tem dentro da sala de aula (P22).

Na sala de aula, não existem armários nos quais professores e alunos possam guardar os materiais didáticos. Portanto, quando há necessidade de uso de um determinado material didático, um aluno vai buscá-lo em outros departamentos da escola, que estão localizados bem longe da sala de aula. Tal desconforto é agravado pela não existência de livros adaptados aos alunos com deficiência visual. Os brinquedos, jogos, cadernos e lápis não são escolhidos com base nas dificuldades de leitura e escrita dos alunos com baixa visão.

> É, de fato, sim, porque a princípio eu pensei que o problema dele era bem mais suave, bem mais leve, porque ele, é, realmente não mostrava dificuldade a partir do momento que ele lê alguma coisa próxima a ele. E, se eu tivesse tido um material, eu acho que no caso dele, que tem essa dificuldade, eu deveria ter acesso a atividades, a um material que facilitasse pra ele, e esse material não facilitava e eu não podia facilitar, porque eu não tinha esse material em mãos. Então, é aí que eu digo que ele foi prejudicado. E acredito que não só na minha disciplina, porque, a partir do momento que a gente não tem esse material para fornecer pro aluno, ele é prejudicado, né [?], com isso (P4).

Conforme os depoimentos, outros obstáculos atrapalham o processo de ensino e de aprendizagem, tais como: a posição do quadro branco, que exige a uso de pincel, dificulta a visualização de todos os alunos e o trabalho do professor; em geral, os ventiladores não funcionam e, no verão, o calor é insuportável; os cobogós colocados nas janelas impedem a entrada de ventilação e de luminosidade naturais. A pintura das paredes e as marcas das goteiras existentes no telhado refletem a falta de manutenção do prédio escolar lócus desta pesquisa. A precariedade da estrutura física descrita anteriormente não facilita o desenvolvimento das atividades de ensino e de aprendizagem.

A respeito desse assunto, Pizzi, Araújo e Melo (2012, p. 137) afirmam:

> A falta de condições para a realização das atividades didáticas e curriculares com o mínimo de qualidade nas escolas brasileiras, em particular na rede pública, está se tornando natural. As escolas públicas de qualquer parte do país apresentam situações extremamente precárias, seja no aspecto físico, recursos didáticos, salariais, de falta de profissionais, ou de outra ordem. Alguns desses aspectos são passíveis de serem observados de imediato, tais como as condições físicas e os recursos didáticos das escolas e salas de aula.

Conforme disseram os docentes, a unidade escolar foge ao que Mendes (2010b) considera como elementos indispensáveis ao ambiente escolar, que pretende assumir a tarefa de incluir alunos com necessidades especiais. O ambiente observado apresenta as seguintes condições: iluminação precária, ventilação deficiente, falta de limpeza e higiene dos espaços e equipamentos, paredes sujas e salas de aula pintadas com cores escuras. Tais condições materiais trazem desconforto aos alunos e não estimulam o desenvolvimento de atividades educativas. Vide depoimentos:

> [...] é o piloto que não é liberado, [...] são as condições da sala de aula, entendeu [?], a acessibilidade da própria aula, é a demanda da turma e que o professor não pode simplesmente abrir mão de certas coisas para dar mais atenção àquele aluno com dificuldade especial, porque simplesmente ele tem uma demanda, tem uma demanda pedagógica (P14).

> Até você falou de livro, né [?], eu trouxe emprestado da prefeitura do Recife, porque a de Jaboatão não tem nada, não tem nada mesmo, eu trouxe da prefeitura do Recife uns paradidáticos que esse ano lá receberam muitos, eu

> sempre peço a minha diretora e pego, assim, 40 exemplares de lá, de um mesmo livro, um mesmo paradidático, vem uma quantidade grande, então eu peço emprestado, ela me empresta (P28).

As condições inadequadas, que são impostas ao cotidiano escolar, impedem o pleno desenvolvimento do trabalho docente, conforme afirmam Pizzi, Araújo e Melo (2012, p. 142):

> De fato, a precarização do trabalho docente nas escolas está se impondo como um modelo generalizado, se transformando no gênero da profissão, limitando suas possibilidades de desenvolvimento do estilo de cada professora e de cada professor. Acreditamos que o docente que trabalha em condições adversas para a realização da atividade pode vir a esconder de si próprio seu poder de renovação, pela falta de um ambiente que permita seu desenvolvimento pessoal e profissional.

Além de todos os obstáculos citados, a precariedade do ambiente escolar é agravada pela não existência de instrumental específico de comunicação escrita das diferentes linguagens: Libras e código em Braille.

Em paralelo às "carências" do ambiente físico, os posicionamentos do corpo docente não contribuem com o processo de inclusão dos alunos com deficiência, uma vez que se constatou a existência dos seguintes fatos: acentuado distanciamento nas comunicações e decisões coletivas entre os dois segmentos; não reconhecimento das diferenças existentes entre os alunos; negligência na organização do ambiente da sala de aula; ausência de diálogo interativo entre alunos; distanciamento entre os professores do ensino regular e a professora que atua no setor de AEE.

Os procedimentos supracitados são condizentes com as afirmações de Mendes e Malheiro (2012, p. 361):

> Embora haja um consenso mundial sobre o fato de que todas as crianças tenham o direito assegurado a ter acesso à escolarização em classes comuns de escolas regulares, a perspectiva de uma medida compulsória que obrigue o exercício desse direito tem sido controvertida porque não há evidências de que todas as crianças e jovens com necessidades educacionais especiais se beneficiaram deste tipo de provisão.

Concorda-se com Silveira *et al.* (2002, p. 142), que afirmam:

> [...] a inclusão não é um fazer que se dá apenas matriculando alunos com deficiência na escola regular, mas a inclusão precisa ser vista como um movimento social complexo, com possibilidades e limites que geram demandas de vários aspectos.

Nessa linha de argumentação, também adverte Bueno (1999) sobre os descompassos entre o que regulamenta o arsenal legal e as práticas do cotidiano em relação ao processo de inclusão de alunos com deficiência no ensino regular. Concorda-se com o autor no sentido de perceber as contradições de uma inclusão perversa para todos os alunos que constituem o cenário da escola pesquisada. Evidencia-se, portanto, mais uma vez, que a presença dos alunos com deficiência na sala de aula vem apenas ratificar a sua exclusão.

As condições de trabalho e a dificuldade para realizar a inclusão podem ser compreendidas pelos seguintes exemplos:

> A escola tem que melhorar ainda, porque a escola não foi construída para esse tipo de aluno, né [?], com essas deficiências. A escola tem que melhorar a sua estrutura física, ainda em algumas partes, para atender melhor esse aluno (P19).

> Se o horário da gente fica até 9, ele fica até 8:30. Porque ele fica agoniado. Mas ela disse que ele pode ficar normal na sala (P3).

Nos depoimentos apresentados, observa-se que a macroestrutura física da escola e as dependências da sala de aula não permitem a inclusão dos alunos com e sem deficiência no contexto escolar. A estrutura física idealizada e materializada historicamente para a sociedade sempre contemplou as pessoas consideradas "normais". Percebe-se, então, que nas últimas décadas o discurso circulante sobre acessibilidade toma uma nova versão pelos movimentos sociais, influenciando o desenvolvimento das políticas públicas no cenário mundial. Se antes o termo "acessibilidade" ocupava um lugar voltado para a remoção de barreiras arquitetônicas e adaptações de espaços físicos, hoje é compreendido como a eliminação de barreiras que impossibilitam o direito de ir e vir do cidadão. Na fala de um dos participantes, a inexistência da acessibilidade se faz presente durante todo o trabalho do seu fazer:

> Porque, por exemplo, ele bota aqui pra... pra eliminar as barreiras, ele diz que organiza recursos pedagógicos, né [?], e de acessibilidade, não tem isso, a gente não tem isso em sala, né [?], a gente não tem esse... esses recursos, sei lá, talvez de alguns jovens, a gente não tem, né [?] (P28).

Nesse sentido, Fernandes, Antunes e Glat (2007, p. 55) afirmam que:

> Pode-se definir acessibilidade, portanto, como eliminação ou redução das barreiras. Estas, por sua vez, consistem em qualquer entrave ou obstáculo que limite ou impeça o acesso, a liberdade de movimento, a circulação com segurança e a possibilidade de as pessoas se comunicarem e terem acesso à informação. Podem ser, portanto, urbanísticas, envolvendo as edificações, espaços de circulação e os transportes, bem como referentes aos sistemas de comunicação e informação.

Na citação, encontram-se fatores que podem interferir em determinados espaços físicos a fim de facilitar os deslocamentos de pessoas, que apresentam condições limitadas de locomoção. Nessa discussão, encontram-se os idosos, os obesos, as pessoas com sequelas decorrentes de acidente vascular cerebral, de quedas e vítimas de acidentes de trânsito. Convém citar as formas de comunicação dos sujeitos com deficiência: Língua Brasileira de Sinais e Braille.

Essas observações também estão contextualizadas no documento intitulado *Relatório mundial sobre a deficiência* (São Paulo, 2012), que destaca, entre outros, a falta de acessibilidade como um dos elementos comprometedores para a participação efetiva dos sujeitos com deficiência nos diferentes espaços sociais. Inúmeros edifícios, locais públicos, sistemas de transporte e meios de comunicação não são acessíveis a todas as pessoas. Por conseguinte, muitas pessoas com deficiência não procuram trabalho e nem os serviços de saúde. No caso do contexto escolar, as políticas educacionais têm investido para a remoção das barreiras físicas. Mas, segundo Ribeiro (2004), mesmo com a intervenção do MEC ao destinar recursos oriundos do Programa Dinheiro Direto na Escola, com o objetivo de reformar os espaços escolares para garantir a acessibilidade aos alunos com deficiência, os resultados são ínfimos, sobretudo para a inclusão desses alunos. A autora afirma:

> Pelo que se verifica a acessibilidade e a autonomia, embora se constituam direitos do cidadão e condição essencial e prioritária para a inclusão, estão sendo inteiramente desconsideradas. [...] A concepção do desenho universal contemporâneo, para a formação de ambientes saudáveis e flexíveis, que coloca a acessibilidade como condição essencial aos espaços escolares, é desconhecida por gestores, professoras e pelos próprios alunos com deficiência (Ribeiro, 2004, p. 115).

Os resultados das entrevistas, no que concerne às condições de trabalho, legitimam os achados obtidos nas observações. A precarização do ambiente institucional manteve-se recorrente ao longo dos momentos em que se esteve mais próximo dos professores e dos alunos na sala de aula. Na condução da coleta de informações, foi possível constatar as dificuldades no prédio público (sede da escola) e no anexo, pois ambos não dispõem de condições de acessibilidade.

Os efeitos desse mal-estar oriundo desse ambiente também refletiram na própria condução dos trabalhos da pesquisadora. Ao se apresentar para os alunos e procurar um assento, não havia mais cadeiras disponíveis e ninguém utilizava as existentes. Nesse mesmo cenário, o calor era insuportável, principalmente, para quem ocupava os espaços finais da sala de aula, não apenas de forma esporádica, mas no cotidiano. E os alunos diziam: "A senhora tá sentindo calor? Quer água? É sempre assim".

As condições de trabalho inviabilizam a ação pedagógica de qualidade, pois promovem um efeito nada positivo na continuidade das relações entre professores e alunos, conforme constatado nos momentos das observações: indisciplina e desmotivação de permanecer em sala de aula. Em relação às dificuldades, um dos participantes afirmou:

> Não, os livros que têm aí são insuficientes, não tem livro pra todo mundo, quando a gente vai carregando livro pra cima e pra baixo de uma turma pra outra, faz trabalho em grupo, aí os trabalhos em grupos eles fazem, é, dupla, aí você faz metade e eu faço metade, enquanto você está fazendo a sua metade, o que é que eu estou fazendo? Conversando, circulando, andando, agredindo, jogando bolinha de papel [...] (P22).

Dessa forma, recorrendo novamente aos estudos de Ribeiro (2004), encontra-se um extrato importante para o entendimento das entrevistas analisadas:

> [...] o ambiente físico, a sua estrutura e as significações simbólicas determinam, em grande parte, as experiências da criança, seu aprendizado e o desenvolvimento. Sabe-se que, embora a qualidade do ambiente de vida e a qualidade do ambiente não dependam só das características físicas, essas têm um papel muito importante (Ribeiro, 2004, p. 108).

As falas dos docentes confirmam que a precarização do ambiente institucional repercute no rendimento escolar dos alunos com deficiência e, também, dos demais alunos matriculados na instituição.

> Eu acho que o que pode contribuir também eu acho que é na estrutura como um todo da escola. E que a escola pública, assim, deixa a desejar na estrutura física, para que o quantitativo de alunos, eu acho que isso pode contribuir também pra o rendimento do aluno, desses alunos com deficiência (P6).

Nesse depoimento, há uma contradição diante dos resultados das observações, pois considerar que o espaço público é por si só precário não condiz com a realidade pesquisada. No prédio alugado, anexo à escola, funcionam várias salas de aula, é de propriedade particular, e sua estrutura física não contribui com a acessibilidade dos alunos com deficiência. Os alunos e os professores que utilizam o prédio alugado enfrentam as mesmas condições precárias da escola pública. As condições das salas de aula e dos demais ambientes não são diferentes do prédio público, portanto interferem negativamente no trabalho docente e na inclusão escolar.

> Olha, a única coisa de inclusão que eu vejo é alguns pontos de acessibilidade aí: a rampa, não é [?]. Agora... Eu digo assim: a parte pedagógica mesmo eu não tenho visto não. Eu confesso, eu acho que isso aí é um embriãozinho ainda que tá aqui em Jaboatão, pelo menos nessa escola e no anexo (P31).

Os achados das autoras Teixeira *et al.* (2008) corroboram os resultados desta pesquisa, ao se referirem à infraestrutura; no entanto, a evidência para a impossibilidade recai sobre os alunos com deficiência física. A inexistência de acessibilidade para esse tipo de aluno gera impedimentos para que a inclusão seja efetivada. Por outro lado, a recorrência da impossibilidade da inclusão é posta para a responsabilidade do aluno, pois, independentemente das condições estruturais, preexiste uma baixa expectativa sobre seu potencial para desenvolvimento e aprendizagem. Assim, se a infraestrutura da escola não colabora para que sua presença seja instituída, o processo de exclusão torna-se mais evidente.

Conforme o que preconiza a Declaração de Salamanca (1994), a escola inclusiva deve reconhecer e responder às necessidades diversas de seus alunos, e acomodar todos os estilos e ritmos de aprendizagem. Dessa forma, poderá assegurar uma educação de qualidade a todos, com base em um currículo apropriado, que lhe permita elaborar arranjos organizacionais, definir estratégias de ensino e, também, estabelecer parceria com as comunidades. Vinte anos depois da sua promulgação, verifica-se que o ideal da escola inclusiva ainda não foi alcançado. Os depoimentos a seguir destacam a dicotomia existente entre o que se proclama e a realidade.

> Infiltração, que a sala tem infiltração, a sala precisa de um empilhamento, precisa de material pedagógico que a professora até perguntou, e precisa também não só na sala, mas dentro da sala de aula dela, materiais pedagógicos, jogos pra trabalhar com o aluno; pra gente ter esse material mesmo, concretizar esse material e dá uma melhoria na sala, na própria sala, enfim, que tenha alguma deficiência (P19).

> [...] a questão da luminosidade, as salas são calorentas, elas são escuras entendeu? Aí, pra você ver, para um deficiente de baixa visão, não é um ambiente favorável; já falei com a escola, já aumentaram a quantidade de lâmpadas, mas a quantidade não foi suficiente, porque até os ditos videntes reclamavam também que não conseguiam enxergar. Mas a escola precisa de muita coisa para melhorar, não só a aprendizagem do aluno com deficiência, mas para todos os alunos, para que eles tenham uma educação de qualidade para todos. Não tem nenhuma banca adaptada. O aluno é que vai procurar ver a melhor maneira de... Mas não tem essa proposta de fazer essas adaptações. Jaboatão ainda não colocou em prática as questões das adaptações (P2).

Em geral, as condições de trabalho são inadequadas e insuficientes para validar o que, teoricamente, se preconiza como uma prática pedagógica inclusiva.

As necessidades mais prementes dos alunos com deficiência ficam negligenciadas, desde o momento de sua entrada na escola, e culminam na sala de aula. A escola, por sua vez, não consegue oferecer uma educação de qualidade para os alunos com deficiência, o que compromete sua função social. No depoimento a seguir, estão destacadas as dificuldades da prática pedagógica, na condução do trabalho em sala:

> [...] mas as condições não garantem que isso aconteça, a gente tem a vontade, mas, por exemplo, eu agora com uma sala de quinta série, de sexto ano, num é [?], com mais de 30 alunos, como é que os meninos, assim, uma energia incrível, a falta de vontade pelo estudo... que é terrível, e sem o livro didático, sem o material, como é que eu vou poder dar uma atenção especial a um aluno, se ele for especial? Num é [?] (P22).

Nesse contexto, as orientações pedagógicas são diminutas e o currículo não assegura a aprendizagem dos alunos com deficiência. Os professores consideram que, mesmo como amparo legal, a inclusão precisa ser revista, pois as condições de trabalho são precárias. O processo administrativo torna-se demorado, pois os recursos externos dificultam a efetivação da matrícula na escola e a presença do aluno no contexto escolar. Uma das professoras afirmou:

> Houve uma burocracia, não sei dizer qual, mas o aluno, ele pode até ter sido prejudicado, ele podia ter tirado notas melhores, se ele tivesse tido esse acompanhamento no início e ele não teve, levou, eu acho, acredito que uns dois meses, pra chegar, então isso já prejudica. Se o aluno não é novato, ele já era da escola, eles sabem dessas necessidades, então por que demoraram tanto? Por que que não mandou? Não tem ideia, não sei se foi, é, por causa deles, não tenho ideia do porquê da demora, mas isso fez com que a prática não fosse com o que é, digamos assim, de direito desse estudante (P4).

Não há um planejamento específico que garanta a permanência e a quantidade de dias letivos (prevista na legislação) ofertados aos alunos com deficiência, mesmo que o apoio esteja ou não na escola. Os professores entrevistados enfatizam que não recebem da escola as orientações didáticas que são necessárias ao desenvolvimento da prática pedagógica. A principal "carência" citada: falta de planejamento voltado para as ações específicas da sala de aula e, também, dos atendimentos especializados, conforme os seguintes depoimentos:

> Porque orientação mesmo não se tem, o que a gente acha que vai ajudar a gente vai fazendo; se não ajudou e a gente percebe que não ajudou, a gente vai e modifica, mas não existe nada, vamos fazer assim, assim e assim que é melhor, num é [?], vamos colocar no planejamento algo que venha a atender mais direcionado, não tem nada, a gente já tem dificuldade com os alunos que são ditos, entre aspas, como normais (P28).

> Bem, às vezes eu entro aqui na sala é pra ver os meninos, que eu gosto deles. Eu gosto deles e eles também gostam de mim. Quando me vê, fazem uma festa. Eu venho por eles, certo, pra ver. E às vezes eu me envolvo no próprio trabalho. Assim, eu me envolvo no trabalho a fim de ajudar, porque eles poderiam crescer mais. Eles poderiam crescer mais. Pra esse crescimento, o que você pensa sobre isso? Eu acho que

> seria um planejamento. De que tipo? Pra cada caso. Você nessas observações, você não percebeu isso; a existência desse planejamento? Não. Eu não percebi (P20).

No cotidiano do trabalho docente, em sala de aula, persiste a total desmotivação da criatividade humana; a desorganização dos recursos didáticos; o uso inadequado do tempo pedagógico; e a ausência de planejamento. A prática pedagógica inclusiva exige: planejamento, avaliação, ensino, aprendizagem, estratégias e atividades. Uma professora oferece sugestões para uma prática docente voltada para a inclusão do aluno com deficiência:

> Mas eu acho assim, se fosse eu, digamos, fosse eu, eu faria o seguinte pra não me perder. Eu diria: Joãozinho, digamos, então Joãozinho o problema dele é este. Vou começar por aqui. Vamos ver qual vai ser o avanço de Joãozinho fazendo determinadas atividades. Estas aqui não deram certo com Joãozinho, então eu vou procurar, eu vou olhar, vou buscar outras que Joãozinho possa desenvolver mais, tá certo? Então, eu acho que teria o perfil de desenvolvimento. Poderia dizer: ele avançou, ou ele não avançou (P20).

Esse último relato revela que as condições de trabalho do professor, no ensino regular e no atendimento educacional especializado, também necessitam de um direcionamento didático que seja condizente com a individualidade de cada aluno. Mesmo diante das dificuldades encontradas no cotidiano escolar, o professor tem condições de transformar a prática em um momento de reflexão. Constata-se, também, que o rendimento do aluno depende da flexibilidade e da organização do seu espaço pedagógico. Na sala de aula e/ou no serviço especializado, o aluno precisa dispor de uma sequência didática que corresponda aos seus interesses. Dessa forma, o professor poderá avaliar sua ação docente e contribuir para o desenvolvimento de uma prática pedagógica menos excludente.

De modo geral, a Escola Luz do Sol oferece aos professores e alunos condições precárias, que comprometem o processo de ensino e de aprendizagem. Mesmo diante da democratização do acesso ao ensino e das mudanças na legislação brasileira, ainda persiste uma acentuada distância entre o proclamado e a realidade na escola pública.

Convém informar que, durante a análise desta pesquisa, o município do Jaboatão dos Guararapes convocou a população para matricular as crianças que estavam fora da escola, principalmente aquelas que se encontravam na faixa etária entre 4 e 5 anos. As estatísticas municipais afirmam que cerca de 2,5 mil crianças na idade da educação infantil não estavam matriculadas. De acordo com tal convocação, a criança que apresentasse algum tipo de deficiência e/ou dificuldade para chegar até a escola teria um professor para acompanhá-la em sua residência.

Diante do que se constatou ao longo das entrevistas e das observações, pode-se afirmar que, na escola pesquisada, o atendimento escolar oferecido aos alunos com e sem deficiência matriculados é incipiente de acordo com os princípios da educação inclusiva.

Neste segundo núcleo da classe, evidenciou-se que os professores consideram a precariedade das condições de trabalho como um fator que dificulta o desenvolvimento do processo de ensino e de aprendizagem. Além disso, os professores compreendem que algumas ações (construção de uma rampa de acesso à sala de aula e o uso de recursos didáticos destinados ao atendimento educacional especializado) são necessárias, porém não conseguem materializar uma prática inclusiva.

6.3 Desarticulação entre o Atendimento Educacional Especializado e o Ensino Regular: agravamento dos descaminhos

O desempenho satisfatório de uma instituição pública ou privada depende, em grande parte, de dois fatores: comunicação e interação entre as pessoas, que planejam e executam as mais diversas tarefas. Ou seja, é indispensável que haja harmonia e interação entre todos, tendo em vista os propósitos institucionais. Convém destacar que, em uma instituição de ensino, a interação entre os setores (gestão, docência, tipos e modalidades de ensino) é um componente que *determina os rumos* de todos... Partindo dessa compreensão, a pesquisadora avaliou em que medida a *não articulação* entre o AEE e o Ensino Regular estaria *agravando* os problemas preexistentes. Também examinou se a desarticulação estaria levando a Escola Luz do Sol a indesejáveis descaminhos.

Como já foi mencionado, a Escola Luz do Sol, campo empírico desta pesquisa, foi tomada como espaço para um estudo de caso porque era a única do município do Jaboatão dos Guararapes que oferecia o AEE. No entanto, percebeu-se que, nos discursos dos professores, havia desarticulação entre os serviços realizados no setor de AEE e o ensino regular. Os resultados das entrevistas confirmaram os achados das observações, já citados, principalmente quando os sujeitos declaram que não conheciam os serviços oferecidos pelo AEE, na instituição investigada.

> Olhe, eu ouvi falar... Meu turno aqui é só à noite. Agora, sabe que já chegaram pra mim falar? Já... Não, não houve, assim, uma coisa, assim, muito subliminar, muito, assim... por alto, né [?]. Se tem, se tem uma pessoa num horário específico, não tô sabendo não. Por isso, a gente pergunta. É. Não tô sabendo. Sei, sei, é como se fizesse um apoio profissional pra capacitar as pessoas (P13).

> Não, não eu sei que tem uma pessoa, isso eu escuto as meninas comentando: "Fulana que vem aqui de vez em quando pra ver como a gente está fazendo". Sei que tem uma pessoa encarregada de coordenar as... as estagiárias, é? Num sei, de visitar os meninos? Eu não sei bem, eu sei que tem uma pessoa que é responsável por isso! Mas os detalhes de como é, o que faz, eu não sei (P22).

> Assim, pra saber o que realmente é feito eu não sei. E na escola, nesta escola, o que você conhece sobre do AEE? Nada. Eu não conheço nada. Eu, realmente, não é me passado nada sobre isso (P3).

Essa desarticulação com o Ensino Fundamental revela a falta de conhecimento e de compreensão sobre a função da Sala de Recursos Multifuncionais e do Serviço Educacional Especializado. Tal desarticulação impede a efetivação da prática pedagógica inclusiva, conforme Alves (2006, p. 13):

> As salas de recursos multifuncionais são espaços da escola onde se realiza o atendimento educacional especializado para alunos com necessidades educacionais especiais, por meio do desenvolvimento de estratégias de aprendizagem, centradas em um novo fazer pedagógico que favoreça a construção de conhecimentos pelos alunos, subsidiando-os para que desenvolvam o currículo e participem da vida escolar.

A sala de recursos multifuncionais é um lugar para além do seu significado físico, pois se constitui como um espaço pedagógico, que procura minimizar as dificuldades de aprendizagens surgidas durante o percurso escolar de muitos alunos com deficiência. Os serviços oferecidos podem descobrir novas formas de intervenção no âmbito escolar.

As informações relativas à sala de recursos multifuncionais são pouco discutidas, e, certamente, não foram assimiladas pelos sujeitos que atuam na instituição de ensino. As poucas informações referentes a esse assunto estão centradas nos seguintes aspectos: atendimento ao aluno que apresenta algum tipo de dificuldade; existência de laudo médico; e frequência à escola. Vide os depoimentos a seguir:

> Nada. Esse atendimento que se faz. É isso? É o que eu já falei, eu não sei como é esse atendimento. Só sei que ela atende alguns alunos naquela sala. Agora especificamente o que os alunos fazem, né [?], as atividades que executam lá, eu não sei (P6).

> Na escola, eu vejo que atende aos alunos da manhã, da tarde e da noite que têm problemas, sofrem, que precisam de atendimento; também do anexo, mas eu também não sei dizer o que ela faz, como é esse atendimento, nem quando é (P28).

> Porque primeiro, pra você fazer o atendimento especializado, você tem que ter o laudo do aluno, que ele tem que vir pra escola com o laudo pra saber quais são. Eu não sei especificar, que eu não sei que hoje você especifica por DM, essas coisas que faz muito tempo que não vejo (P12).

Nessa mesma perspectiva, Silva e Menezes (2013), baseadas em uma pesquisa realizada junto a professores do ensino regular, afirmam que os investigados têm escasso conhecimento dos serviços oferecidos pelo AEE, pois não conseguiram descrevê-los de forma correta. Os resultados obtidos pelas autoras são semelhantes aos encontrados durante o desenvolvimento da presente pesquisa: os professores não estão familiarizados com serviços voltados para a Educação Inclusiva.

Alguns professores da Escola Luz do Sol revelam que o conhecimento do assunto é oriundo de autoformação obtida em curso de especialização. Além disso, citaram leituras em revistas e reportagens divulgadas pela imprensa, conforme depoimentos a seguir.

> Ah, no todo, né [?]. No todo, o que eu já ouvi falar. O que eu já li em revistas, coisas, é, que há uma política do governo em termo, assim, de MEC, Ministério da Educação, não é [?], que as escolas chegam esse tipo de aluno, porque antes não havia esse tipo de preocupação em termos de MEC e outros setores da educação (P11).

> Eu fiz um curso de pós-graduação de atendimento especializado, com internet, não presencial, é, educação a distância, eu tenho diploma (P16).

Ainda sobre esse assunto, um professor fez referências às suas experiências na escola pesquisada.

> Bem, o que eu sei eu sei pela questão da minha experiência com o aluno, certo? Eu acho que eu vejo mais pelo lado humano. Certo? Então, o que eu conheço também é que: se o nome já tá dizendo "atendimento especializado", é porque é uma coisa específica pra necessidade deles (P20).

Para Galvão e Miranda (2013), o AEE, quando é compreendido à luz da perspectiva inclusiva, parte da premissa de que a escola atende a todas as pessoas, portanto acolhe e estimula as diferenças humanas, que existem nas dimensões individuais e coletivas. Cabe à escola reinventar e atualizar o seu papel como instituição social.

No conjunto das entrevistas, percebeu-se que os docentes conhecem apenas de forma superficial os alunos com deficiência e, também, ressaltam dificuldades, medos e impossibilidades de interagir pedagogicamente. Além disso, existem dificuldades nos comportamentos e nas relações entre seus pares. Tais situações passam a ser evidenciadas nas falas dos entrevistados:

> Olhe, ele tá muito dependente. E ela não sabia da necessidade do aluno. Entendeu? Não, mulher. Mas ele tem muita dificuldade mesmo. Não chegou ainda a pessoa pra ficar com ele, mas ele tem dificuldade. Quer dizer: ela não sabia. Ela não sabia e tratou ele como os outros, exigindo dele. Aí foi quando eu disse: não, é, não. Olhe, ele realmente tem necessidade (P1).

> [...] mas muito, muito difícil, muito, muito, mas muito difícil, assim. Porque realmente, quando ele chegava no nível de agressividade, o que tivesse na frente ele jogava, banca, jogou sapato, jogou caderno, agrediu professor, agrediu o conselheiro (P9).

Os obstáculos citados nesses depoimentos podem ser analisados e superados, com base nas palavras de Carvalho (2008, p. 98):

> A proposta da escola inclusiva diz respeito a uma escola de qualidade para todos, uma escola que não segregue, não rotule e não expulse alunos com problemas; uma escola

que enfrente, sem adiamentos, a grave questão do fracasso escolar e que atenda à diversidade de características de seu alunado.

Na concepção da autora supracitada, uma escola inclusiva de qualidade garante aos alunos condições eficazes de ensino e aprendizagem e não se intimida diante das adversidades do cotidiano. Possibilita a criação de novos caminhos e identifica possibilidades de sucesso nos obstáculos.

Para Arnal e Mori (2007), o trabalho desenvolvido na sala do AEE deve partir dos interesses e das dificuldades de aprendizagem específicas de cada aluno. Por conseguinte, precisa oferecer subsídios pedagógicos e contribuir para a aprendizagem dos conteúdos que são ministrados na classe regular.

Durante as entrevistas, foi possível constatar o isolamento existente entre as práticas do especialista e dos professores do ensino regular, em relação aos alunos com deficiência. Convém ressaltar que as principais reclamações foram feitas pelos docentes dos anos finais. Conforme depoimentos, que se seguem:

> Nunca fui informado, especificamente não, se fosse trazido algo específico pra gente, não, para o atendimento especializado... Existe! Existe no fundamental I que a gente observa, mas que eu tenha tido contato e que eu tenha feito uma reunião específica — "Olha, porque essa reunião é para discutir o atendimento especializado" — não há (P27).

> Um pouco isolado, né [?]. Você fala assim o que entre a gente professores? É. Cada um aqui vai pro canto, pronto. Não se vê mais. É só "oi", "oi". É umas ilhazinhas, né [?]. Não tem aquele momento (P31).

É oportuno reafirmar que a articulação com os professores dos anos finais do Ensino Fundamental ainda é muito incipiente. Muitos entrevistados declararam que se sentem à margem e solitários diante dos alunos com deficiência, pois não recebem nenhum suporte pedagógico da supervisão escolar. Vide depoimentos a seguir.

> Eu observo aqui o seguinte, a nível de fundamental I, tem sim um acompanhamento, tanto é porque a gente vê que alguns alunos são acompanhados aqui, por estagiários que ficam especificamente com eles, mas chegou ao Fundamental II eu não sinto essa situação não, no fundamental II é aquela situação em que o professor, ele sozinho, tem

> que articular pra resolver os problemas, não tem mais o suporte de ninguém, não. É, não temos esse suporte, de tendo eu um aluno que tem alguma necessidade especial, sequer essa informação vem por escrito pra minha mão. Não existe (P27).

> [...] eu num sei como é o atendimento dela, não, eu sei, assim, parece que ela atende além da escola, atende a comunidade, tem esse trabalho dois na semana com aluno da comunidade. Ainda não teve a oportunidade de me inteirar. Não. Ainda não. Tenho interesse em saber, é porque, é, como eu tô dizendo, o tempo é muito corrido, é pegar de 7:30 às 11:30 sem intervalo pra nada, entendeu? Aí trabalha com menino do quinto ano (P17).

As carências citadas pelos professores dos anos finais do ensino fundamental podem ser atribuídas, em parte, à legislação vigente, que faz referências ao aluno, e não ao docente. Por exemplo: a Resolução n.º 4, de 2 de outubro de 2009, Art. 2º, afirma que, na Educação Básica, o Atendimento Educacional Especializado na modalidade de Educação Especial, adquire a função complementar ou suplementar para a formação do aluno. Para os docentes, o que está previsto na legislação ainda não é condizente com o processo de operacionalização dos serviços que devem ser realizados na escola.

> Olhe, não só essa questão, mas a lei é muito bonita. A lei é excelente. A lei é para todos, mas o processo é lento [riso]. O processo é lento, o apropriar-se disso, o próprio, o, como é que eu posso dizer [?]... o que realmente todas as etapas parece que ainda falta muito pra... O que tá posto na lei e essa prática tá distante? Eu só vejo como começo. Talvez eu devesse ver mais um pouquinho. Mas eu só vejo como começo. Como algo que tá iniciando? Tá iniciando. É. Eu percebo assim, como algo que está iniciando (P1).

> Muito longe, muito longe ainda, do que está escrito e da prática e do que se vivencia em sala de aula. Muitas vezes nem se sabe dessa, dessa, dessa legalidade, o que é instituído, o que é lei, um desses é até o outro não faz nem ideia, né [?] (P9).

> Deixa muito a desejar. Falta muita coisa pra que esteja dentro dessa, do legal, como você falou, dentro das normas, dentro da lei. Eu acho que ainda falta muita coisa. De ser trabalhado junto. Tanto a escola, a equipe que trabalha com esses alunos,

as pessoas envolvidas, né [?], com esse professor, estagiário, supervisão e o professor específico, né [?], que é preparado pra trabalhar com isso. Eu acho que falta muita coisa aqui. Muitas informações que precisa acontecer nesta escola. Mas precisam acontecer as coisas na escola (P3).

A falta de integração e a não contribuição dos serviços do Atendimento Educacional Especializado comprometem o desenvolvimento das atividades da sala de recursos multifuncionais e, também, dificultam a operacionalização desses serviços no ensino regular, portanto, não contribuem para a adoção de um projeto mais inclusivo. O revelado nos discursos dos docentes distancia-se das determinações das políticas da educação inclusiva.

Os resultados desta pesquisa, no sentido da desarticulação entre AEE e ensino regular, são semelhantes aos achados de Michels, Carneiro e Garcia (2012), que constataram que o atendimento especializado e o ensino comum caminham para ações baseadas no improviso e no espontaneísmo.

Para alguns docentes, os serviços especializados são tentativas de propiciar uma pseudoinclusão, e, nas suas falas, enfocam a contradição existente entre o que está exposto nos documentos legais e a realidade do ensino.

> Eu. Como é que eu posso classificar, é, isso? Dizer o que... pronto. É um desafio ainda, um desafio a alcançar, é um embriãozinho, é uma coisa, pronto. Essa garantia que tá na 9.394 de assegurar aos educandos com deficiência currículos, métodos, técnicas, tudo isso tá ainda só no papel. É um desafio. Eu acho que pra essa escola aqui implementar. Porque eu não vejo essa política. Se eu visse, com certeza eu diria, né? (P31).

> Eu analiso que há mais necessidade de se relacionar com o professorado, com o aluno. E aí volto para a necessidade de uma autonomia, por exemplo, "Olha, tal dia vamos parar para fazer um seminário com os professores sobre educação inclusiva porque a gente detectou que a maioria dos professores desconhece ou quase não conhece" (P14).

> É como eu acabei de falar, que o atendimento existir não garante a eficiência que a lei determina, eu acho que tem que ter mais conjunta, mais integrada, num é [?], os próprios professores e professoras precisam antes de receber esses alunos, ou essa estagiária que venha a acompanhar, precisa de uma orientação de uma conversa, eu não sei se aconteceu isso com o pessoal que *tem ess* (P22).

O que é instituído nos documentos legais e a sistematização ocorrida no conjunto das práticas são ainda muito distantes. Nas assertivas dos docentes, torna-se motivo de risos, de ironia, de incredibilidade o que está posto nos legados das legislações e o tipo de trabalho realizado entre os atores sociais. Sem dúvida, os professores que estão no exercício da docência e acompanham seus alunos, em sala de aula, também notam as contradições apresentadas na organização interna da prática pedagógica realizada pelos serviços especializados.

> Que há uma divergência. Que há uma divergência, porque essa elaboração, essa organização desses recursos pedagógicos, eu acho que ele só estaria de acordo, ou, como diz aqui, lei, se realmente eu tivesse uma sequência. Eu não sei se é porque eu comecei, eu trabalho, assim, acompanhando, eu tinha um roteiro, um planejamento que eu fazia e que eu sabia o que meus alunos tinham, sabia quem era... Até eu sair da sala de aula, há dois anos passados, eu conhecia todos os alunos, porque eu me interessava por eles (P20).

> Esse atendimento especializado eu estou vendo mais de perto agora, aqui na rede, especificamente. Você sabe, não é [?], eu fico aqui no anexo e o que acontece lá eu não sei precisar, num é? Agora sei quando a gente começou a identificar os alunos, a gente faz a triagem e aí eu encaminho, ela vem aqui, conhece o aluno, conhece a professora, e aí se dá esse atendimento (P9).

> Só que o que ela faz, o que é aquela coisa e também não é passado para o professor, o que é trabalhado. Se é trabalhado, é uma coisa muito solto. Faz uma coisa e o professor tem que fazer outra. Por isso que eu digo: isso não é inclusão. Se ele tem um acompanhamento específico no horário e no outro cê não sabe o que é trabalhado. E assim, o que eu vejo aqui é que, assim, é... que eu ainda fico mais irritada é com isso (P3).

No que concerne à melhoria do processo de inclusão na prática pedagógica dos docentes, dentre os serviços educacionais ocorridos na escola, convém ressaltar a participação do pessoal de apoio. As falas dos professores referem-se às dificuldades burocráticas para contratação desse pessoal e à carência de recursos materiais. No entanto, destacam a relevância do trabalho do pessoal de apoio para a inclusão.

> A gente... Estamos alcançando, estamos se enquadrando ainda, tá chegando. É, tá chegando. É como se diz: o direcionamento tá bom, em relação ao que a lei determina. Os esforços não tão sendo em vão. Eles estão sendo, tão sendo produtivo, isso é o que a lei pede (P13).

Ainda nas entrevistas, os docentes falam da precariedade dos serviços especializados, porém consideram que, apesar das dificuldades apresentadas, o AEE contribui para a inclusão dos alunos no contexto escolar, principalmente, quando os serviços ofertados começam a ganhar a confiança dos pais. A existência da sala de recursos multifuncionais na escola é avaliada como positiva, pois poderá trazer benefícios aos alunos em processo de inclusão.

> Claro, é por isso que eu tô dizendo: os pais se sentem seguros em trazer, porque sente seguro que ela tá dando uma nova visão do atendimento dentro da escola e até pra a escola (P19).
>
> Tem contribuído. Tem contribuído, porque os alunos, se eles só ficam com o professor e o apoio, às vezes passa coisas despercebidas, que nem o apoio, porque eles não são autossuficientes, né [?], eles precisam de um acompanhamento, esse apoio pedagógico (P18).
>
> Aqui contribuiu, tanto a eles como a família, né? Olhe, porque é assim, sendo acompanhado mesmo é essa aluna. Aí eu vejo que a família é presente, que ela tem esses encontros (P24).
>
> Eu acho que tem sim, né [?]. De que forma? Ali ele tem, como eu disse, eu não sei a atividade, mas eles têm um tempo para que executem uma atividade naquela sala. Acho que isso vai contribuir também na sala de aula, no aprendizado do aluno. Eu acho importante esse apoio que eles têm (P29).
>
> A sala de atendimento educacional está cumprindo o papel que foi designada de melhorar a aprendizagem do aluno. Eles dizem que esse atendimento não deveria ser só para o aluno com deficiência (P2).

A desarticulação atinge, também, o setor de triagem, pois as abordagens estão mais relacionadas a aspectos clínicos e apresentam um desenho mais psicoterapêutico do que pedagógico. A formação da professora, que atua nesse setor, não é identificada de modo correto, pois é vista como psicóloga para os atendimentos educacionais. Vide os alguns depoimentos dos sujeitos participantes.

> O que eu conheço é o que o aluno chega, passa por uma entrevista com a psicóloga. A partir daí é detectado quais são as necessidades; o apoio é solicitado, esse apoio vem também para entrevista pra adequar o trabalho dele com o trabalho de sala de aula (P19).
>
> Olhe, o que eu sei é que tem aqui na escola uma sala para, logo no início, era pra atender os alunos da rede municipal de Jaboatão que tivessem dificuldade e depois, aí depois. Pronto, vê. Foi o começo. E depois eu fiquei sabendo que tem uma pessoa que trabalha com os alunos, que tem acompanhamento dos laudos, pra fazer avaliação, pra dar essa assistência aos alunos com dificuldades (P1).
>
> Eu acho que o atendimento ele visa estudar os casos, né [?], e os problemas e direcionar esse pessoal pra um atendimento, é uma atividade específica, no caso de um (P13).
>
> [...] a partir do currículo mesmo que o apoio vem fazer, ele precisa tá respaldado com o professor da turma, ele tem que tá em contato constante, tem que tomar parte do currículo que vai ser trabalhado e tem que passar pelo acompanhamento da sala especializada com a psicóloga, pra poder ir fazendo as adequações, os ajustes (P19)

Em geral, os professores dos anos finais revelaram que desconheciam a organização do setor de AEE, notadamente, nos seguintes aspectos: tipo serviço oferecido; dias e horários para atendimento; natureza do trabalho desenvolvido; alunos que participaram dos serviços especializados; e intervenções pedagógicas.

> Do que eu sei, é, dos alunos que a gente indicou, é, tem a pessoa que atende, se não me engano é no final de semana que tem o atendimento com a criança junto com a mãe, né [?]. E, se tá sendo suficiente, não sei dizer, na verdade. Eu sei que chega a ser um apoio, não sei se chega a ser um apoio ou se chega a ser de fato uma psicoterapia. Eu não sei como é que se configura isso lá, nesses momentos, eu sei que são encaminhados e tem a conversa com a mãe ou com o pai e atende a essa criança uma vez por semana (P9).
>
> Olhe, o que eu sei é o pouco que eu tenho conversado com você mesmo, aquele livro que você me forneceu, eu confesso que eu não tive tempo de ler todinho, mas dei uma olhada, então é muito pouco o meu conhecimento sobre isso, então é muito pouco (P22).

> Nunca li nada, salvo são aqueles documentos que falei no início, o que sei é de vivência, certo, ou de experiências de outros colegas, que a gente para comenta e vê a melhor forma de agir (P4).

> Nunca li nada sobre, na realidade não, a gente lê muito mais coisas voltadas, a gente lê sobre é... didática, práticas é..., técnicas de ensino, práticas de ensino etc, conteúdo específico da sua área (P27).

> O que eu conheço é que existe uma classe aqui que a professora que dá um apoio, os alunos da noite, os especiais participam dessa classe e pronto. Só isso. É. Essa relação de você sentar com a professora, dizer o que você tá fazendo em sala de aula, as tuas necessidades, as necessidades dos alunos: há esse diálogo? Não tive ainda (P12).

Em contrapartida, a professora, que atua no setor de AEE, procura desenvolver seu trabalho de acordo com as exigências da legislação vigente.

> Através de orientações, participações... É no conselho, no conselho escolar, debatendo o que é a deficiência, como é que eu posso trabalhar com aluno com deficiência. E quando o professor tem alguma dúvida de como trabalhar com o aluno, ele me procura: "eu tô com aluno com tal deficiência, como é que eu preciso... [?]" Então, eu levo as orientações, vou na sala, mostro ao professor essas... de como ele vai trabalhar, com é... esse aluno. E o professor, ele fica contente porque na escola ele não vai estar sozinho. Porque antes ele dizia: "pegam", "jogam" o aluno; eles diziam essa palavra: "jogam" o aluno com deficiência na escola e ninguém sabe como é que vai trabalhar. Que bom que você está aqui, porque agora a gente tem a quem recorrer e pedir pra ver se estamos trabalhando certo ou não (P2).

Nas entrevistas, a presença do serviço especializado, que é oferecido na Sala Multifuncional, está articulada à participação do pessoal de apoio em sala de aula. Os professores dos anos iniciais avaliam tal articulação como algo positivo, que facilita o trabalho docente e, também, melhora o processo de inclusão dos alunos com deficiência no Ensino Regular.

> Nesta escola... O serviço tem contribuído para incluir... Olhe, tem contribuído, no sentido de vir apoio, porque a direção fica em cima pra vir apoio, ela fica em cima mesmo, ela fica chateando, pra isso sim. Tem, de certa forma sim,

muito pouco, mas, de certa forma... de certa forma, eu não posso dizer que não, porque, se não tivesse o atendimento, não teria o apoio. De certa forma, sim (P16).

Sim, tem, tem... Porque pelo menos é um apoio pro aluno e até pra gente, né [?], que vai saber o tipo de deficiência que aquele aluno realmente tenha. Eu percebo que vocês precisam entender melhor como funciona o atendimento. É isso? É, é. Eu acho que sim. Porque eu mesma não sei. Eu sei que é feito um atendimento, mas especificamente que atividade é realizado na sala eu não sei. Não sei. Realmente eu não sei. Porque também como o tempo da gente é cheio, já vem de outro trabalho, é muito corrido, sai de uma aula, toca, vai pra outra, eu acho que a gente nem tem esse tempo. Nem dá tempo de perguntar a ela como é feito esse atendimento (P6).

Na minha prática, porque eu sei que tem um apoio, né [?], que, na hora que eu vier no horário da tarde, eu vou encontrar esse apoio. Aí isso é importante eu saber que tem uma pessoa na escola que vai me ajudar. Apesar da gente não se encontrar à noite, mas eu sei, se eu não tiver ajuda de ninguém, vir pedindo socorro eu já sei a quem procurar. Se tem o atendimento na escola (P12).

Como já foi dito, o AEE resume-se a uma única professora, que, apesar de atender os requisitos de uma formação qualificada, também não dá conta da demanda e da diversidade dos alunos que fazem parte dos atendimentos.

Muito tímido, pronto, muito tímido! Pra efetivação da inclusão... Porque precisava de mais gente, aí está muito tímido, entendeu [?], muito, por conta de ser uma demanda grande e ser para uma pessoa só. Eu acho que tinha que ter uma de manhã e uma de tarde. Certo! Tinha que ter! Mas aí já é uma outra proposta, já é outra sugestão... É única, ela não pode ser duas, o horário dela é de tarde, de manhã fica sem ninguém (P1).

Sim, sim! Talvez ainda pouco, talvez... ainda deve ser feito muito mais, porém aí barra novamente naquela questão... falta material humano, porque falta material humano (P9).

Vejo, graças a Deus, temos a professora, mas apenas ela, é só uma, e tem o horário, a carga horária dela, né [?], e cadê mais? Infelizmente, e aí a gente vai cortando, e como é que esses alunos vão passando junto, questão da avaliação, como é que se faz uma avaliação? A mesma avaliação que os normais fazem? (P9).

Existe uma unanimidade nos discursos de que é inviável, apenas, uma pessoa para realizar o Atendimento Educacional Especializado. Para os docentes, faz-se necessária a presença de mais um especialista para garantir a efetivação e ampliação dos serviços para os alunos:

> Porque também o Atendimento Especializado não tem material humano suficiente para estar com todos os professores; aí volto ao que eu disse antes, talvez a educação continuada devesse ser mudada de foco para pessoas especializadas, atendimento especializado na área inclusiva (P14).

> Da necessidade de outra pessoa pra trabalhar na sala, da educação especializada pelo fato de manhã, assim, fica a maioria do tempo fechada, à tarde que é atendido, mas a maior parte eu tô no turno da manhã, fica fechada, à noite também fica fechada, na sala a gente tem alunos à noite também (P19).

> É o atendimento oferecido nessa escola, há uma participação da família, dos alunos. É... agora também tá faltando outra pessoa para que possa ser dividido o trabalho, por conta da demanda de alunos. Há um grande número, que eu não só atendo alunos desta escola; atendo alunos também de outras escolas (P20).

Nos depoimentos, as péssimas condições de trabalho, a inexistência de recursos adaptados e a falta de formação específica não asseguram a inclusão de nenhum dos alunos ditos "normais", quiçá dos alunos com deficiência matriculados na instituição.

No conjunto da Classe 1, constata-se que a prática pedagógica inclusiva significa o direito pelo avesso para os alunos com deficiência no contexto escolar.

Há uma enorme distância entre o discurso oficial e o que é vivenciado no cotidiano escolar, o que permite dizer que essa prática inclusiva, por ser extremamente incipiente, é quase inexistente.

6.4 Classe 2: Prática Pedagógica Inclusiva sob o Olhar da Família

A Classe 2 (Figura 2), denominada "Prática inclusiva sob o olhar da família", foi composta por 578 UCEs, o correspondente a 33% do corpus analisado. Nela se situam palavras: menino (f = 145); Ele (f = 740); ano (f = 127); Ele (f = 465); dele (f = 122); eu (f = 927); e mãe (f = 61). A Classe

2 organiza os discursos das famílias dos alunos com deficiência que, em alguns aspectos, se contrapõem aos discursos dos professores. Conforme a Classe 2, a prática pedagógica inclusiva, sob o olhar da família, em relação ao filho com deficiência, no processo escolar está organizada em torno dos temas: inserção na escola; dificuldades para acesso e permanência na instituição de ensino; desconhecimento da proposta inclusiva; foco do suporte (apoio), contradições entre normalidade versus não normalidade, desenvolvimento de crenças positivas e negativas; sonegação do ensino e da aprendizagem; e dimensão afetiva.

Para os entrevistados, a prática pedagógica já é considerada como inclusiva, em decorrência apenas da inserção dos seus filhos na escola, o que traz os seguintes benefícios: práticas de assistência, respeito e diminuição das faltas às aulas. Diante das inúmeras dificuldades enfrentadas pelos pais, o fato de conseguir matrícula na escola representa avanços e conquistas. A presença da professora de apoio, que cuida, oferece ajuda e tenta socializar o aluno, é vista como uma prática inclusiva — outro elemento que evidencia a inclusão.

A presença do aluno com deficiência na sala de aula assume conotações positivas de respeito e de cuidado, mesmo que a escola não lhe ofereça o direito de frequentar uma classe/turma que corresponda à sua idade/série. O simples fato de não estar "sozinho" na sala de aula, mas dispondo da presença do apoio, a inclusão passa a ser vista como algo positivo e possível de ser materializado.

> [...] a prática de inclusão tem uma professora que socorre o aluno... Bem, bem, a turma respeita ela, os alunos respeitam ela, quando ela não vem a professora sente falta, nota quando ela não vem, "Ei, você não veio. Por quê?" Se dá bem aqui dentro, não é [?]... Isso, a professora dava uma assistenciazinha, mas não podia dar demais porque tinha muito aluno e eu trazia mais pra ela vir, interagir, tá na sala de aula (P23).

> [...] permanece ainda com os pequenos, é... só que como ela tá ficando com ele né, aí ele... com o apoio... é, aí ele, com o apoio, assim, aí ele, ele viu que ela tá ensinando um pouco mais pra ele, né [?], que tem aquela pessoa pra dar um apoio a ele (P26).

Sob a ótica dos pais, a prática pedagógica inclusiva e o serviço especializado apresentam-se, fortemente, por meio da presença do apoio. Quando os filhos são acompanhados pelos apoios, os pais consideram que o processo de aprendizagem e outras situações escolares estão sendo assegurados. Por conseguinte, a suposta professora, que faz esse acompanhamento, é vista como "cuidadora" e representa aquela pessoa capaz de oferecer mais atenção ao aluno com necessidades especiais, diante das lacunas enfrentadas pela professora da sala regular. A presença do apoio é, na visão dos pais, fundamental para o desenvolvimento do aluno com alguma deficiência.

> [...] ele veio pra aqui, matriculei ele aqui, aceitaram, graças a Deus, é o segundo ano que tá aqui, ele tá bem, eu considero, gosto muito também porque trata ele bem, tem uma pessoa apoiando, né [?], ele diz aí tá bom, aí eu gosto (P11).

> [...] com o apoio, né [?], porque tem que ter o apoio, né [?], da pessoa lá com ele, né [?], pra ele entender melhor, eu acho que ter uma atenção a mais, né [?], que eles precisam, não é [?], que achei bom aqui, né [?], quando eu cheguei e a menina fica com ele explicando pra ele direitinho, porque, se tiver um que não for lá junto, não vai (P26).

> [...] aí tu vai assim, assim, vai assim, eu dou um papel a você, você vai atrás de um laudo pra ela, o CID, pega o CID, vai lá na Secretaria de Saúde, porque o professor não pode tá interagindo com todos os alunos e com ela que é especial (P23).

Para a família, a inserção escolar de seus filhos é fruto, também, dos momentos de socialização que ocorrem no ambiente escolar com os colegas, portanto, não decorre, apenas, das atividades de sala de aula com a professora e com o apoio. Enfatizaram que seus filhos estão interagindo, participando das aulas e envolvidos no processo de ensino e de aprendizagem. Consideram salutar que seus filhos possam conviver com outras crianças, em espaços diferenciados e mais próximos da convivência social e da realidade local. A relação com os demais colegas fortalece a ideia de que as diferenças estão sendo entendidas, o que facilitaria o crescimento de todos. Portanto, para os pais, o fato de os filhos com deficiência estarem matriculados na escola já designa a inclusão. A inserção garante, por exemplo, momentos de socialização:

> Eu conheço, ela até já foi pra um piquenique, um conhecer lá em cima nos Montes Guararapes na semana passada, né [?], aí tinha uma viagenzinha pra lá, eu botei, assinei pra ela ir, gostei, pelo menos saiu, pra interagir com os meninos, né [?], e gostei, eu tô achando que não tem outra coisa não... (P23).

Os relatos demonstram, ainda, que os pais desconhecem o sentido pleno de uma prática pedagógica inclusiva, mesmo que seus filhos estejam frequentando o espaço escolar. Por exemplo: a família não tem informações relativas à possibilidade de adoção de adequações curriculares, previstas pela legislação vigente. Por conseguinte, não têm condições de exigir o cumprimento desse requisito legal que, certamente, poderia trazer benefícios para os alunos com deficiência. Caso a escola não tome iniciativas que promovam a adaptação curricular, o aluno ficará refém de práticas pedagógicas regulares, que não estão associadas aos princípios inclusivos.

Em consequência desse desconhecimento, um aluno foi excluído das aulas de Educação Física e de outras situações de aprendizagens, assumindo, assim, a responsabilidade por suas dificuldades de natureza física e pedagógica. O aluno em foco ficou "provisoriamente" afastado dessas situações de aprendizagem, sob a alegação de um viés de determinados discursos médicos que fortalecem a ideia da deficiência e da incapacidade, conforme já citado.

No caso citado acima, a Escola Luz do Sol "julgou-se" isenta de qualquer responsabilidade de oferecer uma prática pedagógica que fosse adequada às características desse aluno. A escola aceitou, facilmente, a incapacidade e não procurou superar as barreiras atitudinais ao longo do processo educativo. É oportuno informar que, durante o período de observação, foi possível constatar o seguinte depoimento:

> [...] pronto, a de Física mesmo, eu vim aqui, trouxe o atestado dele, ele num tem possibilidade de fazer Física, Educação Física... não tem, porque, veja os meninos correndo, correndo, ele não é assim, ele não gosta dessas brincadeiras, é Educação Física, ele não sabe jogar, ele não sabe jogo, nada disso, é maneiro (P11).

As relações entre família e escola, sob as perspectivas da prática pedagógica inclusiva, pressupõem que as duas instituições mantenham proposições mais dialógicas. A escola deve promover uma aproximação efetiva com as famílias dos alunos para que possa haver uma discussão conjunta dos caminhos a serem seguidos, conforme afirma Santos (1999, p. 5):

> No que cabe às relações entre família e escola, torna-se imperativo assumir um compromisso com a reciprocidade. De um lado, a família, com sua vivência e sabedoria prática a respeito de seus filhos. De outro, a escola com sua convivência e sabedoria não menos prática a respeito de seus alunos. É

preciso entender que esses mesmos alunos são também os filhos, e que os filhos são (ou serão) os alunos. Dito de outra forma: cabe às duas instituições mais básicas das sociedades letradas o movimento de aproximação num plano mais horizontal, de distribuição mais igualitária de responsabilidades.

Para as dificuldades que são apresentadas e focadas apenas no aluno, a presença do apoio é fundamental a fim de que os cuidados aconteçam, pois os embargos da trajetória escolar são contabilizados em favor do aluno, o qual é mais uma vez responsável pelo insucesso escolar:

> [...] ele veio pra aqui, matriculei ele aqui, aceitaram, graças a Deus, é o segundo ano que tá aqui, ele tá bem, eu considero, gosto muito também porque trata ele bem, tem uma pessoa apoiando, né [?], ele diz aí tá bom, aí eu gosto (P11).

> [...] com o apoio, né [?], porque tem que ter o apoio, né [?], da pessoa lá com ele, né [?], pra ele entender melhor, eu acho que ter uma atenção a mais, né [?], que eles precisam, não é [?], que achei bom aqui, né [?], quando eu cheguei e a menina fica com ele explicando pra ele direitinho, porque, se tiver um que não for lá junto, não vai (P26).

> [...] aí tu vai assim, assim, vai assim, eu dou um papel a você, você vai atrás de um laudo pra ela, o CID, pega o CID, vai lá na Secretaria de Saúde, porque o professor não pode tá interagindo com todos os alunos e com ela que é especial (P23).

As declarações dos pais indicaram o setor de AEE como um lugar destinado a uma minoria, ou seja, aos alunos com deficiência, o que o torna uma espécie de "santuário" para proteger esses sujeitos, pois as aprendizagens promovidas na sala de aula não são significativas. Esse setor assume, também, a função de reforço escolar, porque o ensino regular não tem sido um ambiente de aprendizagem para todos, notadamente, para os alunos com deficiência. Além disso, as famílias veem o ambiente especializado como um local que apresenta uma menor quantidade de conflito, portanto com maiores condições de promover a inclusão de seus filhos. Os pais também valorizam o trabalho da professora especializada, pois têm como expectativa a superação das dificuldades oriundas da sala de aula regular. Sob tais perspectivas, a qualidade da intervenção pedagógica não é questionada e as atividades que detêm menor potencial pedagógico são vistas como algo essencial.

> Atendimento, é, é um atendimento, conhecer mais, aprender mais e desarnar mais a mente dele, a visão dele, esse ensinamento, porque na classe a professora não vai ensinar uma coisa que não tá na posse dela, essa já é outro causo, né [?], a professora lá não pode ensinar uma coisa que ela pode ensinar, porque tirou do quadro, bota pro alunos todo dia a mesma coisa, o que bota pra todo mundo, bota pra ele, agora aqui já é outra coisa especializada, não é isso, que aqui vai aprender outra coisa especializada, que é isso que ele tem que aprender, realmente pra desarnar mais, ao conhecimento da leitura dele (P11).
>
> Muito bom, porque o trabalho que é feito aqui, aonde está o erro... o erro não, aonde tá, assim, pode trabalhar mais nele a dificuldade onde está, e tudo isso ela passa pra... pra mim, onde está errando, onde ele está mais difícil de fazer a letrinha "a", é puxar o rabinho, está entendendo, se é trabalhar, se é juntar um dominó, um jogo, um quebra-cabeça, ela passa primeiro para a professora (P15).
>
> [...] porque uma professora pra ensinar, há vários, assim, eles não vão entender e tem que ter uma pessoa frente a frente, né [?], com eles tando junto ainda é melhor (P23).

Falando sobre os filhos, os pais expressam o sentido de normalidade ou não normalidade com acentuada frequência. As atividades diárias que são comuns para a maioria das crianças passam a ser vistas como algo que, possivelmente, seus filhos não conseguem realizar com autonomia; por exemplo, caminhar pelas ruas sem a presença de um adulto. Afirmaram que seus filhos são lentos para pensar, não conhecem o entorno do local de moradia e, sobretudo, não sabem se defender dos possíveis perigos das ruas e das praças. Os pais reconhecem que os filhos pertencem a um grupo fora do padrão esperado, por conseguinte, estão presos pelo estigma à eterna infância e aprisionados à mente de criança, mesmo que tenham corpo adulto.

> [...] de casa, pronto, ele não sabe nem andar pra canto nenhum, só anda com a gente, é de casa pra igreja, são sabe andar, quando sai pra algum lugar, é com uma pessoa, ele não anda só pra canto nenhum. É, a única coisa que ele tem é isso, ele não sai pra outro lugar, só no bairro que ele mora, no bairro que ele mora, e ele não sabe ir numa praia, nunca foi numa praia só, eu não deixo, ele não vai pra uma festa só, não vai pra esse negócio de jogo, nunca vai, só pra

> igreja; quando ele vai pra algum lugar, com o pessoal, tem uma pessoa pra levar ele, ele não vai só, pronto, às vezes tem um show de uma cantora aí que ele gosta muito de ir, a irmã dele paga uma pessoa, compra o ingresso dele e compra da pessoa pra ir com ele, pra ir com ele, aí ele vai, passa a noite todinha... (P11).

> [...] porque eles precisam de uma atenção maior um pouco do que os normais, os normais que eu digo é os que escutam, que não têm deficiência nenhuma, eu acho assim (P26).

As influências familiares podem ser instrumentos de facilitação ou de impedimento, no processo de inclusão de uma pessoa com algum tipo de deficiência, na sociedade. E, em alguns casos, tais interferências dificultam o processo de integração, na própria família. Glat (1996, p. 113) afirma:

> A família se constitui, assim, no grupo social primário e é por meio do relacionamento familiar que desde os primeiros tempos de vida a criança começa a aprender até que ponto ele é um ser aceitável no mundo (isto é, se ele é considerado normal em comparação com os outros membros do seu grupo social), que tipo de concessões e ajustes deverá fazer para ser aceito, e a qualidade das relações humanas que encontrará.

O sentido da descrença tem ênfase nas vivências cotidianas do cenário doméstico, porém, há uma fronteira tênue entre a descrença e a autonomia, que é adotada como regra social. A criança com deficiência precisa aprender, no convívio familiar, a respeitar a si mesma e aos outros e, sobretudo, desenvolver a capacidade de cuidar de si. No entanto, nas famílias entrevistadas, tais aprendizagens não são estimuladas, conforme depoimentos a seguir:

> Ele em casa é muito diferente, vou dizer pra senhora, a mãe dele tem que dar a roupa a ele, agora que ele tá se vestindo; rapaz, teve um tempo desse que o menino não sabia vestir a roupa direito, calçar o sapato dele e a meia dele quem calça é a mãe dele, pra dá de comer, ele não sabe nem comer direito ainda... Eu acho que seja a mente dele, é da mente dele, eu não digo nada com ele. Um menino que não brinca, ele não brinca em sala de aula, ele não brinca, ele é um menino educado, não é por ser meu filho, mas é educado, fica na dele, não tira brincadeira com ninguém, ele não tira brincadeira e nem vê brincadeira com ninguém, não é isso... (P11).

> [...] tem muita mãe que tem menino especial que não estuda aqui porque não tem, é que não corre atrás e eu sempre fui atrás dela pra tudo, até pra aposentar ela eu fui atrás, fui eu pra aposentar ela, aposentei ela (P23).

Esse misto de crença e descrença vem à tona quando os sujeitos com deficiência apresentam resultados positivos na trajetória escolar e superam algumas limitações.

> [...] é, se não atendesse, ele não tirava boas notas, eu vejo menino que tem mente boa e tudo bom e leva pau, ele nunca levou, todo ano ele passa, interessado, é prova que a irmã ensina ele, ele chega, olha o trabalho é esse, isso assim, tira no sei do que lá, de revista, de jornal, não sei do que, só sei que ele faz o trabalho dele e ele traz, ele é interessado... (P11).

> Eu tou mostrando isso pra ele, entendeu [?], porque ele já tá com 14 anos, eu digo "Você tem que estudar porque, quando você tiver um homem e se mamãe morrer, tu tem que trabalhar, tu tem que depender de tu". Eu converso muito com ele, sabe [?], mas tem sempre aquela preguiça dele, mas eu tou tirando aos pouquinhos... (P26).

Algumas famílias buscam cursos e informações relativas às características apresentadas pelos filhos e, também, procuram compreender a legislação pertinente ao assunto. Convém citar o seguinte fato: os pais cujo filho apresenta deficiência auditiva buscou ajuda para estudar a Libras e, em seguida, reivindicou a presença de tradutores e intérpretes na escola, conforme determina a legislação.

Os pais destacaram a luta em busca do acesso e permanência dos filhos na escola inclusiva. Segundo eles, essa busca às instituições públicas ou privadas é carregada de momentos difíceis para a família, dentre os quais se destacam: a luta intensa para conseguir um laudo médico que confirme a deficiência do filho; e análise feita pela escola das condições físicas da criança. Impõe-se esclarecer que essa análise determinará se a criança poderá ou não frequentar a escola. Os impedimentos para a matrícula são decorrentes da falta de acessibilidade e da carência de pessoal qualificado. Nos depoimentos dos pais, é possível verificar a intensidade dessas dificuldades.

> Não só aqui como em todos os lugares estão, não pode... Eu já conheci muitas escolas e já levei muita porta na cara, de dizer "Não, aqui não é adaptado, não tem especialidade pra isso". Eu fui lá na Secretaria de Educação pra poder arrumar isso aqui pra ele (P15).

> [...] teve, porque tive que pegar uns documentos dela, que é especial, que umas coisas que a escola queria e talvez, se ela se adequar, se por ela ser especial, podia interagir com as crianças, podia se juntar, cheguei pra dizer a diretora "Olhe, ela é melhor, melhor de se lidar do que os meninos que é normal, que ela é meiga, que é na dela, não mexe com ninguém, pelo contrário, pode dar nela que ela não revida". Aí mandaram eu ir no médico, no médico, não, no negócio de Educação, na Secretaria de Educação, pra vim uma pessoa pra ela, eu fui atrás, aí mandaram... Eu acho que não demorou dois meses, três meses, uma coisa assim... (P23).

> Agora, como a escola poderia contribuir nisso aí, porque aqui não tem nada disso, é só ensinar mesmo, porque, quando alguma pessoa é deficiente de mão, de perna, de braço, mas tem a mente boa, a visão boa, trabalha, mas ele não tem, ele é bom, todo normal, não tem nada aleijado, graças a Deus, mas pior que a mente, o pensamento, nenhum pensamento de uma pessoa adulto, porque 17 anos já é uma pessoa adulto, quase adulto, né [?], é (P11).

Segundo Santos E.; Santos, F. e Oliveira (2013), a escola deve responder às expectativas dos pais, que têm inseguranças em relação ao processo de inclusão escolar dos seus filhos. As dúvidas mais prementes surgem pelos problemas de discriminação, aceitação e educação especializada. As autoras afirmam que:

> Os pais de crianças com necessidades educacionais especiais encontram diante de si um longo caminho de obstáculos na educação dos seus filhos, e a participação deles, neste processo, é o que determinará o avanço educacional destas crianças (Santos E.; Santos F. e Oliveira, 2013, p. 39).

A educação inclusiva deve partir do princípio de que todos os alunos têm direito à matrícula em escolas comuns, portanto é preciso garantir acesso ao conhecimento a esse alunado. A educação inclusiva tem por objetivo atender as necessidades dos alunos, tendo como princípio básico de que, independentemente de suas especificidades, o aluno precisa desenvolver aprendizagens significativas e interagir com os outros, dispondo ou não do setor de AEE (Macedo; Carvalho e Pletsch, 2011).

Os pais, também, lamentam falta de tempo para acompanhar os filhos na escola, em virtude de suas condições de vida e de trabalho. No entanto, na Escola Luz do Sol, os alunos com deficiência chegavam à escola sempre acompanhados por um familiar.

> [...] não, ninguém, porque, eu não tenho tempo, tenho tempo de manhã, e chegando vou pra Boa Viagem fazer uns serviços nos apartamentos lá, montar uns móveis, já tenho dois meninos pra lá, eu já tô nas carreira pra ir pra lá, entendeu [?], aí eu não tenho tempo de, hoje mesmo vou, talvez eu não tenha tempo, vou mandar minha irmã vim buscar ela (P23).

> Eu tou deixando ele vim só porque eu tô trabalhando, preciso trabalhar, eu sou assalariado, eu ganho um salário mínimo, não sabe [?], e minha despesa é muito grande, sabe que eu tenho uma mulher doente (P11).

Nesses depoimentos, foram identificadas inúmeras dificuldades que retiram das famílias a oportunidade de receber da escola algum tipo de orientação referente ao processo de aprendizagem dos seus filhos. Conforme já citado, os pais não conhecem o funcionamento de uma sala de aula, por isso não percebem que as carências existentes na escola podem prejudicar o processo de aprendizagem de seus filhos. Ressaltaram o trabalho dos professores, no entanto lamentaram o tempo destinado às paralisações ocorridas no início do ano letivo. Além disso, sugeriram que determinadas ações da Gestão Escolar e da Administração Municipal fossem planejadas com antecedência, para evitar interferências no calendário escolar.

> [...] professor não é o culpado, ele tá no quadro pra ensinar, se o aluno, tá certo, o aluno tem deficiência, mas ele tem que se interessar (P11).

> Porque tem a professora... que é uma pessoa excelente que já... já faz curso pra isso, que é uma pessoa que senta junto de você, que faz massinha, que trabalha ali com ele, é (P15).

> [...] a semana passada teve cinco dias que, vai depois de dez, do negócio que tão procurando os direitos dos professores, teve quatro, cinco dias sem ter aula... deveria ser melhorado, pra não ter isso, poderia ter discutido isso antes, nas férias, que na hora dos alunos, tem muito colégio que vai fazer pintura quando começa o ano, tem muita reportagem aí (P23).

Para Rosa e Denari (2013), a família cujo filho nasce com algum tipo de deficiência vive uma realidade distinta, pois é forçada a um desligamento abrupto da criança sonhada e "perfeita". Uma gama de sentimentos poderá surgir pela nova condição imposta às famílias: algumas conseguirão encontrar com facilidade um ponto de equilíbrio, porém outras poderão se desestabilizar por completo. Para as autoras, dependendo da capacidade de superação e de aceitação das famílias, os novos caminhos serão fáceis ou difíceis.

> Eu disse muita coisa pra a senhora aqui, uma coisa que eu nunca debati com ninguém sobre a minha menina, se ela tava bem, se ela não tava e achei, ontem pelo menos. Eu abri o jogo, abri o coração, escutei coisa que eu não sabia também, pra mim foi um aprendizado, é importante, a gente conversou sobre ela, ela tava esquecida, então chega uma pessoa que conversou comigo e a tendência é melhorar, eu acredito que o negócio vai melhorar e tem que acreditar, né [?], tem que acreditar que muitos virão, que muitos virão e a gente tem que acreditar, porque, se a gente desistir, é que eles não vão acreditar mesmo, a gente tem que apoiar (P23).

> [...] eu sei que eu vou ficar com ele até eu morrer, que eu não vejo desenvolvimento de ele, de negócio dele em serviço, a não ser que, quando ele tiver mais idade, a mente dele procure alguma coisa que ele se dedique, mas até agora que eu vejo, num vejo dedicação dele sobre isso, porque ele é menino, é menino... 17 anos, 17 anos, mas é igual a um menino, a mente dele é que nem uma mente de menino (P11).

> Se tem gente realmente incluído? É um pouco difícil, mas não é impossível, não é possível se a gente é... tá incentivando, tá ali do lado, eu acredito que eles vão desenvolver muito bem... (P26)

Para Silva e Mendes (2008), as famílias de crianças com deficiência e os profissionais podem manter uma parceria na escola. Neste estudo, foi evidenciado que, para os profissionais, o comportamento esperado pelos pais de que prática inclusiva aconteça seria a comunicação entre os profissionais, a responsabilidade por esse tipo de educação e a manutenção das expectativas adequadas. Para os pais, o que se espera da escola é que haja a comunicação entre as famílias, que sejam ajudadas a manter as expectativas adequadas, por meio de atitudes de respeito entre os alunos e seus familiares. Segundo as autoras, o fundamental nessa relação é que tanto os familiares quanto os profissionais precisam amadurecer, a fim de identificar qual é o papel e função de cada um nesse processo colaborativo.

Nesse sentido, Barbosa, Rosini e Pereira (2007) ressaltam a importância das atitudes parentais em relação à educação inclusiva. Segundo os autores, há muitas barreiras a serem superadas para garantir a acessibilidade das pessoas com deficiência nas salas e escolas comuns do ensino regular. Para alguns pais dos filhos normais, é preciso ocultar a presença do aluno com deficiência na escola; para isso, a gestão da escola estabelece um horário de entrada e saída diferenciado para os alunos com deficiência, a fim de evitar que os outros pais percebam sua presença na instituição de ensino. Nos achados da pesquisa, existem pais que dificultam ou, até mesmo, impedem o sucesso da inclusão escolar. Por isso, reafirma-se que as atitudes ainda são um dos empecilhos para a inclusão. Segundo os autores,

> [...] a atitude é um estado de prontidão para ação ou reação na presença de certos estímulos, que leva as pessoas a se afastarem ou se aproximarem de um determinado objeto. Se o indivíduo possui uma atitude favorável em relação a alguma coisa, ele irá aproximar-se dela e defendê-la, mas, se tem uma atitude desfavorável, irá evitá-la e ou apresentar comportamentos negativos em relação a ela (Barbosa; Rosini e Pereira, 2007, p. 449).

Em síntese, os depoimentos dos pais, organizados na Classe 2, centralizam a prática pedagógica inclusiva no trabalho dos apoios. Eles se tornam mais importantes para que a inclusão do que o trabalho conjunto da Escola Regular e AEE. As instituições que serviram de experiência no processo escolar dos seus filhos trazem as marcas das escolas especializadas que, por muito tempo, se fizeram presentes no processo de escolarização dos alunos com deficiência, deixando um legado, muitas vezes, discriminatório no processo do ensino e aprendizagem. Trazem, também, um discurso sedimentado na falta de crença no potencial dos filhos, limitando-os às rotinas mais elementares no cotidiano das atividades do lar e da instituição formadora.

Percebe-se, ainda, que, para os pais, a prática pedagógica é movida por situações estressantes, como as idas aos órgãos públicos para assegurar determinados suportes na sala de aula, para que os filhos passem a frequentar as aulas no ensino regular. Recorrem a outras instituições, a fim de obter determinados documentos cuja função é validar a deficiência e sua matrícula na escola. Essas situações trazem impactos na família e para os filhos com deficiência, prejudicando-os no que concerne ao número de dias letivos, os quais passam a ser mais reduzidos. As situações estressantes não param por aqui, ou seja, são contínuas, pois o futuro dos filhos ocasiona grandes preocupações aos seus genitores, que surgem desde as preocupações quanto a velhice, doenças e morte dos responsáveis, contrapondo-se, em alguns casos, à longevidade do filho com deficiência.

Por meio dos resultados das entrevistas com os pais de alunos com deficiência, é possível concluir que a prática pedagógica inclusiva está encoberta pelo véu do desconhecimento dos princípios da educação inclusiva, reafirmando uma tendência de que os filhos se tornam, diretamente, responsáveis pela condução da sua aprendizagem na sala de aula, sem uma reflexão mais crítica dos tipos de intervenções que são constituídas no cenário escolar. O ensino regular precisa de um suporte incondicional, já que ele mesmo não oferece condições de assegurar o desenvolvimento dos alunos. Dessa forma, pôde-se compreender que os pais, como sujeitos responsáveis pela educação mais informal dos seus filhos, concebem que a prática pedagógica inclusiva está vinculada à ideia da inserção na escola.

Impõe-se reafirmar que a família está equivocada quando considera que seu filho está plenamente incluído no sistema de ensino, como uma consequência automática do ato de matrícula. O processo de inclusão depende de práticas pedagógicas que atendam às necessidades dos alunos com deficiência em suas peculiaridades.

Capítulo 7

O Discurso Legal sobre Inclusão e a Prática Pedagógica Inclusiva no Cotidiano da Escola: orientações que evitam descaminhos

No Brasil, o direito à Educação é garantido pela legislação vigente; por conseguinte, não há nada a ser questionado. Mas os envolvidos na área, em geral, não conhecem as leis que direcionam as atividades docentes e estabelecem direitos e deveres. Tal desconhecimento traz prejuízo a todos, principalmente ao segmento da Educação Inclusiva, cuja regulamentação é muito recente. É oportuno reafirmar: o pleno conhecimento e a adoção dos regramentos legais podem contribuir para o funcionamento pleno das instituições educativas. Diante desse pressuposto, a pesquisadora investigou o descompasso entre as determinações legais e a realidade do processo de inclusão no cotidiano escolar. Destaca, ainda, que a legislação tem potencial suficiente para evitar os descaminhos que dificultam o pleno funcionamento da Prática Pedagógica Inclusiva na escola.

Este capítulo, que está dividido em quatro itens, apresenta os resultados das entrevistas associativas, que foram realizadas com base em cartelas, cujos conteúdos estimularam o professor a falar a respeito do direito à educação e da realidade da prática de inclusão. Os conteúdos das cartelas privilegiavam a Política da Educação Especial na Perspectiva da Educação Inclusiva (Brasil, 2007) e o Inc. I, Art. 59, Cap. V, da modalidade da Educação Especial, da LDBEN n.º 9.394, de 1996. Esse instrumento ofereceu ao entrevistado a possibilidade de refletir/analisar os conteúdos da legislação e confrontá-los com a prática docente. Convém lembrar que duas cartelas foram apresentadas a todos os sujeitos; e uma cartela específica, relativa aos serviços de Atendimento Educacional Especializado, foi mostrada, apenas, à professora responsável por esse setor.

As reações dos entrevistados em relação ao material apresentado foram distintas, tais como: perguntavam se poderiam ler em voz alta; queriam saber quem havia confeccionado o material; ficaram surpresos com a novidade do instrumento e procuravam manipular o material inúmeras vezes. Em geral, para os professores, a LDBEN era conhecida, mas a Política Nacional de Educação Especial era desconhecida pela maioria dos pesquisados, com exceção daqueles que fizeram curso de especialização nessa área. Alguns pais e mães tiveram dificuldades para ler e compreender as cartelas, por isso solicitaram ajuda à pesquisadora.

Após a leitura de cada cartela, solicitava-se ao entrevistado que, com base no trecho da lei, procurasse expor seus conhecimentos e suas impressões; e, em seguida, deveria justificar sua fala. O conteúdo da entrevista era gravado, com prévia autorização do entrevistado, no entanto, o uso desse recurso de gravação trouxe desconforto para alguns participantes.

Para processar os dados, utilizou-se o software Alceste, conforme os mesmos procedimentos utilizados nas entrevistas convencionais. As 32 UCIs, ou seja, o total das entrevistas, constituiu o corpus da análise, formado por 162.545 caracteres com espaço e 42 páginas, aqui designado **"o discurso legal e a prática pedagógica inclusiva"**.

Convém ressaltar que, conforme as regras do programa, para que o processamento da análise seja considerado satisfatório, é necessário que, pelo menos 70% do corpus, nele processado, seja analisado. No caso deste material de pesquisa, obteve-se um nível de satisfação muito bom, uma vez que 74% das informações foram processadas e, apenas, 26% obtiveram um índice de rejeição das UCIs.

Como resultado do procedimento de análise, obteve-se um total de 672 UCEs, distribuídas em quatro classes. As respectivas classes têm sua origem em dois eixos principais: no primeiro, são sistematizados os conteúdos dos depoimentos dos professores que se referem à legislação e constituem, unicamente, a Classe 1. O segundo eixo trata do aluno com deficiência e do processo de inclusão, constante na Classe 2, e está subdividido em outros dois eixos, que englobam as Classes 3 e 4. Estas duas classes estão constituídas da seguinte forma: a Classe 3 contém a fala dos professores relativas ao papel do apoio, e a Classe 4 está composta, apenas, pelos depoimentos dos pais sobre prática inclusiva na escola. Na Figura 3, a seguir, visualizam-se as quatro classes, que estão articuladas e sintetizam os conteúdos dos depoimentos referentes ao discurso legal e às suas relações com a prática cotidiana.

Figura 3 – Dendrograma referente à Classificação Hierárquica Descendente (CHD) do corpus "O discurso legal e a prática pedagógica inclusiva"

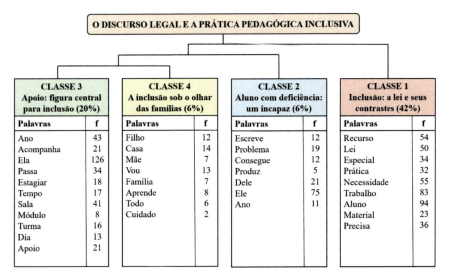

Fonte: a autora (2014)

7.1 Classe 1 – Inclusão: a lei e seus contrastes

A Classe 1, denominada **Inclusão: a lei e seus contrastes**, organiza 42% das 279 UCEs e representa o contexto temático mais significativo dos dados apurados pelo programa. Nela, localizam-se as palavras: recurso (f = 54); lei (f = 50); especial (f = 34); prática (f = 32); necessidade (f = 55); trabalho (f = 83); aluno (f = 94); material (f = 23); e precisa (f = 36). As palavras reunidas nesse eixo formaram o tema: inclusão no discurso legal e suas contradições na prática cotidiana.

A classe reúne os posicionamentos dos professores que foram expressos a partir das cartelas que lhes foram apresentadas. Em tais depoimentos, prevalecem os seguintes enfoques: discrepância entre os ditames da lei e a realidade da escola; limites dos instrumentos legais, que não asseguram as necessárias condições materiais para a concretização da educação inclusiva; falta do cumprimento das normas, que provoca várias inadequações curriculares. Além disso, citaram o excesso de leis como mais um obstáculo.

Para os professores, entre os ditames da lei e a realidade da escola, há uma acentuada contradição referente à prática pedagógica inclusiva; pois existem muitos obstáculos que impedem a efetivação do processo de escolarização dos alunos com deficiência. Dentre as dificuldades citadas, destaca-se o distanciamento do que está determinado nos documentos legais e sua efetivação no cotidiano escolar. Os resultados das análises reforçam que, em geral, os docentes consideram o instrumento legal como um avanço, no entanto sua efetivação é quase inexistente.

> É. Isso é uma coisa muito boa, né [?]. Tá assegurado, isso é uma garantia, é que nós temos, eu acho, na Lei de Diretrizes e Bases, não é [?]. E... o que que tá faltando é somente implementar de fato, né [?], essa garantia, uma vez que, uma vez que tá muito solto, assim... A parte de técnicas, de recursos educativos para esse, é, é esse alunado específico, esse pessoal com deficiência e transtorno, né [?].. E eu acho uma coisa muito boa que conste em lei, ou seja, esteja na lei essa garantia. Mas tá faltando muito. Há uma distância muito grande no que tá na lei e o que a gente encontra, né [?] (P31).

> Isso daqui é muito bonito; num é, só no papel isso funciona, de fato, esse sistema de ensino que vai assegurar ao portador de deficiência, não assegura não, porque o currículo não é adequado, método também não, nem técnica, nem recurso, nada, nada, nada! Nada atende de fato a necessidade do aluno que tenha deficiência, pode ser qualquer uma, motora, qualquer tipo de deficiência, visual. Então isso é um sonho, é uma utopia, porque na prática, de verdade, isso não acontece, pelo menos as experiências que eu tenho, né [?], não funciona, de jeito nenhum (P9)

> [...] a lei não prevê, num é [?]! Agora, a meu ver, entre ela prever e ela determinar a execução. Então uma coisa é você prever que vai ser assim, falta a fiscalização para que aquilo que está previsto, realmente, possa ser aplicado do jeito que a legislação cita. A gente nota que, infelizmente, ainda, no Brasil não tem sido aplicado a essa forma por "n" motivos. A legislação ela é perfeita, mas falta o legislador, quando ir a lei, também criar os, vamos dizer assim, processos para que aquilo seja realmente executado, cria a lei e por algum motivo, eu não sei, por esquecimento, não cria os processos; como é que aquilo vai ser executado lá na ponta? Quer dizer, a coisa é bonitinha no papel, na prática... A conclusão é outra, infelizmente (P14).

Os docentes pesquisados consideram que, no contexto brasileiro, há legislação em excesso, o que dificulta o conhecimento de suas especificidades. Por exemplo, o Cap. V da LDBEN/1996, que trata da modalidade da educação especial, é, praticamente, desconhecida pelo grupo em foco.

> Esse daqui não, a LDB sim, a LDB sim. Esse não, não conhecia não, e é desde 2008. É outro problema seríssimo, a gente tem muita legislação em nível de educação que a gente fica sem acesso, entendeu? (P27).
>
> Não, não, é a primeira vez que eu tenho acesso, a gente teve algum encontro, aproveitando o Conselho de Classe, mas a gente não se detém à lei, a gente se detém a conhecer rapidamente assim, por exemplo, deficiência visual (P28).
>
> Bem, eu sei pouquíssimo dessa lei, num é [?], sei de fato que os alunos com deficiência têm direito a educação. Infelizmente, apesar de todos esses direitos, né [?], eles não têm, digamos, um acompanhamento à altura (P4).

Nas palavras de Magalhães (2005), a disparidade entre o real e o legalmente proclamado vai se instituindo entre as contradições de uma realidade caótica com leis avançadas. Sob essa ótica, Vizim e Silva (2003) afirmam que o conhecimento da área possibilitará ao professor compreender os elementos da história da deficiência e da Educação Especial e, também, superar medos e resistências. Em consequência de tais superações, poderá construir um conjunto de imagens positivas das pessoas com deficiência.

Na visão dos professores, a legislação brasileira é um instrumento que tende mais para a exclusão do que para a inclusão dos alunos com deficiência. Em seus discursos, reconhecem que a lei é desrespeitada pelo sistema de ensino e pela escola, no exercício da prática docente. As barreiras existentes no âmbito atitudinal e/ou procedimental contradizem os instrumentos legais e não respeitam a condição do aluno; por conseguinte, a inclusão fica comprometida.

> [...] não existe um olhar específico para os alunos que têm necessidades, na escola não. A realidade aqui é essa nua e crua. No papel é lindo e maravilhoso, mas, na prática, não se pratica, até mesmo porque nem tem, nem tem pessoal pra gente pôr isso em prática, você sequer recebe uma formação específica, não se para para fazer um planejamento específico para esse tipo de aluno (P27).
>
> Nada atende, de fato, a necessidade do aluno que tenha deficiência, pode ser qualquer uma, motora, qualquer tipo de deficiência, visual. Então isso é um sonho, é uma utopia, porque na prática, de verdade isso não acontece, pelo menos as experiências que eu tenho, né [?], não funciona, de jeito nenhum (P9).

> O atendimento educacional especializado identifica, elabora e organiza recursos pedagógicos: isso é mentira! E de acessibilidade que eliminem as barreiras, ai, meu Deus! Todas as barreiras estão presentes, nenhuma está eliminada. Considerando as suas necessidades específicas, eu acho muito engraçado, tudo no papel é muito bonito, na prática nada de fato acontece (P28).

> É uma exclusão, mesmo assim acaba sendo. Acessibilidade, não é? Já, uma vez que... se traz a essa questão da inclusão nas escolas, elas precisam estar preparadas para receber os alunos cadeirantes, os alunos com deficiência de locomoção, alunos com deficiência visual, a organização do espaço físico é imprescindível, mas infelizmente ainda a gente vê, a gente encontra que não tem essa... essa adequação (P9).

Nesse sentido, Ferreira, J. R. e Ferreira, M. C. (2004) afirmam que a perspectiva de mudanças na educação, pela imposição de novas leis aos sistemas educacionais, é uma característica histórica da educação brasileira. As mudanças existentes na lei possibilitaram novas alternativas, no que concerne às políticas públicas:

> [...] é preciso ressaltar também a importância dos registros legais dos últimos anos no Brasil, até como instrumento para assegurar alguma continuidade nas políticas em educação especial, não se perdendo de vista que exista um caldo de movimentos sociais que apoiados pela legislação criam possibilidades de novas reflexões e práticas que forcem a busca de superações, pelos menos em parte, desta história de exclusão. (Ferreira, J. R. e Ferreira, M. C, 2004, p. 35).

Os discursos são, teoricamente, bem construídos e apresentados, porém sua operacionalização e sua concretude esbarram no fazer cumprir. Carvalho (2000) constatou que as pessoas com deficiência não aceitam a condição de tutelados e de "coitadinhos", que, em alguns casos, é consequência do conteúdo da legislação. Trata-se, portanto, de entender que os direitos das pessoas com deficiência precisam ser respeitados e atendidos sem assistencialismo.

Beyer (2005a) refere-se a um sentimento de incompletude ou impotência das redes de ensino em geral, das escolas e dos professores em particular na perspectiva da ação, do fazer valer a inclusão. Segundo ele, as leis existem, mas o seu cumprimento estaria condicionado à ideia do vir a ser, de conquista, talvez em longo prazo.

Os professores reafirmaram, ainda, que a existência da lei não garante a inclusão plena dos alunos com deficiência, uma vez que os profissionais estão despreparados. Tal posicionamento já havia sido constatado, nesta pesquisa, durante o período destinado às observações das práticas e com as entrevistas:

> Primeiro a gente tem que ter um conhecimento da área, né? Tem que ter um conhecimento da área. A disciplina, ela dá uma introdução, ela também não chega a cobrir totalmente não (P12).

> Porque também tem o outro lado, por exemplo: determinar métodos, técnicas, recursos, mas quem vai colocar em prática esses métodos, essas técnicas, esses recursos? Um profissional que a legislação esqueceu, esqueceu de que aquele profissional que não foi formado para aquilo, ele precisa ser capacitado, habilitado adequadamente para poder ele seguir aquilo ali. A legislação, ao meu ver, pelo que eu tenho lido agora, ela simplesmente esqueceu disso (P14).

De acordo com Beyer (2006b), a inserção das crianças preferencialmente na escola regular tem gerado entre professores um quadro de apreensão e insegurança diante do projeto político-pedagógico da educação inclusiva, ao se reconhecerem despreparados para atender o aluno com necessidades especiais.

Ainda em seus discursos, alguns professores são mais enfáticos quando afirmam que a política educacional vem se expandindo para a implantação da sala de recursos multifuncionais, por meio da disponibilização de materiais adequados para o atendimento educacional especializado, mas ainda falta muito para ser investido, principalmente na formação docente.

> Ao meu ver, o MEC né está garantido através da sala de atendimento, enviando para as escolas de todo o Brasil materiais adequados, né [?], para alunos com deficiência, alunos surdos, alunos de baixa visão e cegos, é, mandando lupa, é, material em Braille, livro em Braille, é, computadores, notebook e recursos. De contrapartida, as Secretarias de Educação não estão fazendo a tarefa de casa. As salas de recursos multifuncionais, o material chega à escola, mas não tem o pessoal preparado para se trabalhar (P2).

> [...] você diz assim: que quero que alguma coisa aconteça e o plano é nacional, primeiro eu tenho que verificar lá naquele municipiozinho humilde, o mais humilde que existe no Brasil, esse município tem condições de aplicar na íntegra o que a gente pretende com a legislação da educação inclusiva? (P14)

Os docentes completam seus posicionamentos afirmando que a legislação não assegura as condições materiais necessárias à educação inclusiva e, dessa forma, professores e alunos não conseguem cumprir as rotinas de trabalhos preestabelecidas.

> Aí nessa questão, quando ele fala assim, é, é, técnicas, recursos educativos e organização específica, para atender às suas necessidades. Eu acho que ainda tem muito... Infelizmente... O sistema não assegura isso. Ainda não. Infelizmente não (P30).

> [...] eu acho que é um problema sério, tem muita coisa que está lá na lei, mas que de fato só está presente na lei, mas a aplicabilidade é outra história, né [?], a questão da aplicabilidade é outra (P27).

Vizim e Silva (2003) afirmam que cabe ao professor compreender que as relações existentes entre as políticas públicas de educação e a prática pedagógica são dinâmicas e, em permanente modificação, tendo em vista a realidade da sala de aula. Quando a escola desconsidera as necessidades das pessoas, tem-se uma inclusão voltada apenas para o caráter físico, o que interfere na elaboração do currículo e, também, na formação dos recursos humanos e pedagógicos. As autoras consideram que os discursos em defesa da escola pública, gratuita, laica e de boa qualidade para todos são falaciosos, em decorrência da situação socioeconômica da sociedade brasileira. Argumenta que, em grande parte, a dívida social para com os segmentos excluídos da sociedade não foi superada. Nesse contexto desfavorável ao cumprimento da obrigatoriedade de socialização do conhecimento, estão as pessoas com deficiência.

Afirma, ainda, que a educação para todos poderá significar, apenas, a ocupação de espaços físicos, e, em paralelo, educar para diversidade reforçará as desigualdades sociais.

> A luta pela construção de uma escola pública de qualidade social de conhecimento e para todos tem se constituído em um desafio no interior da implementação de políticas

> públicas. Logo, não se trata de fazer a defesa da educação de forma isolada do contexto político, no qual práticas contraditórias expõem, ainda hoje, uma parcela significativa de cidadãos, a uma condição de desigualdade social e, portanto, de usurpação dos seus direitos (Vizim; Silva 2003, p. 50).

Apesar de todas as dificuldades, os entrevistados reconheceram, na legislação, aspectos positivos referentes ao processo de ensino e aprendizagem. Diante de tal reconhecimento, pode-se afirmar que, no contexto escolar, estão surgindo possibilidades de ressignificação das práticas pedagógicas por iniciativa de cada professor.

> Ele precisa de outras estratégias, acessibilidade perfeita, mas aqui, ao meu ver, nessa legislação, quando se fala em recursos pedagógicos, acessibilidade que eliminem as barreiras para a plena participação do aluno (P14).

> Então, quando ele diz aqui que o sistema, né [?], ou o Estado assegurará, né [?], aos educandos com deficiência, transtornos globais do desenvolvimento e altas habilidades pra incluir esses alunos nessa sala: currículos, métodos, técnicas, recursos educativos e organização específica, pra atender às suas necessidades. Tudo o que a gente, né [?], pode fazer para assegurar a aprendizagem daquele aluno (P12).

Para Góes (2004), o processo de inclusão escolar declarado na legislação e aquele que é exigido das práticas pedagógicas são complexos e, sobretudo, estão se tornando em um pesado encargo para a instituição escolar. Tais encargos se originam das características da contemporaneidade, dentre as quais se destacam: relações conflituosas entre as pessoas; mudanças no campo da ética e da educação; e modificações da representação de inclusão/exclusão. Além disso, as diretrizes oficiais são ambíguas ou de difícil operacionalização, portanto, não beneficiam, de imediato, os propósitos da escola democrática e inclusiva.

As discrepâncias que ocorrem entre o discurso inclusivo da legislação e a realidade são reforçadas, quando a escola não recebe o aluno com deficiência, sob pretextos injustificáveis, conforme depoimento a seguir:

> Bem, assim, o que a gente, quando se deparar com a realidade, na lei, você vê: tá tudo muito bem explicadinho. Mas só que a realidade é totalmente diferente do que... é... tá imposto pela lei, porque você se depara... ainda existe ainda impedimento, existe escola que não aceita o aluno especial, isso é um fato, mesmo sendo lei (P29).

Pode-se observar que, na Classe 1, a inclusão no discurso legal, para os professores, é repleta de elementos que concentram a ideia das impossibilidades dos instrumentos legais e a realidade do cotidiano quanto ao processo de acesso, permanência e desenvolvimento do aluno em relação à sua escolarização. As dificuldades mais prementes são ratificadas pela falta dos recursos, do atendimento às necessidades dos alunos, das inadequações curriculares, da falta do cumprimento das normas, do acompanhamento mais contínuo dos técnicos nas instituições formativas e áreas afins. Tornam-se mais evidentes que, em seus discursos, a expressão "é bonito na forma da lei, mas na prática" revela, de forma mais subjetiva, um estágio de contemplação das reais possibilidades de ser efetivado o direito à educação para todos, por meio de políticas eficazes. Reitera a discrepância do que está sendo elaborado no campo das ideias e a realidade das práticas.

7.2 Classe 2: – Aluno com Deficiência: um incapaz

A Classe 2, denominada, **O aluno com deficiência: um incapaz**, organiza 6% das 40 UCEs[18]. Essa classe reúne os sentidos atribuídos ao **aluno com deficiência**. A referida classe agrupou os termos: escreve (f = 12)); problema (f = 19); consegue (f = 12); produz (f = 05); dele (f = 21); ele (f = 75); e ano (f = 11). As palavras contêm, majoritariamente, discursos dos professores e que estão centrados na condição do aluno em relação à aprendizagem. As entrevistas focaram os seguintes elementos: classificação/comparação; desconhecimento do aluno; e descrenças nas suas possibilidades para aprender.

Os professores ressaltaram os aspectos negativos da condição de aprendiz. Trata-se de um olhar voltado para a perspectiva das dificuldades e as características pessoais do aluno são vistas como barreiras que repercutem no relacionamento cotidiano. No processo de escolarização, a passagem de um aluno para uma série mais avançada é repleta de dúvidas e incertezas, pois os professores consideram que, nos anos finais do ensino fundamental, o trabalho das áreas específicas é particularizado e fragmentado.

---

[18] No processamento dos dados das entrevistas, o programa Alceste identificou as UCIs, ou seja, as falas dos sujeitos que mais influenciaram na formação dessa classe. Nesse eixo, houve a predominância do discurso de um dos sujeitos em relação aos outros entrevistados. O discurso desse sujeito está mais pautado nos elementos evocados na Classe 2.

Diante de tais posicionamentos, pode-se afirmar que os professores entrevistados demonstraram não conhecer ou ter dificuldade para respeitar os direitos dos alunos que são assegurados por lei, por exemplo, em relação às intervenções pedagógicas diferenciadas. Há, ainda, mais um fator prejudicial ao processo de ensino e de aprendizagem: o aluno é caracterizado como alguém que não tem condições de se desenvolver como pessoa, nem de aprender no contexto escolar. Em paralelo a tantas dificuldades, as experiências não exitosas do trabalho de um professor foram generalizadas e atingiram o corpo docente da escola. Tais generalizações perturbam o cotidiano escolar.

> Bem, eu posso citar por experiência própria na escola do estado onde eu trabalho, eu tenho uma cadeirante que está no sexto ano... Na sexta série, que é o sétimo ano, ela tem dificuldade em escrever, ela tem dificuldade. Ela consegue falar, ela lê, eu peço pra ela ler e ela lê com dificuldade, mas lê. Mas eu... Dentro da minha área, eu vejo que ela vai ter problemas, porque existe, é assegurado o procedimento, mas como é que essa menina vai para uma sétima série, que é o oitavo ano, se ela não produz![?] (P5).

Inúmeros discursos revelaram descrenças no progresso do aluno com deficiência e enfatizavam, também, dificuldades de relacionamento, no contexto da sala de aula e com os colegas. Deixaram transparecer que tratavam o aluno de modo desigual, quando enfatizaram seu comprometimento físico e/ou psicológico. Os professores não percebiam que tais atitudes acentuavam a discriminação e a segregação.

> [...] os slides, mesmo ele não consegue, na aula ele não consegue acompanhar o ritmo da sala, porque a velocidade dele é lenta demais, não acompanha, então a gente tem que avaliar até onde ele pode ir (P10).
>
> Ele escrever já é outra vitória! É esse o problema, então ele vai ficar na oitava. Ele pra escrever, ele... Ele não consegue unir as palavras, tirar do quadro, tira! Pra responder??? (P5).

As falas dos entrevistados revelam o quanto o aluno com deficiência é estigmatizado, pois afirmaram que é muito trabalhoso lidar com esse tipo de aluno, que não tem condições de responder, de forma positiva, a uma rotina escolar. Há uma convicção de que o esforço e a dedicação do professor não lhe asseguram êxito na realização de seu trabalho pedagógico junto ao aluno com deficiência. Essa lógica segue os princípios do pressuposto inatista, segundo os quais o sujeito é, eternamente, marcado pelos genes da hereditariedade.

Carvalho (2000) e Rego (1995) afirmam que a postura adotada pelo professor traz consequências para o desempenho cognitivo e comportamental do aluno. Em consequência de determinadas características comportamentais, tais como agressividade, impetuosidade, sensibilidade e/ou passividade, os professores consideraram que alunos eram incapazes e, sobretudo, não havia possibilidade de nenhuma alteração. O aluno com deficiência é visto como um problema sem solução, conforme depoimentos a seguir:

> Por mais que tenha lei bonita, ele não responde, ele não responde! Não! Não responde. Não faria. Posso até está me colocando no lugar errado, mas eu, agindo de outra maneira, ele não responderia. Porque ele não assimila, ele não assimila, posso até está sendo audacioso demais, mas ele não assimila, se eu mudar a didática, se eu mudar o conceito, ele não vai assimilar (P5).

> Ele, com certeza, porque ele foi o que estudou comigo na quinta série, se matriculou e eu acho que ele também, né [?], tem a aparência bem mais adulta que os meninos, eu não sei bem o problema dele, se é retardo, alguma coisa desse nível, num é [?], eu não sei, mas o que eu percebo, assim, dentro do cotidiano, é que ele não tem o raciocínio equiparado ao dos outros alunos (P10).

Dos depoimentos anteriores, depreende-se que os professores consideram que existem "marcas" inerentes ao aluno com deficiência que inviabilizam qualquer intervenção pedagógica. A crença na existência de tais "marcas" são estigmas que reforçam a condição de incapaz e improdutivo da pessoa com deficiência. Em oposição a tais preconceitos, Lins (2004, p. 39) afirma:

> Ao carregar no corpo a marca real da sua limitação, torna-se mais árdua a luta do portador de limitação para conquistar o seu lugar na cultura. Um sujeito com limitação possui infinitas possibilidades de se inserir na cultura. É dono de um potencial, que é apenas limitado em algum aspecto. O que muitas vezes ocorre é a cristalização do olhar em torno da limitação, o que impede que lugares, possibilidades e alternativas possam ser abertas.

Identifica-se que os discursos dos professores entrevistados contrariam determinados princípios da legislação brasileira, que estão de acordo com a Declaração de Salamanca (1994) e com a Convenção da Guatemala (1999) para Eliminação de todas as Formas de Discriminação contra a Pessoa Portadora de Deficiência (Guatemala, 1999). Para a Declaração de Salamanca, as diferenças são próprias da humanidade, portanto, não podem ser consideradas como fatores de discriminação. Sob essa ótica, a escola deve acolher todas as crianças, independentemente de suas condições físicas, intelectuais, sociais, emocionais, linguísticas ou outras. A Convenção da Guatemala deixa clara a impossibilidade de tratamento desigual e define discriminação como qualquer diferenciação, exclusão ou restrição com base na deficiência.

Os referidos documentos são matrizes que subsidiam o direito de todos à educação, preconizado pelas Políticas Públicas Educacionais Brasileiras, no entanto, seus efeitos não são visíveis na prática da escola pesquisada.

Conforme Rodrigues (2008), a escola organiza sua estrutura e seu funcionamento em função da homogeneidade, e não leva em consideração as diferenças existentes entre os alunos. Diante disso, segundo o autor, cabe à educação inclusiva organizar e promover valores e práticas que superem tal situação e garantam ao aluno com deficiência condições que lhe permitam obter êxito escolar. Pode-se ressaltar que os discursos aqui analisados estão em desacordo com tais proposições, pois o sucesso escolar do aluno com deficiência é visto com inviável. A respeito disso, Leite e Martins (2012, p. 23) afirmam:

> [...] ainda hoje as escolas públicas encontram dificuldades pedagógicas e administrativas para promover um ensino de qualidade aos alunos que, por longas décadas, ficaram à margem da apropriação dos conhecimentos vinculados pela escola, por apresentarem significativas desvantagens acadêmicas, em decorrência de condições diferenciadas de natureza anátomo-fisiológicas, psicossociais, etnoculturais e econômicas, dentre os quais estão àqueles com graves prejuízos são qualificados com pessoas com deficiência.

A fala das autoras possibilita uma maior percepção dos posicionamentos e atitudes dos entrevistados, que não conseguem romper com o modelo homogeneizador adotado na escola, baseado em uma rígida ordem administrativa. É necessário repensar o *mito da homogeneidade* e buscar novas formas de agir, que não classifiquem as pessoas a partir de suas semelhanças. Nessa perspectiva, Valle e Connor (2014, p. 72) afirmam:

> Acreditar que a homogeneidade existe, presumivelmente, em algum lugar lá fora, na sala de aula de alguma outra pessoa, significa ficar permanentemente desapontado e perder de vista o objetivo e ensino. [...] Pobre criança que é considerada como não adequada para a educação especial e cujo professor a vê como não adequada para a educação geral também. Temos que dar um passo para trás e nos perguntar o que uma educação pública gratuita e adequada para todas as crianças realmente significa.

Para os professores pesquisados, o aluno com deficiência é visto como uma pessoa que carrega distúrbios, déficits e problemas. O teor desse discurso, ainda tão presente na escola, revela que o aluno não é respeitado em sua individualidade. Em consequência disso, cabe a ele próprio corresponder às expectativas do professor.

> Então vamos lá. Então... Então vamos deixar pra lá, mas o aluno é um grave problema, eu digo que é... Eu chamo de distúrbio porque ele não produz, ele não escreve, ele tem dificuldade de aprendizado, ele está numa oitava série, eu acho, muito, muito atribulado, a verdade seja dito (P5).

> [...] mas, assim, não sei se é um caso de criar, assim, um outro nível, não tenho informações suficientes, mas como eu tenho muita experiência e trabalho em outras instituições. A gente lida com alunos com TDAH, e aí o que se faz é realmente uma atenção diferenciada, os slides mesmo ele não consegue, na aula de desenhos geométricos, ele não consegue acompanhar o ritmo da sala (P10).

Diante de tais depoimentos, torna-se oportuno lembrar o que Beyer (2006b, p. 9) afirma:

> A criança com necessidades especiais não é uma criança ontologicamente deficiente, porém uma criança como todas as demais, com particularidades definidas na sua aprendizagem. Não é uma criança marcada pelo déficit, porém alguém que reúne uma série de atributos que podem pesar favoravelmente para uma aprendizagem significativa e eficaz.

Conforme o autor, a escola precisa superar o conceito de limitação e adotar estratégias voltadas para o desenvolvimento das potencialidades de cada aluno. A superação do modelo de normalidade permitirá que o aluno aprenda, nos limites do seu ser.

As noções de déficit, de dificuldades de aprendizagem e de comportamento inadequado do aluno são recorrentes nos discursos dos professores pesquisados, conforme depoimentos que se seguem:

> O aluno... Ele tem um déficit de aprendizado porque envolve muito o... ah, eu diria a timidez dele, ele não quer falar, tem a voz fina, por ser um homem de voz fina não quer falar muito, que a turma ri quando ele está lendo, certo! Ele fica nervoso, quando riem dele. O dele é a timidez, com a timidez dele não consegue perceber, entender, certo? (P5)

> [...] o problema dele é brincar muito em sala de aula. É... é por essa brincadeira, ele não presta atenção, mas ele tem um distúrbio, se é esse nome pra ser usado, que ele tem um distúrbio, que ele tem um problema, na minha concepção, não tem! (P5)

Para Molina e Gurgel (2013, p. 46), a existência de fatores multideterminantes das dificuldades de escolarização não pode ser centralizada na perspectiva do fracasso escolar, como também na tendência crescente da medicalização do aprender. Nas palavras das autoras:

> Não se tem a intenção de negar a existência de patologias que podem dificultar a constituição do conhecimento por parte de alguns estudantes. Entretanto, o que se pretende com a ênfase dada a esses fatores é reafirmar, por outro lado, o grande perigo em atribuir doenças quando não existem e, por outro, que apesar da presença de qualquer patologia, isso não pode ser impeditivo para o desenvolvimento do estudante, pois, deve ser respeitada a sua especificidade para aprender.

Em outro depoimento, constatou-se que a escola promovia uma avaliação externa dos alunos, desconsiderando as informações oriundas das famílias. Tais avaliações externas eram justificadas da seguinte forma: as informações fornecidas pelas famílias não correspondiam às reações e aos comportamentos dos alunos, no cotidiano da sala de aula. Em geral, os resultados dessas avaliações acentuavam os estigmas que já recaiam sobre os alunos.

> [...] ele... ele não consegue unir as palavras, tirar do quadro, tira!, pra responder, a timidez toma conta dele, então, eu também observo que muito é da timidez. Muito é da timidez, mostra que é uma deficiência de convívio, de entendimento dele (P5).

> É, não sei como foi feito, nem por quem foi feito, eu sei que segundo consta, chegou aos meus conhecimentos que a mãe dele chegou dizendo que ele tinha problema, que foi em tal canto e que foi avaliado que ele tinha problema (P5).

Segundo Carvalho (2000), a superação das barreiras de aprendizagem atinge alunos com ou sem deficiência, uma vez que abrange, principalmente, suas condições orgânicas e psicossociais. Para a autora, a superação das barreiras de aprendizagem exige a identificação das características do aprendiz portanto não significa, apenas, ter conhecimento do diagnóstico médico. O professor precisa reconhecer as características do processo ensino e aprendizagem, analisar suas atitudes e seu papel, no âmbito político e pedagógico.

> Qualquer educando experimentará a aprendizagem escolar como desagradável, como uma verdadeira barreira, se estiver desmotivado, se não encontrar sentido e significado para o que lhe ensinam na escola. Precisamos mobilizar a vontade dos pais e dos educadores além de dispor de recursos que permitam elevar os níveis de participação e de sucesso de todos os alunos, sem discriminar aqueles que apresentam dificuldades de aprendizagem, deficientes, ou não (Carvalho, 2000, p. 61).

Com base nos resultados da Classe 2, infere-se que as propostas da autora referentes à necessidade de elevar os níveis de participação e sucesso dos alunos não poderão ser adotadas, atualmente, na escola em foco. Os professores não dispõem de informações corretas dos seus alunos com deficiências e, sobretudo, seus conhecimentos sobre o tema "educação especial" são pontuais, oriundos de outros contextos profissionais e/ou estão articulados a saberes da prática. Apesar disso, os entrevistados procuram atender o aluno que apresenta algum tipo de dificuldade.

> [...] mas, assim, não sei se é um caso de criar, assim, um outro nível, não tenho informações suficientes, mas, como eu tenho muita experiência e trabalho em outras instituições, a gente lida com alunos com TDAH, e aí o que se faz é realmente uma atenção diferenciada (P10).

> Apesar disso, eu e uma professora apenas, de todo quadro, conseguíamos fazer com que ele escrevesse, fizesse tudo do começo ao fim; comentei isso com você uma vez! Só, então, eu não tenho outra experiência com alunos deficientes, é

> mais achismo e opinião mesmo, né [?], de considerar o maior problema os próprios professores, pela falta de atividade e de conhecimento (P4).

Nas entrevistas, os professores revelaram que o atendimento educacional, previsto na legislação, pode ser um recurso favorável ao desenvolvimento do aluno. Todavia, na escola, os resultados ainda são insignificantes. Nessa fronteira entre as expectativas e a operacionalização dos serviços, os professores e os alunos não conseguem conhecer a funcionalidade do setor de AEE.

> [...] timidez, ele não consegue perceber, entender, certo! Pela minha percepção de estudo. O atendimento educacional especializado identifica, ótimo. Então seria bom realmente identificar isso aí. E eu não vejo isso aí! (P5).

> [...] então a gente tentava lidar com o que tinha, eu acredito agora que, depois dessa "mocinha" (é porque eu não sei o nome dela...), as coisas tende a melhorar, porque eu vejo que esse "garotinho" está sendo acompanhado desde que chegou aqui (é porque eu não sei o nome dele) (P10).

Outras dificuldades foram mencionadas pelos docentes como entraves à concretização do que está posto na lei. Eles destacaram: condições gerais de trabalho na escola; relacionamento com o aluno com deficiência; quantidade excessiva de alunos em sala de aula; alunos repetentes; e dificuldades pessoais do aluno com deficiência. E, assim, professores e alunos vão sobrevivendo e se enquadrando no espaço da sala de aula.

Na condução do processo de ensino e aprendizagem, os professores adotam mecanismos e estratégias que consideram viáveis, tendo em vista as condições da sala de aula e dos alunos.

> [...] então era uma sala difícil, uma sala de repetentes de dois, três anos na quinta série, tinha um perfil assim, bem diferenciado, aí o que é que acontece, eu via que pra ele a dificuldade de enxergar era complicada, mas ele com todas as dificuldades ia tentando (P10).

> Ele consegue avançar, entendeu [?]. Coisas, se eu não fizesse isso, ele não ia me responder, né [?], de acordo com a expectativa que eu tenho da turma, ele não ia alcançar, né [?] (P24).

Os resultados da Classe 2 revelaram que, em geral, os sentidos atribuídos ao aluno com deficiência estão articulados às práticas que desenvolvem na escola. Enfatizaram que essas práticas estão fundamentadas na concepção de incapacidade do sujeito. Quase todos adotam uma visão inatista que condiciona o aluno a elementos das suas características físicas, emocionais e intelectuais. Além disso, consideram que o setor de AEE não atende às necessidades reais dos alunos, uma vez que a legislação não garante a efetivação dos serviços.

Inúmeros docentes e, especificamente, aqueles que atuam nos anos finais do ensino fundamental consideram que o aluno com deficiência é responsável pelo seu fracasso.

A condição de natureza do aluno mascara seu potencial para a aprendizagem escolar, de aluno-problema que não consegue sair do seu lugar de deficiente.

Quando o aluno não aprende e não corresponde às projeções dos docentes, seus distúrbios são ressaltados, na convivência escolar. Em tais situações, os professores ficam acomodados e não buscam outras soluções.

Constatou-se que o aluno com deficiência é, sutilmente, excluído do fazer pedagógico do professor, que afirma: o aluno não aprende, traz problema, e apresenta distúrbios. E, diante da impossibilidade de resultados positivos, a avaliação de caráter quantitativo certificará seu fracasso. Impõe-se reafirmar que, conforme a lei, educação inclusiva tem como principal intento o atendimento ao aluno em sua individualidade e na sua singularidade.

7.3 Classe 3 – Apoio Pedagógico: figura central para inclusão

A Classe 3, designada como **Apoio: figura central para inclusão**, organiza 20% das 131 UCEs, tendo agregado depoimentos de todos os participantes dessa fase da pesquisa: apoios pedagógicos, pais, técnicos, representante do conselho e professores. Entretanto, há uma maior prevalência de professores. Essa classe agrupou os termos: ano (f = 43); acompanha (f = 21); ela (f = 126); passa (f = 34); estagiar (f = 18); tempo (f = 17); sala (f = 41); módulo (f = 08); turma (f = 16)); dia (f = 13); e apoio (f = 21). Nos depoimentos, estão evidenciadas a presença e a necessidade do apoio, considerado como um suporte fundamental para a prática inclusiva.

De acordo com os docentes, na sala de aula, levando-se em consideração a realidade do aluno com deficiência e o que está posto na legislação, as principais dificuldades são causadas pela ausência do apoio na turma e pelo não acompanhamento do setor de AEE.

Nas falas dos professores, existe uma recorrência quanto à presença do apoio pedagógico em sala de aula. Para eles, esse suporte se torna essencial para o desenvolvimento do aluno com deficiência nas turmas do Ensino Fundamental e, também, na Educação de Jovens e Adultos.

Na sala de aula, os alunos com deficiência ficam sob os cuidados dos profissionais de apoio, principalmente aqueles que apresentam maiores dificuldades no processo de aprendizagem e/ou têm uma deficiência mais acentuada. A presença do apoio facilita a realização do trabalho do professor, que, sozinho, não teria condições de atender os alunos com deficiência e os ditos "normais" de forma eficiente.

> Ela fica só, sobe aula, aquela coisa toda, falta professor, vem outro, e ela fica meio perdida, se não tiver estagiária pra casa. Foi tanto que a gente fez prova e ela na sala com a prova: Cadê? E eu disse: "O que foi?" E ela: "O professor entregou a minha prova e o apoio não está" (P3).

Em alguns casos, os alunos são segregados pela própria turma e, sobretudo, ficam na dependência do apoio pedagógico, a quem cabe administrar as situações do cotidiano escolar. Em geral, os professores não planejaram suas atividades didáticas levando em consideração esses alunos.

> Porque o aluno depende da deficiência dele, ele tem, é... que ter estagiário, na verdade, ele fica na sala de aula. Mas, mesmo assim, eles ficam mais separados, porque ele tem que ficar acompanhado por uma estagiária. Ele não participa diretamente. O professor é pra tá com o planejamento em cima disso tudinho, coloca. Mas, assim, o que eu percebo de sala de aula também e, assim, o que eu percebo é que ele, na verdade, ele ainda fica um pouco isolado (P3).

Sem a intervenção do corpo técnico e do serviço especializado, os professores, em sala de aula, "se viram" como podem. Alguns alunos causam impactos na turma e provocam reações de medo e de estranheza, diante de certos comportamentos atípicos.

> [...] o comportamento até dele aqui na sala de aula [é] muito estranho, né [?]. Às vezes a gente tava dando pra ele, pronto, ele saiu do anexo e veio pra cá, né [?], ele tava perseguindo a menina lá. E, quando chegou aqui, a mesma coisa. Ele encarava os alunos, a gente tinha que dar aula olhando, tendo que pensando que ia falar, né [?], no conteúdo, olhar pra turma, reação da turma e olhar pra ele ao mesmo tempo (P6).

Muitas falas reforçam a necessidade da presença do apoio pedagógico junto aos alunos com deficiências, tendo em vista o desenvolvimento das atividades escolares, conforme já citado. Diante disso, os professores reclamam/denunciam os caminhos burocráticos, que retardam a vinda desse apoio já no início do ano letivo.

> Quando o estagiário vem, ele fica normal, normal. Assim, ela fica, ela tá ficando. Mas, no dia que a estagiária não veio, não, ela fica na sala, mas aquela história: a gente tem que ficar de olho. Porque a gente não sabe (P3).

> A primeira semana e a segunda semana de aula ela não veio, que tava sem auxiliar. Aí até que demoraram muito pra que liberasse. Aí chegou a auxiliar, acho que foi já meados de março quando chegou. Aí ela terminou vindo sem auxiliar mesmo. Veio sem auxiliar mesmo (P6).

Na sala de aula, o aluno com deficiência exige mais do professor, e, em alguns casos, as informações da família não são suficientes para retroalimentar as práticas pedagógicas, nem para superar o estigma diante das condições individuais dos alunos:

> A irmã dela disse que não precisaria trocar, que a gente tem que sentar mais na frente pra enxergar, né [?]. Mesmo assim, utilizando os óculos. Aí tentando chegar junto, tentando auxiliando pra saber se ela tá compreendendo. Então, a gente tem que dar atenção a ela e aos outros também, né [?] (P6).

A ausência de conhecimentos específicos do processo de ensino leva o professor a prever uma maior retenção da escolaridade dos alunos com deficiência. Por conseguinte, o não desenvolvimento da aprendizagem é justificado pelo discurso da lentidão e do tempo individual de cada aluno com deficiência. Assim, o fracasso escolar torna-se uma responsabilidade dos alunos, e não da falta de adequação do currículo e das condições de trabalho do professor:

> [...] pra essa menina do quinto, vai ser melhor que ela fique no quinto ano, porque pelo menos ela vai saber ler alguma coisa em dois anos. É o tempo pra ela, é o tempo dela! Entendeu? Como especial, a gente tem que seguir o tempo dele, porque às vezes o que a gente faz com especial em um mês, com um mês e meio, dá um retor... ela volta tudinho, esquece tudo e às vezes com... com um pouco mais ela vai

> adquirindo aquilo, pra mais difícil do que pra uma criança no seu tempo normal. Então a gente tem que respeitar o tempo dela (P16).

> [...] o currículo é importante, ele não pode ficar de fora do currículo, eles tentam acompanhar; eu passo as atividades dentro do currículo que eu dou em sala. É... Agora os métodos é que são diferentes. Os métodos, né [?], a atividade é mais voltada pra motricidade. Mas a atividade dele, ele tá me ouvindo e ele tá me acompanhando entendendo dentro do objetivo (P12).

Em relação ao AEE e suas interferências na sala de aula, as falas dos professores ressaltaram, novamente, a desarticulação que existe entre o que está posto na lei e a realidade escolar. Para os docentes, as informações são insuficientes e fragmentadas, no que tange ao perfil dos alunos e às atividades desenvolvidas na sala de recursos multifuncionais.

> Isso não é passado pra gente. A gente é que fica vendo assim, o que tem no dia a dia, vê com o professor. Mas assim, que isso não é passado, o que realmente a gente tem que saber (P3).

> Olhe só. Esse atendimento educacional especializado, ele não teve acesso ao laudo ainda. O atendimento educacional especializado a pessoa aqui, eu fiquei sabendo que foi marcado pra o horário da tarde. E eu não acredito que ele ou ele esteja vindo ou ele tenha sido atendido. Não. Às vezes a pessoa responsável pelo atendimento especializado geralmente vem na turma, dá bom dia, pergunta se a pessoa veio, eu digo que sim, mas nunca aconteceu nada assim (P25).

> Pela primeira vez, é... No início, no conselho a gente tinha uma abertura, é, eu sou nova na escola, né [?]. Então a primeira vez que eu participei do conselho, foi o meu dia, a gente teve uma abertura, a professora do AEE, é, pegou o documento, entregou pra cada professor, falou, explicou pra gente e disse que a cada unidade vai falar de um tipo de deficiência (P4).

A Classe 3 sinaliza as dificuldades dos professores em relação ao acompanhamento dos alunos em sala de aula. A presença do apoio pedagógico é um dos elementos mais expressivos para se concretizar a inclusão dos alunos com deficiência. Na sala de aula, o aluno está cada vez mais dependente da atuação do apoio, uma vez que as suas dificuldades desestabilizam as atividades do docente em relação à turma. Para os professores, a retenção dos alunos em um mesmo módulo e/ou em uma mesma série é necessária, para que cada aluno com deficiência possa aprender os conteúdos que foram suprimidos ao longo do processo de escolarização.

Os professores, notadamente aqueles que estão atuando na escola há pouco tempo, consideram que a falta de informações relativas aos alunos com deficiência é um fator que dificulta o processo de inclusão.

7.4 Classe 4 – Inclusão sob o Olhar das Famílias

A Classe 4, constituída pelos posicionamentos das **Famílias**. Esse eixo centraliza o núcleo de sentido: **experiências escolares**. A Classe 4 organiza 6% das 43 UCEs. Na Classe 4, encontram-se as palavras: filho (f = 12); casa (f = 14); mãe (f = 07); vou (f = 13); família (f = 07); aprende (f = 08); todo (f = 06); e cuidado (f = 02). Os discursos são, predominantemente, oriundos dos pais e, em menor quantidade, aparecem as falas dos técnicos e dos professores.

Para as famílias, o processo de escolarização do filho com deficiência está associado às condições de infraestrutura da sala de aula e da escola. Os pais referem-se à localização da instituição de ensino e à facilidade de acesso às respectivas residências, tendo em vista as dificuldades de locomoção. Percebe-se que, em geral, os pais não compreendem o que significa uma escola estar preparada, ou seja, dispor de condições para receber a criança com deficiência de acordo com a legislação em vigor. A família e o aluno com deficiência buscam suportes para que sejam atendidas suas necessidades.

> [...] a senhora vai botar um intérprete de Libras, porque eu gostei daqui, gostaria que ele ficasse aqui, gostava, assim, né [?], porque é mais perto de casa, mas o ensino mesmo não tava legal (P26).

> [...] o sistema é bonito, mas o próprio governo fez com que ele falhasse, e não dá o suporte necessário ou a capacitação necessária para o professor, porque eu fiz Libras, então alguma coisa eu entendo (P8).

No relato dos pais, os filhos com deficiência não correspondem às expectativas do filho desejado. Seus sentimentos/pensamentos oscilam entre impossibilidades e um potencial exacerbado que, em geral, estão articulados ao tipo de deficiência dos filhos:

> Mas é superinteligente meu filho. E, assim, eu achava que estava faltando algo, né [?], ele fala pouco, a senhora viu, ele fala pouco, mas ele entende tudo que está escrito no livro, né [?] (P26).
>
> [...] até quando eu puder, você nunca vai só pra escola; enquanto eu puder, eu nunca vou deixar você só; aí ele ficava constrangido com isso, ficava constrangido porque todo mundo vai só (P11).
>
> [...] era surdo, a gente aceitou, a família toda aceitou ele como uma necessidade em escutar, mas a gente tinha, no período que ele estudou na Apae, tinha mães que não aceitava de o filho ter (P8).

Na ótica dos pais, a necessidade de socialização dos filhos também fica evidente, conforme os resultados apresentados no item anterior. Os pais consideram que o filho melhora pela convivência com os colegas na escola, porém os conteúdos escolares e o processo de aprendizagem não foram ressaltados.

> [...] depois que ela passou a frequentar a escola e ir numa clínica que eu levava ela todo, numa semana, dois, três dias, ela desenvolvendo, falando, aí tá melhor, conversando, até fofocando ela tá!!! Que ela não falava com ninguém, entendeu? (P23).
>
> [...] eu disse "Não, eu vou ter que colocar ele no Libras", porque as coisas que ele não tá entendendo, né [?], ele vai entender em Libras, ele vai aprender, eu tenho visto que ele tá aprendendo um pouco, né [?], porque também ele iniciou agora há pouco (P26)

Outro dado apresentado diz respeito às contradições entre a lei e as práticas no ensino regular. Nas experiências dos pais, o direito à inclusão torna-se frágil para o enfrentamento da realidade, pois existem inúmeros obstáculos que interferem no cotidiano da escolarização dos filhos, tais como: falta e/ou demora dos apoios; e fragilidade da formação dos professores. Tais fatores acentuam a contradição entre as determinações da lei e a realidade da escola:

> [...] é difícil chegar, aqui tem intérpretes de Libras, vou pensar no meu caso, porque, não, não tem não, eu fui em vários, não, não tem não, e aqui demorou ainda, foi, demorou um tempo pra poder chegar (P26).

> [...] que é só para pessoas com deficiência mental ou com deficiência de aprendizagem em determinadas situações, tem escola que é só para surdo e mudo, mas não tem escola pra cego, e como é que vai incluir uma criança ou até mesmo um adulto numa escola que não tem suporte para aquela pessoa, então fica difícil (P8).

No conjunto das falas, percebe-se que existe um discurso preconceituoso não só em relação ao aluno com deficiência, mas aos grupos considerados minorias e que vivem marginalizados, no contexto social.

> Deixa eu abrir parênteses, é a mesma coisa, não tem nada a ver, é a mesma coisa dizer que nós vamos aceitar agora casais de mesmo sexo. Não, por mais que você diga que aceite, você, quando vir, você choca, porque na sua formação em nenhum momento foi dito que podia (P5).

Nesse sentido, tais discursos revelam o que Amaral (2002) denuncia, quando afirma que esses grupos estão mais vulneráveis à exclusão, pois são considerados desviantes ou anormais. Nessa mesma ótica, Rangel (2013, p. 16) afirma:

> Sentir-se, desconfortavelmente, desigual pode ser evidência de que o tratamento que se recebe é também desigual ao daquele que recebem as demais pessoas com quem se convive nos ambientes sociais; é sinal de que há algo que exclui o sujeito dos demais no seu entorno, e essa exclusão pode ser atribuída a características pessoais que catalisam, provocam, justificam um tratamento discricionário. Essas mesmas considerações sobre sentir-se desigual aplicam-se a grupos, coletivos de sujeitos aos quais se atribuem categorias e classificações que os inferiorizam por sua forma de ser.

Segundo a autora, o princípio da desigualdade não reconhece as diferenças com algo inerente ao ser humano, o que evidencia que o sujeito não é respeitado em suas singularidades. Dessa forma, suas características tornam-se fatores de discriminação. Para evitar o acirramento das desigualdades sociais já existentes, é indispensável que a escola reconheça as diferenças como um componente da condição humana,

No conjunto dos depoimentos da Classe 4, os pais falam das experiências negativas que foram "enfrentadas" por eles e pelos seus filhos em outras escolas públicas e/ou privadas, que deixaram determinadas marcas em suas respectivas vidas. A busca pelo direito à educação está carregada de tensões e de desafios que ainda não foram superados, tais como: estrutura física que não está adequada à condição de aluno; e o processo escolar que não promove a inclusão do aluno com deficiência. Em suas falas, pais, técnicos e professores apresentam situações que acentuam a discrepância existente entre o que está posto na legislação e a realidade do cotidiano escolar e familiar.

Com base no exposto, reafirma-se que as cartelas, usadas como uma técnica projetiva, proporcionaram aos sujeitos entrevistados a produção de discursos mais espontâneos e menos racionalizados, no que concerne aos proclames legais e às práticas inclusivas. Tais resultados consolidaram os achados das observações e das entrevistas semiestruturadas constantes neste trabalho de pesquisa.

Capítulo 8

Palavras Finais: retomando o passado em busca de novos caminhos

Neste livro, a autora debruçou-se sobre os estudos das práticas pedagógicas inclusivas dos alunos com deficiência e a articulação do Atendimento Educacional Especializado no Ensino Regular, destacando a distância existente entre os discursos inclusivos e as práticas reais dos segmentos envolvidos na educação desses estudantes.

O trabalho investigativo foi direcionado por um questionamento: quais as práticas pedagógicas inclusivas que envolvem estudantes com deficiência em escola pública da Rede Municipal de Ensino em Jaboatão dos Guararapes, PE. Tendo como base as respostas decorrentes do questionamento inicial, a pesquisadora adotou os seguintes procedimentos: 1) analisar a prática pedagógica inclusiva no interior da Rede Pública Municipal de Ensino do Jaboatão dos Guararapes com enfoque no potencial inclusivo do AEE no espaço da escola regular; 2) identificar como o Sistema Municipal do Jaboatão dos Guararapes recepcionou e implementou a atual Política de Educação Inclusiva; 3) procurar conhecer como se organiza o AEE no interior da escola regular e, também, explicitar o papel desse serviço; 4) localizar as escolas que dispõem de Sala de Recursos Multifuncionais e verificar se estão desenvolvendo práticas mais identificadas com a atual política de educação inclusiva; 5) verificar como os serviços que são oferecidos nas salas de recursos multifuncionais se articulam com o trabalho desenvolvido nas salas regulares; 6) descrever/caracterizar o atendimento educacional; 7) analisar como os diferentes atores escolares (gestores, professores, apoios pedagógicos e pais) compreendem a prática pedagógica inclusiva no interior da escola; 8) considerando a perspectiva dos professores e das famílias, examinar a relação entre o discurso preconizado pelas políticas públicas e a prática pedagógica inclusiva no cotidiano da escola.

Ao longo da caminhada, procurou-se responder a tais questionamentos, tendo como base as práticas pedagógicas inclusivas e aporte teórico voltado para a inclusão escolar. Os resultados demonstrados, via instrumentos de observações, entrevistas e documentos analisados, revelaram que a prática pedagógica inclusiva desenvolvida na Escola Luz do Sol, campo empírico desta investigação, está centrada em conteúdos que consistem: na inclusão de alunos com deficiência na Sala Regular; nas Práticas Pedagógicas no Atendimento Educacional Especializado; no Atendimento Educacional Especializado e Ensino Regular.

Nesse contexto escolar, os primeiros desenhos das práticas pedagógicas inclusivas perpassam a relação **Inclusão de alunos com deficiência na Sala Regular: dos aspectos físicos às práticas**. O acesso e a permanência dos alunos com deficiência no âmbito escolar tornam-se inviáveis para a sua autonomia e bem-estar nos aspectos físicos. Demonstra-se que os esforços em favor das modificações da estrutura física são insuficientes para superar as barreiras arquitetônicas localizadas nos mais diversos campos da instituição. Os empecilhos que embargam as mudanças da infraestrutura, presentes em outros estudos, revelam ser o limiar do processo de exclusão.

Na sala de aula, as dificuldades da estrutura física materializam-se nos seguintes aspectos: grande quantidade de alunos e tamanho das turmas; número insuficiente de bancas individuais; inexistência de livros didáticos com e sem acessibilidade textual; falta de materiais adaptados para alunos que são sinistros, ou seja, canhotos; péssima iluminação e precária climatização do ambiente escolar. Os resultados dessas primeiras tensões pedagógicas configuraram uma prática pedagógica disciplinar que é repleta de conflitos entre professores e alunos. Os alunos são condicionados a permanecer na sala de aula, ficar em silêncio, atentos, copiar exercícios e ouvir as exposições orais. Desmotivados, sem recursos e sem espaços alternativos que poderiam romper com as rotinas do cotidiano. Convém destacar que a pedagógica inclusiva vem sendo conduzida por uma via de mão dupla: os que se automotivam para sobreviver às intempéries do exercício da docência, ou aqueles que assumem seu fracasso pessoal em decorrência da reprovação e da expulsão do espaço escolar. Nesse sentido, todos os atores sociais estão incluídos nessa premissa, pois os professores demonstram estar fadados às rotinas do trabalho, e os alunos são despreparados para refletir sobre as sonegações impostas no dia a dia e, também, em relação ao direito de aprender.

Com tal configuração da prática pedagógica inclusiva, há mais um obstáculo: o desconhecimento dos alunos com deficiência no âmbito da instituição. No contexto das práticas, convém pensar sobre quem são esses alunos, quais são as suas necessidades, que tipo de intervenções e recursos podem ser utilizados. Em geral, os alunos com deficiência são inobservados, e os demais, que são considerados normais, também são desassistidos diante das suas características mais individuais. Por conseguinte, esse tipo de prática se revela inoperante na adoção de medidas educacionais eficazes que deveriam ser destinadas aos sujeitos envolvidos no campo escolar.

Com uma maior quantidade de crianças matriculadas, algumas delas foram chamando atenção de seus professores, com a principal queixa voltada para o descompasso dos conteúdos desenvolvidos no Ensino Fundamental e a assimilação pelos alunos. Durante o processo de coleta de informações, a pesquisadora foi solicitada para realizar uma avaliação pedagógica de algumas crianças nas salas de aulas, com a possibilidade de emitir algum tipo de parecer emergencial. Essa situação representou uma tentativa de estabelecer uma relação mais próxima com os docentes, pois a pesquisadora começou a se constituir em alguém pertencente ao grupo estudado. Em seguida, encaminhou uma amostra das primeiras constatações oriundas do contato entre a sala de aula e os professores para o AEE, que deveria continuar com as observações no Ensino Regular.

Esse tipo de atitude exposta nas salas de aulas muito se aproxima de uma prática pedagógica homogeneizadora, instituída fortemente no fazer do trabalho docente. As mesmas situações de aprendizagem padronizadas, inflexibilidade no currículo, repetições de exercícios, alunos que precisam acompanhar o mesmo ritmo de todos são alguns elementos que caracterizam essa abordagem racionalizada.

A inclusão do aluno com deficiência no ensino regular é compreendida a partir da intervenção de aspecto legal, do respaldo dos laudos médicos, da incessante busca pelos apoios e da socialização. Durante a pesquisa, não foram percebidas nem a análise, nem respostas propositivas da escola em função dos alunos com deficiência que adentravam o espaço institucional.

O aluno com deficiência no ensino regular é considerado mais "um fora do padrão idealizado" pelo professor e pela escola. Uma vez intelectualmente desfavorecido, comprometido e estigmatizado, diminuem suas chances de ser incluído na perspectiva da educação inclusiva. As maiores dificuldades apresentadas pelos professores para incluir esses alunos são oriundas dos pós-graduados e que apresentam experiência profissional de mais de dez anos atuando no exercício do magistério. Quase todos não se sentem preparados para atuar junto a esses alunos, pois afirmaram que, durante o processo formativo, não estudaram tais conteúdos. Diante dessa carência (de conteúdos e práticas inclusivas), os docentes sustentam seus discursos referentes à impossibilidade de realizar uma intervenção qualitativa que contemple todos os alunos.

Nesse conjunto de práticas pedagógicas no Ensino Regular, as experiências eternizadas no modelo da Educação Especial são resultantes de vários fatores, tais como: a perspectiva médica da deficiência, que assegura uma condição estática ao sujeito e sua família; uma psicologia psicométrica, baseada no modelo classificatório e binário; e uma pedagogia terapêutica, cujo esforço se concentra na identificação das faltas contidas na deficiência e que prejudicam a trajetória de escolarização.

A inclusão do aluno com deficiência no Ensino Regular está atrelada diretamente à presença do profissional de apoio no processo de ensino e aprendizagem. Esse suporte é bem-vindo à instituição, no entanto sua presença é questionada por alguns professores dos anos finais do Ensino Fundamental. Convém esclarecer que a presença do profissional de apoio é mais frequente nos anos iniciais. Esse tipo de prática pedagógica (entre anos iniciais e finais) remete a práticas apartadas, nas quais estão presentes as seguintes características: fragmentação das ações, descontinuidade das atividades pedagógicas e ausência dos pressupostos inclusivos no projeto político-pedagógico.

Acentua-se o sentido da apartação entre os professores, quando persistem a falta de comunicação entre os grupos, os momentos de desencontros para estudos, que culminam na inexistência das relações interpessoais. Tal apartação é acentuada quando os professores são distribuídos para outro prédio escolar, denominado "anexo", para atender a demanda da clientela, uma vez que o prédio da Prefeitura não comporta a grande quantidade de alunos que está matriculada na instituição.

No que concerne às práticas pedagógicas no **Atendimento Educacional Especializado**, constata-se que o serviço oferecido na sala de recursos multifuncionais passa a configurar o discurso do politicamente correto, por meio da sua implantação na instituição de ensino, conforme proclamam os ditos legais nos âmbitos federal, estadual e municipal, condizentes com os princípios inclusivos. No entanto, constatou-se que apenas sua implantação representa mais uma tentativa educacional, a fim de possibilitar mais um instrumento de intervenção junto ao aluno com deficiência. Por exemplo: oficina pedagógica e sala de estimulação essencial.

No AEE, a natureza das práticas pedagógicas identificadas revela-se burocratizada, solitária, improvisada e amenizadora de conflitos. Com efeito, os atendimentos especializados são compreendidos como dois lados de uma figura: um reconhecido como positivo, que favorece a inclusão dos alunos, a mediação para os encaminhamentos dos apoios; e outro mais enigmático, desconhecido física e funcionalmente, e sem credibilidade entre os atores sociais. A realização de matrículas, a articulação com outros setores fora da instituição e a busca pela melhoria no âmbito da sala de aula obscurecem seu papel pedagógico.

O AEE caracteriza-se, portanto, como um ambiente acolhedor no sentido da recepção entre as pessoas, mas não apresenta acessibilidade para os alunos que são atendidos pelo serviço no aspecto físico e nos equipamentos existentes.

No contexto da escola investigada, os estudantes oriundos de outras escolas municipais ou de instituições filantrópicas são matriculados para os atendimentos especializados. Diante disso, indaga-se: como o AEE mantém os vínculos entre as escolas atendidas e o acompanhamento pedagógico, considerando que, na própria escola, a dinâmica interna não viabiliza essa ação? Pelo conjunto de ações realizadas, o AEE autocaracteriza-se como um setor essencial para a inclusão.

Em relação ao **Atendimento Educacional Especializado e Ensino Regular**, os descompassos entre os dois segmentos têm seu limiar pela complexidade do entendimento e da operacionalização dos serviços, ou seja, quem faz, o que faz, como faz e para quem faz. O espaço utilizado para informar sobre AEE aconteceu durante uma reunião no Conselho de Classe, no início do ano letivo, e por ocasião da implantação do serviço. No entanto, esse tipo de ação foi interrompido durante a continuidade dos serviços.

O que se sobressai diante da perspectiva de mediação ocorre junto aos professores do Ensino Fundamental, anos iniciais. As tentativas de diálogos pedagógicos entre o serviço especializado e os técnicos também acontecem nessa fase mais inicial do processo de escolarização. No entanto, os acompanhamentos sistematizados em sala de aula, junto a esses professores, são inexistentes.

Outro aspecto em destaque: a maioria dos quase todos os alunos com deficiência nos anos finais do Ensino Fundamental não participam dos atendimentos especializados. Sob a argumentação de que o atendimento está atrelado ao tipo de deficiência, os estudantes que estão em sala de aula mas que não aparentam comprometimentos em seu desenvolvimento ficam sem o atendimento especializado. Os pais deixam de ser informados sobre o serviço e não são consultados para conhecer e decidir sobre os encaminhamentos educacionais dos seus filhos.

Entre o AEE e o Ensino Regular, convém destacar o desenvolvimento das atividades dos profissionais de apoio que acompanham os alunos com deficiência no Ensino Fundamental, anos iniciais e finais. Os profissionais de apoio, que estão mais próximos do AEE, são aqueles que permanecem no primeiro prédio. Os encontros acontecem de maneira informal, pois não há um horário específico para atendê-los ou acompanhá-los. Para cada apoio que adentra o espaço escolar, o responsável pelo setor marca uma audiência e ambos conversam sobre o assunto mais pertinente ao desenvolvimento do aluno. Quando a presença do apoio está estabilizada e não há rompimentos nos contratos administrativos com o órgão gestor, a interação entre ambos quase não existe.

A pesquisadora partiu do seguinte pressuposto inicial: a instalação de uma Sala de Recursos Multifuncionais para o AEE seria um elemento facilitador das práticas pedagógicas inclusivas, na escola pública. Pelas razões expostas ao longo deste texto, a despeito do AEE, cuja presença é desejada pela escola e pelos professores, no entanto, não existe uma plena inclusão dos alunos com deficiência.

Nessa caminhada epistemológica, os discursos, as observações e o contato com a Escola Luz do Sol contribuíram para se refletir, também, se essa condição, imposta pelas políticas públicas, tão proclamada nos documentos oficiais para a implantação do Atendimento Educacional Especializado nas escolas, é mesmo viável, sobretudo no contexto da rede pública de ensino. Também possibilitaram indagar sobre os papéis das agências responsáveis pela Educação Especial, nas esferas federais, estaduais e municipais, em relação às formas de implantação e dos acompanhamentos dos serviços especializados. Além disso, tudo favorece pensar sobre o próprio sentido do processo de escolarização dos alunos com deficiência e suas experiências no âmbito educacional.

Os alunos chegam e começam a frequentar a escola, porém, alguns enfrentam grandes sofrimentos. Apesar disso, conseguem se envolver e conviver com os demais estudantes. No entanto, não é possível legitimar esse processo inclusivo, pois as condições mais prementes não são realizadas. Na prática, as mínimas condições de infraestrutura, de acesso e de trabalho não são garantidas. Além disso, o fim da educação — a aprendizagem — não é atingido conforme desejado, explicitamente, nos ditames legais.

Primar pela educação de todos pressupõe que os sujeitos podem aprender e se desenvolver em ambientes decentes, criativos, proporcionalmente condizentes com a sua singularidade. Talvez essa seja a grande utopia da contemporaneidade para aqueles que estão fora do padrão esperado.

Diante das práticas pedagógicas identificadas no Atendimento Educacional Especializado e no Ensino Fundamental, reitera-se que, embora as políticas públicas educacionais existentes no país estejam fundamentadas em propostas de Declarações mundialmente reconhecidas e procurem priorizar esse serviço para viabilizar a escolarização do aluno com deficiência, o que se assiste é uma acentuada contradição entre o discurso da inclusão e a prática inclusiva.

A experiência de intervir, pedagogicamente, junto aos professores e aos alunos com deficiência tornou-se um momento inspirador, pois, durante o compartilhamento de saberes da experiência e da formação, foi possível desmistificar medos, falta de confiança e superar impossibilidades, que desafiavam o trabalho docente. Em tal contexto, a reflexão da prática acontece, tornando-se um indicador positivo para as primeiras mudanças nos descompassos da prática pedagógica.

No entanto, as mudanças iniciais vão exigir posicionamentos mais consistentes, que precisam ter início na concepção de sujeito, de escola e de educação, perpassando o currículo, as intervenções, o projeto político-pedagógico e, também, atingindo pressupostos teóricos e metodológicos das instituições formativas. Ainda que muito incipiente, observou-se como sinalizador de mudanças, no campo escolar, a articulação entre a Universidade Federal de Pernambuco e a escola investigada por meio do estágio curricular. Durante a finalização da pesquisa, foi possível participar de uma formação continuada para professores, pais, gestores e técnicos, sob a intervenção da professora/orientadora dos trabalhos de Estágio Curricular.

O projeto supracitado objetivou promover ações que sensibilizassem a comunidade escolar para a inclusão das pessoas com deficiência, formalizando, em uma das suas ações, uma palestra destinada a todos os sujeitos envolvidos na educação do aluno com deficiência, especificamente com síndrome de Down. Na oportunidade, observaram-se certas resistências ao processo de escolarização dos alunos com deficiência, sob os discursos da inexistência de laudos e do despreparo dos professores. Contudo, a condução da palestra despertou novas interações entre professores, estabelecendo os primeiros contatos para diminuir as distâncias e romper determinadas representações do trabalho realizado no Ensino Superior e na Educação Básica.

Os obstáculos de superação para as dificuldades postas podem ser minimizados pelo aporte de recursos financeiros públicos destinados à educação, à Educação Especial e ao Ensino Fundamental. Há necessidade de um maior volume desses recursos para a adequação dos espaços físicos e promoção do processo de qualificação profissional. É preciso, também, estudar com mais afinco os resultados das pesquisas que discutem o processo de inclusão no âmbito local e nacional, com enfoque na multiplicidade do Atendimento Educacional Especializado, uma vez que esse tema ainda não se tornou familiar no contexto educacional.

Faz-se necessário refletir sobre os mecanismos de acompanhamento, da escola e dos órgãos públicos responsáveis pelos sistemas de ensino, por exemplo, as Secretarias de Educação, diante dos novos projetos desenvolvidos pelas políticas públicas na perspectiva da educação inclusiva. É necessário avançar na garantia do processo de inclusão das crianças pequenas, desde a mais tenra idade, para acesso, permanência e sucesso na escola, desde a pré-escola ao Ensino Fundamental.

Como dito na introdução deste texto, imaginava-se que a implantação do AEE poderia contribuir para a efetivação da inclusão dos alunos com deficiência na escola. No entanto, constatou-se que os limites para atender as necessidades diversificadas desses alunos persistiram. O estudo da prática pedagógica inclusiva na Escola Luz do Sol desvelou que, para o professor do ensino regular, em colaboração com o AEE, tem sido impraticável desenvolver competências suficientes para fazer arranjos, acomodações curriculares de diferentes tipos e níveis com a finalidade de atender as necessidades educacionais do aluno com deficiência. A situação é agravada quando se trata de docentes dos anos finais de Ensino Fundamental.

Por tudo que se descreveu e analisou, confrontando empiria e teoria, defende-se que: **a despeito dos avanços legais, da existência oficial do complemento de Atendimento Educacional Especializado, a escola pública continua produzindo mecanismos de desigualdades sociais, que dificultam a inclusão escolar dos alunos com deficiência.**

Nos limites desta pesquisa, não foi possível responder aos questionamentos a respeito de outros fenômenos educacionais demonstrados durante a investigação. Dentre eles, destacam-se: o que os professores entendem sobre currículo escolar? De que forma a gestão escolar se representa no processo de escolarização dos alunos com deficiência? Que práticas pedagógicas são realizadas pelos professores oriundos de outras instituições e que têm seus alunos atendidos no Atendimento Educacional Especializado? Como os alunos com e sem deficiência compreendem as práticas pedagógicas vivenciadas em seu processo de escolarização?

A presente pesquisa contribuiu para desvelar que, no processo de inclusão de alunos com deficiência, na Rede Pública de Ensino de Jaboatão dos Guararapes/PE, persiste um modelo anunciado pelos princípios da educação inclusiva, mas que na prática não acontece. Possibilitou, ainda, entender que a formação dos professores deixa a desejar, no que concerne a subsidiá-los teórica e metodologicamente na área da educação especial. Colaborou, também, para demonstrar que nem sempre o instituído nos planos oficiais do governo é possível de ser exequível no contexto mais local. Fomentou a discussão entre as condições de trabalho docente e a dificuldade de concretizar uma educação de qualidade para todos. Revelou que o avanço da democratização do ensino, também, não garante o acesso, a permanência, nem o sucesso da aprendizagem dos alunos com e sem algum tipo de deficiência.

Dentro dos limites institucionais e pedagógicos, a escola exerce minimamente sua função social juntos aos alunos regulares: garantir aprendizagem. Os embargos existentes decorrem de diversos fatores: infraestrutura física, que vem sendo sucateada ao longo do tempo; falta de interesse dos gestores públicos; profissionais com excessiva carga de trabalho; e ausência de formação continuada. Todos esses fatores não contribuem para a acessibilidade das pessoas envolvidas no processo de ensino e aprendizagem. As condições dentro da sala de aula não são condizentes com as propostas previstas nos documentos oficiais nacionais e internacionais. No ensino regular, a inexistência de material pedagógico para alunos e professores torna-se mais um obstáculo que dificulta a concretização de uma educação de qualidade para todos. Diante disso, surge uma interrogação: se os alunos ditos "normais" não são atendidos de modo satisfatório, como ficam os alunos com deficiência, nesse pseudoespaço inclusivo?

Ao longo deste trabalho sobre as práticas pedagógicas, à luz dos pressupostos da inclusão, aguçaram-se outras inquietações, que poderão ser pesquisadas, tais como: como os cursos de Pedagogia e demais licenciaturas, que são instituições formadoras, enfrentam os discursos relativos ao despreparo do professor para o exercício de práticas pedagógicas inclusivas? Que articulações serão realizadas entre a educação básica e o ensino superior na efetivação de uma prática pedagógica inclusiva? De que forma as famílias dos alunos com deficiência compreendem o processo de inclusão na escola pública?

Ainda há mais uma expectativa: que os leitores deste livro formulem outros questionamentos... Que cada leitor pergunte a si mesmo: como poderei contribuir para evitar os *descaminhos da prática pedagógica no Atendimento Educacional Especializado*, nas escolas localizadas na minha cidade? Posso aplainar *os caminhos da prática pedagógica* dos professores com os quais eu trabalho?

Referências

AINSCOW, M. *O que significa inclusão?* [s. l.: s. n.], 2012. Entrevista. Disponível em: http://www.crmariocovas.sp.gov.br/. Acesso em: 18 ago. 2012.

AINSCOW, M. Tornar a educação inclusiva: como essa tarefa deve ser conceituada? *In*: FAVERO, O.; FERREIRA, W. (org.). *Tornar a educação inclusiva*. Brasília: Unesco, 2009.

ALBUQUERQUE, E. R. *Inclusão de alunos com deficiência nas representações sociais de suas professoras*. 2007. Dissertação (Mestrado em Educação) – Universidade Federal de Pernambuco, Recife, 2007. Disponível em: https://repositorio.ufpe.br/handle/123456789/3685. Acesso em: 2 jun. 2012.

ALMEIDA, C. S. *Análise dos motivos de encaminhamentos de alunos de classes comuns a classes especiais de escolas públicas de primeiro grau*. 1984. Dissertação (Mestrado em Educação) – Universidade Federal de São Carlos, São Carlos, 1984. Disponível em: http://www.scielo.br/scielo.php?. Acesso em: 2 jun. 2012.

ALMEIDA, M. L. A prática pedagógica inclusiva: o ensino em multiníveis como possibilidade. *In*: ALMEIDA, M. L.; RAMOS, I. O. (org.). *Diálogos sobre práticas pedagógicas inclusivas*. Curitiba: Appris, 2012.

ALVES, D. O. *Sala de recursos multifuncionais*: espaços para atendimento educacional especializado. Brasília: Ministério da Educação, Secretaria de Educação Especial, 2006.

ALVES-MAZZOTTI, A. J. Usos e abusos dos estudos de caso. *Cadernos de Pesquisa*, [s. l.], v. 36, n. 129, p. 637-651, set./dez. 2006.

ALVES-MAZZOTTI, A. J.; GEWANDSZNAJDER, F. *O método nas ciências naturais e sociais*. 2. ed. São Paulo: Pioneira Thomson Learning, 2002.

AMARAL, L. A. Diferenças, estigma e preconceito: o desafio da inclusão. In: OLIVEIRA, M. K.; SOUZA, D. T. R.; REGO, T. C. (org.). *Psicologia, Educação e as Temáticas da Vida Contemporânea*. São Paulo: Moderna, 2002.

ANDRÉ, M. Pesquisa, formação e prática docente. *In*: ANDRÉ, M. (org.). *O papel da pesquisa na formação e na prática dos professores*. São Paulo: Papirus, 2005.

ARNAL, L. S. P.; MORI, N. N. R. Educação escolar inclusiva: a prática pedagógica nas salas de recursos. *In*: Congresso Brasileiro Multidisciplinar de Educação

Especial, 4., 2007, Londrina. *Anais* [...]. Londrina: UEL, 2007. Disponível em: http://alb.com.br/arquivo-morto. Acesso em: 3 fev. 2014.

AUNIÓN, J. A. Cuando estudiar es una lucha. *El País*, Madrid, 9 nov. 2009. Disponível em: http://elpais.com/diario/educacion. Acesso em: 12 jun. 2012.

BAPTISTA, C. R. Ação pedagógica e educação especial: a sala de recursos como prioridade na oferta de serviços especializados. *Revista Brasileira de Educação Especial*, Marília, v. 17, p. 59-76, 2011. Edição especial. Disponível em: http://www.scielo.br/scielo. Acesso em: 5 fev. 2014.

BARBOSA, A J. G.; ROSINI, D. C.; PEREIRA, A. A. Atitudes parentais em relação à educação inclusiva. *Revista Brasileira de Educação Especial*, Marília, v. 13, n. 3, p. 447-458, 2007. Disponível em: http://www.scielo.br/. Acesso em: 12 maio 2014.

BARBOSA, V. L. B. *O agir docente numa escola inclusiva*. 2003. Dissertação (Mestrado em Educação) – Universidade Federal do Rio Grande do Norte, Rio Grande do Norte, 2003.

BARDIN, L. *Análise de conteúdo*. Edição revista e atualizada. Tradução de Luís Antero Reto e Augusto Pinheiro. Lisboa: Edições 70; LDA, 2011.

BEHRENS, M. A. A prática pedagógica e o desafio do paradigma emergente. *Revista Brasileira Est. Pedagógico*, Brasília, v. 80, n. 196, p. 383-403, set./dez. 1999.

BENTES, J. A. O.; HAYASHI, M. C. P. I. *Normalidade e disnormalidade*: formas do trabalho docente na educação de surdos. Campina Grande: EDUEPB, 2012.

BEYER, H. O. *A educação inclusiva*: incompletudes escolares e perspectivas de ação. [S. l.: s. n.], 2005a. Disponível em: http://www.ufsm.br/ce/revista/ceesp. Acesso em: 26 mar. 2014.

BEYER, H. O. *Inclusão e avaliação na escola*: de alunos com necessidades educacionais especiais. Porto Alegre: Mediação, 2005b.

BEYER, H. O. Da integração escolar à educação inclusiva: implicações pedagógicas. *In*: BAPTISTA, C. R. (org.). *Inclusão e escolarização*: múltiplas perspectivas. Porto Alegre: Mediação, 2006a.

BEYER, H. O. A educação inclusiva: ressignificando conceitos e práticas da educação especial. *Inclusão*: Revista da Educação Especial, Brasília, v. 1, n. 1, 2006b.

BOGDAN, R.; BIKLEN, S. *Investigação qualitativa em educação*: uma introdução à teoria e aos métodos. Tradução de Maria João Álvares, Sara Bahia dos Santos e Telmo Mourinho Batista. Porto: Editora Porto, 2004.

BOOTH, T.; AINSCOW, M. *Index para a inclusão*: desenvolvendo a aprendizagem e a participação nas escolas. 3. ed. Rio de Janeiro. LaPEADE/UFRJ/RJ, 2011.

BRASIL. *Constituição da República Federativa do Brasil*. Brasília: Senado Federal, Centro Gráfico, Brasília, 1988. Disponível em: www.senado.gov.br/legislacao. Acesso em: 22 maio 2012.

BRASIL. Constituição *da República Federativa do Brasil*. Rio de Janeiro: Presidência da República, Casa Civil, 1934. Disponível em: https://www.planalto.gov.br/ccivil_03/Constituicao/Constituicao34.htm. Acesso em: 22 maio 2012.

BRASIL. *Lei n.º 10.172/01*, de 09/01/2001, aprova o Plano Nacional de Educação. Brasília, 2001a. Disponível em: http://www.planalto.gov.br/ccivil. Acesso em: 22 maio 2012.

BRASIL. *Lei n.º 9.394/96*, de 20/12/1996, estabelece as Diretrizes e Bases da Educação Nacional. Brasília, 1996. Disponível em: http://portal.mec.gov.br/seed. Acesso em: 22 maio 2012.

BRASIL. *Lei n.º 8.069/90*, de 13/06/1990, dispõe sobre o estatuto da criança e do adolescente. Brasília, 1990. Disponível em: http://www.dataprev.gov.br/sislex. Acesso em: 22 maio 2012.

BRASIL. *Lei n.º 7.853/89*, de 24/10/1989, dispõe sobre o apoio às pessoas portadoras de deficiência e sobre a Coordenadoria Nacional para Integração da Pessoa Portadora de Deficiência (Corde). Brasília, 1989. Disponível em: http://www.planalto.gov.br/ccivil. Acesso em: 22 maio 2012.

BRASIL. *Lei n.º 5.692/71*, de 11/08/1971, fixa as Diretrizes e Bases para o Ensino de 1º e 2º Graus. Brasília, 1971. Disponível em: http://www2.camara.gov.br/legin. Acesso em: 22 maio 2012.

BRASIL. *Lei n.º 4.024/61*, de 20/12/1961, fixa as Diretrizes e Bases da Educação Nacional. Brasília, 1961. Disponível em: http://www2.camara.gov.br/legin. Acesso em: 22 maio 2012

BRASIL. *Decreto n.º 7.690/2012*, de 02/03/2012, da Presidência da República, aprova a Estrutura Regimental e o Quadro Demonstrativo dos Cargos em Comissão e das Funções Gratificadas do Ministério da Educação. Brasília, 2012 Disponível em: http:// www.planalto.gov.br/ccivil. Acesso em: 22 maio 2012.

BRASIL. *Decreto n.º 7.611/2011*, de 17/11/2011, dispõe sobre a educação especial, o atendimento educacional especializado. Brasília, 2011. Disponível em: http://www.planalto.gov.br/ccivil. Acesso em: 22 maio 2012.

BRASIL. Decreto n.º 6.949/2009, de 25/08/2009. Promulga a Convenção Internacional sobre os Direitos das Pessoas com Deficiência - ONU. *Diário Oficial da União*. Brasília, 2009a. Disponível em: portal.mec.gov.br/dmdocuments/rceb004_09.pdf. Acesso em: 7 abr. 2010.

BRASIL. Decreto Legislativo n.º 186, 24/12/2008. Aprova o texto da Convenção sobre os Direitos das Pessoas com Deficiência e de seu Protocolo Facultativo, assinados em Nova Iorque, em 30 de março de 2007. *Diário Oficial da União*. Brasília, 2008a.

BRASIL. *Decreto n.º 6.571/2008*, de 17/09/2008, da Presidência da República, dispõe sobre o atendimento educacional especializado, regulamenta o parágrafo único do Art. 60 da Lei N.º. 9.394, de 20 de dezembro de 1996, e acrescenta dispositivo ao Decreto N.º. 6.253, de 13 de novembro de 2007. Secretaria de Educação Especial - MEC/SEESP. Brasília, 2008b. Disponível em: http://www.planalto.gov.br/ccivil. Acesso em: 22 maio 2012.

BRASIL. *Decreto n.º 3.076/1999*, de 01/06/1999, Presidência da República, cria, no âmbito do Ministério da Justiça, o Conselho Nacional dos Direitos da Pessoa Portadora de Deficiência (CONADE). Brasília,1999. Disponível em: http://www.planalto.gov.br/ccivil. Acesso em: 22 maio 2012.

BRASIL. Decreto Imperial n.º 1.428, de 12/09/1854, assinado pelo Imperador D. Pedro II, cria o Imperial Instituto dos Meninos Cegos (denominado posteriormente de Instituto Benjamin Constant). Rio de Janeiro: Coleção das leis do Império do Brasil, Rio de Janeiro, v. 1, parte 1, p. 295-300, 1854. Disponível em:https://mapa.an.gov.br/index.php/assuntos/15-dicionario/65-dicionario-da-administracao-publica-brasileira-do-periodo-imperial/327-imperial-instituto-dos-meninos-cegos. Acesso em: 22 maio 2012.

BRASIL. *Decreto n.º 24.794*, de 14/07/1934, assinado pelo Chefe do Governo Provisório da República, e publicado em 26/7/1934, no DOU, cria, no Ministério da Educação e Saúde Pública, sem aumento de despesa, a Inspetoria Geral do Ensino Emendativo. Rio de Janeiro, 1934. Disponível em: https://www2.camara.leg.br/legin/fed/decret/1930-1939/decreto-24794-14-julho-1934-515847-publicacaooriginal-1-pe.htm. Acesso em: 22 maio 2012.

BRASIL. *Resolução CNE/CEB, n.º 4 de 02/10/2009*, Conselho Nacional de Educação e Câmara de Educação Básica, institui Diretrizes Operacionais para o Atendimento Educacional Especializado na Educação Básica, modalidade Educação

Especial. Brasília, 2009b. Disponível em: http://portal.mec.gov.br/cne. Acesso em: 12 jun. 2014.

BRASIL. *Resolução CNE/CP, n.º 1 de 15/05/2006*, Conselho Nacional de Educação, Conselho Pleno, institui Diretrizes Curriculares Nacionais para o Curso de Graduação em Pedagogia, licenciatura. Brasília: 2006. Disponível em: http://portal.mec.gov.br/cne. Acesso em: 12 jun. 2014.

BRASIL. *Resolução CNE/CEB, n.º 2 de 11/09/2001*, Conselho Nacional de Educação, Câmara de Educação Básica, institui Diretrizes Nacionais para a Educação Especial na Educação Básica. Brasília: MEC/Seesp. Brasília, 2001c. Disponível em: portal.mec.gov.br. Acesso em: 12 jun. 2014.

BRASIL, *Parecer CNE/CP n.º 9/2001*, aprovado em 8 de maio de 2001. Diretrizes Curriculares para a Formação Inicial de Professores da Educação Básica em Cursos de Nível Superior. Brasília, 2001b. Disponível em: https://normativasconselhos.mec.gov.br › view › CNE_009. Acesso em: 12 jun. 2014.

BRASIL. *Nota Técnica/SEESP/GAB/n.º 9/2010*, de 09/04/ 2010, estabelece Orientações para a Organização de Centros de Atendimento Educacional Especializado. Brasília, 2010a.

BRASIL. *Nota Técnica/SEESP/GAB/n.º 11/2010*, de 07/05/2010, estabelece orientações para a institucionalização da Oferta do Atendimento Educacional Especializado – AEE em Salas de Recursos Multifuncionais, implantadas nas escolas regulares. Brasília, 2010b.

BRASIL. *Parâmetros Curriculares Nacionais 1ª a 4ª séries (PCNs)*. Secretaria de Educação Básica/MEC. Brasília, 1997. Disponível em: portal.mec.gov.br/seb. Acesso em: 13 jun. 2012.

BRASIL. *Movimento Mundial Educação para Todos*: ação política, cultural, social, decorrente da Declaração Mundial de Educação para Todos (1990). Política Nacional de Educação Especial, Ministério da Educação. Brasília, 1990. Disponível em: mec.gov.br/arquivos/politicanacional/educacaoespecial. Acesso em: 12 jun. 2012.

BRASIL. *Política Nacional de Educação Especial na Perspectiva da Educação Inclusiva*. Documento elaborado pelo Grupo de Trabalho nomeado pela Portaria Ministerial n.º 555, de 5 de junho de 2007, prorrogada pela Portaria n.º 948, de 09 de outubro de 2007. Brasília: MEC/SEESP, 2007. Disponível em: mec.gov.br//politicaeducespecial. Acesso em: 13 jun. 2012.

BRASIL. Política Nacional da Educação Especial na Perspectiva da Inclusão. *In*: BRASIL. *Marcos político-legais da educação especial na perspectiva da educação inclusiva*. Brasília: Ministério da Educação, Secretaria de Educação Especial. Brasília, 2010. Disponível em: mec.gov.br//politicaeducespecial. Acesso em: 13 jun. 2012.

BRASIL. *Saberes e práticas da inclusão*: recomendações para a construção de escolas inclusivas. 2. ed. MEC, Secretaria de Educação Especial, Brasília, 2006.

BRAUN, P.; VIANNA, M. M. Atendimento educacional especializado, sala de recursos multifuncional e plano individualizado: desdobramento de um fazer pedagógico. *In*: PLETSCH, M. D.; DAMASCENO, A. (org.). *Educação especial e inclusão escolar*: reflexões sobre o fazer pedagógico. Seropédica: EDUFRRJ, 2011.

BUENO, J. G. S. As políticas de inclusão escolar: uma prerrogativa da educação especial? *In*: BUENO, J. G. S.; MENDES, G. M. L.; SANTOS, R. A. (org.). *Deficiência e escolarização*: novas perspectivas de análise. Araraquara; Brasília: Junqueira e Marin; Capes, 2008.

BUENO, J. G. S. Crianças com necessidades educativas especiais, política educacional e a formação de professores: generalistas ou especialistas? *Revista Brasileira de Educação Especial*, Marília, v. 3, n. 5, 1999.

BUENO, J. G. S. *Educação especial brasileira*: integração/segregação do aluno diferente. 2. ed. São Paulo: Educ/PUC/SP, 2004.

CAETANO, A. P. Dilemas dos professores. *In*: ESTRELA, Maria Teresa. *Viver e construir a profissão docente*. Porto: Porto Editora, 1997.

CAMARGO, B. V. Alceste: um programa informativo de análise quantitativa de dados textuais. *In*: MOREIRA, A. S. P. *et al*. *Perspectivas teórico-metodológicas em representações sociais*. João Pessoa: EDUFPB, 2005.

CANDAU, V. M.; MOREIRA, A. F. B. Educação escolar e cultura(s): construindo caminhos. *Revista Brasileira de Educação*, Rio de Janeiro, n. 23, 2003. Disponível em: http://www.scielo.br. Acesso em: 2 jun. 2014.

CAPELLINI, V. L. M. F. O ensino colaborativo favorecendo o desenvolvimento profissional para a inclusão escolar. *Educere et Educare*: Revista de Educação, Santarém, v. 2, n. 4, p. 113-128, 2007. Disponível em: e-revista.unioeste.br/index.php/educereeteducare. Acesso em: 26 mar. 2013.

CAPELLINI, V. L. M. F. O ensino colaborativo favorecendo políticas e práticas educativas de inclusão escolar na educação infantil. *In*: VICTOR, S. L.; DRAGO, R.;

CHICON, J. F. (org.). *A educação inclusiva de crianças, adolescentes, jovens e adultos*: avanços e desafios. Vitória: Edufes, 2013.

CAPELLINI, V. L. M. F.; MENDES, E. G. A inclusão de alunos com necessidades educacionais especiais em classes comuns: avaliação do desempenho acadêmico. *In*: Reunião Anual da Associação Nacional de Pesquisa e Pós-Graduação em Educação (Anped), 25., 2002, Caxambu. *Anais eletrônicos* [...]. Disponível em: www.anped.org.br. Acesso em: 22 maio 2012.

CARNEIRO, M. S. C. Reflexões sobre a avaliação da aprendizagem de alunos da modalidade educação especial na educação básica. *Revista Educação Especial*, v. 25, n. 44, p. 449-464, set./dez. 2012. Disponível em: http://cascavel.ufsm.br/revistas. Acesso em: 12 mar. 2014.

CARVALHO, C. R.; GRIGOLI, J. A. G. *A prática pedagógica dos professores das séries iniciais do ensino fundamental*: uma reflexão sobre a construção dos saberes necessários para o exercício da docência. Urutaí: Universidade Candido Mendes (Ucam), 2012. Disponível em: www.ucam.edu.br. Acesso em: 30 ago. 2013.

CARVALHO, R. E. *Escola inclusiva*: a reorganização do trabalho pedagógico. Porto Alegre: Mediação, 2008.

CARVALHO, R. E. *Removendo barreiras para a aprendizagem*: educação inclusiva. 3. ed. Porto Alegre: Mediação, 2000.

CARVALHO, V. D. T. *Indicadores que promovem a aceitação do aluno com síndrome de Down no ensino regular*. 2002. Dissertação (Mestrado em Educação) – Universidade Federal do Rio Grande do Sul, Porto Alegre, 2002. Disponível em: http://capesdw.capes.gov.br/capes. Acesso em: 2 jun. 2012.

CHIZZOTTI, A. *Pesquisa qualitativa em ciências humanas e sociais*. 5. ed. Petrópolis: Vozes, 2013.

CORREIA, L. M. Dez anos de Salamanca, Portugal e os alunos com necessidades educativas especiais. *In*: RODRIGUES, D. *Inclusão e educação*: doze olhares sobre a educação inclusiva. São Paulo: Summus, 2006.

CUNHA, M. I. *O bom professor e sua prática*. Campinas: Papirus, 2009.

DECLARAÇÃO de Dakar, Educação para Todos. Texto adotado pela Cúpula Mundial de Educação em Dakar, Senegal, 2000. Disponível em: doc.unesco.org. Acesso em: 30 ago. 2012.

DECLARAÇÃO DE SALAMANCA. *Sobre princípios, políticas e práticas na área das necessidades educativas especiais*. Espanha, 1994. Disponível em: portal.mec.gov.br/seesp/arquivos/pdf/salamanca.pdf. Acesso em: 30 ago. 2012.

DECLARAÇÃO MUNDIAL SOBRE EDUCAÇÃO PARA TODOS. Conferência de Jomtien – Tailândia, 1990. Plano de ação para satisfazer as necessidades básicas de aprendizagem. Disponível em: www.unicef.org/brazil/pt. Acesso em: 30 ago. 2012.

DENARI, F. E. *Análise de critérios e procedimentos para a composição de clientela de classes especiais para deficientes mentais educáveis*. 1984. Dissertação (Mestrado em Educação Especial) – Universidade Federal de São Carlos, São Carlos, 1984.

DENARI, F. E. Educação especial e inclusão escolar: das dimensões teóricas às ações práticas. *Revista @mbienteeducação*, São Paulo, v. 1, n. 2, p. 31-39, ago./dez. 2008.

DORZIAT, A. A formação de professores e a educação inclusiva: desafios contemporâneos. *In*: CAIADO, K. R. M.; JESUS, D. M.; BAPTISTA, C. R. (org.). *Professores e educação especial*: formação em foco. Porto Alegre: Mediação; CDV/Facitec, 2011. 2 v.

DORZIAT, A. Atendimento especializado em educação especial: desafios atuais. *In*: JESUS, D. M.; BAPTISTA, C. R.; CAIADO, K. R. M. (org.). *Prática pedagógica na educação especial*: multiplicidade do atendimento educacional especializado. Araraquara: Junqueira e Marin, 2013.

DUBET, F. A escola e a exclusão. *Caderno de Pesquisa*, [s. l.], n. 119, p. 29-45, jul. 2003. Disponível em: http://www.scielo.br. Acesso em: 10 out. 2010.

ESCOLA LUZ DO SOL. *Projeto político-pedagógico*. Jaboatão dos Guararapes: Escola Luz do Sol, 2012. Mimeo.

FALVEY, M. A.; GIVNER, C. C.; KIMM, C. O que farei segunda-feira pela manhã? *In*: STAINBACK, S.; STAINBACK, W. *Inclusão*: um guia para educadores. Porto Alegre: Artes Médicas, 1999.

FERNANDES, E. M.; ANTUNES, K. C. V.; GLAT, R. Acessibilidade ao currículo: pré-requisito para o processo ensino-aprendizagem de alunos com necessidades educacionais especiais no ensino regular. *In*: GLAT, R. (org.). *Educação inclusiva*: cultura e cotidiano escolar. Rio de Janeiro: 7 Letras, 2007.

FERNANDES, T. L. G.; VIANA, T. V. Alunos com necessidades educacionais especiais (NEEs): avaliar para o desenvolvimento pleno de suas capacidades. *Estudos* em *Avaliação Educacional*, São Paulo, v. 20, n. 43, p. 305-318, 2009. Disponível em: http://www.fcc.org.brs. Acesso em: 12 mar. 2014.

FERREIRA, J. R. Educação especial, inclusão e política educacional: notas. *In*: RODRIGUES, D. *Inclusão e educação*: doze olhares sobre a educação inclusiva. São Paulo: Summus, 2006.

FERREIRA, J. R.; FERREIRA, M. C. Sobre inclusão, políticas públicas e práticas pedagógicas. *In*: GÓES, M. C. (org.). *Políticas e práticas de educação inclusiva*. Campinas: Autores Associados, 2004.

FERREIRA, J. R.; NUNES, L. R. A educação especial na nova LDB. *In*: ALVES, N.; VILLARDI, R. (org.). *Múltiplas leituras da nova LDB*: Lei de Diretrizes e Bases da Educação Nacional (Lei n.º 9.394/96). Rio de Janeiro: Qualitymark; Dunya, 1997.

FERREIRA, M. E. C. O enigma da inclusão: das intenções às práticas pedagógicas. *In*: Reunião Anual da Associação Nacional de Pesquisa e Pós-Graduação em Educação (Anped), 26., 2003, Poços de Caldas. *Anais eletrônicos* [...]. Disponível em: www.anped.org.br. Acesso em: 22 maio 2012.

FIGUEIREDO, R. V. Políticas de inclusão: escola-gestão da aprendizagem na diversidade. *In*: ROSA, D. E. G. (org.). *Políticas organizativas e curriculares, educação inclusiva e formação de professores*. Rio de Janeiro: DP&A, 2002.

FONTES, R. S. *A educação inclusiva no município de Niterói (RJ)*: das propostas oficiais às experiências em sala de aula - o desafio da bidocência. 2007. Tese (Doutorado em Educação) – Universidade do Rio de Janeiro, 2007. Disponível em: http://capesdw.capes.gov.br/capes. Acesso em: 2 jun. 2012.

FONTES, R. S. *et al*. Estratégias pedagógicas para a inclusão de alunos com deficiência mental no ensino regular. *In*: GLAT, R. (org.). *Educação inclusiva*: cultura e cotidiano escolar. Rio de Janeiro: 7 Letras, 2007. Disponível em: http://capesdw.capes.gov.br. Acesso em: 2 jun. 2012.

FRANCO, M. A. M.; CARVALHO, A. M.; GUERRA, L. B. Discurso médico e discurso pedagógico: interfaces e suas implicações para a prática pedagógica. *Revista Brasileira de Educação Especial*, Marília, v. 16, n. 3, p. 463-478, 2010. Disponível em: http://www.scielo.br/scielo. Acesso em: 12 mar. 2014.

FRANCO, M. L. P. B. *Análise de conteúdo*. 2. ed. Brasília, Liber Livro, 2005.

FREIRE, P. *Pedagogia do oprimido*. Rio de Janeiro: Paz e Terra, 1987.

FREIRE, P. *A importância do ato de ler em três artigos que se completam.* São Paulo: Cortez, 1991.

FREIRE, P. *Pedagogia da autonomia*: saberes necessários à prática educativa. Rio de Janeiro: Paz e Terra, 1996.

FREITAS, A. P.; MONTEIRO, M. I. B. (In) apropriações das práticas pedagógicas na educação de alunos com necessidades educacionais especiais. *In*: Reunião Anual da Associação Nacional de Pesquisa e Pós-Graduação em Educação (Anped), 33., 2010, Caxambu. *Anais eletrônicos* [...]. Disponível em: www.anped.org.br. Acesso em: 22 maio 2007.

FREITAS, S. N. A formação de professores na educação inclusiva: construindo a base de todo processo. *In*: RODRIGUES, D. *Inclusão e educação*: doze olhares sobre a educação inclusiva. São Paulo: Summus, 2006.

FURINI, A. B. Processo de inclusão na escola regular: panorama de percepções. *Cadernos [da] Universidade Federal de Santa Maria*, Santa Maria, n. 28, 2006. Disponível em: coralx.ufsm.br/revce/ceesp. Acesso em: 2 abr. 2012.

GALVÃO, N. C. S. S.; MIRANDA, T. G. Atendimento educacional especializado para alunos com surdocegueira: um estudo de caso no espaço da escola regular. *Revista Brasileira de Educação Especial*, Marília, v. 19, n. 1, p. 43-60, 2013.

GARCIA, C. A. A. *Um estudo das práticas educativas no processo de inclusão da criança portadora de dismotria cerebral ontogenética.* 2002. Dissertação (Mestrado em Educação Escolar) – Universidade Estadual Paulista Júlio de Mesquita Filho, Araraquara, 2002. Disponível em: http://capesdw.capes.gov.br. Acesso em: 2 jun. 2012.

GARCIA, R. M. C.; MICHELS, M. H. A política de educação especial no Brasil (1991- 2011); uma análise da produção do GT15 – Educação Especial da ANPEd. *Revista Brasileira de Educação Especial*, Marília, v. 17, p. 105-124, maio/ago. 2011. Edição especial.

GUATEMALA. *Convenção da Guatemala.* Assembleia Geral, 29º período ordinário de sessões, tema 34 da agenda. Convenção Interamericana para a Eliminação de Todas as Formas de Discriminação contra as Pessoas Portadoras de Deficiência. Cidade da Guatemala, GT., 1999.

GAUTHIER, C. *Por uma teoria da pedagogia*: pesquisas contemporâneas sobre o saber docente. Tradução de Francisco Pereira de Lima. Ijuí: Editora Unijuí, 1998. (Coleção Fronteiras da Educação).

GESSINGER, R. M. *Uma escola que se abre às diferenças*: narrativas do cotidiano. 2007. Tese (Doutorado em Educação) – Universidade Católica do Rio Grande do Sul, Rio Grande do Sul, 2007. Disponível em: http://capesdw.capes.gov.br. Acesso em: 2 jun. 2012.

GIL, A. C. *Estudo de caso*: fundamentação científica, subsídios para coleta e análise de dados, como redigir o relatório. São Paulo: Atlas, 2009.

GIROTO, C. R. M.; POKER, R. B.; OMOTE, S. Educação especial, formação de professores e o uso das tecnologias de informação e comunicação: a construção de práticas pedagógicas inclusivas. *In*: GIROTO, C. R. M.; POKER, R. B.; OMOTE, S. (org.). *As tecnologias nas práticas pedagógicas inclusivas*. Marília; São Paulo: Oficina Universitária; Cultura Acadêmica, 2012.

GIVIGI, R. C. N. Descortinando paisagens, rabiscando leituras: uma análise da inclusão de um grupo de crianças com necessidades especiais no estado de Sergipe. *In*: Reunião Anual da Associação Nacional de Pesquisa e Pós-Graduação em Educação (Anped), 32., 2009, Caxambu. *Anais eletrônicos* [...]. Disponível em: www.anped.org.br. Acesso em: 22 maio 2012.

GIVIGI, R. C. N. *Tecendo redes, pescando idéias*: (re) significando a inclusão nas práticas educativas da escola. 2007. Tese (Doutorado em Educação) – Universidade Federal do Espírito Santo, Espírito Santo, 2007. Disponível em: http://capesdw.capes.gov.br. Acesso em: 2 jun. 2012.

GLAT, R. *A integração social dos portadores de deficiência*: reflexão. Rio de Janeiro: 7 Letras, 1995.

GLAT, R. O papel da família na interação do portador de deficiência. *Rev. Bras. Educ. Espec.*, v. 2, n. 4, p. 111-118, 1996.

GLAT, R. *Orientação familiar como estratégia facilitadora do desenvolvimento e inclusão de pessoas com necessidades especiais*. Revista Educação Especial, Santa Maria, n. 24, p. 33-40, 2004. Disponível em: www.ufsm.br/revistaeducacaoespecial. Acesso em: 12 jun. 2014.

GLAT, R.; PLETSCH, M. D. *Inclusão escolar de alunos com necessidades especiais*. Rio de Janeiro: EdUERJ, 2011.

GOBETE, G.; ALMEIDA, M. L. Esferas do cotidiano e não-cotidiano: *In*: Reunião Anual da Associação Nacional de Pesquisa e Pós-Graduação em Educação

(Anped), 26., 2003, Poços de Caldas. *Anais eletrônicos* [...]. Disponível em: www.anped.org.br. Acesso em: 22 maio 2012.

GÓES, M. C. R. Desafios da inclusão de alunos especiais: a escolarização de aprendiz e sua constituição como pessoa. *In*: GÓES, M. C. R.; LAPLANE, A. L. F. (org.). *Políticas e práticas de educação inclusiva*. Campinas: Autores Associados, 2004.

GOFFREDO, V. Integração ou segregação? O discurso e a prática das escolas públicas da rede oficial do município do Rio de Janeiro. *Integração*, v. 4, n. 10, p. 118-127, 1992.

GUEDES, L. C. *Barreiras atitudinais nas instituições de ensino superior*: questões de educação e empregabilidade. 2002. Dissertação (Mestrado em Educação) – Universidade Federal de Pernambuco, Pernambuco, 2002. Disponível em: http://capesdw.capes.gov.br. Acesso em: 2 jun. 2012.

HAGUETTE, T. M. F. *Metodologias qualitativas na Sociologia*. 11. ed. Petrópolis: Vozes, 2007.

HAZBOUN, A. M.; ALCHIERI, J. C. Justificativas e concepções de psicólogos que não utilizavam avaliação psicológica. *Avaliação Psicológica*, v. 12, n. 3, p. 361-368, 2013. Disponível em: pepsic.bvsalud.org/scielo. Acesso em: 14 maio 2014.

HOFFMANN, J. *Avaliar*: respeitar primeiro, educar depois. Porto Alegre: Mediação, 2008.

HOUAISS, A. *Dicionário da língua portuguesa*. São Paulo: Moderna, 2010.

INSTITUTO BRASILEIRO DE GEOGRAFIA E ESTATÍSTICA (IBGE). *Censo de 2010*. Disponível em: www.ibge.gov.br. Acesso em: 12 maio 2012.

IVERSON, A. M. Estratégias para o manejo de uma sala de aula inclusiva. *In*: STAINBACK, S.; STAINBACK, W. *Inclusão*: um guia para educadores. Porto Alegre: Artes Médicas, 1999.

JABOATÃO DOS GUARARAPES. Prefeitura Municipal. *Censo escolar, 2012*. Disponível em: http://see.jaboatao.pe.gov.br/dados/Rendimento/Censo2012. Acesso em: 2 fev. 2013.

JABOATÃO DOS GUARARAPES. Prefeitura Municipal. Secretaria de Educação. *De raízes a frutos*: na busca de saber viver um programa de ensino democrático de 1989 – 1992. Produção e organização de Oficina do Saber. Maio 1992.

JABOATÃO DOS GUARARAPES. Prefeitura Municipal. Secretaria Executiva de Educação. *Instrução normativa n.º 07 de 2014*. 2014. Mimeo.

JABOATÃO DOS GUARARAPES. Prefeitura Municipal. Secretaria Executiva de Educação. *Jaboatão dos Guararapes*: aqui o Brasil aprendeu liberdade. Agenda de Educação (2012). Jaboatão dos Guararapes, 2012.

JABOATÃO DOS GUARARAPES. Prefeitura Municipal. Secretaria Executiva de Educação. *Proposta curricular*: Educação. Jaboatão dos Guararapes, 2011.

JABOATÃO DOS GUARARAPES. Prefeitura Municipal. Secretaria Executiva de Educação. *Plano Municipal de Educação*: Educação (2011 – 2020). 2011.

JANNUZZI, G. *A educação do deficiente no Brasil*: dos primórdios ao início do século XXI. Campinas: Autores Associados, 2004a.

JANNUZZI, G. *A luta pela educação do deficiente mental no Brasil*. São Paulo: Cortez, 1985.

JANNUZZI, G. Algumas concepções de educação do deficiente. *Revista Brasileira de Ciências do Esporte*, Campinas, v. 25, n. 3, p. 9-25, maio 2004b. Disponível em: http://rbceonline.org.br/revista. Acesso em: 7 fev. 2014.

JERUSALINSKY A.; PÁEZ, S. M. C. Carta aberta aos pais acerca da escolarização das crianças com problemas de desenvolvimento. *Revista Estilos da Clínica*, [s. l.], v. 5, n. 9, 2000. Disponível em: www.revistas.usp.br/estic/article/view. Acesso em: 2 jun. 2012.

JESUS, D. M. Inclusão escolar, formação continuada e pesquisa-ação. *In*: BAPTISTA, C. R. (org.). *Inclusão e escolarização*: múltiplas perspectivas. Porto Alegre: Mediação, 2006.

JESUS, D. M.; ALVES, E. P. Serviços educacionais especializados: desafios à formação inicial e continuada. *In*: CAIADO, K. R. M.; JESUS, D. M.; BAPTISTA, C. R. (org.). *Professores e educação especial*: formação em foco. Porto Alegre: Mediação; CDV/Facitec, 2011. 2 v.

JESUS, D. M.; CAETANO, A. M.; AGUIAR, A M. B. Convivendo com a diferença: os alunos com necessidades educativas especiais na escola regular. *In*: Reunião Anual da Associação Nacional de Pesquisa e Pós-Graduação em Educação (Anped), 24., 2001, Caxambu. *Anais eletrônicos* [...]. Disponível em: www.anped.org.br. Acesso em: 22 maio 2012.

KASSAR, M. C. M. *Ciência e senso comum no cotidiano das classes especiais*. Campinas: Papirus, 1995.

KASSAR, M. C. M.; REBELO, A. S. O especial na educação, o atendimento especializado e a educação especial. *In*: JESUS, D. M.; BAPTISTA, C. R.; CAIADO, K. R. M. (org.). *Prática pedagógica na educação especial*: multiplicidade do atendimento educacional especializado. Araraquara: Junqueira e Marin, 2013.

LEÃO, A. M. C. *O processo de inclusão*: a formação do professor e sua expectativa quanto ao desempenho acadêmico do aluno surdo. 2004. Dissertação (Mestrado em Educação Especial) – Universidade Federal de São Carlos, São Paulo, 2004. Disponível em: http://www.bdtd.ufscar.br. Acesso em: 2 jun. 2014.

LEÃO, A. M. C. *et al*. Inclusão do aluno com dismotria cerebral ontogenética: análise das práticas pedagógicas. *Revista Brasileira de Educação Especial*, Marília, v. 12, n. 2, p. 169-186, 2006.

LEITE, L. P.; MARTINS, S. E. S. O. *Fundamentos e estratégias pedagógicas inclusivas*: respostas às diferenças na escola. São Paulo; Marília: Cultura Acadêmica; Oficina Universitária, 2012.

LEONARDO, N. S. T.; BRAY, C. T.; ROSSATO, S. P. Inclusão escolar: um estudo acerca da implantação da proposta em escolar de ensino básico. *Revista Brasileira de Educação Especial*, Marília, v. 15, n. 2, p. 289-306, 2009.

LIBÂNEO, J. C. *Didática*. 2. ed. São Paulo: Cortez, 2013.

LIMA, R. C. P.; FERNANDES. M. C. S. G. Representações sociais de alunas de pedagogia sobre suas trajetórias escolares. *Educação Unisinos*, [s. l.], v. 12, n. 3, p. 215-225, 2008.

LINS, N. M. A inclusão como conquista de lugar simbólico. *In*: SILVA, M. F. (org.). *Educação inclusiva*: uma visão diferente. Natal: EDUFRN, 2004.

LOPES, M. C. Inclusão escolar, currículo, diferença e identidade. *In*: LOPES, M. C.; DAL'IGNA, M. C. (org.). *In/exclusão nas tramas da escola*. Canoas: Edulbra, 2007.

LÜDKE, M.; ANDRÉ, M. E. *Pesquisa em educação*: abordagens qualitativas. São Paulo: EPU, 1986.

LUNARDI, G. M. As práticas curriculares de sala de aula e a constituição das diferenças dos alunos no processo de ensino e aprendizagem. *In*: Reunião Anual da Associação Nacional de Pesquisa e Pós-Graduação em Educação (Anped),

28., 2005, Caxambu. *Anais eletrônicos* [...]. Disponível em: www.anped.org.br. Acesso em: 22 maio 2012.

LUSTOSA, F. G. *Inclusão, o olhar que ensina*: o movimento da mudança e a transformação das práticas pedagógicas no contexto de uma pesquisa-ação. 2009. Tese (Doutorado em Educação) – Universidade Federal do Ceará, Ceará, 2009. Disponível em: http://www.scielo.br/scielo. Acesso em: 2 jun. 2010.

MACEDO, P. C.; CARVALHO, L. T.; PLETSCH, M. D. Atendimento educacional especializado: uma breve análise das atuais políticas de inclusão. *In*: PLETSCH, M. D; DAMASCENO, A. *Educação especial e inclusão escolar*: reflexões sobre o fazer pedagógico. Rio de Janeiro: Edur, 2011. v. 1, p. 30-40.

MACHADO, L. B.; LIMA, M. H. S.; PIMENTEL, D. M. Inclusão de crianças na educação infantil: entre o proclamado e a realidade. *In*: ALBUQUERQUE, E. R.; NEVES, E. S. (org.). *Saberes sobre inclusão escolar*. Jaboatão dos Guararapes: Secretaria Municipal de Educação do Jaboatão dos Guararapes, 2010.

MAGALHÃES, R. C. B. P. Currículo e práticas inclusivas na escola: tecendo fios de uma trama inclusa. *In*: MARTINS, L. A. R. (org.). *Práticas inclusivas no sistema de ensino e em outros contextos*. Natal: EDUFRN, 2009.

MAGALHÃES, R. C. B. P. *Ditos e feitos na educação inclusiva*: navegações pelo currículo escolar. 2005. Dissertação (Mestrado em Educação Especial) – Universidade Federal de São Carlos, UfSCar, 2005.

MAGALHÃES, R. C. B. P. Falem com elas: construir diálogos na escola inclusiva. *In*: MAGALHÃES, R. C. B. P. (org.). *Educação inclusiva*: escolarização, política e formação docente. Brasília: Liber Livro, 2011. v. 1, p. 79-90.

MAGALHÃES, R. C. B. P. Um breve panorama da educação especial no Brasil. *In*: MAGALHÃES R. C. B. P. (org.). *Reflexões sobre a diferença*: uma introdução à educação especial. Fortaleza: Edições Demócrito Rocha; Edições Uece, 2002. p. 61-71.

MANZINI, E. F. Quais as expectativas com relação à inclusão escolar do ponto de vista do educador? *Temas sobre Desenvolvimento*, [s. l.], v. 7, n. 42, p. 52-54, 1999.

MARIN, A. J.; ZEPPONE, R. A. O. O trabalho docente e a inclusão escolar: impactos e mudanças em sala de aula. *Olhar de Professor*, Ponta Grossa, v. 15, n. 1, p. 145-155, 2012. Disponível em: http://www.uepg.br/olhardeprofessor. Acesso em: 12 jun. 2014.

MARIN, A. J.; ZEPPONE, R. A. O. O trabalho docente e a inclusão escolar: impactos e mudanças em sala de aula. *Olhar de Professor*, Ponta Grossa, v. 15, n. 1, p. 145-155, 2012. Disponível em: http://www.uepg.br/olhardeprofessor. Acesso em: 12 jun. 2014.

MARQUES, L. P.; OLIVEIRA, F. D. Inclusão: os sentidos nas/das dissertações e teses. *In*: Reunião Anual da Associação Nacional de Pesquisa e Pós-Graduação em Educação (Anped), 26., 2003, Poços de Caldas. *Anais eletrônicos* [...]. Disponível em: www.anped.org.br. Acesso em: 22 maio 2012.

MARQUEZAN, R.; RAMPELOTTO, E. M.; TONINI, A. Sala de aula. *Cadernos [da] Universidade Federal de Santa Maria*, Santa Maria, n. 17, 2001. Disponível em: http://cascavel.ufsm.br/revistas. Acesso em: 3 abr. 2012.

MARQUEZINE, M. C. *et al.* (org.). *Inclusão*. Londrina: Eduel, 2003. v. 1. (Coleção Perspectivas multipliciplinares em educação especial).

MARTINS, L. A. R. Política pública e formação docente para atuação com a diversidade. *In*: MARTINS L. A. R.; PIRES, J.; PIRES, G. N. L. (org.). *Políticas e práticas educacionais inclusivas*. Natal: EDUFRN, 2008.

MATTOS, N. M. *Prática pedagógica e concepções de deficiência*: um estudo do processo de inserção de alunos com deficiência em escolas regulares na cidade Valença-BA. 2002. Dissertação (Mestrado em Educação) – Universidade Federal da Bahia, Bahia, 2002. Disponível em: http://www.scielo.br. Acesso em: 2 jun. 2010.

MAZZOTTA, M. J. S. *Educação especial no Brasil*: história e políticas públicas. São Paulo: Cortez, 1996.

MELO, S. C. *Inclusão em educação*: um estudo sobre as percepções de professores da rede Estadual de Ensino Fundamental do Rio de Janeiro, sobre práticas pedagógicas de inclusão, a partir de um caso de autismo. 2010. Tese (Doutorado em Educação) – Universidade Federal do Rio de Janeiro, Rio de Janeiro, 2010. Disponível em: http://capesdw.capes.gov.br. Acesso em: 2 jun. 2012.

MENDES, E. G. Perspectivas para a construção da escola inclusiva no Brasil. *In*: PALHARES, M. S.; MARINS, S. (org.). *Escola inclusiva*. São Paulo: EdUFSCar, 2002.

MENDES, E. G. Alunos com necessidades educacionais especiais nas classes comuns do ensino regular. *In*: MAGALHÃES, R. C. B. P. (org.). *Reflexões sobre a diferença*: uma introdução à educação especial. Fortaleza: Edições Demócrito Rocha; Uece, 2003.

MENDES, E. G. A radicalização do debate sobre inclusão escolar no Brasil. *Revista Brasileira de Educação*, [s. l.], v. 11, n. 33, p. 378-405, set./dez. 2006a.

MENDES, E. G. Inclusão: é possível começar pelas creches? *In*: Reunião Anual da Associação Nacional de Pesquisa e Pós-Graduação em Educação (Anped), 29., 2006, Caxambu. *Anais eletrônicos* [...]. 2006b. Disponível em: www.anped.org.br. Acesso em: 22 maio 2012.

MENDES, E. G. Construindo um lócus de pesquisas sobre inclusão escolar. *In*: MENDES, E. G.; ALMEIDA, M. A.; WILLIAMS, L. C. (org.). *Temas em educação especial*: avanços recentes. São Carlos: EdUFSCar, 2009. p. 221-230.

MENDES, E. G. Breve histórico da educação especial no Brasil. *Rev. Educación y Pedagogía*. Medellín, Colômbia, v. 22, n. 57, maio/ago. 2010a. Disponível em: www.aprendeonline.udea.edu. Acesso em: 12 mar. 2012.

MENDES, E. G. *Inclusão marco zero começando pelas creches*. Araraquara: Junqueira e Marin, 2010b.

MENDES, E. G.; ALMEIDA, M. A.; TOYODA, C. Y. Inclusão escolar pela via da colaboração entre educação especial e educação regular. *Educar em Revista*, Curitiba, n. 41. p. 81-93, jul./set. 2011. Disponível em: http://ufpr.br. Acesso em: 14 out. 2012.

MENDES, E. G.; MALHEIRO, C. A. L. Sala de recursos multifuncionais: é possível um serviço tamanho único de atendimento educacional especializado? *In*: MIRANDA, T. G.; GALVÃO FILHO, T. A. (org.). *O professor e a educação inclusiva*: formação, práticas e lugares. Salvador: Edufba, 2012. Disponível em: http://www.galvaofilho. Acesso em: 5 fev. 2014.

MENDES, G. M.; SILVA, F. C. T.; PLETSCH, M. D. Atendimento educacional especializado: por entre políticas, práticas e currículo – um espaço tempo de inclusão? *Revista Contrapontos*, [s. l.], v. 11, n. 3, p. 255-265, set./dez. 2011. Disponível em: http://www.univali.br. Acesso em: 12 mar. 2014.

MICHELS, M. H.; CARNEIRO, M. S.; GARCIA, R. M. C. O caráter conservador da perspectiva inclusiva na educação especial: as salas multimeios na rede municipal de Florianópolis. *Revista Cocar*, Belém, v. 6, n. 11, p. 17-28, jan./jul. 2012. Disponível em: http://paginas.uepa.br. Acesso em: 4 jan. 2014.

MINAYO, M. C. S. (org.). *Pesquisa social*: teoria, prática e criatividade. 23. ed. Petrópolis: Vozes, 1994.

MINAYO, M. C. S. *O desafio do conhecimento*: pesquisa qualitativa em saúde. 6. ed. São Paulo; Rio de Janeiro: Hucitec; Abrasco, 1999.

MITTLER, P. *Educação inclusiva*: contextos sociais. Porto Alegre: Artmed, 2003.

MOLINA, R. A. M.; GURGEL, C. P. *Dificuldades de escolarização*: novo enfoque de atuação profissional. Brasília: Ed. do Autor, 2013.

MOLINA, K. S. M.; PRIETO, R. G. e SOFIATO, C. G. Formação de professores e educação especial: reflexões e possibilidades. *Olhares*, v. 3, n. 1, p. 32-57, 2015. Disponível em: https://doi.org/10.34024/olhares.2015.v3.320. Acesso em: 28 set. 2015.

MORAES, F. C. *Educação física escolar e o aluno com deficiência*: um estudo da prática pedagógica de professores. 2010. Tese (Doutorado) – Fundação Federal de Mato Grosso do Sul, Mato Grosso do Sul, 2010. Disponível em: http://capesdw.capes.gov.br. Acesso em: 2 jun. 2012.

MORAIS, R. Análise de conteúdo. *Revista Educação [da] Pontifícia Universidade Católica do Rio Grande do Sul*, Porto Alegre, v. 22, n. 37, p. 7-32, 1999. Disponível em: http://cliente.argo.com.brl. Acesso em: 2 ago. 2012.

NASCIMENTO, A. R. A.; MENANDRO, P. R. M. Análise lexical de conteúdo: uma proposta de utilização conjugada. *Estudos e Pesquisas em Psicologia*, Rio de Janeiro, n. 2, 2006. Disponível em: http://www.revispsi.uerj.br/artigos. Acesso em: 15 jun. 2014.

NERES, C. C. *As instituições especializadas e o movimento da inclusão escolar*: intenções e práticas. 2010. Tese (Doutorado em Educação), Universidade de São Paulo, São Paulo, 2010.

NOVAIS, G. S. *A participação excludente na escola pública*: um estudo das Representações de educadoras sobre aluno, escola e prática pedagógica. 2005. Tese (Doutorado) – Universidade de São Paulo, São Paulo, 2005. Disponível em: http://capesdw.capes.gov.br. Acesso em: 2 jun. 2012.

NÓVOA, A. (org.). *Vidas de professores*. 2. ed. Porto: Porto, 1995.

NÓVOA, A. *Desafios do trabalho do professor no mundo contemporâneo*. São Paulo: Sinpro, 2007. Disponível em: http://www.sinprosp.org.br. Acesso em: 2 fev. 2013.

OLIVEIRA, A. A. S. Educação inclusiva concepções teóricas e relato de experiência. *In*: MARQUEZINE, M. C., ALMEIDA, M. A.; TANAKA, E. D. O. (org.). *Inclusão*. Londrina: Eduel, 2003.

OLIVEIRA, E.; MACHADO, K. S. Adaptações curriculares: caminho para uma educação inclusiva. *In*: GLAT, R. (org.). *Educação inclusiva*: cultura e cotidiano escolar. Rio de Janeiro: 7 Letras, 2007.

OLIVEIRA, G. R.; MAGALHÃES, R. C. B. P. Currículo e adaptação curricular: uma reflexão teórico-prática. *In*: MAGALHÃES, R. C. B. P. (Org.). *Reflexões sobre a diferença*: uma introdução à educação especial. Fortaleza: Edições Demócrito Rocha; Uece, 2002.

OLIVEIRA, M. M. *Como fazer pesquisa qualitativa*. 4. ed. Petrópolis: Vozes, 2012.

OLIVEIRA, M. M. *Como fazer projetos, relatórios, monografias, dissertações e teses*. 5. ed. Rio de Janeiro: Elsevier, 2011.

OLIVEIRA, M. A.; LEITE, L. P. Educação inclusiva: análise e intervenção em uma sala de recursos. *Paidéia*, [s. l.], v. 21, n. 49, p. 197-205, maio/ago. 2011. Disponível em: www.scielo.br/paideia. Acesso em: 5 fev. 2014.

OMOTE, S. (org.). *Inclusão*: intenção e realidade. Marília: Unesp; Fundepe Publicações, 2004.

OMOTE, S. A concepção de deficiência e a formação do profissional em educação especial. *In*: MARQUEZINE, M. C.; ALMEIDA, M. A.; TANAKA, E. D. O. (org.). *Perspectivas multidisciplinares em educação especial II*. Londrina: Eduel, 2000. p. 45-52.

OMOTE, S. Diversidade, educação e sociedade inclusiva. *In*: OLIVEIRA, A. A. S.; OMOTE, S.; GIROTO, C. R. M. (org.). *Inclusão escolar*: as contribuições da educação especial. São Paulo; Marília: Cultura Acadêmica; Unesp; Fundepe Publicações, 2008.

OMOTE, S. Normalização, integração, inclusão. *Ponto de Vista*, [s. l.], v. 1, n. 1, p. 4-13, jul./dez. 1999. Disponível em: http://www.periodicos.ufsc.br. Acesso em: 28 ago. 2012.

PACHECO, J. *Caminhos para a inclusão*: um guia para o aprimoramento da equipe escolar. Porto Alegre: Artmed, 2007.

PADILHA, A. M. L. *Práticas pedagógicas na educação especial*: a capacidade de significar o mundo e a inserção cultural do deficiente mental. 4. ed. Campinas: Autores Associados, 2007.

PIMENTA, S. G.; GHEDIN, E. *Professor reflexivo no Brasil*: gênese e crítica de um conceito. 6. ed. São Paulo: Cortez, 2012.

PINTO, G. U. A inclusão escolar no espaço do recreio. *In*: Reunião Anual da Associação Nacional de Pesquisa e Pós-Graduação em Educação (Anped), 31., 2008, Caxambu. *Anais eletrônicos* [...]. Disponível em: www.anped.org.br. Acesso em: 22 maio 2012.

PIRES, G. N. L. As práticas dos docentes frente à diversidade dos educandos. *In*: MARTINS, L. A. R.; PIRES, J.; PIRES, G. L. N. (org.). *Políticas e práticas educacionais inclusivas*. Natal: EDUFRN, 2008.

PIZZI, L. C. V.; ARAÚJO, I. R. L.; MELO, W. L. A precarização na sala de aula: reflexões sobre seus efeitos na ótica docente. *Revista Educação e Cultura Contemporânea*, Rio de Janeiro, v. 9, n. 18, 2012. Disponível em: http://revistaadmmade.estacio. Acesso em: 7 jul. 2014.

PLETSCH, M. D. Repensando a inclusão escolar de pessoas com deficiência mental: diretrizes políticas, currículo e práticas pedagógicas. *Educar*, Curitiba, n. 33, p. 143-156, 2009a. Disponível em: http://capesdw.capes.gov.br. Acesso em: 2 jun. 2012.

PLETSCH, M. D. A formação de professores para a educação inclusiva: legislação, diretrizes políticas e resultados de pesquisas. *Educar*, Curitiba, n. 33, p. 143-156, 2009b. Disponível em: http://www.scielo.br. Acesso em: 2 jun. 2014.

POGETTO, M. T. D. P. *Como professores de classe especial para deficientes mentais da rede estadual percebem sua atuação profissional*. 1987. Dissertação (Mestrado) – Universidade Federal de São Carlos, São Paulo, 1987.

POSSA, L. B.; NAUJORKS, M. I. Alguns efeitos do nosso tempo na formação de professores da educação especial. *Revista Educação Especial [da] Universidade Federal de Santa Maria*, Santa Maria, v. 27, n. 49, p. 447-458, 2014. Disponível em: http://www.ufsm.br/revista. Acesso em: 12 jun. 2014.

POSSÍDIO, A. L. M. *Inclusão*: do pensar ao agir no cotidiano escolar. 2004. Dissertação (Mestrado em Educação) – Universidade Federal do Espírito Santo, Espírito Santo, 2004. Disponível em: http://capesdw.capes.gov.br. Acesso em: 2 jun. 2012.

PRIETO, R. G. Políticas de inclusão escolar no Brasil: uma análise de sua implementação em municípios das diferentes regiões. *In*: Reunião Anual da Associação Nacional de Pós-Graduação e Pesquisa em Educação (Anped), 27., 2004, Caxambu. *Anais eletrônicos* [...]. Disponível em: www.anped.org.br. Acesso em: 22 maio 2012.

RANGEL, M. Desigualdade e seus efeitos na autorrepresentação. *In*: RANGEL, M.; CAETANO, M.; JUNIOR, J. A. S. (org.). *A escola diante da diversidade*. Rio de Janeiro: Wak 2013.

REGO, T. C. *Vygotsky*: uma perspectiva histórico-cultural da educação. Petrópolis: Vozes, 1995.

REZENDE, E. V. S. Atitude e representações sociais: aproximação entre os conceitos com base em um estudo etnográfico. *In*: MACHADO, L. B. *Incursões e investigações em representações sociais e educação*. Recife: Edufpe, 2013.

RIBEIRO, S. L. Espaço escolar: um elemento invisível no currículo. *Sitientibus*, Feira de Santana, n. 31, p. 103-118, jul./dez. 2004. Disponível em: http://www2.uefs.br. Acesso em: 9 fev. 2014.

RODRIGUES, D. Desenvolver a educação inclusiva: dimensões do desenvolvimento profissional. *Inclusão*: Revista da Educação Especial, Brasília, v. 4, n. 2, p. 1-58, jul./out. 2008.

RODRIGUES, D. Dez ideias (mal) feitas sobre a educação inclusiva. *In*: RODRIGUES, D. *Inclusão e educação*: doze olhares sobre a educação inclusiva. São Paulo: Summus, 2006.

RODRIGUES, I. E. *A inclusão de pessoas com necessidades educacionais especiais no processo educativo escolar*: uma experiência inversa. 2010. Tese (Doutorado em Educação) – Pontifícia Universidade Católica do Rio de Janeiro, Rio de Janeiro, 2010. Disponível em: http://capesdw.capes.gov.br. Acesso em: 2 jun. 2012.

ROQUE, G. O. B; CAMPOS, G.H.B. *Reflexões sobre a teoria e prática na mediação pedagógica*. [S. l.: s. n.], 2014. Disponível em: www.abed.org.br/congresso/anais. Acesso em: 14 maio 2014.

ROSA, F. D.; DENARI, F. E. Trabalho, educação e família: perspectivas para a pessoa com deficiência intelectual. *Revista Educação Especial [da] Universidade Federal de Santa Maria*, Santa Maria, v. 26, n. 45, p. 73-90, jan./abr. 2013. Disponível em: http://www.ufsm.br/revistaeducacaoespecial. Acesso em: 14 maio 2014.

SAGE, D. D. Estratégias administrativas para a realização do ensino inclusivo. *In*: STAINBACK, S.; STAINBACK, W. *Inclusão*: um guia para educadores. Porto Alegre: Artmed, 1999.

SANT'ANA, F. M. A. *Desvelando o lugar da educação especial nas matrizes curriculares dos cursos de pedagogia e do curso normal superior à luz da teoria da inclusão*. 2005. Dissertação (Mestrado em Educação) – Universidade Federal de Pernambuco, Pernambuco, 2005. Disponível em: http://capesdw.capes.gov.br. Acesso em: 2 jun. 2013.

SANT'ANA, I. M. Educação inclusiva: concepções de professores e diretores. *Revista Psicologia em Estudo*, [s. l.], v. 10, n. 2, p. 227-234, maio/ago. 2005.

SANTIAGO, M. E. *Escola pública de primeiro grau*: da compreensão à intervenção. Rio de Janeiro: Paz e Terra, 1990.

SANTIAGO, M. E. Formação, currículo e prática pedagógica em Paulo Freire. *In*: BATISTA NETO, J.; SANTIAGO, E. (org.). *Formação de professores e prática pedagógica*. Recife: Fundação Joaquim Nabuco; Massangana, 2006.

SANTIAGO, M. E. Perfil do educador/educadora para a atualidade. *In*: BATISTA NETO, J.; SANTIAGO, E. (org.). *Formação de professores e prática pedagógica*. Recife: Fundação Joaquim Nabuco; Massangana, 2006.

SANTOS, E. R. L.; SANTOS, F. R.; OLIVEIRA, T. C. B. C. Papel dos pais no processo de inclusão escolar e na aprendizagem de filhos com necessidades educacionais especiais. *Revista Discentis*, Irecê, jul. 2013. Disponível em: http://www.unebirece.org/revista. Acesso em: 27 jun. 2014.

SANTOS, M. P. A inclusão e as relações entre a família e a escola. *Espaço Informativo Técnico do Ines*, [s. l.], n. 11, p. 40-43, jun. 1999. Disponível em: http://www.lapeade.com.br. Acesso em: 27 jun. 2012.

SANTOS, M. P. Inclusão. *In*: SANTOS, M. P.; PEREIRA, M.; MELO, S. C. (org.). *Inclusão em educação*: diferentes interfaces. Curitiba: CRV, 2009.

SANTOS, M. P. *Práticas de inclusão em educação*: dicas para professores. Rio de Janeiro, 2010. Disponível em: http://pt.scribid.com.doc. Acesso em: 5 jun. 2013.

SÃO PAULO (ESTADO), Secretaria dos Direitos da Pessoa com Deficiência. *Relatório mundial sobre a deficiência* / World Health Organization, The World Bank; Título original: *World report on disability*, 2011. Tradução Lexicus Serviços Linguísticos – São Paulo, 2012, 334 p. Disponível em: https://portaldeboaspraticas.iff.fiocruz.br/wp-content/uploads/2020/09/9788564047020_por.pdf.

SARAIVA, A. C. L. C.; VICENTE, C. C.; FERENC, A. V. F. *"Não estou preparado"*: a construção da docência na educação especial. A formação docente na perspectiva da inclusão. Trabalho apresentado ao Congresso Estadual Paulista sobre Formação de Educadores, 9., 2007, Unesp, Águas de Lindóia. Disponível em: http://www.unesp.br/prograd. Acesso em: 3 jul. 2014.

SARDAGNA, H. V. Práticas normalizadoras na educação especial: da institucionalização do anormal à inclusão escolar. *In*: Reunião Anual da Associação Nacional de Pós-Graduação e Pesquisa em Educacional (Anped), 32., 2009, Caxambu. *Anais eletrônicos* [...]. Disponível em: www.anped.org.br. Acesso em: 2 jun. 2013.

SAVIANI, D. *Escola e democracia*. Ed. comemorativa. Campinas: [s. n.], 2008. (Coleção Educação contemporânea).

SCHNEIDER, M. F. *A prática pedagógica e as adaptações curriculares no processo de inclusão do aluno deficiente mental*. 2002. Dissertação (Mestrado em Educação) – Universidade Metodista de Piracicaba, Piracicaba, 2002. Disponível em: http://capes.gov.br. Acesso em: 2 jun. 2012.

SILVA, A. M.; MENDES, E. M. Família de crianças com deficiência e profissionais: componentes da parceria colaborativa na escola. *Revista Brasileira de Educação Especial*, Marília, v. 14, n. 2, p. 217-234, 2008. Disponível em: http://www.scielo.br. Acesso em: 12 maio 2014.

SILVA, C. R.; GOBBI, B. S. C.; SIMÃO, A. A. O uso da análise de conteúdo como ferramenta para pesquisa qualitativa: descrição e aplicação do método. *Revista Organizações Rurais & Agroindustriais*, Lavras, v. 7, n. 1, p. 70-81, 2005. Disponível em: http://revista.dae.ufla.br. Acesso em: 28 ago. 2012.

SILVA, F. G.; MENEZES, H. C. S. Ensino regular e atendimento educacional especializado (AEE): um diálogo em construção. Trabalho apresentado ao Educere, Congresso Nacional de Educação, 11., 2013. Disponível em: http://educere.bruc.com.br. Acesso em: 15 maio 2014.

SILVA, J. F. *Avaliação na perspectiva formativa-reguladora*: pressupostos teóricos e práticos. 3. ed. Porto Alegre: Mediação, 2010.

SILVA, J. P. *Formação docente em tempos de educação inclusiva*: cenários e desafios em uma escola pública. 2014. Dissertação (Mestrado em Educação) – Universidade Federal do Rio Grande do Norte, Rio Grande do Norte, 2014.

SILVA, S. C.; ARANHA, M. S. F. Interação entre professora e alunos em salas de aula com proposta pedagógica de educação inclusiva. *Revista Brasileira de Educação Especial*, Marília, v. 11, n. 3, p. 373-394, 2005.

SILVEIRA, T. S.; FISCHER, J. Ela fica ali na sala de aula, os alunos fazem, ela ganha folha pra desenhar: inclusão escolar de educandos cegos em artes visuais. *In*: Reunião Anual da Associação Nacional de Pesquisa e Pós-Graduação em Educação (Anped), 32., 2009, Caxambu. *Anais eletrônicos* [...]. Disponível em: www.anped.org.br. Acesso em: 22 maio 2012.

SILVEIRA, L. C.: MENDES, E. G.: GREGHI, M. F.: PEREIRA, M. A. M. e SOBREIRA, T. C. G. (2002). Inclusão em Creches da Rede Municipal de São Carlos. In *III Congresso Brasileiro Multidisciplinar de Educação Especial*, 2002, Londrina. Novos Rumos da Educação Especial. Londrina: Editora UEL, 1, 360-365.

SIQUEIRA, B. A. *A inclusão de crianças deficientes mentais no ensino regular*: limites e possibilidades de participação em sala de aula. 2004. Dissertação (Mestrado) – Pontifícia Universidade Católica de São Paulo, São Paulo, 2004.

SOARES, C. Em torno do pensamento social e do conhecimento do senso comum: a aplicação da metodologia Alceste em contextos discursivos distintos. *In*: MOREIRA, A. S. P. *et al. Perspectivas teórico-metodológicas em representações sociais.* João Pessoa: EDUFPB, 2005.

SOUZA, J. F. *E a educação*: quê?? A educação na sociedade e/ou a sociedade na educação. Recife: Bagaço, 2004.

SOUZA, J. F. Prática pedagógica e formação de professores. *In*: BATISTA NETO, J.; SANTIAGO, E. (org.). *Prática pedagógica e formação de professores.* Recife: Edufpe, 2009.

STAINBACK, S.; STAINBACK W. Observações finais: preocupações sobre a inclusão. *In*: STAINBACK, S.; STAINBACK W. *Inclusão*: um guia para educadores. Porto Alegre: Artmed Editora, 1999.

SZYMANSKI, H. (org.). *A entrevista na pesquisa em educação*: a prática reflexiva. Brasília: Líber Livro Editora, 2004.

TACCA, M. C. V. R. O professor investigador: criando possibilidades para novas concepções e práticas sobre ensinar e aprender. *In*: MARTINES, A. M.; TACCA, M. C. V. R. (org.). *A complexidade da aprendizagem*: destaque no ensino superior. São Paulo: Alínea, 2009.

TEIXEIRA, M. C. T. V.; D'ANTINO, M. E. F.; ORSATI, F. T.; FRANCO, A. H. J.;

CIARLEGLIO, I. M.; ANDREONI, F.F.; AMARAL, V. A. Inclusão escolar na prática de escolas inclusivas. Anhanguera Educacional: *Encontro Revista de Psicologia*, v. XI, n. 16, Valinhos, 2007. Disponível em: http://sare.anhanguera.com. Acesso em: 02 maio 2014.

TREMEA, V. S. *O processo de inclusão de um aluno com síndrome de Down na aula de Educação Física em uma escola particular do município de São José-SC*: um estudo de caso. 2004. Dissertação (Mestrado) – Universidade do Estado de Santa

Catarina, Santa Catarina, 2004. Disponível em: http://capesdw.capes.gov.br. Acesso em: 2 jun. 2012.

TRIVIÑOS, A. N. S. *Introdução à pesquisa em ciências sociais*: a pesquisa qualitativa em educação. São Paulo: Atlas, 1987.

ORGANIZAÇÃO DAS NAÇÕES UNIDAS PARA A EDUCAÇÃO, A CIÊNCIA E A CULTURA (UNESCO). *Declaração de Salamanca e enquadramento da ação na área das necessidades educativas especiais*. Conferência Nacional sobre Necessidades Educativas Especiais: Acesso e Qualidade, 7 a 10 de junho de 1994, Salamanca, Espanha.

VALLE, J. W.; CONNOR, D. J. *Ressignificando a deficiência*: da abordagem social às políticas inclusivas na escola. Porto Alegre: AMGH, 2014.

VEIGA, I. P. A. *A prática pedagógica do professor de didática*. 13. ed. Campinas: Papirus, 1989.

VELTRONE, A. A.; MENDES, E. G. *Diretrizes e desafios na formação inicial e continuada de professores para a inclusão escolar*: a formação docente na perspectiva da inclusão. Trabalho apresentado ao Congresso Estadual Paulista sobre Formação de Educadores, 9., 2007, Unesp, Águas de Lindóia. Disponível em: http://www.unesp.br/prograd. Acesso em: 3 jul. 2014.

VIANA, L. M. M. *Preconceito contra pessoas com deficiência física*: uma análise das representações e práticas que permeiam o ambiente organizacional. 2008. Tese (Doutorado em Psicologia) – Universidade da Paraíba, Paraíba, 2008. Disponível em: http://capesdw.capes.gov.br. Acesso em: 2 jun. 2012.

VITALIANO, C. R. Sugestões para escola regular atender melhor os alunos com necessidades especiais integrados. *In*: MARQUEZINE, M. C. *et al. Inclusão*. Londrina: EDUEL, 2003.

VIZIM, M.; SILVA, S. *Políticas públicas*: educação, tecnologias e pessoas com deficiências. São Paulo: Mercado das Letras, 2003.

YIN, R. K. *Estudo de caso*: planejamento e métodos. 4. ed. Porto Alegre: Bookman, 2010.

ZABALA, A. *A prática educativa*: como ensinar. Porto Alegre: Artmed, 1998.